Allegria

Der Autor

Osho wurde 1931in Indien geboren. Bevor er als spiritueller Lehrer hervortrat, war er als Philosophieprofessor an der Universität von Jabalpur tätig. Seit den sechziger Jahren lehrte er spezielle Meditationstechniken, wobei er vor allem von westlichen Suchern großen Zulauf erhielt. 1974 gründete er in Poona ein Zentrum für Meditation und Selbsterfahrung. Von 1981 bis 1987 lehrte er in Oregon, USA. Bereits zu seinen Lebzeiten fanden seine Lehren Resonanz bei Millionen Menschen in aller Welt. Seit seinem Tod 1990 ist die Zahl seiner Anhänger weiter gewachsen.

Von Osho sind in unserem Hause erschienen:

Jetzt oder nie (Allegria, mit DVD)

Der Gott, den es nicht gibt
Vom Leben und vom Sterben
Autobiographie
Mitgefühl
Intelligenz
Mut
Freiheit
Intimität
Intuition
Bewusstsein
Kreativität
Freude
Reife
Das Buch der Frauen
Das Buch der Männer
Das Buch der Kinder
Das Buch der Heilung
Das Buch vom Ego

Mut – Die Freude, gefährlich zu leben (CD)
Mut – Der Mut der Liebe (CD)

Osho

Der Gott, den es nicht gibt

Westliche Religion und die Lüge von Gott

Aus dem Englischen
von Renate Schilling

Ullstein

Besuchen Sie uns im Internet:
www.ullstein-taschenbuch.de

Allegria im Ullstein Taschenbuch
Herausgegeben von Michael Görden

Umwelthinweis:
Dieses Buch wurde auf chlor- und säurefreiem Papier gedruckt.

Neuausgabe im Ullstein Taschenbuch
Ullstein Taschenbuch ist ein Verlag
der Ullstein Buchverlage GmbH
1. Auflage November 2008
© 2005 by Ullstein Buchverlage GmbH, Berlin
© 1989 der Originalausgabe GOD IS DEAD
by Osho International Foundation, www.osho.com
Umschlaggestaltung: FranklDesign, München
Titelabbildung: Ateet Frankl
Gesetzt aus der Sabon
Satz: LVD GmbH, Berlin
Druck und Bindearbeiten: GGP Media GmbH, Pößneck
Printed in Germany
ISBN 978-3-548-74160-4

Inhalt

Anmerkung des Herausgebers

Kapitel 1 bis 6 dieses Buches entstammen einer Reihe von Vorträgen, die Osho in Pune, Indien, vor einem Zuhörerkreis von Freunden und Suchenden hielt. Ursprünglich standen sie unter dem Motto »Gott ist tot, und Zen ist nun die einzige lebendige Wahrheit«. Zusammen mit anderen Vorträgen, die Osho gegen Ende seines Lebens hielt, bilden sie den Höhepunkt von mehr als 30 Jahren öffentlicher Vorträge und Reden. Jeder der ursprünglichen Vorträge endete mit einer von Osho geleiteten Meditation, die aus aktiven und passiven Phasen bestand und durch Musik und Trommelklänge unterteilt war. Diese Teile wurden im Interesse eines besseren Leseflusses weggelassen, ebenso bestimmte Abschnitte des Textes, die sich auf spezifische aktuelle Ereignisse bezogen.

Das Vorwort stammt aus anderen, früheren Vorträgen Oshos. Die Auswahl ist dazu gedacht, dem Leser einen Kontext zu vermitteln, in dem sich die nachfolgenden Texte leichter verstehen lassen.

Sarito Carol Neiman

Vorwort

Der skeptische Verstand ist eins der wunderbarsten Dinge in dieser Welt.

Er wurde von den Religionen immer verdammt, weil sie nicht fähig waren, seine kritischen Fragen zu beantworten; sie wünschten sich nur Gläubige. Und der skeptische Verstand ist das genaue Gegenteil eines Gläubigen.

Ich bin absolut für den skeptischen Verstand. Glaubt nichts, wenn ihr es nicht selbst erfahren habt. Glaubt nichts – sucht und fragt immer weiter, solange es auch dauert.

Die Wahrheit ist nicht billig. Dem Gläubigen steht sie nicht zur Verfügung; nur für den Skeptiker ist sie verfügbar.

Und denkt daran: Seid nicht nur mit halbem Herzen Skeptiker. Seid vollkommene Skeptiker. Wenn ich sage, seid vollkommene Skeptiker, meine ich damit, dass ihr eure eigenen skeptischen Vorstellungen ebenso einer Prüfung unterziehen sollt wie die Glaubensvorstellungen der anderen. Vollkommener Skeptizismus führt sich selbst ad absurdum, denn er hinterfragt sich selbst ebenfalls. Man kann seinen Skeptizismus nicht einfach ohne Zweifel hinnehmen, denn das wäre der Standpunkt eines Gläubigen.

Wenn du an dem Skeptiker in dir zweifeln kannst, ist der Mystiker nicht mehr weit entfernt.

Was ist ein Mystiker? – Jemand, der keine Antworten weiß, jemand, der alle nur möglichen Fragen gestellt hat und herausgefunden hat, dass sich keine dieser Fragen beantworten lässt. Nachdem er das festgestellt hat, hat er das Fragen aufgegeben. Nicht dass er die Antwort gefunden hätte – er hat einfach nur festgestellt, dass es keine Antworten gibt.

Das Leben ist ein Mysterium, keine Frage. Es ist kein Rätsel, das es zu lösen gilt, keine Frage, die es zu beantworten gilt, sondern ein Mysterium, das es zu leben gilt, das es zu lieben gilt, das es zu tanzen gilt.

Ein vollkommen skeptischer Verstand muss irgendwann zu einem Mystiker werden; daher sind meine Türen für alle offen. Ich akzeptiere den Skeptiker, denn ich weiß, wie ich einen Mystiker aus ihm machen kann. Ich lade den Theisten ein, weil ich weiß, wie ich seinen Theismus zerstören kann. Ich laden den Atheisten ein, weil ich weiß, wie ich ihm seinen Atheismus nehmen kann. Meine Türen halten niemanden ab, weil ich euch keinen Glauben gebe. Ich gebe euch nur eine Methode, eine Meditation, damit ihr für euch selbst herausfinden könnt, was die Wahrheit ist.

Ich habe festgestellt, dass es keine Antworten gibt. Alle Fragen sind sinnlos, und alle Antworten sind noch sinnloser. Dumme Menschen haben Fragen gestellt, und aus diesen Fragen sind großartige Philosophien entstanden. Die Schlauen und die Scharfsinnigen haben diese Philosophien entwickelt. Doch wenn ihr im Einklang mit der Wirklichkeit sein wollt, dürft ihr weder dumm noch schlau sein. Ihr müsst unschuldig sein.

Mit was immer ihr also ankommt – Skeptizismus, Atheismus, Theismus, Kommunismus, Faschismus, mit jeder möglichen Art von Unsinn könnt ihr hier ankommen –, meine Medizin ist immer dieselbe.

Es spielt keine Rolle, mit welcher Art von Unsinn euer Kopf gefüllt ist, wenn ihr hierher kommt. Ich schlage euch allen den Kopf ab, ohne Unterschied. Wer in eurem Kopf sitzt,

spielt keine Rolle – mir geht es nur ums Abschlagen!
Ich bin einfach nur ein Holzfäller.

Kannst du etwas über Zweifel und Negativität sagen? Was ist der Unterschied?

Zwischen Zweifel und Negativität besteht ein großer Unterschied. Beides sieht gleich aus; an der Oberfläche haben beide dieselbe Farbe, doch tief darunter ist der Unterschied unüberbrückbar.

Erstens handelt es sich bei Zweifel nicht um Negativität; genauso wenig ist er Positivität. Zweifel bedeutet einen offenen Geist, ohne Vorurteile. Er bedeutet ein forschendes Herangehen. Zweifel bedeutet, nichts zu sagen, sondern einfach nur eine Frage zu stellen. Der Sinn dieser Frage ist, zu erkennen und herauszufinden, was die Wahrheit ist.

Zweifel ist eine Pilgerschaft. Zweifel ist einer der heiligsten Werte des Menschen. Zweifel bedeutet kein Nein. Er sagt einfach: »Ich weiß es nicht, und ich bin bereit, es zu wissen. Ich bin bereit, so weit wie möglich zu gehen, doch wie kann ich ja sagen, solange ich es nicht weiß?«

Negativität hat bereits nein gesagt. Sie ist keine Suche. Sie ist zu einer Schlussfolgerung gekommen, so wie jemand anderer zu der Schlussfolgerung gekommen ist, ja zu sagen. Der eine sagt, es gibt einen Gott; seine Aussage ist positiv. Der andere sagt, es gibt keinen Gott; seine Aussage ist negativ. Doch beide sitzen im selben Boot, sie unterscheiden sich nicht. Sie haben nicht wirklich geforscht. Weder der Theist noch der Atheist haben wirklich gezweifelt; beide haben geborgtes Wissen übernommen. Der Zweifel sagt: »Ich möchte gern wissen, doch solange ich es nicht selbst weiß, ist es kein Wissen. Nur meine eigene Erfahrung kann den Ausschlag geben.« Er ist nicht arrogant, er leugnet nichts. Er ist einfach nur bereit zu forschen.

Zweifel ist nicht dasselbe wie Unglauben – damit haben

die Religionen die Menschen verwirrt. Sie haben Zweifel
mit Unglauben verwechselt. Tatsächlich sind Glauben und
Unglauben genau dasselbe. Beide übernehmen Wissen von
anderen, aus Büchern, von Meistern. Und denkt daran, immer wenn ihr etwas nicht wisst, doch angefangen habt, an
es zu glauben oder nicht an es zu glauben ... dann habt ihr
eine große Chance vertan, zu forschen. Ihr habt die Tür bereits verschlossen, durch ein Ja oder ein Nein. Ihr seid nicht
gereist. Es ist leichter, ja zu sagen, es ist leichter, nein zu sagen, denn dafür muss man nichts tun. Um zu zweifeln,
braucht es Mut.

Um zu zweifeln, braucht es den Mut, im Zustand des
Nichtwissens zu bleiben und immer weiter alles in Frage zu
stellen, bis zu dem Augenblick, in dem man selbst bei der
Wirklichkeit angekommen ist. Wenn man bei der Wirklichkeit ankommt, gibt es keine Negativität und auch keine Positivität. Man weiß einfach – es ist eine eigene Erfahrung.
Ich sage nicht, dass es sich um Positivität handelt, weil Positivität immer einen Gegenpol hat, die Negativität. Die Erfahrung geht über beides hinaus; die Welt der Polaritäten
wird dabei transzendiert. Das ist wahre Weisheit.

Zweifel ist der Weg zur Wahrheit. Ja oder Nein sind keine
Wege zur Wahrheit; sie halten einen vielmehr davon ab. Es
scheint vielleicht seltsam, wenn man sagt, dass ein Ja dasselbe bewirkt wie ein Nein. Im Wörterbuch sind sie Gegensätze, doch in Wirklichkeit sind sie das nicht. Sie sehen nur
gegensätzlich aus. Doch beide haben keine Fragen gestellt.
Beide haben nicht versucht herauszufinden, was wirklich
wahr ist.

Der Kommunist ist genauso ein Gläubiger wie der Katho-
lik. Der Kommunist glaubt, dass es keinen Gott gibt. Man
kann das als Unglauben bezeichnen, doch es handelt sich
dabei um einen Glauben. Er hat nicht nachgeforscht, er hat
nicht meditiert; er hat nichts getan, um herauszufinden, ob
es wirklich keinen Gott gibt. Der Theist sagt, dass es einen

Gott gibt. Auch er hat nichts dafür getan. Beide haben eine Entscheidung getroffen, ohne sich auch nur einen Zentimeter in Richtung Wahrheit zu bewegen. Das ist der Grund für ein sehr seltsames Phänomen: Ein Gläubiger, ein Theist, kann in einem einzigen Augenblick zu einem Ungläubigen, einem Atheisten werden, und umgekehrt.

Vor der Revolution war Russland eines der gläubigsten und religiösesten Länder der Welt. Millionen von Menschen in Russland hätten ihr Leben für Gott hingegeben. Nach der Revolution, nachdem die Herrschaft gewechselt hatte, nachdem die Priester gewechselt hatten, nachdem die Heilige Schrift durch das heilige *Das Kapital* ersetzt worden war, wurde das ganze Land innerhalb von nur zehn Jahren atheistisch.

Ist das nicht erstaunlich? Menschen, die ihr ganzes Leben lang an Gott geglaubt hatten, glaubten plötzlich nicht mehr. Selbst die Kommunisten konnten nicht verstehen, wie das passiert war, dass dies dieselben Leute waren, die einmal für Gott gestorben wären – und nun waren sie bereit, für den Atheismus zu sterben? Niemand hat diese Situation bisher wirklich analysiert, das, was dabei geschah. Hier ist die Analyse: Negativität und Positivität sind beides Glaubenssysteme.

Der Zweifel richtet sich gegen beides. Zweifel bedeutet, dass der Einzelne darauf besteht, dass er selbst die Wahrheit kosten möchte, dass er selbst die Wahrheit erfahren möchte. Er ist nicht bereit, sie von jemand anderem zu übernehmen, so oder so.

Es gibt nur sehr, sehr wenige Menschen, die zweifeln. Doch lasst mich euch sagen: Selig sind jene, die zweifeln, denn sie werden die Wahrheit erlangen. Es ist anstrengend, zu zweifeln, es ist riskant, es ist gefährlich. Man begibt sich ins Unbekannte, ohne Vorbereitung, ohne vorgefasste Urteile. Man betritt ein dunkles Loch und weiß nicht einmal, ob es ein Ende des Tunnels geben wird, ob man jemals wieder aus dem Dunkel heraustreten wird. Es gibt keinen Glauben; man nimmt einfach nur die Herausforderung an. Es gibt nur eine Suche, eine Frage. Man selbst wird zu einer Frage.

Es ist sehr tröstlich, eine Antwort zu haben, und wenn sie kostenlos verfügbar ist, wie es der Fall ist … Jesus sagt: »Glaubt an mich, und ihr braucht euch nicht zu sorgen: Ich werde für euch sorgen. Ich werde euch am Tag des Jüngsten Gerichts erwählen. Ich werde euch Gott anempfehlen: ›Dies sind meine Anhänger – sie sollten ins Paradies eingelassen werden.‹ Alles, was ihr tun müsst, ist, an mich zu glauben.« Eine echte Abkürzung – einfach nur glauben. Das ist der Grund, warum Tausende von Menschen in der ganzen Welt immer geglaubt haben und Tausende anderer nicht geglaubt haben. Sie berufen sich auf Unterschiedliches, doch ihre grundsätzliche Herangehensweise ist dieselbe.

In Indien gibt es eine uralte Philosophie namens *Charvaka*. Diese Philosophie besagt, dass es keinen Gott gibt, keine Hölle, keine Bestrafung für die schlechten Taten und keine Belohnung für die guten Taten. Tausende haben daran geglaubt. Sie ist negativ, vollkommen negativ, doch sehr praktisch. Man kann stehlen, man kann morden, man kann alles tun, was man möchte; nach dem Tod bleibt nichts übrig. Der Westen ist in vieler Hinsicht dem Osten hinterhergehinkt, vor allem im Hinblick auf Religion, Philosophie und Kultur. *Charvaka* ist eine 5000 Jahre alte Ideologie; Karl Marx sagte erst gegen Ende des letzten Jahrhunderts, dass es keinen Gott gebe. Er wusste nichts von *Charvaka*, er dachte, er hätte eine große Entdeckung gemacht. Seit 5000 Jahren hat *Charvaka* genau dasselbe gesagt; doch sie haben es nicht erforscht.

Der Mann, der die Philosophie entwickelte, hieß Brihaspati – er muss ein Mann mit einer charismatischen Persönlichkeit gewesen sein. Er überzeugte die Menschen davon, dass man alles tun kann, was man möchte, weil der Dieb, der Mörder und der Heilige alle gleichermaßen sterben:

Staub zu Staub. Und nach dem Tod bleibt nichts übrig; der Heilige verschwindet ebenso wie der Sünder. Sorgt euch also nicht um ein Leben nach dem Tod, denn das gibt es nicht. Das ist kein Erforschen, denn die *Charvaka*-Anhänger und ihr Meister Brihaspati sind niemals über den Tod hinausgegangen. Nach ihrer Philosophie wären sie nicht zurückgekommen, wenn sie das getan hätten. Auf welcher Basis können sie also behaupten, dass es nach dem Tod nichts gibt? Niemand hat das Land der Toten jemals betreten. Doch es ist leicht, einfach etwas zu glauben.

Es lohnt sich, eine berühmte Aussage von Brihaspati zu zitieren. Brihaspati sagte: *Rinam kritva ghritam pivet* – »Selbst wenn du dir Geld dafür borgen musst, trinke so viel Ghee wie möglich.« Denn nach dem Tod wird keiner dir Fragen stellen, wird keiner dich bestrafen. Der Mensch, der dir das Geld geliehen hat, kann dich nicht vor das Gericht Gottes zerren, denn das gibt es nicht. Seine ganze Philosophie ist sehr einfach: »Esst, trinkt und seid fröhlich.« Ihr könnt daran glauben – und die Theisten werden das dann als *Un*glauben bezeichnen.

Dasselbe hat Karl Marx für die Kommunisten getan. Er sagte, dass es keine Seele gebe, kein Bewusstsein; dass es sich dabei nur um ein Nebenprodukt der Materie handle. Wenn der Körper zerfällt, bleibt nichts übrig. Das wurde zu einer sehr gefährlichen Einstellung, denn die Kommunisten konnten andere Menschen töten, ohne auch nur einmal darüber nachzudenken. Sie glaubten, dass man keine Sünde damit begeht, wenn man andere tötet. Es gibt keine Seele in einem Körper; es gibt nichts Inneres. Der Mensch besteht nur aus Chemie, Biologie, Physiologie – und es gibt keine Seele. Josef Stalin konnte nach der Revolution fast eine Million Menschen töten lassen, ohne auch nur den geringsten Zweifel an dem zu verspüren, was er da tat.

In der Sowjetunion wurde der Mensch auf einen Mechanismus reduziert. Man kann ihn töten, ohne dass dabei et-

was getötet wird, weil von Anfang an nichts da war. Der
Mensch ist nur eine funktionierende Uhr. Sie bewegt sich,
sie zeigt die Zeit an, doch das bedeutet nicht, dass sich jemand in ihr befindet. Man kann die Uhr auseinander nehmen und wird nichts darin finden. Das ist es, was Karl Marx
den Kommunisten predigte: dass der Mensch nur eine Uhr
sei. Und schon bald glaubte fast die halbe Welt an Karl
Marx. Seltsam – dieselben Leute hatten vorher an Gott geglaubt. Russen, Chinesen, Inder, Mohammedaner – alle
möglichen Leute wechselten vom Ja zum Nein. Aus einem
Ja ein Nein zu machen ist so einfach, weil zwischen beiden
kein wirklicher Unterschied besteht. Im Grunde vermitteln
beide Trost, ohne dass man die schwierige Reise zur Wahrheit unternehmen muss.

Ich habe viele Kommunisten gefragt, alte Kommunisten …
In Indien gab es zum Beispiel S. A. Dange, der zusammen
mit Lenin, Trotzki und Stalin Mitglied der Kommunisti-
schen Internationale gewesen war. Er war ein Augenzeuge
der russischen Revolution gewesen. Ich fragte ihn: »Hast du
jemals meditiert?«

Er antwortete: »Meditiert – wozu? Warum sollte ich meditieren?«

Ich erwiderte: »Wenn du niemals meditiert hast, dann
kannst du auch nicht behaupten, dass es keine Seele gibt,
keinen Gott, kein Bewusstsein. Wenn du niemals in dein Inneres gegangen bist, wie kannst du dann behaupten, dass
dort niemand ist? Und sieh dir doch nur die Absurdität des
Ganzen an: Wer sagt, dass dort niemand ist? Um es zu leugnen, musst du doch erst einmal annehmen, dass es jemanden gibt. Allein um zu sagen, dass dort niemand sei, musst
du jemanden annehmen.«

Dasselbe gilt auch für die Religionen.

Niemand ist jemals Gott begegnet – kein Christ, kein
Hindu, kein Mohammedaner –, doch sie alle sagen ja, weil
die Gemeinschaft, in die sie geboren wurden, eine Gemein-

schaft von Theisten ist. Würden sie innerhalb dieser Gemeinschaft nein sagen, würden sie in Schwierigkeiten geraten. Ja ist einfach die allgemein akzeptierte Spielregel. Sie beten also zu einem Gott, und sie wissen nicht, warum sie es tun. Doch alle anderen tun es auch, also muss es richtig sein.

Wenn sich die Gruppe verändert – so wie in Russland –, dann werden dieselben Leute, die sich in Bezug auf Gott so sicher waren, plötzlich unsicher. Es brauchte zehn Jahre, bis sie von einer Sicherheit zur nächsten gewechselt hatten … ein Intervall der Unsicherheit, doch Unsicherheit ist nicht Zweifel.

Zweifel ist einfach eine Frage, und der Zweifel sagt: »Ich möchte *wissen*.« Zweifel kennt keine Ideologie. Zweifel ist vollkommen reines Suchen.

Du hast gefragt: »Was ist der Unterschied zwischen Zweifel und Negativität?«

Negativität und Positivität sind im Grunde dasselbe. Zweifel unterscheidet sich von beiden. Er macht dich nicht zum Theisten, und er macht dich nicht zum Atheisten. Positivität macht dich zu einem religiös Gläubigen, zu einem Theisten; Negativität macht dich zu einem Ungläubigen, zu einem Atheisten, religionslos. Zweifel macht dich zu gar nichts. Er macht dich einfach zu einem Suchenden. Und darin besteht die Würde des Menschen.

Ich lehre euch Zweifel, denn ich weiß, wenn ihr bis zum Ende zweifeln könnt, dann werdet ihr die Wahrheit eures eigenen Seins erkennen und damit gleichzeitig die Wahrheit der gesamten Existenz. Und das bedeutet Befreiung, das bedeutet Freiheit.

Zweifel ist weder christlich noch hinduistisch, weder amerikanisch noch deutsch. Ein Ja kann hinduistisch oder mohammedanisch oder christlich sein; ein Nein kann kommunistisch oder faschistisch sein – doch Zweifel ist einfach nur eine Suche, eine individuelle Suche.

Ja und Nein gehören beide zur Masse. Erst der Zweifel sorgt dafür, dass du deine Individualität findest. Du beginnst, deinen eigenen Weg zu finden. Du übernimmst nicht mehr die Landkarten der anderen.

Glauben ist billig, und nicht zu glauben ist ebenfalls billig. Doch die Reise zum Wissen ist wahrhaft gefährlich. Ich möchte, dass ihr weder negativ noch positiv seid, sondern offen, mit einer Frage, mit einem Fragezeichen und immer auf der Suche. Viele Male wird euer Verstand sagen, es sei besser zu glauben – denn die Reise ist anstrengend, und man weiß niemals, wohin sie führt, ob man etwas finden wird oder nicht. Doch hört nicht auf euren Verstand. Der Verstand hat all diese »Ja«- und »Nein«-Philosophien erschaffen.

Der Zweifel hat niemals eine Philosophie erschaffen; der Zweifel hat die Wissenschaft erschaffen. Und der Zweifel wird die wahre Religion erschaffen. Beides ist im Grunde dasselbe – die Anwendung des Zweifels, nur auf unterschiedlichen Gebieten. Der Zweifel hat uns innerhalb von nur 300 Jahren enorme Erkenntnisse über die Dinge geschenkt, über die äußere Welt, die sich bis zu Millionen von Sternen erstreckt. Auch in euch selbst befindet sich solch eine Welt, die in keinster Weise kleiner ist als die äußere Welt; vielleicht ist sie sogar noch größer. Warum sage ich, dass sie vielleicht noch größer ist? Ich nehme das Wort »vielleicht« mit dazu, damit ihr es nicht einfach nur glaubt. Ich *weiß*, dass sie größer ist, aus dem einfachen Grund, weil ihr um die Sterne wisst, um die Sonne, um den Mond – doch der Mond weiß nicht um euch, die Sonne weiß nicht um euch. Die Sterne sind riesig, das Universum ist riesig, doch ihr seid die einzigen Wissenden. Ihr besitzt mehr als das ganze Universum. Das ist der Grund, warum ich sage, dass ihr in eurem Inneren etwas besitzt, was größer ist als das Universum, mehr als das Universum. Forscht danach.

Einer der großartigsten Männer des 20. Jahrhunderts war Maharishi Raman. Er war ein einfacher Mann, ungebildet, doch er akzeptierte die Ideologie und die Religion nicht, in die er geboren worden war. Als er erst siebzehn Jahre alt war, verließ er seine Heimat auf der Suche nach der Wahrheit. Er meditierte viele Jahre lang in den Hügeln von Arunachal im Süden Indiens und erkannte sich schließlich selbst. Danach bestand seine ganze Lehre aus nur drei Worten, denn diese drei Worte hatten ihm das gesamte Mysterium der Existenz enthüllt. Seine Philosophie ist die kürzeste und bündigste. Wie lauten diese drei Worte? Allen, die zu ihm kamen – denn als er bekannt wurde, kamen Menschen aus der ganzen Welt zu ihm –, gab er die einzige Anweisung, still zu sitzen und sich nur eine einzige Frage zu stellen: »Wer bin ich?«, und immer weiter diese Frage zu stellen.

Eines Tages wird die Frage verschwinden, und nur du wirst noch übrig sein. Das ist die Antwort.

Nicht, dass man irgendwo eine Antwort finden würde; man findet sich selbst. Man gräbt einfach immer tiefer mit dieser Frage – diese Frage ist wie ein Graben – doch seht ihr, worum es sich bei dieser Frage handelt? Sie ist ein Zweifel: »Wer bin ich?« Sie glaubt nicht dem Spiritualisten, der sagt, dass du eine Seele bist. Sie glaubt nicht dem Materialisten, der behauptet, dass da niemand sei, also verschwende nicht deine Zeit, iss, trink und sei fröhlich. Sie zweifelt. Diese drei Worte enden mit einem Fragezeichen: »Wer bin ich?«

Und das ist genug. Wenn du geduldig damit weitermachen kannst, wird die Frage eines Tages plötzlich verschwinden, und was übrig bleibt, ist deine Realität. Das ist die Antwort. Und in dem Augenblick, in dem du dich selbst erkennst, hast du alles erkannt, was es wert ist, erkannt zu werden.

Bist du sowohl gegen Gott als auch gegen Jesus?

Ich bin nicht gegen Gott.

Ich habe überall nach ihm gesucht und geforscht, und dabei habe ich festgestellt: Er ist nirgendwo zu finden. Ich habe nach innen geschaut, ich habe nach außen geschaut, ich habe alles nur Mögliche versucht. Es gibt keinen Gott. Das ist die einfache Feststellung einer Tatsache, ohne Zorn, ohne Feindseligkeit. Was kann ich denn machen, wenn er nicht existiert? Es ist nicht mein Fehler.

Doch der menschliche Verstand nimmt gern eine extreme Position ein. Es lohnt sich, das zu verstehen.

Warum nimmt der menschliche Verstand gern eine extreme Position ein? Man muss entweder ein Theist sein oder ein Atheist; man muss entweder dafür sein oder dagegen. Der Verstand erlaubt keine dritte Alternative. Der Grund dafür ist einfach: Die dritte Alternative wäre der Tod des Verstandes. Der Verstand lebt von den Extremen; sie sind seine Nahrung.

Genau in der Mitte, dort, wo die beiden Polaritäten sich auflösen und die Gegensätze sich begegnen, hört der Verstand auf zu funktionieren. Der Verstand kann sich nicht vorstellen, wie Gegensätze sich begegnen können, wie Polaritäten eins sein können. Doch tatsächlich begegnen sie sich, tatsächlich sind sie eins. Habt ihr jemals Leben und Tod getrennt gesehen? Es ist euer Verstand, der sie in Kategorien einteilt und verschiedene Worte verwendet. Doch seht euch die Existenz an – da gibt es nur Leben, das sich in Tod verwandelt, und Tod, der sich in Leben verwandelt. Es gibt keine Trennung, beide sind Teil eines einzigen Ganzen.

Es ist der Verstand, der die Vorstellung von schön und hässlich hervorgebracht hat. Doch im Leben ... glaubst du, dass noch irgendetwas schön wäre und irgendetwas hässlich wäre, wenn jeder menschliche Verstand für einen Augenblick von der Erde verschwinden würde? Wäre die Rose immer noch schön? Nein, denn wenn der Verstand nicht mehr da ist, gibt es niemanden mehr, der urteilen könnte, und schön und hässlich sind mentale Urteile.

Die Rose ist noch da, ebenso wie die Dornen, doch es gibt keine Bewertung mehr, weil der Bewerter nicht mehr da ist.

Beides steht dann ohne irgendeine Rangfolge nebeneinander. Die Rose steht nicht mehr höher als die Dornen. Die Ringelblume ist keine armselige Blume mehr, und die Rose ist nicht mehr prächtig; beide stehen auf derselben Ebene.

Jede Rangfolge wird durch den Verstand hervorgebracht: niedrig, hoch, dafür, dagegen.

Stell dir nun noch etwas anderes vor: Lass den Verstand da sein, doch lass einen Augenblick lang jedes Urteil los – das ist schon etwas schwieriger. Du kannst dir einen Zustand vorstellen, in dem jeder Verstand verschwunden ist, und sicher kannst du erkennen, dass dann nichts mehr hässlich oder schön ist. Die Dinge sind dann einfach da als das, was sie sind, ohne Vergleich, ohne Urteil, ohne Bewertung.

Jetzt versuch das andere, was etwas schwieriger ist. Lass den Verstand da sein – so dass der Verstand der Menschen vorhanden ist, aber ohne dass jemand urteilt – eine Stunde lang keine Urteile. Kann dann etwas schön oder hässlich sein? Kann etwas moralisch oder unmoralisch sein? Kann es einen Sünder und einen Heiligen geben? Diese eine Stunde lang werden all diese Kategorien verschwinden, und zum ersten Mal werdet ihr wirklich in Kontakt sein mit der Realität, wie sie ist, und nicht wie sie von euch projiziert wird, wie sie von eurem Verstand erschaffen wird. Der Verstand erschafft ständig Realität; wer wäre ansonsten ein Heiliger und wer ein Sünder?

Der menschliche Verstand ist für jedes Extrem zu haben, denn die Extreme sind sein Lebenselixier. Doch wenn sich zwei Extreme treffen, löschen sie sich gegenseitig aus und hinterlassen ein Vakuum. Das ist die Bedeutung des mittleren Wegs: Lass die Extreme an einen Punkt kommen, an dem sie sich gegenseitig auslöschen, und plötzlich bist du weder Atheist noch Theist. Die ganze Frage wird irrelevant. Doch der Verstand ist nicht bereit loszulassen – weder in der Religion noch in der Philosophie, noch in der Wissenschaft.

Kürzlich sah ich einen Dokumentarfilm über die Geschichte der Mathematik. Die gesamte Geschichte der Mathematik lässt sich als Problem des menschlichen Verstandes begreifen. Zweitausend Jahre lang oder noch etwas länger im Westen und fünftausend bis zehntausend Jahre lang im Osten haben Mathematiker versucht, die ultimative Wissenschaft zu finden. Eines ist in ihren Augen sicher, nämlich, dass nur die Mathematik die ultimative Wissenschaft sein kann, aus dem einfachen Grund, weil es keine mathematischen Dinge in dieser Welt gibt. Es handelt sich um eine reine Wissenschaft. Es gibt keine mathematischen Objekte: keinen mathematischen Stuhl und kein mathematisches Haus. Die Mathematik ist nur ein rein begriffliches Spiel. Sie besteht aus nichts als Ideen und Vorstellungen. Und weil Vorstellungen Eigenschaften eures Verstandes sind, könnt ihr sie zu vollkommener Reinheit veredeln. Also wurde allgemein angenommen, dass die Mathematik zur reinstmöglichen Wissenschaft werden kann. Doch es gab Probleme dabei. Den Mathematikern war nicht bewusst, dass der Verstand selbst das Problem ist, und dann versucht der Verstand, eine Wissenschaft ohne Probleme, ohne Widersprüche, ohne Paradoxa zu erschaffen.

Ihr könnt dieses Spiel spielen. Ihr könnt ein großes Gebäude errichten, doch wenn ihr euch die Grundlage anschaut, werdet ihr erkennen, dass das letztendliche Problem im Grunde ungelöst bleibt. Nehmt zum Beispiel die euklidische Geometrie … es war mir immer unmöglich, mich tiefer damit zu beschäftigen, aus dem einfachen Grund, weil ich den grundlegenden Hypothesen nicht zustimmen konnte. Mein Geometrielehrer sagte zu mir: »Dein Problem hat nichts mit mir zu tun. Geh zu Euklid – verlasse die Klasse und finde Euklid und kläre diese Dinge mit ihm! Ich bin nur ein armer Lehrer, ich verdiene hier einfach nur mein Geld; ich habe nichts mit seinen grundlegenden Axiomen zu tun. Ich bringe euch einfach nur das bei, was in diesem Buch steht. Ich bin überhaupt nicht daran interessiert, ob seine fundamentalen Hypothesen richtig oder falsch sind. Also raus mit dir!«

Und er ließ mich nicht mehr in die Klasse kommen.

Ich fragte ihn: »Aber wie können Sie das Jahr für Jahr lehren, wenn Sie doch wissen, dass die grundlegenden Hypothesen vollkommen absurd sind?«

Er erwiderte: »Das war mir nie aufgefallen; du bist derjenige, der mir dauernd einhämmert, dass sie absurd sind. Ich habe mich nie darum gekümmert; ich bin weder ein Wissenschaftler noch ein Mathematiker, ich bin nur ein armer Lehrer. Und ich wollte noch nicht einmal Lehrer werden. Ich habe mich für andere Stellen beworben, doch nirgendwo gab es eine freie Stelle. Ich bin nur notgedrungen ein Lehrer geworden. Quäle mich also nicht. Du hast ein Problem mit Euklid – halte mich da raus. Wenn du lesen möchtest, was in seinem Buch steht, kannst du das gern tun. Doch wenn du mir sagst, dass die Grundlagen falsch sind ...«

Ich sagte zu ihm: »Ich kann damit nicht weitermachen, wenn die Grundlagen nicht sicher sind, denn das wäre gefährlich. Das Fundament fehlt, und Sie sagen mir, ich soll diesen Wolkenkratzer besteigen? Ich werde mich keinen Zentimeter bewegen. Zuerst muss ich sicher sein, dass es ein Fundament gibt, das diesen Wolkenkratzer trägt. Sie werden abstürzen – das ist Ihre Sache –, aber ich bin nicht bereit, mit Ihnen abzustürzen. Wenn Sie Selbstmord begehen wollen, nur zu.«

Er antwortete: »Das ist seltsam. Mit Euklid begeht doch niemand Selbstmord. Wovon sprichst du eigentlich?«

Ich sagte: »Ich spreche über genau das, was ich gesagt habe. Es ist Selbstmord. Keine einzige von Euklids Hypothesen ist erklärbar.«

Und doch ist Euklid seit zweitausend Jahren die Grundlage nicht nur der Geometrie, sondern aller anderen Wissenschaften, denn seine Hypothesen gelten auch in anderen

Wissenschaften. Zum Beispiel sagt er von einer Linie, dass
sie nur Länge hat – nur Länge, keine Breite.

Ich forderte also meinen Lehrer auf: »Ziehen Sie doch einmal eine Linie, die nur Länge hat. In dem Augenblick, in
dem Sie eine Linie ziehen, wird sie auch eine gewisse Breite
haben, wie gering diese auch sein mag.« Und ein Punkt hat
nach Euklid weder Länge noch Breite. Ich sagte also: »Malen Sie doch einmal einen Punkt auf, der weder Länge noch
Breite hat. Und derselbe Euklid sagt, dass eine Linie aus
Punkten besteht – ein Punkt nach dem anderen, in einer
Reihe. Wenn ein Punkt weder Länge noch Breite hat – wie
kann die Linie da eine Länge haben? Denn sie besteht doch
nur aus Punkten, die in einer Reihe liegen. Woher taucht da
plötzlich die Länge auf?«

Da rang er nur noch die Hände und sagte: »Lass mich in
Ruhe. Ich habe dir doch schon gesagt, dass ich nur ein armer Lehrer bin und dass du mich überforderst.«

Ich erwiderte: »Das ist keine Antwort. Sie könnten einfach akzeptieren, dass diese Axiome nicht erklärbar sind.«

Aber der Verstand hat ein Problem damit zu akzeptieren,
dass es etwas gibt, was nicht erklärbar ist. Der Verstand hat
einen irrsinnigen Drang, alles zu erklären … und wenn schon
nicht zu erklären, dann wenigstens wegzuerklären. Alles,
was ein Rätsel bleibt, ein Paradox, beunruhigt den Verstand.

Die ganze Geschichte der Philosophie, der Religion, der
Wissenschaft und der Mathematik geht auf dieselbe Wurzel
zurück, auf denselben Verstand – denselben Juckreiz. Man
kann sich auf die eine Art kratzen, und jemand anderer tut
es vielleicht auf eine andere Art, doch es ist der Juckreiz, den
man verstehen muss. Der Juckreiz ist der Glaube, dass die
Existenz kein Mysterium ist: Der Verstand fühlt sich nur
wohl, wenn die Existenz irgendwie entmystifiziert wird.

Die christliche Religion hat das getan, indem sie Gott Vater, Gott Sohn und den Heiligen Geist hervorgebracht hat;
andere Religionen haben andere Dinge hervorgebracht. Das

ist ihr Versuch, ein Loch abzudecken, das sich nicht abdecken lässt; was immer man tut, das Loch bleibt vorhanden.
Tatsächlich ist das Loch umso deutlicher vorhanden, je mehr
man versucht, es abzudecken. Je mehr du dich bemühst, es
abzudecken, desto mehr zeigt das deine Angst, dass jemand
das Loch entdecken könnte.

In meiner Kindheit passierte es mir jeden Tag, weil ich so
gern auf Bäume kletterte: Je höher der Baum, desto mehr
Spaß machte es mir. Und natürlich fiel ich oft herunter; ich
trage immer noch die Narben davon an meinen Beinen und
Knien und am ganzen Körper. Weil ich dauernd auf Bäume
stieg und herunterfiel, waren meine Kleider ständig zer-
rissen, und meine Mutter sagte dann immer: »Geh nicht mit
diesem Loch in deinem Hemd weg. Lass es mich vorher
flicken.«

Ich erwiderte: »Nein, kein Flickwerk.«

Sie meinte: »Aber die Leute werden sagen, dass du als
Sohn des besten Stoffhändlers der Stadt immer mit zerrissenen Kleidern herumläufst und niemand sich darum kümmert.«

Ich antwortete: »Wenn du es flickst, machst du es hässlich.
Im Moment kann jeder sehen, dass es frisch ist. Ich bin nicht
mit diesem Loch von zu Hause weggegangen. Es ist frisch,
ich bin eben erst von einem Baum gefallen. Doch wenn du
es flickst ... dann ist es etwas Altes, was ich zu verstecken
versuche. Wenn du es flickst, wirke ich ärmlich, während
ich mit einem zerrissenen Hemd einfach nur mutig wirke.
Mach dir also keine Gedanken deswegen.«

Doch in der ganzen Geschichte des Verstandes, in den unterschiedlichsten Bereichen, wurde geflickt – und vor allem
in der Mathematik, weil die Mathematik ein reines Gedan-
kenspiel ist. Es gibt Mathematiker, die sie für etwas anderes
halten, so wie es Theologen gibt, die Gott für real halten.
Aber Gott ist nur eine Vorstellung. Wenn Pferde Vorstellungen hätten, wäre ihr Gott ein Pferd. Ihr könnt absolut sicher

sein, dass ihr Gott kein Mensch wäre, denn die Menschen
waren so grausam zu Pferden, dass sie bei ihnen nur als Teufel gelten könnten, niemals als Götter. Doch jedes Tier hat
dann seine eigene Vorstellung von Gott, so wie jede menschliche Rasse ihre eigene Vorstellung von Gott hat.

Vorstellungen sind ein Ersatz für die Punkte, an denen
das Leben geheimnisvoll ist und Löcher auftauchen, die
sich mit der Realität nicht füllen lassen. Ihr füllt diese Löcher mit Vorstellungen; dann könnt ihr wenigstens das Gefühl haben, dass ihr das Leben versteht.

Habt ihr jemals über das Wort »verstehen« nachgedacht?
Ihr fühlt euch als Meister über alles, was unter euch steht,
unter eurem Daumen, unter eurer Macht, unter eurem Fuß.
Die Menschen haben versucht, das Leben auf diese Weise
zu verstehen, indem sie ihren Fuß darauf gestellt und erklärt haben: »Wir sind die Meister. Jetzt gibt es nichts mehr,
was wir nicht verstanden haben.«

Doch das ist nicht möglich. Was immer ihr tut, das Leben
ist ein Mysterium, und es wird ein Mysterium bleiben.
Selbst wenn ihr das ganze Leben verstehen könntet, würde
ein neues Problem auftauchen: »Wer ist dieser Mensch, dieser Verstand, dieses Bewusstsein, das alles verstanden hat?
Woher kommt es?«

In jenem Dokumentarfilm ging es also um einen Mathematiker zu Beginn des 20. Jahrhunderts – einen sehr berühmten Mathematiker, einen der größten in der Geschichte
der Mathematik. Sein Name war Frege, und er hatte sich
sein ganzes Leben lang damit beschäftigt, ein mathematisches System zu entwerfen, das alle Paradoxa, alle Geheimnisse, alle Rätsel lösen sollte – die ultimative Lösung. Er war
eben dabei, es zu veröffentlichen – in der Zwischenzeit ist es
veröffentlicht, und es ist wirklich ein gewaltiges Werk. Doch
Bertrand Russell – damals noch ein junger Mann und nicht
sehr berühmt, nur einigen wenigen Leuten als Philosoph bekannt – war ebenfalls an Mathematik interessiert. Später

schrieb Russell selbst ein monumentales Werk über Mathematik, die *Principia Mathematica,* in dem dreihundertzweiundsechzig Seiten ausschließlich dem Beweis gewidmet sind, dass eins und eins zwei ist. Das Buch ist einfach unmöglich – der Versuch, es zu lesen, kann einen wirklich in den Wahnsinn treiben! Bertrand Russell gab selbst zu: »Nachdem ich dieses Buch geschrieben hatte, war mein Verstand nie mehr so scharf wie zuvor; mein ganzer Scharfsinn ging verloren.« Ganz sicher hat er zu viel Energie in dieses Buch gesteckt, und zwar eine seltsame Art von Energie, denn kein Mensch liest dieses Buch.

Bertrand Russell war also an Mathematik interessiert. Er wusste, dass Frege dabei war, ein Buch zu veröffentlichen, das alle Paradoxa, Rätsel und mathematischen Probleme lösen sollte, und schickte Frege ein Paradoxon – ein ganz einfaches Paradoxon. Als Frege es erhielt, war er am Boden zerstört, und sein ganzer Enthusiasmus war verschwunden. Sein Buch war vollendet – zwei Bände, sein Lebenswerk –, und dieser Mann schickt ihm einen kurzen Brief mit einem kleinen Paradoxon und sagt: »Bevor Sie Ihr Buch veröffentlichen, sollten Sie über dieses Paradoxon nachdenken.« Es wurde als Russells Paradox bekannt.

Es ist ganz einfach, doch Frege hatte keine Antwort darauf. Er veröffentlichte seine Bücher daraufhin nicht; sie wurden erst nach seinem Tod publiziert. Sie sind monumental, doch es gelang ihm nicht, alle Paradoxa darin zu lösen. Das Paradoxon, das Russell ihm geschickt hatte, konnte er nicht auflösen.

Das Paradoxon ist ganz einfach: Alle Bibliothekare des Landes wurden aufgefordert, einen Katalog mit allen Büchern ihrer Bibliothek zu erstellen und diesen Katalog an die Nationalbibliothek zu schicken. Einer der Bibliothekare stellte also seinen Katalog fertig, und als er eben dabei war, ihn zu verpacken und an die Nationalbibliothek zu schicken, tauchte eine Frage in ihm auf: »Soll ich diesen Kata-

log ebenfalls aufnehmen oder nicht? Denn er ist ja nun ebenfalls ein Buch in meiner Bibliothek. Und die Anordnung ist
klar, nämlich dass alle Bücher der Bibliothek katalogisiert
werden sollen. Was soll ich also damit machen? Das ist ein
Buch in meiner Bibliothek, also ist es laut Anordnung richtig, es in den Katalog aufzunehmen.«

Dieses Problem war offensichtlich vielen Bibliothekaren
in den Sinn gekommen. Also kamen zwei Arten von Katalogen in der Nationalbibliothek an. Der Nationalbibliothe-
kar machte zwei Stapel: einen mit Katalogen, die den Katalog selbst ebenfalls enthielten, und einen mit denen, die ihn
nicht enthielten. Ihm wurde nun aufgetragen, einen Katalog
aller Kataloge zu erstellen, die den Katalog selbst nicht enthielten. Doch als er zum Ende kam, fragte er sich, was er mit
seinem eigenen Katalog machen sollte. Wenn er ihn nicht
aufnahm, dann fehlte in seinem Katalog ein Katalog, der
sich selbst nicht enthielt. Wenn er ihn aber aufnahm, dann
enthielt der Katalog nicht mehr nur solche Kataloge, die
sich selbst nicht enthielten.

Russell schickte ihm also dieses einfache Paradoxon:
»Was soll dieser Bibliothekar tun? Bevor Sie sich an die Lösung anderer, größerer Rätsel machen, lösen Sie doch bitte
erst einmal dieses Problem! Dieser Bibliothekar steckt in
Schwierigkeiten.«

Was immer man in dieser Situation nun tut, ist falsch.
Wenn man den Katalog nicht aufnimmt, fehlt ein Katalog,
der sich selbst nicht enthält: Es sind nicht alle Kataloge darin enthalten, die sich selbst nicht enthalten. Wenn man ihn
aber aufnimmt, dann enthält der Katalog nicht nur Kataloge, die sich selbst nicht enthalten … Könnt ihr noch folgen?

Ich sehe darin kein Problem. Doch Frege war ratlos; auch
Russell hatte keine Antwort auf diese Frage. Und jede Wissenschaft, jede Philosophie, jede Religion kommt irgendwann an diesen Punkt: Irgendwann kommt sie an einen

Punkt, an dem man etwas fraglos hinnehmen muss, blind ...
das ist es, was die Religion als Glauben bezeichnet.

Doch das ist Flickwerk. Wenn man von euch verlangt,
dass ihr glauben sollt, bedeutet das, dass ihr nicht versuchen
sollt, den Flicken wegzunehmen, weil darunter ein Loch ist
– abgrundtief, bodenlos – deckt es zu! Doch wenn man es
abdeckt, ist es damit nicht verschwunden. Nichts ist gelöst.
Nichts wird verändert, indem man es abdeckt – außer dass
man blind bleibt. Warum es also abdecken? Schließt einfach
die Augen.

Das ist der Grund, warum alle Anhänger immer blinde
Anhänger sein müssen – denn wenn sie Augen haben, gibt
es garantiert Probleme. Dann werden sie Rätsel finden, die
nicht gelöst sind, Fragen, die nicht gelöst sind. Wozu wurde
Gott erschaffen? – Einfach nur, um die ungelöste Frage zu
beantworten, wer das Universum erschaffen hat. Von dieser Frage ausgehend machen alle Religionen einen Sprung
in irgendeine Hypothese: »Gott hat die Welt erschaffen« ...
Doch die Frage ist genauso wie Bertrand Russells Paradoxon. Da gibt es keinen Unterschied. Die eine Frage bezieht
sich auf Mathematik und die andere auf Religion, doch das
Problem ist dasselbe. Das Axiom besteht darin, dass alles,
was existiert, von jemandem erschaffen worden sein muss.
Wie könnte es von selbst entstehen? Das ist das Problem. Alles, was ist, wurde erschaffen; wie könnte es sonst entstanden sein? Also bringen sie Gott ins Spiel, um zu erklären,
wer das Universum erschaffen hat.

Doch was macht man dann mit Gott? Gibt es einen Gott?
Wenn es einen Gott gibt, wer hat ihn dann erschaffen? Und
wenn er nicht existiert, wie kann er dann das Universum erschaffen haben? Wenn Gott selbst nicht existiert, wie kann
er dann die Existenz erschaffen haben? Und wenn er existiert, was ist dann mit dem grundlegenden Axiom, dass alles, was existiert, von jemandem erschaffen worden sein
muss? Nein, diese Frage darf nicht gestellt werden. Das ist

es, was alle Religionen sagen – fragt nicht, wer Gott erschaffen hat. Doch das ist seltsam – warum denn nicht? Wenn die
Frage in Bezug auf die Existenz gültig ist, warum sollte sie
dann in Bezug auf Gott nicht auch gültig sein?

Doch sobald man fragt, wer Gott erschaffen hat, gerät
man in eine absurde Schleife. Dann kann man immer so
weitermachen: Gott eins, Gott zwei, Gott drei – man kann
immer weiter durchzählen, doch am Ende wird die Frage genau die gleiche sein. Nach Tausenden von Göttern wird
man feststellen, dass die Frage vollkommen unberührt davon geblieben ist. All eure Antworten konnten nicht die
kleinste Veränderung der Frage bewirken. Wer hat das Universum, die Existenz, das Leben erschaffen? – Es ist immer
noch dieselbe Frage.

Für mich ist das Leben ein Mysterium. Es braucht nicht
unter unseren Füßen zu stehen, es braucht nicht verstanden
zu werden. Lebt es, liebt es, genießt es – seid es. Warum versucht ihr, es zu verstehen?

Ich bin nicht gegen Gott, ich bin nur gegen eine dumme
Hypothese, die nirgendwo hinführt.

Und du fragst, ob ich auch gegen Jesus Christus bin? Warum sollte ich gegen diesen armen Kerl sein? Ich empfinde
Mitleid mit ihm, ich empfinde Trauer um ihn. Ich glaube
nicht, dass er es verdient hatte, gekreuzigt zu werden. Ja, er
war ein bisschen verrückt – das kann ich nicht leugnen –,
doch nur weil jemand ein bisschen verrückt ist, bedeutet das
noch lange nicht, dass er gekreuzigt werden muss. Kreuzigung ist kein Heilmittel gegen Verrücktheit.

Tatsächlich haben die Menschen mit der Kreuzigung Jesu
das Christentum erschaffen und damit viele Leute verrückt
gemacht. Es ist die Kreuzigung, die für diesen ganzen Unsinn verantwortlich ist, der seit zweitausend Jahren vor sich
geht und immer noch andauert. Es ist die Kreuzigung, die
aus Christus – ohne sein Wissen – den Begründer des Chris-
tentums gemacht hat. Ich bin nicht gegen diesen armen Kerl.

Tatsächlich hätte er eine etwas bessere Behandlung verdient gehabt. Er hätte keine Kreuzigung gebraucht; er hätte ein bisschen Therapie gebraucht, um ihn zu heilen, um ihn wieder ins Lot zu bringen. Eine kleine Deprogrammierung: »Du bist nicht der Sohn Gottes – gib diese Vorstellung auf. Sie macht dich unnötigerweise zum Clown. Sie beweist nicht, dass du der Messias ist, sie beweist nur, dass du durchgeknallt bist.«

Wir haben hier schon viele Durchgeknallte geheilt, die dabei waren, sich aufzulösen. Bei manchen Leuten sind eben ein paar Schrauben zu locker, und bei anderen sind ein paar Bolzen zu fest – wir müssen sie nur ein bisschen reparieren. Jesus war nicht gefährlich. Er war ein netter Kerl, doch einfach nur nett zu sein schützt einen nicht davor, durchzudrehen. Er war nett und er war leichtgläubig. Ständig hörte er diese Idee: »Der Messias wird kommen und die ganze Menschheit retten«, und sie stieg ihm zu Kopf. Ein bisschen Therapie, und er wäre wieder in Ordnung gewesen. Ich bin nicht gegen ihn, ich habe Mitleid mit ihm. Es war ein bisschen heftig, ihn gleich ans Kreuz zu nageln; er hatte schließlich kein Verbrechen begangen. Wozu gibt es Redefreiheit – jeder darf sagen: »Ich bin der Sohn Gottes.« Ich glaube nicht, dass das jemandem schadet, dass es die Rechte anderer beschneidet. Jeder andere kann sagen, dass er ebenfalls der Sohn Gottes ist, das ist kein Problem.

Warum haben sie so viel Trara um ihn gemacht? Das hätte es überhaupt nicht gebraucht. Man hätte ihn einfach nur ignorieren müssen. Hätte niemand ihn beachtet, dann wäre er sogar ohne jede Therapie wieder zu sich gekommen. Doch weil die Leute anfingen, ihn zu beachten und sich über ihn aufzuregen, wurde diese Vorstellung für ihn mehr und mehr zur Obsession.

Das ist eine ganz normale Schlussfolgerung: »Wenn die Leute sich ärgern und aufregen, dann muss etwas dran sein, denn warum sollten sie sich sonst die Mühe machen? Wenn ich nur ein Verrückter wäre, würden sie mich auslachen und weggehen.« Doch ganz Judäa und alle Rabbis waren verstört. Das war Beweis genug für Jesus, dass das, was er sagte, eine gewisse Bedeutung haben musste. Diese alten Narren, diese Rabbis, haben diesen jungen Mann zerstört. Sie haben ihn verdorben, indem sie ihm Aufmerksamkeit schenkten, indem sie ihm Bedeutung gaben. Tatsächlich hätten *sie* bestraft werden müssen, doch *er* wurde bestraft. Er tut mir leid. Ich bin nicht gegen ihn. Ich wäre dafür gewesen, dass er behandelt und geheilt worden wäre und ein langes, gesundes Leben hätte führen könne.

… Ich habe euch immer erklärt, dass ich möchte, dass das Leben als Mysterium akzeptiert wird, denn nur als Mysterium ist es schön, lebenswert, liebenswert, segensreich, ekstatisch.

Es ist gut, dass das Leben nicht entmystifiziert werden kann.

Es gibt keine Möglichkeit, es zu entmystifizieren, und ich bin der Letzte, der es entmystifizieren möchte. Meine Absicht ist genau entgegengesetzt. Das ist es, was ich mein ganzes Leben lang gemacht habe – alles zu mystifizieren. Das ist keine schwierige Aufgabe, weil die Menschen die Dinge gewaltsam entmystifiziert haben; ich entferne einfach nur die Abdeckung, den Flicken, und gebe euch das reine Leben, so wie es ist.

Es gibt nirgendwo eine letztgültige Antwort. Und es wird niemals eine Antwort geben, die alle Probleme löst; daher ist Gott eine Unmöglichkeit, weil Gott eine letztgültige Antwort bedeutet.

Und es ist gut, dass es keinen Gott gibt, denn sonst wären wir alle verdammt. Dann gäbe es keine Möglichkeit für Freude, für Freiheit, für Suchen, für Ekstase – Gott hätte alles zerstört. Daher sage ich euch, wenn es Gott geben würde, hätte ich euch beigebracht, ihn umzubringen. Doch glücklicherweise gibt es ihn nicht, sodass es uns erspart bleibt, in ir-

gendeiner Weise gewalttätig zu werden. Diese eine Gewalt-
tat hätte ich zugelassen, auch wenn ich ansonsten für Gewaltlosigkeit bin. Wenn es Gott gäbe, hätte ich zu euch gesagt:
»Macht ihn fertig! Denn mit ihm ist kein Leben möglich.«

Ihr habt nicht an die Folgen gedacht: Nur ohne Gott
könnt ihr frei sein. Dann besitzt euer inneres Wesen Freiheit.
Dann hat eure Essenz alle Möglichkeiten zu wachsen. Dann
gibt es niemanden, der herrscht, niemanden, der diktiert,
niemanden, der manipuliert. Dann seid ihr niemandem gegenüber verantwortlich außer euch selbst. Niemand kann
euch fragen, warum ihr dies oder jenes getan habt; niemand
kann euch bestrafen oder belohnen. Es gibt keine Möglichkeit, euch zu einer bestimmten Lebensweise zu manipulieren, denn es gibt keinen Gott.

Und wenn es keinen Gott gibt, wie könnte es dann einen
Messias und einen Sohn Gottes geben? Das ist der Grund,
warum ich Jesus als verrückt bezeichne. Ich bezeichne ihn
einfach nur aus Liebe und Mitgefühl als verrückt, doch ich
bin nicht gegen ihn. Wäre ich dort gewesen, hätte ich zu den
Juden und zu Pontius Pilatus gesagt: »Was macht ihr da? Ihr
erschafft eine Religion – von Verrückten! Wenn ihr diesen
Mann kreuzigt, begeht ihr ein Verbrechen gegen die ganze
Menschheit über viele Jahrhunderte hinweg. Lasst ihn einfach nur in Ruhe, lasst ihn reden. Wem schadet es? Es ist
pure Unterhaltung. Die Leute genießen es, sie versammeln
sich um ihn und hören ihm zu – das schadet niemandem.
Und er sagt nichts gegen die Schriften. Lasst ihn also laufen,
damit keine Religion daraus entsteht.«

Jesus selbst wäre auf keinen Fall fähig gewesen, das Christentum hervorzubringen, das ist völlig klar. Alles, was er fertig brachte, war, zwölf ungebildete Trottel um sich zu versammeln, die zu seinen Aposteln wurden. Doch es ist sehr
schwierig festzustellen, wer der größte Trottel ist – sehr
schwierig. Das waren große Trottel, doch heute gibt es noch
größere Trottel. Es gibt eben solche und solche Trottel.

Jesus wäre auf keinen Fall fähig gewesen, das Christentum zu organisieren. Er besaß kein Organisationstalent, er
hatte keinen Einfluss auf die oberen Gesellschaftsschichten.
Wie hätte er da eine Religion erschaffen sollen? Doch die
Kreuzigung hat das alles bewirkt.

In dieser Welt funktionieren die Dinge auf seltsame Weise.
Nachdem er gekreuzigt worden war, verspürten Tausende
von Menschen, die sich nie um ihn gekümmert hatten, Sympathie für ihn. Leute, die ihm nicht zugehört hätten, wenn
er vorbeigekommen wäre, verspürten plötzlich Sympathie
für ihn. Und das ist nur natürlich. Selbst die Juden hatten
das Gefühl, dass es zu viel gewesen war. Der Mann war unschuldig ... er hatte vielleicht unverschämte Dinge gesagt,
eber es war ja nur Gerede, heiße Luft und nichts dahinter.
Dafür hätte man ihn nicht zu kreuzigen brauchen.

Dadurch entstand eine große Welle von Sympathie. Diese
Art von Sympathie ist ein ganz natürliches Phänomen. Und
die zwölf Trottel stellten fest, dass Leute, die nie auf ihren
Meister gehört hatten, nun plötzlich auf *sie* hörten. Langsam begannen sich die Leute um sie zu sammeln. Sie schrieben die Bibel, sie gründeten die Kirche. Sie erfanden Geschichten und Wunder – und das ist einfacher, wenn die
Person nicht mehr da ist. Damals waren es nur Gerüchte.
Doch ein Gerücht, das von einem Ohr zum anderen geht,
hat die Tendenz, immer größer zu werden, weil jeder etwas
hinzufügt, es ein wenig ausschmückt. Im Verlauf von dreihundert Jahren wurde Jesus tausendmal größer, als er jemals
gewesen war; inzwischen war er ein Mythos. Der wirkliche
Mensch war einfach nur der Sohn eines Zimmermanns gewesen, der irgendetwas daherredete. Doch im Verlauf von
dreihundert Jahren hat die Vorstellungskraft der Menschen
ganze Arbeit geleistet.

Und dann kamen zweitausend Jahre lang Gelehrte, Professoren, Theologen, Philosophen – sie alle verstärkten den
Mythos, sosehr sie konnten, und schrieben Jesus Worte, Be-

deutungen, Philosophien und Ideologien zu, die diesem armen Kerl niemals bewusst gewesen waren.

Ich bin nicht gegen Gott oder gegen Jesus Christus – oder gegen sonst irgendjemanden.

Aber ich bin für die Wahrheit. Falls diese sich gegen irgendjemanden richtet, kann ich nichts dagegen tun.

Wenn du sagst, dass es keinen Gott gibt, bedeutet das dann, dass du ein Atheist bist?

Es gibt keinen Gott, doch das bedeutet nicht, dass ich ein Atheist bin. Ganz sicher bin ich kein Theist – ich sage ja, dass es keinen Gott gibt –, doch das bedeutet nicht, dass du zum Gegenteil springen solltest, zum Atheisten. Der Atheist sagt ebenfalls, dass es keinen Gott gibt, doch wenn ich dasselbe sage, besteht ein gewaltiger Unterschied zwischen meiner Aussage und der Aussage eines Atheisten – denn ich sage im gleichen Augenblick, dass es Göttlichkeit gibt.

Charvaka würde mir in diesem Punkt nicht zustimmen; Epikur, Marx und andere Atheisten würden mir in diesem Punkt nicht zustimmen. Gott zu leugnen bedeutet für sie, das Bewusstsein zu leugnen. Gott zu leugnen bedeutet für sie, dass die Welt nur aus Materie besteht und aus nichts weiter, und was immer an Bewusstsein erkennbar ist, entsteht für sie nur als Nebenprodukt, wenn bestimmte Aspekte der Materie zusammenkommen – es ist nur ein Nebenprodukt. Nimmt man diese Aspekte auseinander, verschwindet das Nebenprodukt.

Das ist wie mit einem Auto: Man kann die Räder wegnehmen, man kann andere Teile wegnehmen, und jedes Mal kann man fragen: »Ist das das Auto?« Wenn man die Räder wegnimmt, wird die Antwort natürlich lauten: »Nein, das ist nicht das Auto.« Kein Teil ist das Ganze. Man kann jedes Teil wegnehmen, Stück für Stück, bis man alles auseinander genommen hat, und kein einziges Teil davon ist das

Auto. Am Schluss kann man dann die Frage stellen: »Und
wo ist nun das Auto? Wir haben es doch nicht entfernt; an
keinem Punkt hieß es, dass wir das Auto entfernt hätten.«

Das »Auto« war nur die Kombination. Es besaß keine
eigene Existenz, es war ein Nebenprodukt. Das ist es, was
Marx meint, wenn er sagt, Bewusstsein sei ein Epiphäno-
men: Entfernt man den Körper, entfernt man das Gehirn,
entfernt man alles, was einen Menschen ausmacht, dann
wird man nichts finden, was dem Bewusstsein entspricht.
Und sobald man alles entfernt hat, ist es auch nicht so, dass
das Bewusstsein zurückbleibt; es war nur eine Kombination. Man hat die Kombination auseinander genommen.

Wenn ich also sage, dass es keinen Gott gibt, dann stimme
ich nicht mit Marx oder Epikur überein. Ich stimme sicherlich auch nicht mit Jesus, Krishna, Moses oder Mohammed
überein, wenn sie sagen, dass es einen Gott gibt, denn sie sehen Gott als eine Person. Gott als Person ist einfach nur eure
Vorstellung. Der Gott der Chinesen hat ein chinesisches Gesicht, der Gott der Afrikaner hat ein afrikanisches Gesicht,
und der Gott der Juden muss natürlich eine jüdische Nase
haben; es kann gar nicht anders sein. Aber das sind alles nur
Projektionen. Gott eine Persönlichkeit zu geben ist eure Projektion.

Wenn ich sage, dass es keinen Gott gibt, dann meine ich
damit, dass Gott keine Persönlichkeit hat. Ich sage, dass es
keinen Gott gibt, doch eine gewaltige Göttlichkeit. Es ist eine
unpersönliche Energie, reine Energie. Ihr eine Form aufzu-
zwingen ist hässlich. Ihr zwingt euch selbst dieser Energie
auf.

Der christliche Gott wird in dem Augenblick verschwinden, in dem das Christentum verschwindet, die Hindu-Göt-
ter werden in dem Augenblick verschwinden, in dem der
Hinduismus verschwindet. Erkennt ihr, was ich damit sagen
will? Es handelt sich um eure Projektionen. Solange ihr weiter projiziert, ist euer Gott vorhanden. Wenn ihr nicht mehr

projiziert, wenn der Projektor nicht mehr vorhanden ist, verschwindet euer Gott. Ich bin nicht für solche Götter, die vom winzigen menschlichen Verstand projiziert werden. Und natürlich wird der winzige menschliche Verstand Gott Qualitäten zuschreiben, die eigentlich seine eigenen Qualitäten sind.

Der Gott des Talmuds sagt: »Ich bin ein zorniger Gott. Ich bin nicht nett; ich bin nicht euer Onkel.« Das ist in einem jüdischen Kontext absolut passend, doch für einen Hindu wäre es vollkommen unmöglich, dass Gott sagt: »Ich bin ein zorniger Gott.« Zorn und Gott? – Das passt nicht zusammen. Der jüdische Gott ist zornig; er ist sehr menschlich. Und wenn man ihn nicht verehrt, wenn man sich ihm entgegenstellt, zerstört er einen. Das würde bei einem Hindu keinen Anklang finden, das wäre für ihn vollkommen unmöglich. Es würde auch einen Mohammedaner nicht ansprechen, denn der Mohammedaner betet jeden Tag: »Gott, der Barmherzige ...« Barmherzigkeit ist die essentielle Qualität, die er auf Gott projiziert. Gott kann für ihn nur Barmherzigkeit sein, nichts anderes. Mohammedaner sagen, dass es genügt, wenn man seine Sünden erkennt, denn Gott ist barmherzig. Er wird einem vergeben.

Omar Khayyam, einer der großen Dichter der persischen Literatur, sagt: »Haltet mich nicht davon ab, Wein zu trinken und Frauen zu genießen, denn Gott ist barmherzig. Sagt mir nicht, dass ich damit eine Sünde begehe; lasst mich so viele Sünden wie möglich begehen. Seine Barmherzigkeit ist größer als alle meine Sünden. Etwas aufzugeben aus Angst, dass Gott mich bestrafen könnte, würde bedeuten, nicht an seine Barmherzigkeit zu glauben.« Nun, das ist wieder eine andere Vorstellung – doch das sind alles menschliche Vorstellungen.

Wenn ich also sage, dass es keinen Gott gibt, dann sage ich, dass es keinen persönlichen Gott gibt; alles Persönliche ist menschliche Projektion. Ich möchte, dass ihr das Persön-

liche weglasst und Gott frei sein lasst, frei von der Sklaverei der Persönlichkeit, die ihr ihm auferlegt habt.

Ich bin kein Atheist. Das ganze Universum ist für mich
erfüllt von der Energie Gottes und von nichts anderem.

Ihr müsst eines verstehen, und das ist absolut grundlegend. Die Welt besteht aus Verben, nicht aus Substantiven.
Substantive sind eine menschliche Erfindung – sie sind notwendig, aber im Endeffekt nur eine menschliche Erfindung.
Doch das Leben besteht aus Verben, nur aus Verben, nicht
aus Substantiven und Pronomen. Seht es euch einmal an. Ihr
seht eine Blüte, eine Rose. Sie eine Blüte zu nennen ist eigentlich nicht richtig, weil sie nicht aufgehört hat zu blühen, weil
sie immer noch blüht; sie ist ein Verb, sie ist ein Blühen.
Wenn man sie als Blüte bezeichnet, hat man ein Substantiv
daraus gemacht. Ihr seht einen Fluss. Ihr bezeichnet ihn als
Fluss – ihr habt ein Substantiv daraus gemacht. Doch er
fließt. Es würde der Realität mehr entsprechen, würde man
sagen, dass er ein Fließen ist. Und alles verändert sich, alles
fließt. Das Kind wird zu einem jungen Mann, der junge
Mann wird alt, Leben verwandelt sich in Tod, Tod verwandelt sich in Leben. Alles ist im Fließen, in ständiger Veränderung; es ist ein Kontinuum. Es gibt niemals ein Ende, niemals einen Punkt. Den gibt es nur in der Sprache. Im Leben
gibt es keinen Punkt.

Kannst du dich daran erinnern, wann du aufgehört hast,
ein Kind zu sein? Wann, an welchem Punkt hast du aufgehört, ein Kind zu sein, und bist zu einem jungen Mann geworden? Es gibt keinen solchen Punkt, keine Grenze, keine
Abgrenzung. Das Kind fließt immer noch in dir. Wenn du
die Augen schließt und nach innen schaust, wirst du feststellen, dass alles, was war, immer noch da ist und in dir fließt.
Du hast mehr und mehr aufgenommen und absorbiert, doch
alles, was war, ist immer noch da. Der Fluss wird immer
breiter, Nebenflüsse kommen hinzu, doch der ursprüngliche
Fluss ist immer noch da.

Wenn ihr einmal den Ganges in Indien gesehen habt, einen der schönsten Flüsse der Welt, werdet ihr das verstehen. An dem Punkt, wo er entspringt, ist er so klein, dass der Kopf einer Kuh – natürlich aus Stein, ein Stein in Form eines Kuhkopfes – genügt. Durch diesen Kuhkopf entspringt der Ganges und beginnt seine Reise … so klein. Und wenn ihr ihn in der Nähe der Mündung seht, dort, wo er kurz davor ist, sich ins Meer zu ergießen, wirkt er fast wie das Meer selbst … so groß. Doch dieses kleine Rinnsal in Gangotri, weit weg, Tausende von Meilen entfernt im Himalaja, das aus dem steinernen Kuhmaul entspringt – dieses Rinnsal ist immer noch da. Viele Flüsse kamen hinzu und ergossen sich in ihn und machten ihn breit. Und er ist immer noch lebendig. Selbst wenn er sich ins Meer ergießt, bleibt er lebendig, bewegt er sich weiter. Vielleicht wird er zu einer Wolke; vielleicht wird er wieder zu Regen. Es geht weiter und weiter. Das Leben geht weiter und weiter; es hört niemals auf. Es gibt keine Ruhepause. Es gibt keinen Punkt, den man irgendwo setzen könnte, um zu markieren, dass etwas zu Ende ist. Nichts geht jemals zu Ende. Es lässt sich kein Anfang finden, es lässt sich kein Ende finden. Es ist ein ewig fließender Prozess.

Wenn ihr »Gott« sagt, benutzt ihr ein Substantiv, etwas Statisches, etwas Totes. Wenn ich »Göttlichkeit« sage, verwende ich dieses Wort für etwas Lebendiges, Fließendes, sich Bewegendes. Diese Punkte müssen euch also klar sein. Ich bin kein Theist wie Jesus oder Mohammed oder Krishna, weil ich mit der Vorstellung von einem toten Gott nicht einverstanden bin.

Ein Gott, der vollkommen, absolut, allmächtig, allwissend, allgegenwärtig ist – das sind die Worte, die von allen Religionen für Gott verwendet werden –, ist tot, kann nicht lebendig sein, kann nicht atmen. Nein, solch einen Gott lehne ich ab, denn mit solch einem toten Gott wäre dieses ganze Universum tot.

Göttlichkeit ist eine vollkommen andere Dimension. Das Grün der Bäume, das Blühen der Rose, der Vogel im Flug – all das ist ein Teil davon. Dann ist Gott nicht getrennt vom Universum. Dann ist er die Seele des Universums. Dann ist das Universum am Schwingen, am Pulsieren, am Atmen … Göttlichkeit.

Ich bin also kein Atheist, aber ich bin auch kein Theist.

Kapitel 1

Gott ist tot, und der Mensch ist frei ... frei wozu?

Verantwortung gilt nur für jemanden, der Handlungsfreiheit besitzt. Entweder gibt es Gott oder es gibt Freiheit; beides gleichzeitig kann es nicht geben. Das ist die grundlegende Bedeutung von Friedrich Nietzsches Aussage: »Gott ist tot, also ist der Mensch frei.«

Friedrich Nietzsche war der erste Mensch in der Geschichte der Menschheit, der erklärte: »Gott ist tot, also ist der Mensch frei.« Das ist eine enorm bedeutsame Aussage; sie hat viele Auswirkungen. Zunächst einmal möchte ich Nietzsches Aussage erläutern.

Alle Religionen glauben, dass Gott die Welt und damit auch den Menschen erschaffen hat. Doch wenn man von jemandem erschaffen wurde, ist man eigentlich nur eine Marionette, man besitzt keine eigene Seele. Und wenn man von jemandem erschaffen wurde, kann man auch in jedem Augenblick wieder vernichtet werden. Dieser Schöpfer hat nicht danach gefragt, ob man erschaffen werden wollte, und er wird auch nicht fragen: »Willst du vernichtet werden?«

Gott ist der größte Diktator, wenn man die Fiktion akzeptiert, dass er die Welt und auch die Menschheit erschaffen hat. Wenn Gott eine Realität ist, dann ist der Mensch ein

Sklave, eine Marionette. Alle Fäden sind in seiner Hand, auch das Leben. Dann gibt es keine Frage nach Erleuchtung. Dann gibt es keine Möglichkeit für einen Gautama Buddha, denn es gibt keine Freiheit. Gott zieht die Fäden, und du tanzt; er zieht die Fäden, und du weinst; er zieht die Fäden, und du fängst an, zu morden, dich selbst umzubringen, Krieg zu führen. Du bist nur eine Marionette, und er ist der Marionettenmeister.

Dann gibt es keine Frage von Sünde oder Tugend, keine Frage von Sündern und Heiligen. Nichts ist gut und nichts ist schlecht, denn du bist nur eine Marionette. Eine Marionette kann für ihre Handlungen nicht verantwortlich gemacht werden. Verantwortung gilt nur für jemanden, der Handlungsfreiheit besitzt. Entweder gibt es Gott oder es gibt Freiheit; beides gleichzeitig kann es nicht geben. Das ist die grundlegende Bedeutung von Friedrich Nietzsches Aussage: Gott ist tot, also ist der Mensch frei.

Kein Theologe, kein Religionsgründer hat jemals darüber nachgedacht, dass man die Würde des Bewusstseins, der Freiheit, der Liebe zerstört, wenn man Gott als Schöpfer akzeptiert. Man nimmt dem Menschen damit seine ganze Verantwortung, und man nimmt ihm seine ganze Freiheit. Man reduziert das Leben auf die Launen einer merkwürdigen Gestalt namens Gott.

Doch Nietzsches Aussage ist nur die eine Seite der Münze. Er hat vollkommen Recht, doch nur in Bezug auf die eine Seite der Münze. Er hat eine sehr bedeutsame und wichtige Aussage gemacht, doch er hat etwas vergessen, und das liegt daran, dass seine Aussage auf Rationalität, Logik und Intellekt basiert. Sie basiert nicht auf Meditation.

Der Mensch ist frei, doch frei wozu? Wenn es keinen Gott gibt und der Mensch frei ist, bedeutet das, dass der Mensch nun die Freiheit besitzt, alles zu tun, Gutes oder Schlechtes; es gibt niemanden, der ihn verurteilt, niemanden, der ihm vergibt. Diese Freiheit ist einfach nur Zügellosigkeit.

Das ist die andere Seite. Man beseitigt Gott, und der Mensch bleibt vollkommen leer zurück. Natürlich erklärt man damit seine Freiheit, doch zu welchem Zweck? Wie kann er seine Freiheit kreativ und verantwortlich nutzen? Wie kann er vermeiden, dass die Freiheit zu bloßer Willkür und Zügellosigkeit verkommt?

Friedrich Nietzsche wusste nichts von Meditation – das ist die andere Seite der Münze. Der Mensch ist frei, doch seine Freiheit kann nur dann eine Freude und ein Segen für ihn sein, wenn er in Meditation verwurzelt ist. Beseitigt Gott – das ist vollkommen in Ordnung, denn er war die größte Gefahr für die menschliche Freiheit –, doch gebt dem Menschen auch eine gewisse Bedeutung und einen Sinn, eine gewisse Kreativität, eine gewisse Rezeptivität, einen Weg, das ewige Leben zu finden. Zen ist die andere Seite der Münze.

In der Philosophie des Zen gibt es keinen Gott; das ist ihre Schönheit. Doch sie besitzt enormes Wissen über die Transformation des Bewusstseins, sie gibt einem so viel Bewusstheit, dass man nichts Böses mehr tun kann. Dabei handelt es sich nicht um ein Gebot von außen, sondern es kommt aus dem innersten Sein. Sobald man das Zentrum seines Wesens erkannt hat, sobald man weiß, dass man eins ist mit dem Kosmos – und der Kosmos wurde niemals erschaffen, er war schon immer da und wird immer da sein, von Ewigkeit zu Ewigkeit –, sobald man sein eigenes strahlendes Wesen erkannt hat, den verborgenen Gautama Buddha, ist es unmöglich, etwas Falsches zu tun, ist es unmöglich, etwas Böses zu tun, ist es unmöglich, eine Sünde zu begehen.

Friedrich Nietzsche wurde in der letzten Phase seines Lebens beinahe wahnsinnig. Er wurde institutionalisiert, verbrachte einige Zeit in einer psychiatrischen Anstalt. Solch ein Geistesgigant, was war mit ihm passiert? Er war zu dem Schluss gekommen: »Gott ist tot«, doch das ist eine negative Schlussfolgerung. Er wurde leer, doch seine Freiheit war ohne Bedeutung. Es war keine Freude in ihm, denn es war nur eine Freiheit *von* Gott, doch *wofür*? Die Freiheit besitzt zwei Seiten: *von* etwas und *für* etwas. Die andere Seite fehlte. Das machte ihn wahnsinnig.

Leere treibt Menschen immer in den Wahnsinn. Man braucht etwas Erdendes, etwas Zentrierendes, man braucht eine Verbindung zur Existenz. Wenn Gott tot ist, ist die Verbindung zur Existenz zerstört. Wenn Gott tot ist, ist man allein und ohne Wurzeln. Ein Baum kann ohne Wurzeln nicht leben, und der Mensch ebensowenig.

Gott existiert nicht, doch er war ein guter Trost. Er füllte das Innere der Menschen aus, auch wenn er eine Lüge war. Doch wenn eine Lüge jahrtausendelang tausendmal wiederholt wird, wird sie beinahe zu Wahrheit. Gott war für die Menschen in ihrer Angst, in ihrer Furcht, in ihrem Schrecken vor Alter und Tod und darüber hinaus – vor der unbekannten Finsternis – ein großer Trost. Gott war ein gewaltiger Trost, auch wenn er eine Lüge war. Lügen können einen trösten, das muss man verstehen. Tatsächlich sind Lügen süßer als die Wahrheit.

Gautama Buddha soll gesagt haben: »Die Wahrheit ist am Anfang bitter, doch am Ende süß, und Lügen sind am Anfang süß, doch am Ende bitter« – wenn sie als Lügen entlarvt werden. Dann taucht eine enorme Bitterkeit auf, darüber, dass man von den Eltern, von den Lehrern, von den Priestern, von allen sogenannten Führern, getäuscht und betrogen wurde. Ihr wurdet fortlaufend getäuscht und betrogen. Diese Frustration führt zu einem starken Misstrauen gegenüber allen. »Niemand ist vertrauenswürdig ...« Das erzeugt ein Vakuum.

Nietzsche war also in dieser letzten Phase seines Lebens nicht wirklich wahnsinnig; es war einfach nur die unvermeidliche Folge seines negativen Zugangs. Der Intellekt kann nur negativ sein; er kann argumentieren und kritisieren und sarkastisch sein, doch er kann einem keine Nahrung geben. Ein negativer Standpunkt kann einem keine Nahrung geben. Er verlor also seinen Gott, und damit verlor er seinen Trost. Er wurde frei, doch nur, um wahnsinnig zu werden.

Und das gilt nicht nur für Friedrich Nietzsche, also kann man nicht sagen, dass es einfach nur ein Zufall war. Viele intellektuelle Giganten finden sich in Irrenhäusern wieder oder begehen Selbstmord, weil niemand in einer negativen Finsternis leben kann. Man braucht Licht und eine positive Erfahrung von Wahrheit. Nietzsche beseitigte das Licht und erzeugte ein Vakuum in sich selbst und in allen, die ihm folgten.

Wenn ihr in eurem tiefsten Innern ein Vakuum verspürt, absolute Leere ohne Sinn und Bedeutung, dann geht das auf Friedrich Nietzsche zurück. Eine ganze Philosophie ist im Westen daraus entstanden: Nietzsche war der Begründer dieses negativen Zugangs zum Leben.

Kierkegaard, Sartre, Marcel, Jaspers und Heidegger – all die großen Giganten der ersten Hälfte des 20. Jahrhunderts – sprachen nur über Sinnlosigkeit, Angst, Leiden, Furcht, Schrecken, Qual. Und diese Philosophie wurden im Westen als Existentialismus bezeichnet. Das ist sie aber nicht. Sie ist einfach Nicht-Existentialismus. Sie zerstört alles, was euch getröstet hatte.

Ich stimme der Zerstörung zu, denn das, was den Menschen getröstet hatte, waren nur Lügen. Gott, Himmel und Hölle – all das waren Fiktionen, die nur dazu erschaffen worden waren, um den Menschen zu trösten. Es ist gut, dass sie zerstört wurden, doch damit lässt man den Menschen in einem vollkommenen Vakuum zurück. Aus diesem Vakuum heraus wurde der Existentialismus geboren, und das ist der Grund, warum er nur über Sinnlosigkeit spricht: »Das Leben hat keinen Sinn.« Er spricht über Bedeutungslosigkeit: »Du bist nur Zufall. Ob du hier bist oder nicht, ist für die Existenz nicht von Bedeutung.« Und diese Menschen nennen ihre Philosophie Existentialismus. Sie sollten sie Akzidentalismus nennen. Du wirst nicht gebraucht; du bist nur durch einen bedeutungslosen Zufall in Erscheinung getreten. Gott machte euch zu Marionetten, und die Philosophen von Nietzsche bis Sartre machen euch zu einem Zufall.

Doch der Mensch hat in seinem Innern ein enormes Bedürfnis, mit der Existenz verbunden zu sein. Er braucht Wurzeln in der Existenz, denn nur wenn seine Wurzeln tief in die Existenz reichen, wird er zu einem Buddha erblühen, wird er sich zu Millionen von Blüten öffnen, wird sein Leben nicht bedeutungslos sein. Dann wird sein Leben von Bedeutung, Sinn und Segen überfließen; sein Leben wird ein einziges Feiern sein.

Doch die Schlussfolgerung der sogenannten Existentialisten ist, dass wir unnötig sind, dass unser Leben keinen Sinn, keine Bedeutung hat. Die Existenz braucht uns nicht!

Daher möchte ich Friedrich Nietzsches Werk zu Ende bringen, denn es ist unvollständig. Es wird die ganze Menschheit in den Wahnsinn treiben – nicht nur Friedrich Nietzsche selbst, sondern die ganze Menschheit. Ohne Gott seid ihr natürlich frei, doch wozu? Ihr steht mit leeren Händen da. Auch vorher waren eure Hände leer, denn das, womit sie gefüllt waren, waren lauter Lügen. Doch nun ist euch vollkommen bewusst, dass eure Hände leer sind und ihr nirgendwo hingehen könnt.

Ich habe einmal von einem berühmten Atheisten gehört. Er starb, und seine Frau zog ihm seine besten Kleider an, seine besten Schuhe, bevor er in den Sarg gelegt wurde – die beste Krawatte, das Allerteuerste. Sie wollte ihm eine schöne Abschiedsveranstaltung geben, ein schönes Lebewohl. Er war so gut angezogen wie noch nie zuvor in seinem ganzen Leben.

Dann kamen die Freunde und Nachbarn. Und eine Frau meinte: »Oje! Nun ist er so ausgehfein und wird doch nirgendwo mehr hingehen!«

Das ist der Zustand, in dem jede negative Philosophie den Menschen hinterlässt: in Schale geworfen, ausgehfein, und er kann nirgendwo hingehen! Solch ein Zustand erzeugt Wahnsinn.

Es war kein Zufall, dass Friedrich Nietzsche wahnsinnig wurde, es war das Ergebnis seiner negativen Philosophie. Daher nenne ich diese Serie von Vorträgen: »Gott ist tot, und Zen ist nun die einzige lebendige Wahrheit.«

Ich stimme vollkommen mit Friedrich Nietzsche überein, was Gott betrifft, doch ich möchte seine Aussage vervollständigen, was er nicht tun konnte. Er war kein Erwachter, er war kein Erleuchteter.

Auch Gautama Buddha hatte keinen Gott, auch Mahavira hatte keinen Gott, doch sie wurden niemals wahnsinnig. Alle Zen-Meister und alle großen taoistischen Meister – Laotse, Chuang-Tse, Lieh-Tse – keiner von ihnen wurde verrückt, und sie alle hatten keinen Gott. Sie hatten keinen Himmel und keine Hölle. Worin besteht der Unterschied? Warum wurde Gautama Buddha nicht verrückt?

Und das gilt nicht nur für Gautama Buddha. In zweitausendfünfhundert Jahren wurden Hunderte seiner Schüler erleuchtet, und sie sprechen niemals von einem Gott. Sie sagen nicht einmal, dass es keinen Gott gibt, weil es dazu keine Veranlassung gibt. Sie sind keine Atheisten. Auch ich bin kein Atheist, und ich bin auch kein Theist. Es gibt ganz einfach keinen Gott, also gibt es auch keine Frage von Atheismus oder Theismus.

Doch ich bin nicht wahnsinnig. Ihr seid meine Zeugen. Es erzeugt kein Vakuum in mir; im Gegenteil, dadurch, dass es keinen Gott gibt, habe ich die Würde eines freien Individuums erreicht – frei, um zu einem Buddha zu werden. Das ist das letztendliche Ziel der Freiheit. Solange deine Freiheit nicht zum Erblühen deiner Bewusstheit führt und die Erfahrung der Freiheit dich nicht in die Ewigkeit führt, in die Wurzeln, in den Kosmos und in das Leben, wirst du wahnsinnig werden. Dein Leben wird sinnlos sein, ohne Bedeutung. Was immer du tust, es spielt keine Rolle.

Aus der Sicht der sogenannten Existentialisten, die alle Friedrich Nietzsche nachfolgen, der der Begründer war, ist die Existenz vollkommen ohne Intelligenz. Sie haben Gott weggenommen, also denken sie – und ihrer Logik erscheint das vollkommen richtig –, dass die Existenz ebenfalls tot ist, dass sie ohne Intelligenz ist, dass sie ohne Leben ist. Gott war das Leben, Gott war das Bewusstsein. Gott war der letztendliche Sinn, das Salz eures Seins. Wenn Gott nicht mehr da ist, wird die gesamte Existenz seelenlos, wird das Leben lediglich zu einem Nebenprodukt der Materie. Wenn man stirbt, stirbt alles, und nichts bleibt übrig.

Dann gibt es keine Frage mehr von gut oder böse. Die Existenz ist vollkommen gleichgültig, sie kümmert sich nicht um euch. Gott pflegte sich um euch zu kümmern. Sobald Gott entfernt wird, beginnt eine große Entfremdung zwischen euch und der Existenz. Es gibt keine Verbindung mehr, die Existenz kümmert sich nicht, *kann* sich nicht kümmern, weil sie nicht mehr bewusst ist. Es ist kein intelligentes Universum mehr, es ist nur noch tote Materie, so wie wir alle. Und das Leben, wie wir es kennen, ist nur ein Nebenprodukt.

Ein Nebenprodukt verschwindet sofort, wenn die Elemente, aus denen es entstanden ist, sich auflösen. Manche Religionen glauben zum Beispiel, dass der Mensch aus fünf Elementen besteht: Erde, Luft, Feuer, Wasser, Äther. Sobald diese fünf Elemente zusammentreffen, entsteht das Leben als Nebenprodukt. Wenn sich diese fünf Elemente im Tod wieder voneinander lösen, verschwindet das Leben.

Um es noch deutlicher zu machen … Wenn man anfängt, das Fahrradfahren zu erlernen, fällt man am Anfang viele Male hin. Ich habe das Radfahren ebenfalls gelernt, doch ich bin beim Lernen nicht gefallen, weil ich die anderen Anfänger beobachtet habe und überlegt habe, warum sie fal-

len. Sie fallen, weil sie kein Vertrauen haben. Um sich auf
zwei Rädern zu bewegen, braucht man sehr viel Gleichgewicht, und wenn man zögert … das ist wie beim Gehen auf
einem Seil. Wenn man nur einen Augenblick zögert, kann
man sich auf diesen zwei Rädern nicht halten. Nur bei einer
gewissen Geschwindigkeit kann man sich auf diesen zwei
Rädern halten, und natürlich neigt ein Anfänger dazu, langsam zu fahren. Natürlich – das erscheint nur logisch – sollte
man nicht zu schnell fahren, wenn man ein Anfänger ist.

Ich beobachtete also, wie alle meine Freunde Radfahren
lernten, und sie fragten mich immer: »Warum lernst du es
nicht auch?«

Ich erwiderte: »Ich beobachte euch zuerst. Ich beobachte,
warum ihr fallt und warum ihr nach ein paar Tagen aufhört
zu fallen.« Und sobald ich den springenden Punkt erkannt
hatte, fuhr ich schon beim allererersten Mal so schnell wie
möglich!

Meine Freunde waren erstaunt. Sie sagten: »Nie haben
wir einen Anfänger gesehen, der so schnell gefahren ist. Als
Anfänger muss man einfach ein paarmal hinfallen, und dann
lernt man, das Gleichgewicht zu halten.«

Doch ich sagte zu ihnen: »Ich habe euch beobachtet und
ich habe den Knackpunkt entdeckt. Der Knackpunkt ist,
dass ihr kein Vertrauen habt, dass euch nicht klar ist, dass
es eine bestimmte Geschwindigkeit braucht, um das Fahrrad in Bewegung zu halten. Ihr könnt es nicht anhalten und
darauf sitzen bleiben, ohne zu fallen; es braucht einen gewissen Schwung, also müsst ihr weitertreten.«

Sobald ich erkannt hatte, was das Problem war, fuhr ich
los, und zwar so schnell, dass das ganze Dorf sich fragte:
»Was wird nur mit ihm passieren, denn er kann doch gar
nicht radfahren … und er fährt gleich so schnell!«

Das einzige Problem war, dass ich nicht wusste, wie ich
anhalten konnte; wenn ich anhielt, würde das Rad umkip-
pen. Also musste ich zu einem Platz radeln, wo es einen gro-

ßen Baum gab, in der Nähe des Bahnhofs, fast drei Meilen von unserem Haus entfernt. Diese drei Meilen fuhr ich so schnell, dass die Leute zur Seite sprangen und mir auswichen. Sie sagten: »Das ist doch vollkommener Wahnsinn!«

Doch mein Wahnsinn hatte Methode. Ich fuhr direkt zu diesem Baum, weil ich wusste, dass er hohl war. Ich fuhr also mit dem Vorderrad in diesen hohlen Baum, sodass das Rad darin stecken blieb. So konnte ich anhalten, ohne dass es ein Problem mit dem Umfallen gab.

Ein Dorfbewohner, der auf dem Feld arbeitete, sah mir dabei zu. Er sagte: »Du bist seltsam.« Und er wollte wissen: »Und wie willst du anhalten, wenn es keinen solchen Baum gibt?«

Ich antwortete: »Jetzt habe ich gelernt, wie man anhält, weil ich es eben gemacht habe; jetzt brauche ich keinen Baum mehr dazu. Aber das war meine erste Erfahrung damit. Ich habe nie gesehen, wie die anderen anhalten, ich habe immer nur gesehen, wie sie hinfallen. Also hatte ich keine Erfahrung mit dem Anhalten, und deshalb bin ich so schnell gefahren, um zu diesem Baum zu kommen.«

Ein Teil des Baumes war vollkommen hohl, und es war ein großer Baum, so dass ich wusste, dass es funktionieren würde, wenn ich mit dem Rad hineinfuhr – dass der Baum mich halten würde. Doch sobald ich einmal angehalten hatte, wusste ich, wie man anhält.

Als ich anfing, das Autofahren zu lernen, lernte ich es von einem Mann namens Majid; er war Mohammedaner. Er war einer der besten Fahrer der Stadt, und er mochte mich sehr gern. Tatsächlich war er es, der mein erstes Auto für mich aussuchte. Also sagte er zu mir: »Ich werde es dir beibringen.«

Doch ich erwiderte: »Ich mag es nicht, wenn man mir etwas beibringt. Fahr einfach langsam, so dass ich zuschauen und dich dabei beobachten kann.«

Er fragte: »Was meinst du damit?«

Ich erklärte ihm: »Ich lerne nur durchs Zuschauen. Ich möchte keinen Lehrer, auf keinen Fall!«

Er meinte: »Aber das ist gefährlich! Mit dem Fahrrad war es noch in Ordnung. Du hättest höchstens dir selbst und vielleicht noch einem anderen wehtun können, und nicht besonders schlimm. Aber ein Auto ist viel gefährlicher.«

Ich sagte zu ihm: »Ich bin eben ein gefährlicher Mensch. Fahr einfach langsam und sag mir, wo das Gaspedal ist, wo die Kupplung, wo die Bremse ... zeig mir einfach alles. Und dann fährst du langsam los, und ich gehe neben dem Auto her und beobachte, was du machst.«

Er meinte: »Wenn du das möchtest, kann ich es so machen, doch ich habe ziemliche Bedenken dabei. Wenn du mit dem Auto dasselbe machst wie mit dem Fahrrad ...«

Ich erwiderte: »Deshalb versuche ich es ja noch genauer zu beobachten.« Und sobald ich eine Vorstellung davon hatte, wie es funktionierte, bat ich ihn auszusteigen. Und dann machte ich es genauso wie mit dem Fahrrad.

Ich fuhr ziemlich schnell. Majid, mein Lehrer, rannte hinter mir her und schrie: »Nicht so schnell!« Und in dieser Stadt gab es keine Geschwindigkeitsbegrenzung, denn in indischen Städten kann man sowieso nicht schneller als 50 Stundenkilometer fahren. Man braucht keine Schilder aufzustellen, dass die Höchstgeschwindigkeit bei 50 Stundenkilometern liegt, denn man kann sowieso nicht schneller fahren.

Doch dieser arme Kerl hatte ziemliche Angst. Er kam hinter mir hergerannt. Er war ein großer Mann und ein sehr guter Läufer, ein so guter Läufer, dass er leicht der beste in Indien hätte sein können, dass er an den Olympischen Spielen hätte teilnehmen können. Er versuchte also, mir zu folgen, doch bald verschwand ich aus seiner Sicht.

Als ich zurückkam, saß er unter einem Baum und betete, betete zu Gott um meine Sicherheit. Doch als ich neben ihm anhielt, so nah, dass er aufsprang und zurückwich, vergaß er sein Gebet.

»Mach dir keine Sorgen«, sagte ich zu ihm. »Ich habe die Sache gelernt. Was hast du hier gemacht?«

Er antwortete: »Ich bin dir gefolgt, aber irgendwann warst du verschwunden. Also dachte ich, jetzt kann ich nur noch beten, dass Gott ihm hilft, denn er weiß überhaupt nichts übers Autofahren. Er sitzt zum ersten Mal auf dem Fahrersitz, und niemand weiß, wohin er gefahren ist. Wie bist du umgekehrt? Wo hast du gewendet?«

Ich antwortete: »Ich hatte keine Ahnung, wie man wendet, weil du immer nur geradeaus gefahren bist, während ich neben dir herging. Also musste ich um die ganze Stadt herumfahren. Ich wusste nicht, wie man wendet, wie man abbiegt, wie man den Blinker setzt, denn du hast das alles nicht gemacht. Doch ich bin zurechtgekommen. Ich bin so schnell um die ganze Stadt herumgefahren, dass die anderen Fahrer mir einfach Vorfahrt gewährt haben. Und so bin ich zurückgekommen.«

Darauf meinte er: »*Khuda hafiz*«, was so viel heißt wie: »Gott hat dich errettet.«

Doch ich sagte zu ihm: »Lass Gott dabei aus dem Spiel.«

Sobald man weiß, dass es ein gewisses Gleichgewicht zwischen dem Negativen und dem Positiven braucht, ist man in der Existenz verwurzelt. Das eine Extrem besteht darin, an Gott zu glauben, und das andere Extrem besteht darin, *nicht* an Gott zu glauben; man muss genau in der Mitte stehen, vollkommen im Gleichgewicht. Dann werden Atheismus und Theismus gleichermaßen irrelevant. Doch das Gleichgewicht bringt ein neues Licht mit sich, eine neue Freude, eine neue Seligkeit, eine neue Intelligenz, die nicht aus dem Verstand kommt. Diese Intelligenz, die nicht aus dem Verstand kommt, macht dir bewusst, dass die gesamte Existenz ungeheuer intelligent ist. Sie ist nicht nur lebendig, sie besitzt Sensibilität, sie besitzt Intelligenz.

Sobald du einmal erfahren hast, dass dein inneres Wesen

im Gleichgewicht und still und friedlich ist, öffnen sich plötzlich Türen, die dir bisher aufgrund deiner Gedanken verschlossen waren, und die gesamte Existenz wird dir offenbar. Du bist kein Zufall. Die Existenz braucht dich. Ohne dich würde der Existenz etwas fehlen, und niemand könnte es ersetzen.

Das ist es, was dir Würde gibt, die Tatsache, dass du der gesamten Existenz fehlen würdest. Die Sterne und die Sonne und der Mond, die Bäume und die Vögel und die Erde – alles im Universum würde spüren, dass ein kleiner Platz leer ist und von niemandem außer von *dir* gefüllt werden kann. Das schenkt dir große Freude, das gibt dir die erfüllende Gewissheit, dass du mit der Existenz verbunden bist und dass die Existenz sich um dich kümmert. Sobald du klar und still bist, kannst du erkennen, dass ungeheure Liebe aus allen Dimensionen zu dir fließt.

Du bist die höchste Evolutionsstufe des Lebens, der Intelligenz, und alles hängt von dir ab. Wenn du über den Verstand und seine Intelligenz hinauswächst in Richtung No-Mind und seiner Intelligenz, dann wird die Existenz dich feiern: Wieder hat ein Mensch den höchsten Gipfel erreicht. Ein Teil der Existenz hat sich plötzlich zur höchsten Möglichkeit dessen erhoben, was in jedem als Potential angelegt ist.

Es gibt eine Geschichte, dass sich der Baum, unter dem Gautama Buddha bei seiner Erleuchtung saß, plötzlich zu bewegen begann, ohne dass ein Wind geweht hätte. Buddha staunte, denn da war kein Wind, und kein anderer Baum in der Umgebung bewegte sich, kein einziges Blatt bewegte sich. Doch der Baum, unter dem er saß, bewegte sich, als würde er tanzen. Bäume haben keine Beine, sie sind in der Erde verwurzelt, doch wenigstens auf diese Weise konnte er seine Freude zum Ausdruck bringen.

Es ist ein merkwürdiges Phänomen, dass bestimmte chemische Substanzen, die euch intelligenter machen, die euer

Gehirn anregen, im Bodhi-Baum in größerem Ausmaß enthalten sind als in jedem anderen Baum. Es ist also nicht einfach nur Zufall, dass der Baum, unter dem Gautama Buddha die Erleuchtung erlangte, bis heute danach benannt ist. *Bodhi* bedeutet Erleuchtung. Und wie die Wissenschaft festgestellt hat, besitzt dieser Baum mehr Intelligenz als jeder andere Baum auf der ganzen Welt. Er besitzt so viel von diesen chemischen Substanzen, dass er davon überfließt.

Als Manjushri, einer von Gautama Buddhas engsten Schülern, erleuchtet wurde, soll der Baum, unter dem er saß, ihn plötzlich mit Tausenden von Blüten überschüttet haben, obwohl es nicht die Blütezeit dieses Baumes war.

Das mögen alles nur Parabeln sein. Doch diese Parabeln weisen darauf hin, dass wir nicht von der Existenz getrennt sind, dass unsere Freude selbst von den Bäumen und den Felsen geteilt wird, dass unsere Erleuchtung ein Freudenfest für die gesamte Existenz bedeutet.

Meditation und nichts anderes erfüllt euer inneres Wesen, füllt das Vakuum, das zuvor durch eine große Lüge gefüllt gewesen war, durch Gott. Und viele Lügen haben sich um ihn herum gebildet.

Wenn ihr beim Negativen bleibt, werdet ihr früher oder später wahnsinnig werden, da ihr den Kontakt zur Existenz vollständig verloren habt, da ihr jeden Lebenssinn verloren habt, jede Möglichkeit, einen Sinn zu finden. Ihr habt zwar die Lügen aufgegeben, und das ist gut, doch das ist nicht genug, um die Wahrheit zu finden.

Lasst die Lügen los und unternehmt eine kleine Anstrengung, nach innen zu gehen, um die Wahrheit zu finden. Das ist die ganze Wissenschaft des Zen. Das ist der Grund, warum ich diese Vortragsreihe unter das Motto »Gott ist tot, und Zen ist nun die einzige lebendige Wahrheit« gestellt habe. Wenn Gott tot ist und ihr euch nicht der Erfahrung von Zen annähert, werdet ihr wahnsinnig werden. Eure geistige Gesundheit ist nun vollkommen von Zen abhängig, denn das ist der *einzige* Weg, um die Wahrheit zu finden. Dann seid ihr vollkommen mit der Existenz in Verbindung, und ihr seid nicht mehr länger Marionetten, ihr werdet zu Meistern.

Und ein Mensch, der um seine Verbindung, um seine tiefe Verbindung zur Existenz weiß, kann nicht gegen die Existenz handeln, kann nicht gegen das Leben handeln. Das ist schlichtweg unmöglich. Er kann anderen einfach nur so viel Segen, so viel Seligkeit, so viel Gnade schenken, wie sie empfangen können. Und seine Quellen sind unerschöpflich. Wenn man die unerschöpfliche Quelle des Lebens und der Ekstase gefunden hat, spielt es keine Rolle mehr, ob es einen Gott gibt oder nicht. Dann spielt es keine Rolle mehr, ob es einen Himmel oder eine Hölle gibt oder nicht. Das alles spielt dann überhaupt keine Rolle mehr.

Deshalb sind religiöse Menschen oft verwirrt, wenn sie Schriften aus dem Zen lesen, denn dabei geht es nicht um Dinge, wie sie ihnen von Anfang an beigebracht wurden. Es geht um seltsame Dialoge, die nichts davon haben – keinen Platz für Gott, keinen Platz für das Paradies, keinen Platz für die Hölle. Zen ist eine wissenschaftliche Religion. Ihre Suche gründet nicht auf Glauben, ihre Suche gründet auf Erfahrung. So wie die Wissenschaft auf objektiven Experimenten basiert, so basiert Zen auf subjektiven Erfahrungen. Die eine Wissenschaft ist nach außen gerichtet, die andere nach innen.

Nietzsche hatte keine Vorstellung davon, wie man nach innen geht. Der Westen war der falsche Platz für einen Menschen wie Friedrich Nietzsche. Hätte er im Osten gelebt, wäre er ein großer Meister geworden, ein Mensch von vollkommener geistiger Gesundheit. Er hätte dieselbe Kategorie, dieselbe Ebene wie die Buddhas erreichen können.

Doch leider hat der Westen die Lektion bis heute nicht gelernt. Er kümmert sich weiter nur um die äußeren Objekte. Ein Zehntel der dafür aufgewendeten Energie wäre schon genug, um die innere Wahrheit zu finden. Selbst ein Albert

Einstein starb in tiefster Frustration. Seine Frustration war so groß, dass er kurz vor seinem Tod, als er gefragt wurde: »Falls Sie wiedergeboren würden, was möchten Sie dann werden?«, antwortete: »Auf keinen Fall wieder ein Physiker. Lieber wäre ich ein Klempner.«

Der größte Physiker, den die Welt je gesehen hat, stirbt in solcher Frustration, dass er nichts mehr mit Physik zu tun haben möchte, dass er nichts mehr mit Wissenschaft zu tun haben möchte. Er möchte einen einfachen Beruf wie Klempner. Aber auch das wird ihm nicht helfen. Wenn die Physik nicht geholfen hat, wenn die Mathematik nicht geholfen hat, wenn ein so intelligenter Mensch wie Albert Einstein voller Frustration stirbt, dann würde es ihm auch nicht helfen, ein Klempner zu werden. Denn ein Klempner befindet sich ebenfalls im Außen. Ein Wissenschaftler ist vielleicht besonders stark im Außen involviert, ein Klempner ist das möglicherweise weniger, doch er arbeitet ebenfalls im Außen. Ein Klempner zu werden würde ihm nicht das geben, was er braucht. Er braucht die Stille der Meditation. Aus dieser Stille erblüht der Sinn, erblüht die Bedeutung, erblüht eine große Freude darüber, dass wir nicht einfach nur zufällig sind.

Das, was ich euch lehre, ist wahrer Existentialismus; das, was man im Westen für Existentialismus hält, ist im Grunde nur Akzidentalismus. Ich lehre euch, wie ihr Kontakt mit der Existenz herstellen könnt, wie ihr herausfinden könnt, wie ihr mit der Existenz verbunden, verdrahtet seid. Woher bekommt ihr von Augenblick zu Augenblick euer Leben? Woher kommt eure Intelligenz? Wenn die Existenz nicht intelligent wäre, wie könntet *ihr* dann intelligent sein? Woher sollte diese Intelligenz kommen?

Wenn ihr Rosen blühen seht, habt ihr euch dann jemals überlegt, dass all diese Farben, all diese Zartheit, all diese Schönheit irgendwo im Samen verborgen lag? Doch der Samen allein genügte nicht, damit daraus eine Rose wurde; er brauchte die Unterstützung der Existenz – den Boden, das Wasser, die Sonne. Der Samen verschwand in der Erde, und die Rose begann zu wachsen. Nun braucht sie Luft, Wasser, Erde, die Sonne, den Mond. All das zusammen verwandelt den Samen, der fast wie ein totes Stück Stein wirkt. Doch plötzlich geschieht eine Verwandlung, eine Metamorphose. Diese Rosen, diese Farben, diese Schönheit, dieser Duft könnten nicht in Erscheinung treten, wenn all dies nicht bereits in der Existenz angelegt wäre. All das mag versteckt sein, mag im Samen verborgen sein. Doch immer wenn etwas geschieht, bedeutet das, dass es bereits vorhanden war – vielleicht als Potential.

Ihr besitzt Intelligenz, also ...

Ich habe euch schon öfter die Geschichte von Ramakrishna und Keshav Chandra Sen erzählt. Keshav Chandra war einer der intelligentesten Menschen seiner Zeit. Er begründete eine Religion ausschließlich auf der Basis seiner intellektuellen Philosophie, *Brahmasamaj*, die Gesellschaft Gottes. Und er hatte Hunderte und Tausende intelligenter Menschen als Anhänger, eine sehr intelligente Gruppe von Menschen. Doch es verstörte ihn, dass dieser ungebildete Ramakrishna, der nicht einmal die Grundschule abgeschlossen hatte – in Indien umfasst die Grundschule, die unterste Stufe der Schulbildung, vier Jahre, und er hatte nur zwei davon absolviert ... Warum gingen trotzdem Tausende von Menschen zu diesem Idioten? Das war es, was Keshav Chandra Sen so verstörte.

Schließlich beschloss er, dass er hingehen und diesen Mann besiegen müsse, denn er konnte sich nicht vorstellen, dass man ihn nicht argumentativ besiegen könne. Das konnte er sich einfach nicht vorstellen. Dieser Idiot aus einem kleinen Dorf versammelt jeden Tag Tausende von Menschen um sich! Von nah und fern kommen die Leute, um ihn zu sehen, um seine Füße zu berühren!

Keshav Chandra mit seinen Anhängern schickte Ramakrishna also eine Nachricht: »Ich komme an dem und dem Tag, um dich in jedem Punkt deines Glaubens herauszufordern. Mach dich bereit!«

Ramakrishnas Anhänger bekamen große Angst. Sie wussten, dass Keshav Chandra ein herausragender Logiker war; der arme Ramkrishna würde nicht in der Lage sein, ihm entsprechend zu antworten. Doch Ramakrishna freute sich, er tanzte sogar. Er sagte: »Die ganze Zeit habe ich darauf gewartet. Das wird ein großer Freudentag, wenn Keshav Chandra kommt!«

Seine Schüler erwiderten: »Was sagst du da? Das wird ein trauriger Tag werden, denn du kannst nicht gegen ihn argumentieren.«

Ramakrishna antwortete: »Halt – wer will denn gegen ihn argumentieren? Ich brauche nicht zu argumentieren. Lasst ihn nur kommen.«

Doch seine Anhänger waren zittrig und furchtsam und hatten große Angst, dass ihr Meister besiegt und völlig am Boden zerstört würde. Sie kannten Keshav Chandra. In jenem Jahrhundert gab es im ganzen Land keinen intelligenteren Menschen als ihn.

Keshav Chandra kam mit hundert seiner engsten Anhänger, die die Debatte, die Diskussion, die Herausforderung verfolgen wollten. Ramakrishna wartete auf der Straße, um ihn zu empfangen, weit weg von dem Tempel, in dem er gewöhnlich lebte. Und er umarmte Keshav Chandra. Keshav Chandra war leicht verlegen, und seine Verlegenheit nahm immer mehr zu.

Ramakrishna nahm seine Hand und führte ihn zum Tempel. Er sagte zu ihm: »Ich warte schon seit vielen Jahren. Warum bist du nicht früher gekommen?«

Keshav Chandra sagte zu ihm: »Du scheinst mir ein seltsamer Mensch, du hast anscheinend überhaupt keine Angst. Verstehst du denn nicht? Ich bin zu einer Debatte hierher gekommen!«

Ramakrishna antwortete: »Natürlich.«

Also setzten sie sich in der Nähe des Tempels ans Ufer des Ganges, an einem wunderschönen Platz unter einem Baum. Und Ramakrishna sagte: »Fang an.«

Also fragte ihn Keshav Chandra: »Was ist deine Aussage über Gott?«

Ramakrishna erwiderte: »Muss ich etwas über Gott aussagen? Kannst du Gott nicht in meinen Augen sehen?«

Keshav Chandra wirkte leicht verwirrt: »Was für ein Argument ist denn das?«

Ramakrishna fragte weiter: »Kannst du Gott nicht in meiner Hand spüren? Komm näher, mein Sohn.«

Und Keshav Chandra wunderte sich wieder: »Was für ein Argument ...?«

Er hatte schon an vielen Debatten teilgenommen, er hatte viele große Gelehrte besiegt, und dieser Hinterwäldler ... Das Hindi-Wort für Idiot ist *Ganwar*, und eigentlich bedeutet es Dorfbewohner. *Gaon* ist das Dorf, und *Ganwar* ist jemand vom Dorf. Doch man verwendet es in der Bedeutung von dumm, zurückgeblieben, hinterwäldlerisch, idiotisch.

Ramakrishna sagte: »Wenn du die Sprache meiner Augen verstehen kannst, wenn du die Energie meiner Hand verstehen kannst, ist das Beweis genug dafür, dass die Existenz intelligent ist. Denn woher kommt deine Intelligenz?«

Das war ein großartiges Argument. Er sagte: »Wenn du diese große Intelligenz besitzt – und ich weiß, dass du ein sehr intelligenter Mensch bist; ich habe dich immer geliebt –, dann sag mir doch, woher diese Intelligenz kommt. Wenn die Existenz ohne Intelligenz wäre, könntest du sie nicht besitzen. Woher sollte sie denn kommen? Du bist der *Beweis* dafür, dass das Leben intelligent ist, und das ist es, was ich unter Gott verstehe. Für mich ist Gott nicht jemand, der auf einer Wolke sitzt. Für mich bedeutet Gott einfach nur, dass die Existenz intelligent ist. Es ist ein intelligentes Universum; wir gehören dazu und wir werden gebraucht. Es erfreut sich an unserer Freude, es feiert in unserem Feiern, es tanzt durch unseren Tanz. Hast du meinen Tanz schon gesehen?« Und er begann zu tanzen.

Keshav Chandra fragte sich, was er nun machen sollte. Doch Ramakrishna tanzte so wunderbar. Er war ein guter Tänzer, denn er pflegte im Tempel manchmal vom Morgen bis zum Abend zu tanzen – ohne Pause! Er tanzte und tanzte, bis er erschöpft zu Boden fiel.

Also begann er so voller Freude und mit solcher Anmut zu tanzen, dass in Keshav Chandra ganz plötzlich eine Transformation vor sich ging. Er vergaß all seine Logik, er sah die Schönheit dieses Mannes, er sah das Strahlen dieses Menschen, er sah eine Freude, die er selbst noch nie verspürt hatte.

All sein Intellekt, all seine Argumente befanden sich nur an der Oberfläche, in seinem Innern herrschte vollständige Leere. Und dieser Mensch floss geradezu über. Er berührte Ramakrishnas Füße und sagte: »Vergib mir. Ich war vollkommen im Irrtum über dich. Ich weiß *nichts*, ich habe nur philosophiert. Du weißt *alles*, und du sagst kein einziges Wort.«

Ramakrishna erwiderte: »Ich vergebe dir nur unter einer Bedingung.«

Keshav Chandra sagte zu ihm: »Ich akzeptiere jede Bedingung von dir. Ich bin bereit.«

Und Ramakrishna antwortete: »Meine Bedingung ist, dass du ab und zu kommen musst, um mit mir zu diskutieren, um mit mir zu debattieren, um mich herauszufordern.«

Das ist die Antwort eines Mystikers; und Keshav Chandra war vollkommen am Ende. Er wurde ein ganz neuer Mensch und begann jeden Tag zu kommen. Bald verließen ihn seine Anhänger und sagten: »Er ist verrückt geworden. Dieser Verrückte hat ihn angesteckt. Zuerst war es nur *ein* Verrückter, jetzt sind es zwei. Er tanzt sogar mit ihm.«

Doch Keshav Chandra, der ein griesgrämiger Mensch gewesen war, der voller Groll gewesen war und sich über alles beklagte, weil er in einem negativen Raum lebte, begann plötzlich aufzublühen; Blumen tauchten in seinem Innern auf, ein neuer Duft. Er vergaß alle Logik. Ramakrishna hatte ihm einen Geschmack von etwas jenseits des Verstandes vermittelt.

Zen ist die Methode, um über den Verstand hinauszugehen. Daher werden wir über Gott und über Zen gleichzeitig sprechen. Gott muss negiert werden, und Zen muss tief in euer Wesen eingepflanzt werden. Die Lüge muss zerstört werden, und die Wahrheit muss enthüllt werden. Das ist der Grund, warum ich mir vorgenommen habe, über Gott und über Zen gleichzeitig zu sprechen. Gott ist eine Lüge, Zen ist die Wahrheit.

Nun zu euren Fragen. Hier die erste Frage:

Ist Gott wirklich tot? Die Vorstellung, dass er tot ist, erzeugt in mir intensive Angst, Furcht, Grauen, Schrecken.

So wie ich die Dinge sehe, gab es niemals einen Gott, wie kann er also tot sein? Er wurde ja überhaupt niemals geboren. Er wurde von den Priestern erfunden, und er wurde aus genau diesen Gründen erfunden: weil der Mensch voller Angst war, voller Furcht, voller Grauen, voller Schrecken.

Als es noch kein Licht gab, kein Feuer – denkt nur einmal an diese Zeit der Menschheitsgeschichte zurück – wilde Tiere ringsumher, dunkle Nacht, kein Feuer, große Kälte, keine Kleidung, und die wilden Tiere, die nachts auf Nahrungssuche sind; die Menschen versteckten sich in Höhlen, kletterten auf Bäume, um ihnen auszuweichen ... Am Tag konnte man wenigstens sehen, ob sich ein Löwe näherte, dann konnte man versuchen, ihm zu entkommen. Doch in

der Nacht waren sie den wilden Tieren vollkommen hilflos
ausgeliefert.

Und dann stellten sie fest, dass Menschen mit der Zeit einfach alt werden und irgendwann sterben. Sie konnten nicht
verstehen, was dabei passierte. Eben hatte dieser Mensch
noch gesprochen, geatmet, war umhergegangen, hatte sich
ganz normal verhalten. Und plötzlich atmet er nicht mehr,
spricht er nicht mehr. Das war für den primitiven Menschen
solch ein Schock, dass der Tod zu einem Tabu wurde: Man
durfte nicht darüber sprechen. Allein schon darüber zu sprechen löst Angst aus, die Angst, dass man selbst früher oder
später ebenfalls an der Reihe ist, dass die Reihe immer kürzer und kürzer wird. Jemand stirbt, und damit rückt man
dem Tod ein Stück näher; der nächste stirbt, und damit
rückt man ihm wieder ein Stück näher.

Selbst über den Tod zu sprechen wurde zum Tabu, und
nicht nur für primitive und gewöhnliche Menschen, sondern sogar für sehr intelligente. Der Begründer der Psychoanalyse, Sigmund Freud, konnte das Wort »Tod« nicht ertragen. Niemand durfte dieses Wort in seiner Anwesenheit
aussprechen, denn bei der bloßen Erwähnung des Wortes
»Tod« bekam er bereits einen Anfall, wurde er bewusstlos,
mit Schaum vor dem Mund. So groß war die Angst dieses
Mannes, der die Psychoanalyse entwickelte.

Einmal reisten Sigmund Freud und Carl Gustav Jung, ein
anderer großer Psychoanalytiker, von Europa nach Amerika, um an verschiedenen Universitäten Vorträge über Psychoanalyse zu halten. Auf dem Schiff sprach Carl Gustav
Jung einmal über den Tod. Sofort brach Sigmund Freud an
Deck zusammen. Das war der Grund, warum Jung aus der
psychoanalytischen Gesellschaft ausgeschlossen wurde, so
dass er eine eigene Schule gründen musste. Er nannte sie die
analytische Psychologie. Das ist einfach nur ein anderer
Name für denselben Prozess. Doch der Grund für seinen
Ausschluss war die Erwähnung des Todes.

Zwei Dinge waren immer schon tabu in dieser Welt, und diese beiden Dinge sind zwei Seiten ein und derselben Energie. Das eine, was immer schon tabu war, ist Sex – »Darüber spricht man nicht«, und das andere ist der Tod – »Darüber spricht man nicht«. Beide sind miteinander verbunden: Am Anfang steht der Sex, und am Ende steht der Tod; es ist die Sexualität, die den Tod in die Welt bringt.

Nur ein Tier stirbt niemals, und das ist die Amöbe. Das ist euch sicher vollkommen klar, denn Pune ist voller Amöben. Ich habe diesen Ort speziell deshalb ausgewählt, weil Amöben unsterbliche Wesen sind. Und ihre Unsterblichkeit hängt mit der Tatsache zusammen, dass sie keine sexuellen Wesen sind. Sie entstehen nicht durch Sexualität, so dass es für sie keinen Tod gibt. Sexualität und Tod sind miteinander verbunden. Versucht das einfach einmal zu verstehen.

Die Amöbe ist ein asexuelles Tier, sie ist der einzige zölibatäre Mönch auf der ganzen Welt. Sie vermehrt sich auf eine vollkommen andere Art und Weise. Gott – wenn es ihn denn gibt – muss über die Amöben sehr glücklich sein, denn sie sind alle Heilige. Sie nehmen einfach immer weiter Nahrung auf und werden immer dicker und dicker, und an einem bestimmten Punkt teilen sie sich. Wenn eine Amöbe so dick ist, dass sie sich nicht mehr bewegen kann, teilt sie sich.

Das ist eine andere Art von Fortpflanzung. Weil keine Sexualität daran beteiligt ist, gibt es keine männlichen und weiblichen Amöben. Wenn eine Amöbe sich geteilt hat, beginnen beide Teile wieder Nahrung aufzunehmen. Bald sind sie dick genug, um sich wieder zu teilen. Sie vermehren sich also auf eine sehr mathematische Art und Weise. Es gibt für sie keinen Tod; eine Amöbe stirbt niemals – außer sie wird ermordet! Sie kann bis in alle Ewigkeit leben, wenn die medizinische Wissenschaft sie nicht umbringt. Doch ihre Unsterblichkeit ist dadurch bedingt, dass sie kein Produkt von Sexualität ist. Jedes Tier, das durch Sex entstanden ist, wird irgendwann sterben, denn es kann körperlich nicht unsterblich sein.

Diese beiden Dinge waren also immer schon tabu in dieser Welt: Sex und Tod. Beide wurden verborgen gehalten.

Ich bin in der ganzen Welt verurteilt worden, einfach nur, weil ich ohne Hemmungen über alle Tabus gesprochen habe, weil ich möchte, dass ihr alles über das Leben wisst, vom Sex bis zum Tod. Nur dann könnt ihr euch über Sexualität und Tod erheben. Nur wenn ihr sie versteht, könnt ihr anfangen, euch an etwas anzunähern, was über Sexualität und Tod hinausgeht. Und das ist eure Ewigkeit, das ist eure Lebensenergie, reine Energie.

Durch Sexualität wird euer Körper geboren, nicht aber ihr selbst.

Durch den Tod stirbt euer Körper, nicht aber ihr selbst.

Es ist also vollkommen unnötig, diese Tabus aufzustellen. Doch die Religionen profitieren davon, in euch die Angst, die Furcht, das Grauen und den Schrecken aufrechtzuerhalten, die die Natur bereits in euch geweckt hatte.

In der ganzen Welt haben die Religionen, und vor allem die Priester, welcher Glaubensrichtung auch immer, die Angst des Menschen ausgenutzt, sie haben ihm einen Gott gegeben, eine Fiktion, eine Lüge – die zumindest zeitweilig die Wunde abdeckt. »Habt keine Angst, Gott kümmert sich um euch. Ihr braucht nicht in Furcht und Schrecken zu leben, denn es gibt einen Gott, und alles ist gut. Alles, was ihr tun müsst, ist, an Gott zu glauben und an die Vertreter Gottes, die Priester, und an die Heiligen Schriften, die Gott in die Welt gegeben hat. Alles, was ihr tun müsst, ist glauben.« Und dieser Glaube hat eure Angst, eure Furcht, euer Grauen und euren Schrecken zugedeckt.

Wenn ihr nun hört, dass Gott tot ist, ruft diese Vorstellung intensive Angst hervor. Das bedeutet, dass die Wunde wieder offen liegt. Doch eine verdeckte Wunde ist noch lange keine geheilte Wunde; tatsächlich ist es für den Heilungsprozess notwendig, dass sie aufgedeckt wird. Nur dann, unter den Strahlen der Sonne, an der frischen Luft, kann sie langsam heilen. Eine Wunde sollte niemals abgedeckt werden, denn wenn man sie abdeckt, vergisst man sie. Und ihr wollt sie gern vergessen. Sobald sie abgedeckt ist, wird sie nicht nur von den anderen nicht mehr gesehen, sondern auch von euch selbst nicht. Doch unter der Abdeckung wächst sie sich zu einem Krebsgeschwür aus.

Eine Wunde muss heilen können, und dazu darf sie nicht abgedeckt werden. Abdecken ist keine Lösung. Gott diente dem Abdecken, deshalb löst die Vorstellung, dass Gott tot ist, so viel Angst aus. Alles, was in dir auftaucht, intensive Angst, Furcht, Grauen, Schrecken – das sind die Dinge, die die Priester mit dem Wort »Gott« zugedeckt hatten.

Doch indem sie sie zudeckten, haben sie die menschliche Evolution zur Buddhaschaft verhindert, haben sie den menschlichen Heilungsprozess verhindert, haben sie die Suche des Menschen nach der Wahrheit verhindert. Eine Lüge wurde euch als Wahrheit verkauft; natürlich denkt ihr dann, dass ihr nicht mehr nach der Wahrheit zu suchen braucht, da ihr sie ja bereits besitzt.

Es war absolut notwendig, dass Gott endlich für tot erklärt wurde. Doch ich möchte euch *meine* Sichtweise dazu erläutern. Es war gut, dass Friedrich Nietzsche Gott für tot erklärte. Doch ich erkläre euch, dass er nie geboren wurde. Er war nur eine Fiktion, eine Erfindung, keine Entdeckung. Versteht ihr den Unterschied zwischen Erfindung und Entdeckung? Bei einer Entdeckung geht es um die Wahrheit, eine Erfindung ist künstlich geschaffen. Sie ist eine vom Menschen geschaffene Fiktion.

Natürlich hat sie euch Trost gespendet, doch Trost ist nicht das Wahre! Trost ist Opium. Trost nimmt euch die Sicht auf die Realität, und das Leben fließt so schnell an euch vorbei – siebzig Jahre sind so rasch vorüber.

Jeder, der euch ein Glaubenssystem gibt, ist euer Feind,

weil ein Glaubenssystem zu einem Schleier vor euren Augen wird, so dass ihr die Wahrheit nicht sehen könnt. Selbst die Sehnsucht nach der Wahrheit verschwindet.

Doch am Anfang ist es bitter, wenn euch alle Glaubenssysteme genommen werden. Die Angst und der Schrecken, die ihr seit Jahrtausenden unterdrückt habt, die aber immer noch da sind, die sehr lebendig sind, werden sofort an die Oberfläche steigen. Kein Gott kann sie euch nehmen, nur die Suche nach der Wahrheit und die Erfahrung der Wahrheit – und kein Glauben – ist in der Lage, all eure Wunden zu heilen, euch ganz zu machen, euch heil zu machen. Und ein heiler Mensch ist für mich ein heiliger Mensch.

Wenn also Gott beseitigt wird und du darauf Angst und Schrecken, Furcht und Grauen verspürst, dann zeigt das, dass Gott kein Heilmittel war. Er war nur ein Trick, um dir die Augen zu verschließen. Er war eine Strategie, um dich im Dunkeln zu halten, um in dir die Hoffnung aufrechtzuerhalten, dass es nach dem Tod ein Paradies gibt. Warum nach dem Tod? Weil ihr so viel Angst vor dem Tod habt, erfinden die Priester ein Paradies nach dem Tod, um euch die Angst zu nehmen. Doch sie wird euch damit nicht wirklich genommen, sie wird nur in euer Unterbewusstsein verdrängt. Und je tiefer sie verdrängt wird, desto schwieriger ist es, sie loszuwerden.

Deshalb möchte ich alle eure Glaubenssysteme zerstören, alle eure Theologien, alle eure Religionen. Ich möchte alle eure Wunden aufdecken, damit sie heilen können. Die wahre Medizin ist nicht ein Glaubenssystem; die wahre Medizin ist Meditation. Ist euch bewusst, dass diese beiden Worte – Medizin und Meditation – aus derselben Wurzel stammen? Medizin heilt den Körper, Meditation heilt die Seele. Doch ihre Wirkung ist dieselbe, beide wirken heilend.

Sobald ihr Gott losgelassen habt, seid ihr frei. Doch in dieser Freiheit seid ihr gleichzeitig erfüllt von Angst, Furcht, Grauen, Schrecken. Solange ihr euch nicht nach innen begebt, um euer eigenes authentisches Wesen, euer ursprüngliches Gesicht zu finden, den inneren Buddha, seid ihr nur am Zittern, zerstört ihr euer Leben, werdet ihr wahnsinnig, so wie Friedrich Nietzsche wahnsinnig wurde.

Und er ist nicht der Einzige, der wahnsinnig wurde. Es gibt viele Philosophen, die Selbstmord begingen, weil sie feststellten, dass es im Leben nichts gibt, und weil sie sich niemals nach innen wandten. Als sie feststellten, dass es keinen Sinn gibt, keine Bedeutung ... warum hätten sie da weiterleben sollen?

Einer der besten Romane, vielleicht der großartigste Roman der ganzen Welt, ist Dostojewskijs *Die Brüder Karamasow*. Es ist viel wichtiger, diesen Roman zu lesen, als die Bibel oder den Koran oder die Bhagavadgita, oder alle drei zusammen. *Die Brüder Karamasow* enthält tiefe Einsichten ... doch Fjodor Dostojewskij wurde wahnsinnig.

Er schrieb die großartigsten Romane der Welt, doch er führte ein elendes, trauriges, angsterfülltes Leben. Er war kein fröhlicher Mensch, doch er besaß ungeheuren Einblick – auf einer intellektuellen Ebene – in alle Probleme, denen sich der Mensch gegenübersieht. Er hat sich all diesen Problemen gewidmet. *Die Brüder Karamasow* ist solch ein umfangreicher Roman, dass ihn heute kaum noch jemand liest; die Leute ziehen es vor, sich vom Fernsehen berieseln zu lassen. Er hat an die tausend Seiten und ist voll intensiver Argumente.

Der jüngste Bruder – es sind drei Brüder – ist sehr fromm, gläubig, gottesfürchtig und möchte ein Mönch werden und in ein Kloster gehen. Der zweite Bruder ist absolut gegen Gott, absolut gegen die Religion, und in einer Diskussion mit seinem jüngeren Bruder argumentiert er über all diese Probleme. Er sagt: »Wenn ich jemals auf Gott treffen sollte, werde ich ihm als Erstes meine Fahrkarte zurückgeben und zu ihm sagen: ›Behalte sie. Ich will dein Leben nicht, es ist bedeutungslos. Zeig mir einfach nur den Weg hinaus, denn ich möchte nicht auf dieser Welt sein. Ich möchte einfach nur dem Leben entrinnen; der Tod erscheint mir friedvoller als dieses sogenannte Leben. Nimm die Fahrkarte zurück, ich möchte nicht mit diesem Zug fahren. Und du hast mich auch niemals nach meinen Wünschen gefragt. Du hast mich in diesen Zug gezwungen, und jetzt leide ich ganz unnötigerweise. Ich hatte nie die Freiheit der Wahl. Warum hast du mir das Leben gegeben?‹«

Das wollte er Gott fragen, falls er ihn jemals treffen sollte: »Warum hast du mir das Leben geschenkt? Du hast mich ohne meine Zustimmung erschaffen. Das ist einfach nur Sklaverei. Und eines Tages wirst du mich sterben lassen, ohne mich zu fragen. Du hast alle möglichen Krankheiten in mir angelegt, und du hast alle möglichen Sünden in mir angelegt, für die ich verdammt bin, und dabei bist du doch dafür verantwortlich.«

Wer hat die Sexualität in euch angelegt? Das muss doch Gott gewesen sein, der die Menschen erschaffen hat und der zu Adam und Eva gesagt hat, geht in die Welt und vermehrt euch, zeugt so viele Kinder wie möglich. Ganz offensichtlich hat er die Menschen als sexuelle Wesen erschaffen, hat er sie als Paar erschaffen.

Iwan Karamasow, der atheistische Bruder, sagt also: »Wenn ich ihn finde« – und wer weiß, vielleicht hat Nietzsche Unrecht und er lebt noch –, »dann werde ich ihn töten. Dann werde ich der Erste sein, der die Menschheit von diesem Diktator befreit, der in den Menschen einerseits Sex und Gewalt und Zorn und Gier und Ehrgeiz angelegt hat, alle möglichen Gifte, und dessen Vertreter auf Erden andererseits ständig betonen, dass Sex Sünde sei, dass man keusch leben sollte. Ist das nicht merkwürdig?«

George Gurdjieff pflegte zu sagen: »Alle Religionen sind gegen Gott.« Diese Aussage hat einen sehr tiefen Sinn. Er war kein Mensch, der Aussagen traf, ohne dass ein tiefes, intensives Verstehen dahinter gewesen wäre. Wenn er behauptet, dass alle Religionen gegen Gott sind, meint er damit, dass Gott uns Sex gegeben hat und die Religionen uns Keuschheit lehren. Was soll das? Gott hat uns Gier gegeben, und die Religionen lehren Bedürfnislosigkeit. Gott hat uns Gewalt gegeben, und die Religionen lehren Gewaltlosigkeit. Gott hat uns Zorn gegeben, und die Religionen lehren Sanftmut. Es ist also eine vollkommen klare, logische Schlussfolgerung, dass alle Religionen gegen Gott sind.

Iwan Karamasow sagt also: »Wenn ich ihn irgendwo treffe, werde ich ihn umbringen, doch zuvor werde ich ihm all diese Fragen stellen.«

Der ganze Roman ist eine einzige große Diskussion. Der dritte Bruder ist nur ein Halbbruder. Er wurde von einer Frau geboren, die nicht die Ehefrau ihres Vaters war, die nur eine Leibeigene war. Dieser dritte Bruder wird von der äußeren Welt fern gehalten, so dass er zurückgeblieben ist. Er ist fast wie ein Tier: Er isst, trinkt und lebt in einem dunklen Raum im weiten Palast der Karamasows. Sein Leben ist vollkommen sinnlos.

Und Iwan Karamasow sagt: »Denk an unseren Halbbruder, unseren illegitimen Bruder, den Gott ebenfalls erschaffen hat. Was ist der Sinn seines Lebens? Er darf nicht einmal an die Sonne kommen, er darf nicht einmal an die frische Luft kommen. Unser Vater hält ihn in Dunkelheit eingeschlossen. Niemand kommt jemals, um ihn zu sehen, um ihn zu begrüßen. Niemand auf dieser ganzen Erde ist sein Freund. Er kennt niemand anderen. Er kann nicht sprechen, weil er niemals zu jemandem gesprochen hat. Sein Leben ist das eines Tieres: essen, trinken, schlafen; essen, trinken, schlafen ... Er wird niemals eine Frau kennen lernen, er wird niemals die Liebe kennen lernen. Was passiert mit seinen sexuellen Instinkten?«

Es handelt sich um eine intensive Diskussion aller Probleme, mit denen sich ein intelligenter Mensch konfrontiert sieht. Iwan bringt all diese Probleme ans Licht: »Was glaubst du, was Gott über unseren Halbbruder zu sagen hätte? Was ist seine Bedeutung? Warum hat er ihn auf diese Weise erschaffen? Wenn jemand dafür verantwortlich ist, dann er, und ich werde mich an ihm dafür rächen. Lass mich ihn nur finden! Und ich hoffe, dass Nietzsche Unrecht hat, dass er nicht tot ist. Sonst würde mir die Gelegenheit entgehen, ihn zu töten. Ich möchte ihn töten, damit die Menschheit endlich frei von ihm ist.«

Doch wenn man die Menschheit von ihm befreit hat ... wofür ist sie dann frei? Für Angst? Für Tod? Für Selbstmord? Für Mord? Für Diebstahl? Freiheit für was?

Einer der existentialistischen Romane erzählt von einem jungen Mann, der vor Gericht gestellt wird, weil er einen Fremden am Strand ermordet hat, jemanden, den er nie zuvor gesehen hatte. Er schlich sich von hinten an den Mann heran, der da saß und den Sonnenuntergang beobachtete, stieß ihm ein Messer in den Rücken und tötete ihn. Und er hatte ihn nie zuvor gesehen.

Es war ein seltsamer Fall. Man tötet nicht, wenn man nicht irgendeine Feindseligkeit empfindet, irgendeinen Zorn, irgendwelche Rachegelüste. Doch sie kannten sich überhaupt nicht, sie waren nicht befreundet gewesen. Man kann einen Freund töten – Freunde bringen sich ständig um –, doch er war kein Freund gewesen, und erst recht kein Feind. Man kann jemanden nur zum Feind haben, wenn man zunächst einmal befreundet war. Dieser Schritt ist notwendig: erst Freund, dann Feind. Niemand kann direkt zum Feind werden. Es braucht eine gewisse Bekanntschaft, eine Freundschaft, um jemanden zum Feind werden zu lassen.

Der Gerichtshof wusste nicht weiter. Der Richter fragte den Mann: »Warum haben Sie einen Fremden umgebracht, den Sie niemals zuvor gesehen hatten, dessen Namen Sie nicht einmal kannten?«

Der Mann antwortete: »Das spielt doch keine Rolle. Ich fühlte mich einfach nur gelangweilt, so gelangweilt, dass ich etwas tun wollte, etwas, das mein Bild in alle Zeitungen bringen würde. Und das ist passiert; jetzt fühle ich mich ein bisschen weniger gelangweilt. Und das Leben hat ja sowieso keinen Sinn. Was hat dieser Idiot schon gemacht? Was hätte er gemacht, wenn ich ihn nicht umgebracht hätte? Er hätte einfach immer weiter dasselbe gemacht, was er schon seit Jahren gemacht hat. Wozu also die Aufregung? Warum werde ich deshalb vor Gericht gestellt?«

Der Richter war vollkommen verwirrt: Es gab keine Augenzeugen, nur diesen Mann selbst, der sagte: »Ich habe diesen Mann umgebracht, doch ohne Zeugen könnt ihr mich nicht verurteilen. Vielleicht lüge ich ja, wer weiß? Es gibt keine Zeugen.«

Dann wurden Leumundszeugen vor Gericht zitiert. Einer der Nachbarn erklärte: »Dieser Mann ist seltsam. Seine Mutter starb an einem Sonntag, und als man ihn darüber informierte, sagte er: ›Diese Frau hat schon immer Ärger gemacht – ausgerechnet an einem Sonntag. Der Sonntag ist ein Feiertag, hätte sie nicht an einem Samstag oder einem Freitag sterben können? Doch ich habe schon immer gewusst, dass diese Frau, die mich mein Leben lang gequält hat, mir einen Feiertag versauen würde. Und so ist es auch gekommen.‹

Und als er gefragt wurde, warum er so ärgerlich darüber sei, antwortete er: ›Ich bin ärgerlich, weil ich Kinokarten für mich und meine Freundin besorgt hatte und weil diese Frau auch an jedem anderen Tag hätte sterben können. Warum musste sie ausgerechnet an einem Sonntag sterben? Das verstehe ich nicht. Aber ich weiß ja, dass sie immer schon so war.‹«

Ein anderer Zeuge kam und sagte: »Er begrub seine Mutter und ging am selben Abend noch mit einer schönen jungen Frau zum Tanzen. Und als jemand zu ihm sagte: ›Deine

Mutter ist erst heute morgen beerdigt worden. Ist es da recht, dass du am Abend schon wieder tanzen gehst?‹, antwortete er: ›Was soll das heißen? Jedes Mal, wenn ich von nun an tanzen gehe, wird es nach dem Tod meiner Mutter sein. Welche Rolle spielt es da, ob es zwölf Stunden her ist, zwölf Tage oder zwölf Jahre? Es wird immer nach dem Tod meiner Mutter sein. Willst du vielleicht, dass ich nie mehr tanzen gehe, nur weil meine Mutter gestorben ist?‹«

Das ist vollkommen logisch, aber es ist unmenschlich.

Diese Zeugen erzählten also solche Dinge über ihn und sagten: »Dieser Mann ist seltsam. Er kann einfach alles machen, ohne dass die Dinge eine Bedeutung für ihn haben.« Doch der Mann erwiderte: »Ich sehe überhaupt keine Bedeutung im Leben. Worin besteht das Verbrechen, wenn man einen Menschen umbringt? Ich befreie ihn doch nur von seiner Sklaverei. Ich begehe damit keine Sünde, ich begehe kein Verbrechen. Ich helfe einfach nur einem Menschen, der zu feige dazu ist, Selbstmord zu begehen.«

Eine negative Philosophie wird zu solchen Ergebnissen führen. Eine negative Philosophie wird die Menschen in den Wahnsinn treiben, und die letzte Schlussfolgerung davon kann nur sein, Selbstmord zu begehen.

Ein großer negativer Philosoph Griechenlands, Zeno, predigte tatsächlich sein ganzes Leben lang, dass Selbstmord der einzige Ausweg sei. Tausende seiner Anhänger begingen Selbstmord. Er erklärte: »Das Leben ist sinnlos, ohne Bedeutung. Nur aus Feigheit leben die Menschen immer weiter. Sie haben nicht genug Mut, um den letzten Schritt zu machen und dem Ganzen ein Ende zu setzen. Sei kein Feigling. Nur Selbstmord beweist, dass du kein Feigling bist.«

Er war sehr überzeugend. Es erscheint sehr überzeugend, wenn jemand zu einem sagt: »Nur Selbstmord beweist, dass du kein Feigling bist, denn wozu willst du weiterleben? Was hast du bisher gemacht? Die Hälfte deines Lebens hast du bereits verbracht, und mit welchem Resultat? Mit welchem

Ergebnis? Du wirst die übrige Hälfte genau so verbringen, und du wirst wie ein Tier sterben. Zeige wenigstens ein bisschen Würde, indem du Selbstmord begehst!«

Dieser Mann argumentierte, dass die Geburt nicht in unseren Händen liegt, doch dass wir zumindest nicht zulassen sollten, dass der Tod ebenfalls über uns gebietet. Sei Herr deines eigenen Todes, begehe Selbstmord! Seine Argumente sind sehr tiefgründig. Er sagt: »Ihr wart hilflos in Bezug auf eure Geburt, ihr konntet nichts dagegen tun. Es musste geschehen, doch in Bezug auf den Tod gibt es eine Wahl: Entweder du stirbst wie ein Tier oder du begehst Selbstmord wie ein Mann. Selbstmord gibt dem Menschen die Würde, dass er über seinen Tod selbst bestimmen kann.« Er überzeugte viele junge Menschen, so dass sie Selbstmord begingen.

Kurz bevor er im Alter von neunzig Jahren starb, fragte ihn jemand: »Tausende von Menschen haben deiner Philosophie und deiner Argumentation entsprechend Selbstmord begangen, doch warum hast du selbst dich nicht umgebracht? Warum hast du selbst ein langes Leben gelebt?«

Darauf antwortete dieser Mann: »Ich *musste* einfach leben, um meine Philosophie zu lehren. Es war eine Last, doch aus Mitgefühl mit den anderen musste ich leben! Wer hätte sie sonst lehren sollen? Der einzig wahre Umgang mit dem Leben ist der Tod. Ich habe mein ganzes Leben lang gelitten. Ich habe meine eigene Würde aufgegeben, indem ich keinen Selbstmord beging, weil ich mich um meine Mitbürger kümmern musste, vor allem um meine Anhänger. Ich bin sehr glücklich darüber, dass sie alle Selbstmord begangen haben. Jetzt kann ich in Frieden sterben, denn ich habe meine Aufgabe erfüllt.«

Eine negative Philosophie muss zu solchen Schlussfolgerungen führen. Zen ist die einzige Alternative, die einzige positive Alternative, denn sie gibt ein Gefühl von Richtung, ein Gefühl von Erfüllung, ein Gefühl von Ewigkeit und die

Möglichkeit, über Geburt, Tod und Körper hinauszugehen und mit dieser wunderbaren Existenz eins zu sein, die so ungeheuer intelligent ist.

Die zweite Frage:

Kann der Mensch ohne Gott leben?

Ja. Tatsächlich kann der Mensch nur ohne Gott leben. Mit Gott lebt der Mensch nicht, er zögert an jedem Punkt des Lebens, er ist immer halbherzig.

Er ist mit einer Frau zusammen und macht sich Sorgen wegen der Hölle. Wie kann er eine Frau lieben, wenn die Bibel sagt, die Frau sei das Tor zur Hölle? Er schläft mit ihr, doch gleichzeitig denkt er an die Bibel und die Sonntagspredigt: »Die Frau ist das Tor zur Hölle. Was machst du da?« So kann er weder mit noch ohne Liebe leben. Gott hat den Menschen schizophren gemacht, halbherzig in allem.

Du verdienst Geld, und gleichzeitig weißt du, dass Geldgier eine Sünde ist. Doch wenn du kein Geld verdienst, verhungerst du. Dein ganzes Wesen wehrt sich gegen das Verhungern, zwingt dich dazu, Geld zu verdienen, um dich zu ernähren. Die Natur zieht dich in die eine Richtung, und Gott und seine Vertreter auf Erden ziehen dich in die andere Richtung. Dadurch bist du in einer seltsamen Situation.

Dafür gibt es ein wunderbares indisches Sprichwort. In Indien verwenden die Wäscher Esel, um die Wäsche zum Fluss zu transportieren. Und nach dem Waschen beladen sie den Esel wieder mit der Wäsche, um sie zu den Häusern zurückzubringen, wo sie sie am Morgen abgeholt haben. Das Sprichwort lautet also: »Dein Leben gleicht dem eines Wäscheresels.« Er ist nie wirklich zu Hause und auch nie wirklich am Fluss, sondern immer dazwischen unterwegs, vom Haus zum Fluss und vom Fluss zum Haus.

Der Esel eines Wäschers steht einfach für Schizophrenie.

Bei jeder Handlung bist du nur halb dabei, doch weil die ganze Menschheit schizophren ist, realisierst du es nicht. Du liebst jemanden, doch gleichzeitig hasst du auch den Menschen, den du liebst. Wodurch ist dieser Hass entstanden? Er kommt daher, dass du die Frau liebst, doch die Frau ist das Tor zur Hölle. Du musst sie also gleichzeitig hassen. Am Abend schließt du Freundschaft mit ihr, doch am nächsten Morgen seid ihr Feinde. Ihr geht ständig auseinander und kommt wieder zusammen. Und das geht ewig so weiter – wie beim Esel eines Wäschers.

Du fragst: »Kann der Mensch ohne Gott leben?« *Nur* ohne Gott ist es möglich, vollständig zu leben, meditativ zu leben, total zu leben.

Es lohnt sich, über eine Aussage von Sigmund Freud nachzudenken. Weil er sich sein ganzes Leben lang mit dem Thema Sexualität beschäftigt hatte, dachte er, dass Sexualität die Wurzel aller Probleme sei. Ihm wurde nie klar, dass nicht die Sexualität das Problem ist, sondern die Unterdrückung der Sexualität. Der Priester ist das Problem, Gott ist das Problem, die Heiligen Schriften sind das Problem – nicht die Sexualität.

Sexualität ist eine ganz einfache Sache. Alle Tiere genießen ihre Sexualität; kein Tier geht zu einem Psychoanalytiker. Ich habe noch nie ein Tier getroffen, das zum Psychiater geht, weil es sich schizophren fühlt. Sie alle leben und genießen das Leben, ohne dass es für sie ein Problem wäre.

Die Heiden lebten sehr glücklich, bevor die Religionen, und besonders das Christentum, sie ausrotteten. Sie hatten keine Vorstellung von Sünde. Sie liebten ihre Frauen, sie tanzten, sie tranken, sie spielten Musik. Ihr ganzes Leben war reine Freude.

Sigmund Freud machte folgende Aussage, von der ich euch erzählen wollte: »Die Kirchen können die Sexualität nicht abschaffen.«

Doch es ist ihnen gelungen, sie zu vergiften. Es gelang ih-

nen nicht, die Sexualität abzuschaffen, sonst gäbe es inzwischen keine Menschheit mehr. Die Sexualität ist immer noch
da. Doch sie haben die Freude daran zerstört, sie haben sie
zu einer großen Sünde gemacht. Also begeht ihr die Sünde
und denkt, die Frau sei die Ursache dafür.

In Wahrheit ist es vollkommen anders; Gott ist die Ursache dafür. Doch da Gott nur eine Fiktion ist, kann er nichts
tun. Der Priester ist es, sein Stellvertreter, das Sprachrohr
Gottes, der alle möglichen Schuldgefühle in euch hervor-
ruft. Diese Schuldgefühle erlauben es euch nicht, wirklich
zu leben. Alles ist falsch, alles ist Sünde.

Also nochmals zu deiner Frage: »Kann der Mensch ohne
Gott leben?«

Ich sage euch, der Mensch kann *nur* dann leben, wenn er
keinen Gott hat. Doch das ist nur die eine Hälfte. Der fik-
tive Gott muss durch eine tatsächliche Erfahrung der Wahrheit in der Meditation ersetzt werden; andernfalls werdet
ihr wahnsinnig.

Die dritte Frage:

*Alle Religionen basieren auf einem Gott. Ihre Moral, ihre
Gebote, ihre Gebete, ihre Heiligen – alles weist auf einen
Gott hin, und du sagst, Gott sei tot. Was passiert dann mit all
den Dingen, die von dem Konzept eines Gottes abhängen?*

All diese Dinge, die von dem Konzept eines Gottes abhängen,
sind Schwindel; durch all diese Dinge werden nur Heuchler
hervorgebracht. Eure Moral ist nicht echt, sie wird euch von
außen auferlegt, aus Angst oder aus Gier. Wahre Moral entsteht nur im Bewusstsein eines Meditierenden. Sie ist nichts,
was von außen kommt, sie ist etwas, was in deinem eigenen
Inneren erblüht. Sie ist spontan. Und wenn Moral spontan
ist, ist sie voll Freude, ist sie einfach ein Teilen deines Mitgefühls und deiner Liebe.

Alle Qualitäten, die von einem Gott abhängen, werden mit dem Verschwinden Gottes ebenfalls verschwinden. Sie betreffen nur die Oberfläche.

Ihr habt alle eine Hintertür. An der Vordertür seid ihr die eine Person, und an der Hintertür seid ihr eine andere Person. Habt ihr es schon einmal beobachtet? An der Vordertür seid ihr gute Katholiken, so religiös, so fromm, so gottesfürchtig, dass jeder glauben könnte, ihr seid Heilige. Doch das gilt nur bis zu eurem Wohnzimmer. An der Hintertür seid ihr so, wie menschliche Wesen eben sind, mit all ihren Instinkten, mit all ihrer Sexualität, mit all ihrer Gier, mit all ihrer Aggressivität. Schaut euch nur einmal euren Gott selbst an. Die verschiedenen Religionen haben unterschiedliche Vorstellungen von ihm, doch alle Vorstellungen beweisen, dass Gott der erste Sünder war.

Der Hindu-Gott erschuf die Frau und vernarrte sich in sie – in seine eigene Tochter. Die Frau bekam Angst und verwandelte sich in eine Kuh, doch Gott wurde zu einem Stier. Sie lief davon und verwandelte sich in etwas anderes, und Gott folgte ihr – nach der hinduistischen Mythologie entstanden so die unterschiedlichen Tierarten; dadurch, dass Gott der Frau in verschiedene Gestalten folgte. Die Frau veränderte ihre Gestalt, und Gott veränderte ebenfalls seine Gestalt. Die Frau nahm immer die weibliche Form an, und Gott nahm immer die männliche Form an. Deshalb gibt es so unzählig viele Arten. Wenn die Frau zu einer weiblichen Stechmücke wurde, wurde Gott zu einer männlichen Stechmücke. So ging es immer weiter, und vielleicht geht es immer noch so weiter.

Glaubt ihr, dieser Gott sei ein moralischer Gott? Und dasselbe gilt für die Götter aller Religionen. Der jüdische Gott sagt im Alten Testament: »Ich bin ein eifersüchtiger Gott. Ich bin keiner, der euch vergibt, ich bin ein zorniger Gott. Ihr sollt keine anderen Götter neben mir haben. Und denkt daran, ich bin euer Vater, nicht euer Onkel.« Was für ein

Gott ist das, eifersüchtig und besorgt, dass ihr einen anderen Gott anbeten könntet? Und schließlich sagt er noch: »Ich bin euer Vater, denkt daran; ich bin nicht euer Onkel.« Onkel sind immer nettere Menschen als Väter.

Eine deutsche Theologieprofessorin, Uta Ranke-Heinemann, machte einmal folgende Aussage: »Die Mehrheit der katholischen Bischöfe in den USA ist sexuell gestört. Wir müssen annehmen, dass die deutschen Bischöfe bald eine Kommission einberufen werden, um festzustellen, ob sie ebenfalls sexuell gestört sind.«

Von dem Kirchenhistoriker Professor Georg Denzler stammt der Kommentar: »Der Papst ist verantwortlich für eine sehr schmerzliche, schreckliche Sexualmoral.«

Und eine deutsche protestantische Pastorin, Helga Frisch, sagte: »Als das Zölibat im zehnten Jahrhundert eingeführt wurde, töteten die Priester den Abgesandten des Papstes und drohten, auch den Erzbischof umzubringen. Ich bin sehr erstaunt, dass heutige Priester keine ähnlichen Maßnahmen ergreifen.«

Es gibt eine Moral, die von außen auferlegt wird und niemals im Einklang mit deinem Herzen ist. Und es gibt eine Moral, die von innen kommt und immer im Einklang mit deinem Herzen ist und im Einklang mit dem Herzen des Universums. Das ist die wahre Moral.

Ich gebe euch keine Disziplin, keine Moral. Ich gebe euch einfach nur eine klare Vision. Alles, was aus dieser Klarheit kommt, ist gut, ist göttlich, ist moralisch.

Die vierte Frage:

Ist die Fantasievorstellung von einem allmächtigen, allwissenden, allgegenwärtigen Gott nicht einfach ein verdeckter Ausdruck menschlichen Machtstrebens?

Im Grunde handelt es sich um zwei Dinge. Erstens um eine tiefe Angst vor dem Leben und vor dem Tod, eine Angst vor Unwissenheit, eine Angst, sich selbst nicht zu kennen. Doch aus dieser Angst entsteht auch eine Sehnsucht nach Macht. Tatsächlich basiert die Sehnsucht nach Macht immer auf einem Minderwertigkeitskomplex.

Das ist der Grund, warum ich immer sage, dass alle eure Politiker und alle eure sogenannten religiösen Führer unter einem Minderwertigkeitskomplex leiden. Dieser Minderwertigkeitskomplex ist eine Qual für sie. Sie möchten gern auf einem hohen Podest stehen und viel Macht haben. Diese Macht hilft ihnen, sich zumindest zeitweilig von ihrem Minderwertigkeitskomplex zu befreien. Nun wissen sie, dass sie weltweit bekannt sind. Wie können sie minderwertig sein, wenn ihnen doch Millionen von Menschen folgen? Sie können sich selbst einreden, dass sie nicht minderwertig sein können, wenn sie so viel Macht haben. Doch es spielt keine Rolle, ob man Macht hat oder nicht, denn ein Minderwertigkeitsgefühl kann durch Macht niemals aufgelöst, sondern nur verdeckt werden.

Da ist also auf der einen Seite Gott, der Angst, Schrecken und Tod verdeckt. Und auf der anderen Seite kann jemand, der an einen Gott glaubt, der allmächtig, allgegenwärtig, allwissend ist, sich irgendwie mit diesem Gott identifizieren. Man ist ein Christ, man identifiziert sich selbst mit Christus – und er ist der Sohn Gottes. Damit ist man Gott schon sehr nahe gekommen, was die Verbindung betrifft.

Oder jemand glaubt an Krishna, und dieser ist die Reinkarnation Gottes, die vollkommene Reinkarnation. Wenn man an ihn glaubt, ist man der Macht schon sehr nahe gekommen. Man hat vielleicht selbst keine Macht, doch man glaubt an jemanden, der Macht hat. Darin zeigt sich also auch eine Sehnsucht nach Macht. Doch warum sehnt man sich nach Macht? Das liegt daran, dass man sich schwach fühlt, dass man sich machtlos fühlt, dass man sich minderwertig fühlt.

Die Religionen sorgen also zunächst für Minderwertig-
keitsgefühle, für Angst, für Gier. Danach ist man dann bereit, einen Gott als allwissend, allgegenwärtig, allmächtig
zu akzeptieren, und im Glauben, in der Anbetung ist man
ihm so nahe, dass man einen Teil seiner Macht mit ihm teilt.
Man wird zu einem Mini-Gott. Doch all das ist nur eine psy-
chische Krankheit, und Gott ist nicht das Heilmittel.
Hier ein Zen-Haiku – Taneda schrieb:

Auf der Suche – wonach?
Ich ziehe mit dem Wind.

Er sagt damit: »Ich weiß nicht, wonach ich suche. Wie kann
ich es wissen, bevor ich es nicht gefunden habe? Wahrheit ist
nur ein Wort. Wie kann ich sagen, wonach ich suche? Bevor
ich es nicht gefunden habe, kann ich nicht sagen, was ich suche.«

Das ist eine merkwürdige, aber sehr schöne Aussage. Er
sagt damit: Bevor man die Wahrheit gefunden hat, kann man
eigentlich gar nicht sagen, dass man die Wahrheit sucht.
Man sucht einfach nur. Man weiß nicht, wonach. Wüsste
man es, müsste man nicht suchen. Man tastet im Grunde
nur im Dunkeln.

Taneda hat vollkommen Recht. Ein Suchender tastet einfach nur im Dunkeln herum, in der Hoffnung, dass da irgendwo ein Weg sein muss. Das Leben kann schließlich
nicht so grausam sein.

Auf der Suche – wonach?
Ich ziehe mit dem Wind.

Ich bewege mich einfach nur überallhin, ich ziehe mit dem
Wind. Doch ich weiß nicht, wonach ich suche. Ich werde es
erst wissen, wenn ich es gefunden habe. Er sagt: Jeder, der
nach etwas sucht, glaubt an etwas, bevor er es gefunden hat,

und das ist falsch. Das ist es, was alle Religionen machen – sie geben den Menschen einen Glauben, bevor sie etwas gefunden haben; bevor sie etwas wissen, werden sie zu Gläubigen gemacht, zu Getreuen. Und ihre ganze Suche wird dadurch zunichte gemacht.

Ich frage euch nicht, wonach ihr sucht. Ich zeige euch einfach nur den Weg. Ich bestärke euch einfach nur: »Geht weiter, geht weiter, geht weiter.« Ihr müsst es irgendwann finden, denn es liegt irgendwo in euch selbst. Wenn ihr tief genug sucht, mit totaler Hingabe, werdet ihr es irgendwann finden. Und erst durch das Finden werdet ihr erkennen, wonach ihr gesucht habt. Das ist ein vollkommen anderer Standpunkt, der allen Glaubenssystemen der Welt diametral entgegengesetzt ist.

Und nun die Meditation:

Sei still, schließe deine Augen und fühle, wie dein Körper vollkommen ruhig wird.

Das ist der richtige Augenblick, um nach innen zu gehen. Sammle all deine Kräfte – es braucht deine ganze Kraft – und begib dich zum innersten Zentrum deines Seins mit vollkommener Bewusstheit und mit dem drängenden Bewusstsein, dass dieser Augenblick dein letzter Augenblick auf Erden sein könnte. Nur solche Dringlichkeit kann dich zum tiefsten Zentrum deines Wesens bringen.

Geh schneller und schneller, tiefer und tiefer nach innen.

Sobald du dem Zentrum nahe kommst, senkt sich eine große Stille auf dich herab, wie ein sanfter, kühler Regen. Du kannst sie fühlen, sie ist spürbar.

Geh noch etwas weiter, und rings um dich herum werden Blumen des Friedens erblühen.

Noch ein bisschen weiter ... und eine große Ekstase taucht auf, so dass du trunken bist vom Göttlichen.

Noch ein Schritt weiter und du bist im innersten Zentrum

deines Wesens. Zum ersten Mal siehst du dein ursprüngliches Gesicht. Dein ursprüngliches Gesicht ist das Gesicht des Buddhas.

Ich verwende das Wort »Buddha« als Symbol des vollkommenen Erwachens, der vollständigen Erleuchtung.

Ein großes Strahlen wird dich umgeben, ein seltsames Licht, das du noch nie zuvor gesehen hast.

Die einzige Qualität, an die du dich in diesem Augenblick erinnern musst, ist Gewahrsein. Sie macht das gesamte Wesen des Buddhas aus.

Sei gewahr, dass du nicht der Körper bist.

Sei gewahr, dass du nicht der Verstand bist.

Sei gewahr, dass du nur der Zeuge bist.

Lass los, doch erinnere dich daran, dass du ein Buddha bist, und ein Buddha besteht nur aus einer einzigen Energie, und diese Energie ist Gewahrsein.

In diesem Augenblick beginnst du wie Eis im Ozean zu schmelzen. Alle Trennung ist eine Illusion, nur Einssein ist die Wahrheit.

Du zählst du den gesegnetsten Menschen auf dieser Erde, denn alle kümmern sich nur um Trivialitäten. Du aber suchst nach dem Letztgültigen, dem Ewigen, und du bist ihm sehr nahe.

Eine große Glückseligkeit senkt sich auf dein innerstes Zentrum nieder, Blüten fallen auf dich herab. Das gesamte Universum freut sich mit dir.

Sammle all diese Erfahrungen ein.

Du musst sie in dein gewöhnliches, alltägliches Leben bringen – den Frieden, die Heiterkeit, das Schweigen, die Ekstase, die Musik, den Tanz. Dein Leben muss ein andauerndes Ritual werden. Nur dann bist du vollständig.

Und vergiss nicht, den Buddha zu bitten, noch ein bisschen näher zu kommen. Er ist dir schon sehr nahe. Er ist deine innerste Natur.

Dies sind die drei Schritte der Meditation:

Zunächst tritt der Buddha hinter dich wie ein Schatten, doch sehr solide und golden, mit großer Strahlkraft, und erzeugt eine neue Atmosphäre um dich herum, eine Atmosphäre des Segens, des Mitgefühls, der Glückseligkeit.

Der zweite Schritt besteht darin, dass du der Schatten wirst und der Buddha sich vor dir befindet und dein Schatten ganz langsam und allmählich verschwindet.

Der dritte Schritt besteht darin, dass du im Buddha verschwunden bist und nur der Buddha noch vorhanden ist und du nicht mehr vorhanden bist. Wenn das geschieht, hast du den Gipfel des Lebens erreicht, bist du nach Hause gekommen, bist du angekommen.

Nun brauchst du nirgendwohin mehr zu gehen.

Du wirst eins mit dem Leben selbst.

Darum sage ich, dass meine Philosophie in Wahrheit existentialistischer ist als die negativen Philosophien des Westens. Ich versuche, den Westen und den Osten zusammenzubringen.

Mein ganzes Bemühen geht dahin, die Menschen reicher zu machen, äußerlich und innerlich, in vollkommenem Gleichgewicht. Dieses Gleichgewicht ist Zen.

Und denkt daran: Gott ist tot, und Zen ist nun die einzige lebendige Wahrheit.

Ihr seid die Pioniere eines neuen Zeitalters, eines neuen Menschen, einer neuen Menschheit.

... Jetzt komm zurück ... doch komm zurück als Buddha, mit derselben Anmut, mit demselben Schweigen, mit derselben Freude.

Bleib eine Zeit lang still sitzen, um dich an den goldenen Pfad zu erinnern, den du gegangen bist, und an die Erfahrung des Jenseits, das dir so nahe gekommen ist, das Mysterium der inneren Welt, des unendlichen Raums, der ewigen Zeitlosigkeit.

Und fühle die Gegenwart des Buddhas hinter dir.

Das ist es, wodurch Friedrich Nietzsches Aussage vollständig wird. Ohne Zen ist sie unvollständig und treibt die Menschen in den Wahnsinn. Mit Zen wird sie vollständig und
kann die Menschen zu der äußersten geistigen Klarheit führen, deren Menschen überhaupt fähig sind.

Kapitel 2

*Gott ist eine Beleidigung
für den Menschen*

Als Sekito die Regeln empfangen hatte, fragte ihn Seigen, sein Meister: »Nun, da du die Regeln empfangen hast, möchtest du sicher die Vinaya studieren, nicht wahr?«

Sekito antwortete: »Es ist nicht notwendig, die Vinaya zu studieren.«

Seigen fragte: »Möchtest du dann das Buch von Sheela lesen?«

Sekito antwortete: »Es ist nicht notwendig, das Buch von Sheela zu lesen.«

Seigen fragte daraufhin: »Könntest du Nangaku Osho einen Brief überbringen?«

Sekito erwiderte: »Natürlich.«

Seigen sagte also: »Dann geh jetzt und komm bald wieder zurück. Wenn du auch nur ein bisschen zu spät kommst, wirst du mich nicht mehr antreffen. Und wenn du mich nicht antriffst, wirst du das große Beil unter meinem Stuhl nicht bekommen.«

Bald darauf kam Sekito bei Nangaku an. Bevor er ihm den Brief übergab, verneigte sich Sekito und fragte: »Osho, was ist zu tun, wenn man weder den alten Weisen folgt noch seine eigene innerste Seele zum Ausdruck bringt?«

Nangaku antwortete: »Deine Frage ist zu arrogant. Warum

stellst du sie nicht etwas bescheidener?« Worauf Sekito erwiderte: »Da wäre es besser, auf ewig in der Hölle zu versinken und nicht mehr auf die Befreiung zu hoffen, die die alten Weisen erfahren haben.«

Nachdem Sekito so festgestellt hatte, dass Nangaku und er nicht auf einer Wellenlänge waren, ging er zurück zu Seigen, ohne Nangaku den Brief zu übergeben.

Bei seiner Ankunft fragte ihn Seigen: »Hat man dir etwas anvertraut?«

Sekito antwortete: »Man hat mir nichts anvertraut.«

Seigen meinte: »Aber es muss doch eine Antwort geben.«

Worauf Sekito erwiderte: »Wenn einem nichts anvertraut wird, gibt es auch keine Antwort.« Dann fügte er hinzu: »Als ich aufbrach, sagtest du, dass ich bald zurückkommen solle, um das große Beil unter deinem Stuhl zu bekommen. Nun bin ich zurück, gib mir also bitte das große Beil.«

Seigen schwieg. Sekito verneigte sich und zog sich zurück.

Die erste Frage:

Gott ist tot, doch das wirft die Frage auf, wer dieses Universum in Gang gesetzt hat.

Niemand brauchte es in Gang zu setzen, weil dieses Universum keinen Anfang und kein Ende hat.

Diese Frage wurde von allen Religionen ausgenutzt, weil jeder wissen möchte, von wem das Universum in Gang gesetzt wurde. Euer Verstand ist so klein, dass er sich ein Universum ohne Anfang nicht vorstellen kann, ein endloses Universum, einfach nur von Ewigkeit zu Ewigkeit. Weil ihr euch diese Weite nicht vorstellen könnt, entsteht diese Frage: »Wer hat das Universum erschaffen? Wer hat das alles in Gang gesetzt?« Doch wenn es jemanden gab, der es in Gang setzte, muss es bereits ein Universum gegeben haben. Könnt ihr diese einfache Arithmetik nachvollziehen? Wenn jemand da war, um es in Gang zu setzen, dann könnt ihr das nicht »den Anfang« nennen, weil bereits jemand da war.

Wenn ihr glaubt, dass ein Gott dafür notwendig ist ... es gibt euch Trost, dass Gott die Welt erschaffen hat, damit ihr einen Anfang habt. Doch wer hat Gott erschaffen? Hier taucht gleich wieder dasselbe Problem auf.

Alle Religionen behaupten, dass Gott ewig sei; dass Gott nicht erschaffen wurde. Wenn das für Gott gelten kann, warum kann es dann nicht für das Leben selbst gelten? Es ist autonom, es existiert aus sich selbst heraus. Es braucht keinen Schöpfer, denn dieser Schöpfer braucht nur wieder einen anderen Schöpfer, und damit fallt ihr in eine absurde Endlosschleife. Ihr könnt von A bis Z gehen. Doch wer hat dann Z erschaffen? Die Frage bleibt bestehen, auch wenn ihr euch noch so lange dagegenstemmt. Das Problem kann so nicht gelöst werden, weil ihr die falsche Frage gestellt habt.

Das Universum hat keinen Anfang. Es wurde nicht von irgendjemandem erschaffen. Es hat auch kein Ende. Und denkt daran, wenn es einen Anfang hätte, hätte es sicher auch ein Ende. Jeder Anfang ist der Anfang von einem Ende; jede Geburt ist der Anfang des Todes. Und so ist es gut! Macht euch also frei von Gott, denn wenn er die Welt erschaffen hat, kann er sie auch wieder zerstören, und jede Welt, die erschaffen wurde, wird früher oder später zerstört. Wenn es eine Geburt gibt, gibt es auch einen Tod. Nur ein Universum ohne Anfang kann auch ohne Ende sein.

Dein Problem besteht also nur, weil die Fähigkeiten des Verstandes so begrenzt sind. Das ist der Grund, warum ich möchte, dass ihr über den Verstand hinausgeht. Nur *No-Mind*, ein Bewusstsein jenseits des Verstandes, kann sich etwas ohne Anfang und ohne Ende vorstellen. Das Unfassbare wird dann vollkommen klar; da gibt es überhaupt kein Problem. Jene, die sich über den Verstand erhoben haben, haben sich gleichzeitig auch über Gott erhoben. Gott ist ein

Bedürfnis des Verstandes, weil der Verstand sich keine unendlichen, ewigen Dinge vorstellen kann. Er kann sich nur
sehr begrenzte Dinge vorstellen. Diese Frage entsteht nur
aus dem Unvermögen, aus der Unfähigkeit des Verstandes.

Du fragst: »Gott ist tot, doch daraus ergibt sich die Frage,
wer dieses Universum in Gang gesetzt hat.« Doch hast du
jemals darüber nachgedacht, dass die Existenz Gottes diese
Frage nicht auflöst? Die Frage wird dadurch einfach nur um
einen Schritt verlagert: Wer hat Gott erschaffen? Jede Hypothese, die die Frage nicht auflöst, ist vollkommen nutzlos.
Und jede Antwort, die die Frage immer nur ein Stück weiter verlagert, ohne sie auch nur im geringsten zu berühren,
kann nicht die Antwort sein.

Die einzige Antwort, die man finden kann, liegt in der eigenen Erfahrung von Ewigkeit. Dann wirst du wissen, dass
niemand es erschaffen hat. Es hat keinen Anfang und kein
Ende. *Du* hast keinen Anfang und kein Ende. Wenn du das
in dir selbst erfahren hast, weißt du, dass die Existenz autonom ist, dass sie nicht erschaffen wurde.

Etwas Erschaffenes kann nicht mehr als ein künstlicher
Mechanismus sein; es kann keine organische Realität sein.
Das Auto wurde erschaffen, doch der Mensch wurde nicht
erschaffen. Wenn der Mensch ebenfalls erschaffen worden
wäre, wäre er ein Mechanismus, ein Roboter. Man kann ein
Auto auseinander nehmen, alle Teile auseinander nehmen,
die Räder und alles, und dann kann man alles wieder zusammensetzen und das Auto ist vollkommen in Ordnung.
Doch schneide einmal einen Menschen in einzelne Teile und
setze sie dann wieder zusammen – dadurch wird der Mensch
nicht wieder lebendig.

Ein organisches Phänomen lässt sich nicht auseinander
nehmen. In dem Augenblick, in dem man es auseinander
nimmt, verschwindet sein Geheimnis. Dann kann man die
Teile wieder zusammensetzen, doch man wird trotzdem nur
einen Leichnam vor sich haben und kein lebendiges Wesen.

Darin liegt die Würde des Lebens, dass es nicht erschaffen wurde. Darin liegt die Würde des Menschen, dass er nicht erschaffen wurde. Gott ist eine Beleidigung für das Leben, für den Menschen, für das Bewusstsein, für alles. Gott ist eine Demütigung. Gott ist keine Lösung für irgendein Problem; tatsächlich erzeugt er nur noch mehr Probleme in der Welt. Er löst nichts. Es gibt dreihundert Religionen in dieser Welt, und sie alle bekämpfen sich gegenseitig. Sie alle sind durch ein Konzept von Gott entstanden, weil sie alle ihre eigenen Konzepte erfunden haben.

Der Hindu-Gott besitzt drei Köpfe. Stellt euch nur einmal den armen Kerl vor! Stellt euch vor, ihr hättet drei Köpfe; ich glaube nicht, dass ihr in der Lage wärt, aufrecht zu stehen. Ein Kopf würde zur einen Seite fallen, der andere zur anderen Seite, und der dritte wieder zu einer anderen Seite – allein schon das Gewicht … Ich habe Statuen und Bilder dieses Hindu-Gottes gesehen. Sein Körper wirkt wie der Körper eines Menschen, doch ein menschlicher Körper kann mit drei Köpfen nicht funktionieren.

Ich habe Kinder im Zirkus gesehen, die als Fehlbildungen zur Welt kamen. Ich habe Kinder mit zwei Köpfen gesehen, doch sie können nicht einmal sitzen; sie liegen einfach nur herum. Der Zirkus nutzt ihre Tragödie aus, er verdient Geld damit. Man muss sie in einem Leiterwagen herumfahren.

Der Hindu-Gott muss wohl in einem Leiterwagen leben. Ein Kopf wird dabei immer ins Kissen gedrückt, so dass ihm das Atmen schwer fällt. Aufrechtes Gehen ist für ihn eine Unmöglichkeit. Und alle drei Köpfe, die nur einen Körper besitzen, haben Frauen. Was für eine Tragödie! Jeder Kopf ist mit zwei anderen Köpfen verbunden, und jeder hat eine andere Frau. Drei Frauen für einen einzigen Mann – weil es ja nur ein Geschlechtsteil gibt. Ich habe nie etwas davon gehört, dass dieser indische Gott auch drei Geschlechtsteile hätte. Also, ich kann mir nicht vorstellen, wie das funktionieren soll!

… Durch solche Fiktionen entstanden dreihundert Religionen, weil sich ja jeder seine eigene Fiktion ausdenken kann. Warum sollte man die Fiktion eines anderen übernehmen? Es gibt Religionen, die glauben, dass Gott tausend Hände hat. Eintausend Hände? Sie müssen an seinem ganzen Körper wachsen, so wie Zweige an einem Baum. Ich glaube nicht, dass er damit irgendetwas anfangen kann. Eintausend Hände? Am Rücken werden sie nach hinten wachsen, an der Vorderseite nach vorn … da bleibt kein Platz mehr für irgendetwas anderes!

Es gibt Götter, die tausend Augen besitzen – auch das kann ich mir nicht vorstellen. Nicht einmal im Zustand des *No-Mind* kann ich mir das vorstellen! Tausend Augen in einem Kopf? Da bleibt kein Platz mehr für Ohren, für eine Nase, für einen Mund, für irgendetwas anderes – nicht einmal für Haare. Er muss kahl sein, mit Augen am ganzen Kopf. Und selbst dann kann ich mir nicht vorstellen, wie das funktionieren soll. Wie kann er sich bewegen? Mit welchem Auge soll er wahrnehmen? Welches Auge verwendet er, wenn er einer Frau zuzwinkern möchte? Tausend Augen, die einer Frau zuzwinkern? Das wäre wirklich sehr romantisch!

Die Existenz Gottes hat kein einziges Problem gelöst. Im Gegenteil, Gott hat Tausende von Problemen geschaffen. Und jede Religion hat ihre eigene Vorstellung, weil es sich nur um eine Fiktion handelt. Die Menschen haben keine unterschiedlichen Vorstellungen von der Sonne. Sie haben keine unterschiedlichen Vorstellungen von einer Rose. Doch von einer Fiktion muss man einfach unterschiedliche Vorstellungen haben. Denn es hängt von einem selbst ab, was man sich vorstellen möchte.

Die Bibel sagt, dass Gott den Menschen nach seinem Ebenbild erschaffen habe. In Wahrheit ist es genau umgekehrt: Der Mensch hat Gott nach seinem Ebenbild erschaffen. Und er hat versucht, das Bild von Gott zu verfeinern und für alle möglichen Absurditäten Erklärungen zu finden. Er braucht tausend Hände, weil er sich um fünf Milliarden Menschen kümmern muss. Doch wenn man sich um fünf Milliarden Menschen kümmern muss, braucht man fünf Milliarden Hände. Eintausend Hände reichen dafür nicht aus. Zumindest, wenn man allen Menschen die Hand schütteln möchte, braucht man fünf Milliarden Hände. Nur Hände, Hände, und sonst gar nichts! Dann schüttelt man Gott die Hand, doch niemand ist da!

Und so gibt es weitere Erklärungen: Er hat eintausend Augen, weil er sich um das ganze Universum kümmern muss. Kann er denn seinen Kopf nicht bewegen, so wie ich ihn bewege? Ich kann ganz problemlos zehntausend Leute sehen, mit nur zwei Augen. Dreht er sich nicht um, wenn er nach hinten geht? Er hat Augen am ganzen Kopf – wenn er rückwärts gehen will, braucht er also nur die hinteren Augen zu öffnen, während die vorderen geschlossen bleiben. Wenn er zur Seite gehen möchte, schließt er die Augen auf drei Seiten, und nur die Augen auf einer Seite sind geöffnet. Ist das ein Gott, oder ist das ein Spielzeug für Kinder?

Die Vorstellung von Gott ist nur entstanden, weil unser Verstand die Ewigkeit nicht fassen kann. Sobald man sich über den begrenzten Verstand zum unbegrenzten *No-Mind* erhoben hat, kann man sich alles vorstellen, was vorher unvorstellbar war. Kein Gott ist dann notwendig.

Die zweite Frage:

Wenn es keinen Gott gibt, ist dann in der Religion noch Platz für Gebet?

Es ist kein Platz mehr für Gebet, denn Gebet ist auf Gott orientiert. Wenn es keinen Gott gibt, zu wem sollte man dann noch beten? Alle Gebete sind falsch, denn es gibt niemanden, der sie beantworten könnte, niemanden, der sie hören könnte. Alle Gebete sind eine Demütigung, eine Beleidigung, eine Erniedrigung. Alle Gebete sind widerwärtig! Ihr kniet vor einer Fiktion nieder, die nicht existiert.

Und was macht ihr in euren Gebeten? Ihr bettelt. »Gib mir dies, gib mir jenes« – absolut armselig – »Gib uns unser tägliches Brot!« Könnt ihr nicht ein für alle Mal darum bitten? Warum müsst ihr jeden Tag darum bitten? Und fünf Milliarden Menschen bitten, während nur einer zuhört – glaubt ihr, dass er geistig gesund bleiben kann? »Gib uns unser tägliches Brot!« Warum nicht einmal fürs ganze Leben darum bitten und dann damit aufhören? Ein einziges Gebet sollte genügen.

Doch jeden Tag belästigt ihr ihn, nörgelt ihr herum wie eine zänkische Ehefrau, morgens und abends. Und die Mohammedaner beten sogar fünfmal am Tag. Sie sind die größten Nörgler.

Ich pflegte immer in Udaipur Meditationscamps abzuhalten. Es war ein weiter Weg bis dorthin von dem Ort, wo ich wohnte, in Jabalpur. Es dauerte sechsunddreißig Stunden dorthin, weil es damals zwischen diesen beiden Orten noch keine Flugverbindung gab. Es gab zwar einen Flughafen in Jabalpur, doch das war ein Militärflughafen, der für die Öffentlichkeit nicht zugänglich war. Also musste ich mit dem Zug fahren und an vielen Stellen umsteigen. Erst musste ich in Katni umsteigen, dann in Bina und dann noch einmal in Agra. Dann musste ich zum letzten Mal in Chittaurgarh den Zug wechseln, und danach kam ich schließlich in Udaipur an. Es war immer Abend, wenn der Zug in Chittaurgarh ankam, und ganz in der Nähe von Chittaurgarh liegt Ajmer. Ajmer ist eine der Hochburgen der Mohammedaner, so dass sich immer viele Mohammedaner im Zug befanden. Und der Zug musste immer eine Stunde lang im Bahnhof auf einen anderen Zug warten, mit dem weitere Reisende nach Udaipur ankommen sollten.

Eine Stunde lang ging ich also auf dem Bahnsteig spazieren. Die Mohammedaner, die den ganzen Bahnsteig entlang da saßen, befanden sich im Gebet, und ich machte mir einen Spaß daraus, zu jemandem hinzugehen und zu sagen: »Der Zug fährt ab«, worauf derjenige aufsprang und dann ärgerlich wurde: »Du hast mein Gebet gestört!«

Darauf antwortete ich: »Ich habe niemandes Gebet gestört. Ich verrichte einfach nur mein eigenes Gebet. Es ist mein innigster Wunsch, dass der Zug endlich abfährt. Ich habe nicht mit dir gesprochen; ich kenne doch nicht einmal deinen Namen.«

Worauf der andere meinte: »Das ist doch merkwürdig … mitten in meinem Gebet?«

Doch ich sagte zu ihm: »Es war kein wirkliches Gebet, denn ich habe dich beobachtet – wieder und wieder hast du nach dem Zug Ausschau gehalten.« Darauf musste der andere zugeben: »Nun ja, das stimmt.«

Und so war es auf dem ganzen Bahnsteig. Ich ging weiter und näherte mich ein paar anderen Leuten und flüsterte einfach nur: »Der Zug fährt ab.« Und schon sprang jemand anderer auf und wurde daraufhin sehr zornig: »Was bist du nur für ein Mensch? Du wirkst religiös, doch du störst die Menschen in ihrem Gebet!«

Worauf ich immer erwiderte: »Ich störe niemanden. Ich bete einfach nur zu Gott, dass der Zug jetzt endlich abfährt.«

Woraus bestehen eure Gebete? Ihr bittet um dieses, ihr bittet um jenes. Eure Gebete machen euch zu Bettlern. Meditation dagegen macht euch zu Kaisern.

Es gibt niemanden, der eure Gebete hört; es gibt niemanden, der auf sie antwortet. Alle Religionen sorgen dafür, dass ihr immer nur außenorientiert seid, dass ihr euch nicht nach innen richtet. Gebete sind außenorientiert: Dort ist Gott, und ihr ruft zu diesem Gott. Doch das führt euch weg von euch selbst.

Alle Gebete sind irreligiös.

Ich habe euch schon oft eine wunderbare Geschichte erzählt, die von Leo Tolstoi stammt.

Der Patriarch der russisch-orthodoxen Kirche – diese Geschichte spielt vor der Revolution – begann sich große Sorgen zu machen, als viele Mitglieder seiner Gemeinde anfingen, zu einem See zu pilgern, wo drei Einsiedler lebten. Sie
lebten auf einer kleinen Insel im See, und sie saßen unter
einem Baum, zusammen mit Tausenden von Menschen, die
sie für Heilige hielten.

Nun ist es im Christentum nicht möglich, von sich aus ein
Heiliger zu werden. Zuerst muss von der Kirche bestätigt werden, dass man ein Heiliger ist; es braucht eine Art Zeugnis.

Das ist eine ziemlich hässliche Vorstellung, dass die Kirche einem ein Zeugnis ausstellen kann, dass man ein Heiliger ist. Selbst ein Mann wie Franz von Assisi, ein wunderbarer Mensch, wurde vor den Papst zitiert: »Die Menschen
haben angefangen, dich wie einen Heiligen zu verehren,
aber du bist noch nicht heilig gesprochen worden.«

Hier finde ich, dass Franziskus einen Fehler gemacht hat.
Er hätte sich dem Ganzen entziehen sollen, doch er kniete
sich wie ein guter Christ nieder und bat den Papst: »Dann
gib mir die Anerkennung.« Abgesehen davon war er ein netter Mensch, ein wunderbarer Mann, doch ich erwähne ihn
nie, weil er sich sehr dumm verhalten hat. Das ist nicht die
Art eines Heiligen.

Aber die ganze Vorstellung von Heiligkeit, die die Kirche
hat, ist vollkommen falsch.

Der russische Patriarch war also sehr zornig: »Wer sind
diese Heiligen? Wir haben hier seit Jahren schon niemanden
mehr heilig gesprochen. Woher sind diese sogenannten Heiligen plötzlich gekommen?« Doch die Menschen strömten
zu ihnen hin, und die Kirche wurde täglich leerer.

Schließlich beschloss der Patriarch, ebenfalls hinzugehen
und sich diese Leute einmal anzusehen. Er nahm ein Boot
und setzte zu der Insel über. Diese drei Männer ... sie waren

ungebildete, einfache Leute, vollkommen unschuldige Menschen. Und der Patriarch war ein mächtiger Mann; nach dem Zaren war er der mächtigste Mann Russlands. Er war sehr zornig auf diese drei Männer und fragte sie: »Wer hat euch zu Heiligen gemacht?«

Sie schauten sich gegenseitig an und sagten: »Niemand. Und wir glauben auch nicht, dass wir Heilige sind. Wir sind arme Leute.«

»Aber warum kommen dann so viele Menschen zu euch?«

Sie antworteten: »Diese Frage müsst Ihr ihnen selber stellen.«

Der Patriarch wollte daraufhin wissen: »Kennt ihr das orthodoxe Gebet der Kirche?«

Sie antworteten: »Wir sind ungebildet, und dieses Gebet ist zu lang; wir können es uns nicht merken.«

»Welches Gebet sprecht ihr denn dann?«

Sie schauten sich wieder gegenseitig an. »Sag du es ihm«, meinte einer von ihnen. »Nein, sag du es«, sagte ein anderer. Sie waren sehr verlegen. Doch der Patriarch wurde immer arroganter, als er sah, dass diese Männer vollkommene Einfaltspinsel waren: Sie kannten nicht einmal das Gebet. Wie konnten sie da Heilige sein?

Also meinte er: »Irgendeiner von euch soll es mir sagen – sagt es einfach nur!«

Sie erwiderten: »Es ist uns sehr peinlich, denn wir haben unser eigenes Gebet erfunden, weil wir doch das von der Kirche autorisierte Gebet nicht kennen. Wir haben unser eigenes Gebet erfunden, und es ist sehr einfach. Wir bitten um Vergebung, dass wir nicht um Erlaubnis gefragt haben, es zu verwenden, doch es war uns so peinlich, dass wir es nicht gewagt haben, zu Euch zu kommen und zu fragen.«

Sie sagten: »Gott ist dreifaltig und wir sind ebenfalls drei, also haben wir uns ein Gebet ausgedacht, das folgendermaßen lautet: ›Du bist drei und wir sind drei, erbarme dich unser.‹ Das ist unser Gebet.«

Da wurde der Patriarch wirklich zornig: »Das ist doch kein Gebet! So etwas habe ich ja noch nie gehört!« Dann begann er zu lachen.

Die armen Kerle sagten darauf zu ihm: »Dann bringt uns doch das richtige Gebet bei. Wir dachten immer, es sei vollkommen in Ordnung: Gott ist drei, und wir sind drei, und was braucht es mehr? Einfach nur sein Erbarmen.«

Der Patriarch rezitierte also das orthodoxe Gebet, das sehr lang war. Als er beim Ende angekommen war, sagten sie: »Jetzt haben wir den Anfang wieder vergessen.« Also sagte er den Anfang noch einmal auf. Darauf sagten sie: »Nun haben wir den Schluss wieder vergessen.«

Da wurde der Patriarch langsam ärgerlich. Er meinte: »Was für Leute seid ihr nur? Könnt ihr euch nicht einmal ein einfaches Gebet merken?«

Sie antworteten: »Es ist so lang, und wir sind vollkommen ungebildet, und das sind so große Worte. Das können wir nicht … bitte habt einfach nur ein bisschen Geduld mit uns. Wenn Ihr es noch ein paarmal wiederholt, können wir es uns vielleicht merken.« Also wiederholte er es noch dreimal. Dann sagten sie: »In Ordnung, wir werden es versuchen, aber vielleicht werden wir das Gebet nicht ganz hinbekommen, vielleicht werden einzelne Teile fehlen … aber wir werden es versuchen.«

Der arrogante Patriarch war sehr zufrieden, dass er diese drei Heiligen zur Räson gebracht hatte und den Mitgliedern seiner Gemeinde sagen konnte: »Das sind doch Idioten. Warum geht ihr zu denen?« Er ging also wieder zu seinem Boot und setzte ab.

Doch plötzlich bemerkte er, dass die drei Männer auf dem Wasser hinter seinem Boot herrannten und sich ihm näherten. Er traute kaum seinen Augen! Er rieb sich die Augen … doch inzwischen hatten sie das Boot erreicht und standen neben ihm auf dem Wasser. Sie sagten: »Wiederholt es nur noch einmal, wir haben es schon wieder vergessen.«

Doch angesichts dieser Situation – »diese Männer gehen auf dem Wasser, während ich mit dem Boot fahre« – kam dem Patriarchen die Einsicht, und er sagte: »Sprecht einfach weiter euer eigenes Gebet. Bemüht euch nicht, das aufzusagen, was ich euch gesagt habe. Vergebt mir, ich war zu arrogant. Eure Einfachheit, eure Unschuld ist euer Gebet. Geht einfach wieder zurück. Ihr braucht nichts weiter.«

Doch die drei Männer bestanden darauf: »Ihr seid von so weit her zu uns gekommen. Sagt es nur noch ein einziges Mal auf. Wahrscheinlich werden wir es wieder vergessen, aber nur noch ein einziges Mal, so dass wir versuchen können, uns daran zu erinnern.«

Worauf der Patriarch antwortete: »Ich habe dieses Gebet mein ganzes Leben lang aufgesagt und bin nicht erhört worden. Ihr dagegen geht auf dem Wasser, und das ist etwas, was wir sonst nur von den Wundern Jesu her kennen. Es ist das erste Mal, dass ich so etwas selbst gesehen habe. Geht also einfach wieder zurück. Euer Gebet ist vollkommen in Ordnung!«

Das Gebet war nicht das Entscheidende, denn es gibt niemanden, der es hören könnte – doch ihre Unschuld und ihr Vertrauen führten dazu, dass sie zu vollkommen neuen Wesen wurden, so frisch, so kindlich, wie Rosenknospen, die sich in ihrer ganzen Schönheit in der frühen Morgensonne öffnen. Nachdem der Patriarch seine Arroganz abgelegt hatte, konnte er nun ihre Gesichter sehen, ihre Unschuld, ihre Anmut, ihre Glückseligkeit. Sie liefen Hand in Hand über das Wasser zurück und setzten sich wieder unter ihren Baum.

Aufgrund solcher Erzählungen ist Leo Tolstoi der Nobelpreis entgangen. Alle 50 Jahre öffnet das Nobelpreis-Komitee seine Archive. Als sie 1950 geöffnet wurden, kamen Forscher, die überprüfen wollten, wer nominiert und wer abgelehnt worden war, und aus welchen Gründen. Leo Tolstoi war nominiert worden, doch er hatte den Nobelpreis niemals erhalten. Und die Begründung dafür war, dass er kein orthodoxer Christ sei. Er schrieb so wunderbare Erzählungen, so großartige Romane ... Doch obwohl er ein Christ war, war er sehr unorthodox, so dass man ihm den Nobelpreis nicht geben konnte.

Doch es wurde niemals publik gemacht, dass der Nobelpreis nur für orthodoxe Christen ist. Leo Tolstoi war ein Mann mit einem einfachen, unschuldigen Herzen, er zählte zu den kreativsten Menschen, die die Welt je gesehen hat. Seine Romane sind von solcher Schönheit. Auch sein Leben war sehr einfach, obwohl er ein Graf war. Seine Vorfahren hatten zur königlichen Familie gehört, und er besaß ein großes Gut und Tausende von Hektar Land und Tausende von Bauern und Leibeigenen.

Seine Frau war sehr wütend auf ihn – das war sein ganzes Leben lang ein Problem für ihn –, weil er wie ein Bauer lebte und wie die Bauern auf den Feldern arbeitete. Er war sehr freundlich zu seinen Bauern. Er schlief in ihren armseligen Hütten und aß mit ihnen. Sie konnten es kaum glauben. Sie sagten zu ihm: »Herr, Ihr seid unser Gebieter.«

Doch er antwortete: »Nein. Wir teilen alles miteinander. Ich arbeite mit euch, ich esse mit euch, ich schlafe bei euch.«

Seine Frau war wirklich sehr zornig darüber. Sie war eine Gräfin; sie selbst gehörte einer sehr reichen Familie an, einer anderen Grafenfamilie, und sie konnte es nicht fassen, dass er solch ein Mensch war. »Er lebt mit diesen schmutzigen Leuten, er isst mit ihnen. Er geht zum Arbeiten auf die Felder. Er bräuchte das nicht zu tun!«

Und solch einem einfachen, unschuldigen, kreativen Mann wurde der Nobelpreis verweigert, weil er kein orthodoxer Christ war, weil er nicht zur orthodoxen Linie der fanatischen Christen zählte. Selbst ich war erstaunt, als ich das hörte. Der Nobelpreis ist also nur für orthodoxe und fanatische Christen, für Politiker, und nicht für kreative Künstler!

Du fragst: »Ist dann in der Religion noch Platz für Gebet?« Nein, da ist kein Platz.

In einer authentischen Religion hat zwar die Meditation einen Platz, nicht aber das Gebet. Gebet ist nach außen orientiert, Meditation ist nach innen gerichtet. Meditation macht dich zum Buddha, Gebet macht dich einfach nur zum Bettler. Gebet ist auf eine Fiktion ausgerichtet, Meditation ist auf die Wahrheit ausgerichtet. Meditation ist Zen, Gebet ist nichts anderes als ein Teil der Fiktion, die sich Gott nennt. Vermeidet Gebete. Sie führen euch weg von eurer eigenen existentiellen Realität. Lasst euch tiefer auf Meditation ein. Das ist die einzig mögliche Religiosität.

Nun zu den Sutren:

Als Sekito die Regeln empfangen hatte, fragte ihn Seigen, sein Meister: »Nun, da du die Regeln empfangen hast, möchtest du sicher die Vinaya studieren, nicht wahr?«

Vinaya ist eine der Schriften Gautama Buddhas. Der komplette Name lautet *Vinaya Pitak*.

Seigen fragte also Sekito: »Nachdem du nun als Sannyasin angenommen bist, möchtest du sicher die Schrift namens *Vinaya* studieren?« *Vinaya* bedeutet Demut. Es handelt sich um eine der Schriften Buddhas.

Sekito antwortete: »Es ist nicht notwendig, die Vinaya zu studieren.«

Es ist nicht notwendig, die Schriften zu studieren, denn die Wahrheit lässt sich niemals in irgendwelchen Schriften finden. Die Wahrheit ist keine Philosophie oder Theologie. Dafür besteht also keine Notwendigkeit.

Sekito war von seinem Meister Eno zu Seigen geschickt worden. Er war schon sehr weit fortgeschritten, doch weil

Eno seinen eigenen Tod allzu schnell nahen fühlte – er war schon sehr alt –, so dass er vielleicht nicht mehr in der Lage sein würde, Sekitos Erleuchtung zu erleben, hatte er das Gefühl, dass es besser wäre, ihn zu einem anderen Meister zu schicken, der ihm bei den letzten Stufen seiner Entwicklung behilflich sein könnte. Also schickte er Sekito zu Seigen, der sein ganzes Leben lang sein Konkurrent gewesen war. Doch in ihrem Herzen erkannten sich beide gegenseitig als erleuchtet an.

Sekito war kein Anfänger. Als Seigen ihn daher fragte: »Möchtest du nun die Schriften studieren?«, da antwortete er: »Das ist nicht notwendig.«

Daraufhin fragte Seigen: »Möchtest du dann vielleicht das Buch *Sheela* lesen – das Buch vom Charakter? Wenn du die Schriften über Demut nicht studieren möchtest, möchtest du kann vielleicht die Schriften über Charakter und Moral kennen lernen?«

Sheela bedeutet Charakter.

Sekito antwortete – und das ist die Antwort eines Menschen, der der Erleuchtung bereits sehr nahe ist: »Es ist nicht notwendig, das Buch *Sheela* zu lesen, denn all diese Dinge folgen auf die Erleuchtung. Sie gehen ihr nicht voraus, sie folgen ihr.«

Die Erleuchtung beinhaltet enorme Schätze. Man wird erleuchtet, und alles andere folgt. Man muss nicht lernen oder studieren, man muss sich nicht disziplinieren, man muss sich nicht anstrengen. Alles fällt einem ganz spontan zu. Man muss einfach nur zuerst zum Buddha werden.

Sekito erwiderte also: »Es ist nicht notwendig, das Buch von Charakter und Moral zu lesen.«

Seigen fragte daraufhin: »Könntest du Nangaku Osho einen Brief überbringen?«

Nangaku war ein weiterer berühmter Meister, und das war

einfach nur eine Strategie Seigens, um herauszufinden, wo
Sekito stand. All diese Fragen sollten nicht dazu dienen,
bestimmte Antworten zu erhalten, sondern sie sollten es
Seigen ermöglichen, diesen neu angekommenen Mann zu
ergründen, der bei Eno, einem großen Meister, gelebt hatte –
wie weit war er gekommen? Welche Tiefe hatte er erreicht?
Er versuchte Sekito von allen Seiten zu ergründen, um sich
ein Bild davon zu machen, wie reif Sekito war und wie viel
weitere Reifung er noch benötigte. Das war also eine weitere Taktik. Seine Frage zur Schrift *Vinaya* hatte ihn nicht
weitergebracht; Sekito hatte genau so geantwortet, als wäre
er bereits erleuchtet. Er hatte ihn zur Schrift *Sheela* befragt,
und Sekito hatte genau so geantwortet, als wäre er bereits
erleuchtet.

Nun versuchte er es also auf eine andere Weise. Er fragte:

»Könntest du Nangaku Osho einen Brief überbringen?«

Nangaku lebte in einem Bergkloster ganz in der Nähe.

Sekito erwiderte: »Natürlich.«

Seigen sagte also: »Dann geh jetzt und komm bald wieder
zurück. Wenn du auch nur ein bisschen zu spät kommst, wirst du
mich nicht mehr antreffen. Und wenn du mich nicht antriffst,
wirst du das große Beil unter meinem Stuhl nicht bekommen.«

Bald darauf kam Sekito bei Nangaku an. Bevor er ihm den
Brief übergab, verneigte sich Sekito und fragte: »Osho, was ist
zu tun, wenn man weder den alten Weisen folgt noch seine eigene innerste Seele zum Ausdruck bringt?«

Diese Frage ist sehr wichtig. Er fragt – mit dem größten Respekt:

»Osho, was ist zu tun, wenn man weder den alten Weisen folgt
noch seine eigene innerste Seele zum Ausdruck bringt?«

Nangaku antwortete: »Deine Frage ist zu arrogant.«

Damit meinte er, dass niemand sofort solch eine Frage stellen darf. Dieser Mann war in das Kloster gekommen und hatte sofort angefangen, ihm diese Frage zu stellen. Zuerst muss man initiiert werden. Zuerst muss man als Schüler angenommen werden. »Ich verschwende meine Zeit nicht mit irgendwelchen Leuten, die vorbeikommen und irgendwelche Fragen stellen. Das ist arrogant.«

Es war keine Arroganz, aber all das war Teil von Seigens Strategie. Nangaku war eine völlig andere Art von Meister.

Nangaku antwortete: »Deine Frage ist zu arrogant. Warum stellst du sie nicht etwas bescheidener?« Worauf Sekito erwiderte: »Da wäre es besser, auf ewig in der Hölle zu versinken und nicht mehr auf die Befreiung zu hoffen, die die alten Weisen erfahren haben.«

Was so viel bedeutet wie: »Wenn du meine Frage als arrogant bezeichnest, dann würde ich lieber auf ewig in der Hölle schmoren, als dir irgendeine Frage auf bescheidene Art und Weise zu stellen.«

Keine Frage ist jemals bescheiden. Jede Frage muss in gewisser Weise arrogant sein. Wenn man Fragen stellt, zeigt man Zweifel, stört man die Stille des Meisters. Offensichtlich sind alle Fragen arrogant, keine Frage kann bescheiden sein. Nur Stille ist bescheiden. Doch Stille ist keine Frage. Sie ist die Antwort.

Aber Sekito war ein Mann mit Rückgrat, ein Mann mit Mumm. Er erwiderte also: »Vergiss meine Frage. Ich werde sie nicht bescheidener stellen, denn keine Frage kann man bescheiden stellen. Allein schon zu fragen ist arrogant. Jede Frage ist ein Zweifeln. Jede Frage stört das Energiefeld des Meisters.

Nur Stille kann bescheiden sein. Doch dann müsste ich

nicht zu dir kommen. Still kann ich überall sein. Selbst im ewigen Höllenfeuer kann ich still sein.«

Sekito ist also ein Mann von großer Intelligenz und großem Mut. Nangaku kann ihn nicht niedermachen. Er war ganz speziell zu Nangaku geschickt worden, der dafür bekannt war, sehr streng zu sein. Seigen wollte wissen, wie Sekito reagieren würde, welche Antwort er Nangaku geben würde. Und er gab tatsächlich die richtige Antwort! Er sagte: »Vergiss die Frage. Eher würde ich auf ewig in der Hölle schmoren, als dir eine bescheidene Frage zu stellen. Keine Frage kann bescheiden sein, wie man sie auch stellt. Und ich habe meine Frage sehr respektvoll gestellt. Ich habe dich Osho genannt, und du bezeichnest meine Frage als arrogant? Statt mir zu antworten, beleidigst du mich. Kein Meister beleidigt seine Schüler, und ich bin nicht einmal einer deiner Schüler. Ich bin einfach nur ein Fremder, und du bist nicht nett zu mir. Ich bin einfach nur ein Gast. Du solltest mich willkommen heißen. Statt mich willkommen zu heißen, demütigst du mich. Ich werde dir also keine Frage stellen.«

Nachdem Sekito so festgestellt hatte, dass Nangaku und er nicht auf einer Wellenlänge waren, ging er zurück zu Seigen, ohne Nangaku den Brief zu übergeben.

Dieser Mann verdiente es nicht einmal, den Brief zu erhalten. Er blieb also nicht dort, sondern brach sofort wieder auf.

Bei seiner Ankunft fragte ihn Seigen: »Hat man dir etwas anvertraut?«

Sekito antwortete: »Man hat mir nichts anvertraut.«

Seigen meinte: »Aber es muss doch eine Antwort geben.«

Worauf Sekito erwiderte: »Wenn einem nichts anvertraut wird, gibt es auch keine Antwort.« Dann fügte er hinzu: »Als ich aufbrach, sagtest du, dass ich bald zurückkommen solle, um das

große Beil unter deinem Stuhl zu bekommen. Nun bin ich zurück, gib mir also bitte das große Beil.«

Seigen schwieg. Sekito verneigte sich und zog sich zurück.

Seigens Schweigen zeigt an, dass er Sekito akzeptierte, dass
er seinen Mut respektierte. Er wusste, dass er den Brief nicht
abgeliefert hatte und dass es keine Antwort gab, obwohl Sekito den Brief nicht erwähnt hatte. Sekito hatte einfach gesagt: »Man hat mir nichts anvertraut, wie könnte es da eine
Antwort geben?«

Seigen sah diesen Mann, er sah, dass er die notwendige
Qualität besaß und die Erleuchtung verdiente. Seigens
Schweigen war sein Beil. Er hatte gesagt: »Wenn du zurück-
kommst, werde ich dir mit meinem Beil den Kopf abschlagen.«

Und nun hatte Sekito ihn daran erinnert: »Ich bin zurückgekommen, also gib mir das große Beil. Schlag mir den Kopf
ab. Tu, was immer du tun willst, ich bin bereit.«

Seigen schwieg. In diesem tiefen Schweigen geschieht die
Übertragung, das Übergeben des Lichts. Es ist keine Frage
von Worten; es ist eine Frage der Energieübertragung. In
diesem Schweigen konnte die Flamme von Seigen auf Sekito
übergehen. Und weil er die Flamme, das Feuer, empfangen
hatte, verneigte er sich und zog sich zurück. Nun besteht
keine Notwendigkeit mehr, den Meister zu stören. Er war
als Schüler angenommen worden, und nicht nur angenommen; der letzte Schritt, für den er gekommen war, war vollzogen worden.

Eno war bereits tot, als Sekito erleuchtet wurde. Tatsächlich war Eno gestorben, nachdem Sekito gegangen war und
noch bevor er bei Seigen angekommen war. Er war sich vollkommen bewusst gewesen, dass sein Tod nahe war und dass
Seigen der Meister war, an den er Sekito weiterverweisen
konnte. Sein Urteil war vollkommen richtig gewesen; Seigen bewirkte schließlich Sekitos Erleuchtung.

Doch Erleuchtung geschieht im Schweigen, in der Stille. Das ist der Grund, warum meine ganzen Bemühungen dahin gehen, euch so still wie möglich werden zu lassen. Dann braucht es nicht einmal einen Seigen. Dann könnt ihr irgendwo sitzen – in eurem Zimmer, unter einem Baum, im Garten, an einem Fluss, wo auch immer – wenn euer Schweigen, eure Stille immer tiefer wird, wird das Leben selbst euch die Einweihung in die Buddhaschaft schenken. Und wenn sie direkt vom Leben selbst kommt, besitzt sie eine viel größere Schönheit, als wenn sie durch einen Meister kommt.

Ich lehre die sofortige, plötzliche Erleuchtung. Die Meditation, die ihr praktiziert, ist nur eine Vorbereitung auf die große Stille, in der das Leben zu einer Flamme in euch wird.

Etsujin schrieb folgendes Haiku:

Blütenblätter,
Die mit leichtem Herzen fallen –
Mohnblumen.

Die Blütenblätter fallen mit leichtem Herzen. Sie blicken nicht einmal zurück zu der Pflanze, an der sie blühten, der Pflanze, die so lang ihre Heimat war, der Pflanze, die so lang ihre Nahrung war. Sie kehren zurück zu der Erde, von der sie kamen.

Sie fallen, doch mit leichtem Herzen … ohne Bedauern. Sie haben sich an der Sonne erfreut, am Mond, an den Sternen. Sie haben im Wind getanzt und im Regen, sie haben getanzt und gefeiert. Was braucht es mehr? Es ist Zeit, zur ewigen Ruhe zu gehen. Darum sind ihre Herzen leicht, ohne Spannung, ohne Angst. Sie haben total gelebt, sie sterben tanzend. Sie fallen ganz leicht zur Erde, wo sie wieder verschwinden werden. Sie kamen von der Erde, sie kehren zurück zur Erde; der Kreis ist vollendet.

So wie die Blumen aus der Erde auftauchen und zu ihrer

ewigen Ruhe zur Erde zurückkehren, so taucht ihr aus der
Existenz auf und kehrt auch wieder zur Existenz zurück,
wenn ihr ein leichtes Herz habt. Dann werdet ihr nicht in
das Gefängnis eines Körpers zurückkehren. Ihr werdet einfach zurückkehren zu der Quelle, aus der ihr gekommen
seid, zur ewigen Ruhe.

Diese ewige Ruhe ist *Nirwana*, diese ewige Ruhe ist
Moksha, diese ewige Ruhe ist die Befreiung. Diese ewige
Ruhe ist *Samadhi*, Wahrheit, Erleuchtung – alles nur unterschiedliche Bezeichnungen für dieselbe Erfahrung. Ihr seid
nach Hause zurückgekehrt, und ihr seid tanzend zurückgekehrt, ohne Bedauern, ohne Klagen, mit leichtem Herzen,
in Frieden und Stille verschwunden. Es ist eine wunderbare
Erfahrung, wenn man an der Schwelle des Sich-Auflösens
steht, mit leichtem und entspanntem Herzen, ein einfaches
und reines Loslassen.

Eine weitere Frage:

*In seinem Buch »Der Antichrist« sagt Nietzsche: »Ein
Volk, das noch an sich selbst glaubt, hat auch noch seinen
eigenen Gott. In ihm verehrt es die Bedingungen, durch die
es obenauf ist, seine Tugenden – es projiziert seine Lust an
sich, sein Machtgefühl in ein Wesen, dem man dafür dan-
ken kann.« Könntest du das bitte kommentieren?*

Nietzsche schrieb sein Buch »Der Antichrist«, als er bereits
psychisch krank war. Doch er war ein solches Genie, dass
seine Bücher beweisen, dass alle Psychiater, die ihn für wahnsinnig erklärt hatten, im Unrecht waren. Selbst in seinem
Wahnsinn war er geistig weitaus gesünder als eure sogenannten gesunden Psychiater. Selbst kurz vor seinem Tod –
als er seinen letzten Brief an einen Freund schrieb – vergaß
er nicht … Er hatte immer mit »Antichrist Friedrich Nietzsche« unterschrieben, und selbst kurz vor seinem Tod ver-

gaß er nicht, zuerst »Antichrist« zu schreiben, und dann seinen Namen.

Und selbst nach seiner Erkrankung schrieb er noch viele Dinge von enormer Bedeutung. »Der Antichrist« ist eines der Bücher, die euch helfen können, Nietzsches Tiefgründigkeit zu verstehen. Auch wenn er niemals über den Verstand hinausging, gelang es ihm doch, mit seinem Verstand große Höhen und große Tiefen zu erreichen.

Er war sein ganzes Leben lang gegen Christus. Er sagte: »Christi Lehren sind eine Beleidigung für die Menschheit, denn er bezeichnet die Menschen als Schafe und sich selbst als Hirten. Er sagt, die Menschen hätten die Erbsünde begangen, und er bezeichnet sich selbst als ihren Erlöser. Dass man einfach nur an ihn glauben müsse, und er würde einen erretten. Das ist die größte Beleidigung für jeden Menschen von Verstand.«

Aus diesem Grund sagte Sekito: »Eher würde ich auf ewig in der Hölle schmoren, als diese Frage noch einmal zu stellen. Wir passen nicht zueinander. Es herrscht keine Harmonie zwischen deinem und meinem Herzen. Meine Reise zu dir war vergeblich.«

In »Der Antichrist« sagt Nietzsche viele, viele Dinge. Bei all seinen Lehren geht es um den Übermenschen. Gott ist tot, und der Mensch hat die Freiheit, zum Übermenschen zu werden; jetzt braucht er kein Sklave mehr zu sein. Jetzt kann er seine Freiheit erklären, und in seiner Freiheit wird er zum Übermenschen werden. Mit Gott war er nur ein Sklave, der vor Statuen und Skulpturen und Schriften niederkniete und wie ein Bettler zu Gott betete, der an Erlöser, an Propheten, an den Messias glaubte, die doch alle nichts anderes als Erzegoisten sind. Die ganze Menschheit war auf eine große spirituelle Sklaverei ausgerichtet.

Nietzsche war gegen Christus, weil dieser Lügen sprach: »Selig sind die Armen im Geiste, denn sie werden das Himmelreich erben.« Das ist eine Lüge. Es tröstet einfach nur die Armen. Und die Armen zu trösten bedeutet, eine mögliche Revolution zu verhindern. Das ist es, was alle Christen machen. Sie beschützen den Kapitalismus, sie beschützen die Menschen, die an der Macht sind, und sie geben den Armen leere Worte als Trost: »Selig sind die Armen.« Unsinn!

Und um ihnen noch mehr Trost zu geben, verdammt Jesus die Reichen. Er sagt: »Eher geht ein Kamel durch ein Nadelöhr als ein Reicher ins Himmelreich.« Das dient nur dazu, den Armen ein gutes Gefühl zu geben: dass ihre Armut spirituell ist, dass sie ein Geschenk Gottes ist, dass sie gesegnet sind. Menschen wie Jesus haben Armut hervorgebracht und die Möglichkeit einer Revolution verhindert, einer Veränderung der sozialen Strukturen, die Möglichkeit, eine bessere Gesellschaft ohne Klassen zu erschaffen, und schließlich eine Gesellschaft, in der auch der Staat überflüssig wird.

Menschen wie Jesus sind keine Erlöser, sondern Tröster. Sie wirken, auch wenn sie sich dessen vielleicht nicht bewusst sind, als Helfer der herrschenden Mächte. Das war der Grund, warum Nietzsche vor seiner Unterschrift immer »Antichrist« einfügte. Er war darin sehr klar und deutlich.

Jesus sagt: »Wenn jemand dich auf eine Wange schlägt, dann halte ihm auch die andere hin.« Nietzsche lehnt das ab, und ich stimme mit ihm überein, und nicht mit Jesus. Und warum? Nietzsche führt ein perfektes Argument dagegen an. Er sagt: »Wenn man dem anderen die andere Wange hinhält, beleidigt man ihn. Man sagt damit zu ihm: ›Ich bin heiliger als du. Du stehst unter mir.‹«

Niemand vor Nietzsche hat erkannt, dass es sich dabei um eine Beleidigung handelt; das ist der Grund, warum ich ihn als einen originellen Menschen bezeichne. Er hat nur eines übersehen: Meditation. Sonst hätten wir einen größeren Buddha als Gautama Buddha in ihm gehabt, denn er wäre vollkommen zeitgenössisch gewesen.

Versteht ihr, was er damit sagen will? Wenn man die andere Wange hinhält, weist man damit den anderen Menschen und seine Menschlichkeit zurück. Man sagt damit: »Ich bin ein Heiliger, und du bist nur ein einfacher Mensch.« Nietzsche sagt: »Wenn dich jemand auf die Wange schlägt, schlag zurück, so fest du kannst. Das macht euch gleichwertig.« Man erkennt damit die Würde des anderen als menschliches Wesen an, und man sagt damit: »Ich bin auch ein menschliches Wesen; ich stehe nicht über dir, ich bin nicht heiliger als du.« Ein seltsames Argument, doch vollkommen angemessen.

In seinem Buch »Der Antichrist« sagt Nietzsche: »Ein Volk, das noch an sich selbst glaubt, hat auch noch seinen eigenen Gott.« Nun sind für ihn die Menschen selbst zu Göttern geworden. Doch er weiß nichts von Meditation; das ist das Problem. In die Meditation begibt man sich, als wäre man ein Selbst, doch je tiefer man geht, desto mehr verschwindet das Selbst. Wenn man schließlich das Zentrum erreicht hat, ist man nicht mehr vorhanden. Die Frage, ob man ein Gott ist, stellt sich dabei überhaupt nicht. Ihr seid ganz sicher göttlich, denn die ganze Existenz ist göttlich. Doch es ist kein Machtspiel, denn bei einem Machtspiel müssen andere unter dir stehen, musst du über anderen stehen.

In tiefer Meditation weißt du, dass selbst Bäume dir gleichwertig sind, dass selbst Tiere und Vögel und Felsen dir gleichwertig sind. Das ganze Universum existiert in vollkommener Gleichwertigkeit. Das ist etwas, was ich immer und immer wieder gesagt habe. Nur ein spiritueller, meditativer Mensch kann wirklich kommunistisch und anarchistisch sein, niemand sonst, denn wenn man sich tiefer in sich selbst hineinbegibt, verschwindet man; man ist nicht mehr vorhanden. Da gibt es also keine Machtspiele mehr, keinen Egotrip. Die ganze Existenz wird plötzlich vollkommen gleichwertig. Das Ego ist nicht mehr vorhanden, das »Ich« ist nicht mehr vorhanden; es ist nur noch Licht, Bewusstsein, Gewahrsein vorhanden. Und die ganze Existenz scheint genauso still zu sein wie du, genauso ekstatisch wie du. Es gibt nichts, was höher oder niedriger wäre.

Beide Bewegungen – die Bewegung des Kommunismus und die Bewegung des Anarchismus – haben in gewisser Weise versagt, weil sie den grundlegenden Punkt der Gleichheit übersehen haben. Nur ein Meditierender weiß, dass alles gleich ist, weil wir alle Teil eines einzigen organischen Kosmos sind. Verschiedene Gestalten und verschiedene Formen sorgen für Schönheit, weil sie für Vielfalt sorgen. Doch tief an den Wurzeln ist es derselbe Saft; es ist dieselbe Nahrung, ob sie nun im Baum fließt und zu einer Blüte wird oder ob sie in dir fließt und zu einem Buddha wird. Deine Entfaltung zu einem Buddha entspricht nur der Entfaltung einer Lotusblume, da gibt es überhaupt keinen Unterschied. Nichts ist höher, nichts ist niedriger.

Nietzsche hat recht. Wenn die Menschen nicht meditativ sind und die Vorstellung von einem Gott fallen lassen, werden sie selbst zu Göttern, denn wer sollte sie davon abhalten? Ihre Egos werden sich aufblähen, sie werden immer egoistischer werden. Als Gott noch da war, waren sie demütig, fürchteten sie sich vor einer Bestrafung, vor der Hölle. Jetzt gibt es keinen Gott mehr – wer könnte verhindern, dass ihr Ego immer größer wird?

Einmal wandte jemand gegen Napoleon Bonaparte ein: »Was Sie da tun, verstößt gegen die Verfassung.« Napoleon sagte darauf: »Ich bin das Gesetz. Werft die Verfassung weg. Was ich sage, ist die Verfassung.« Genau das wird passieren. Die Egoisten werden sich selbst zum Gesetz machen. Egoistische Menschen machen sich zu Göttern.

Der Zweite Weltkrieg war ein großer Schock für die Japaner, nicht wegen Hiroshima und Nagasaki, sondern wegen der Niederlage ihres Sonnengottes. Sie glaubten, dass ihr Kaiser der Sonnengott sei, dass er kein menschliches Wesen sei, dass er nicht besiegt werden könne. Weil er niemals besiegt worden war, hatte sich dieses Konzept aufrechterhalten und immer mehr verfestigt: »Er kann nicht besiegt werden, es gibt keine Macht, die ihn besiegen kann. Er ist kein menschliches Wesen, er ist ein Gott, ein Sonnengott.« Doch alle großen Könige und Kaiser glaubten, dass sie ihre Macht von Gott erhielten. Wenn es keinen Gott mehr gibt, werden eure Könige, eure Kaiser, die Menschen, die an der Macht sind, anfangen zu glauben: »Wir sind Götter, und alle anderen sind nur einfache menschliche Wesen.«

Nietzsche hat also Recht. Wenn man nicht mit Meditation vertraut ist, ist der Verstand ein gefährliches Phänomen. Ohne Gott kann er sich sehr aufblähen. Er kann anfangen, sich selbst für Gott zu halten.

Das erinnert mich an eine wunderbare Geschichte aus Bagdad, zur Zeit eines Kalifen namens Omar. Ein Mann erklärte, dass er eine neue Botschaft von Gott erhalten habe und dass sie eine bedeutende Verbesserung des Korans darstellen würde. Er wurde sofort festgenommen und vor den Kalifen und seinen Gerichtshof gebracht. »Dieser Mann behauptet, dass er von Gott gesandt wurde und der Menschheit eine neue Botschaft bringt, die weiter entwickelt ist als Mohammeds Heiliger Koran.«

Die Mohammedaner akzeptieren keine Verbesserungen am Koran, denn darin steht das ultimative Wort Gottes. Jede Religion sagt dasselbe. Mahavir hat für die Jainas das letzte Wort gesprochen, und nichts lässt sich daran verändern, nichts lässt sich verbessern. Entsprechend sind die Aussagen Buddhas auch das letzte Wort für die Buddhisten. Dasselbe gilt für Jesus, für Moses – jeder Religionsgründer dieser Welt hat versucht, seinen Anspruch durchzusetzen, dass er selbst der absolute Endpunkt ist. »Alles hört mit mir auf; von nun an gibt es keine Evolution mehr.« Doch die Evolution kümmert sich nicht um diese Leute, sie geht einfach weiter.

Omar war also sehr zornig. Er sagte: »Du bist ein Mohammedaner und behauptest, dass du ein besserer Prophet wärst
als Mohammed?«

Der Mann erwiderte: »Natürlich, denn ich komme heute,
so viele Jahrhunderte später. Die Welt hat sich verändert,
die Zeiten haben sich verändert. Wir brauchen einen neuen
Koran, und ich habe ihn gebracht.«

Omar war sehr zornig. Er sagte zu seinen Soldaten: »Lasst
ihm die richtige Behandlung angedeihen. Bindet ihn im Gefängnis nackt an eine Säule und peitscht ihn sieben Tage
lang aus. Lasst ihn nicht schlafen und gebt ihm nichts zu essen. In sieben Tagen komme ich wieder, um zu sehen, ob er
seine Meinung geändert hat oder nicht.«

Der Mann wurde also sieben Tage lang ununterbrochen
gefoltert: kein Schlaf, keine Nahrung, ständige Auspeit-
schungen. Als Omar am siebten Tag in das Gefängnis kam,
war der Mann über und über mit Blut bedeckt und am ganzen Körper zerschunden.

Omar fragte ihn: »Und was glaubst du jetzt? Hast du deine
Meinung geändert oder nicht?«

Der Mann lachte und sagte: »Als ich das Paradies verließ,
um der Menschheit die neue Botschaft zu bringen, sagte
Gott zu mir, dass man mich foltern würde. Jeder Prophet
wurde gefoltert. Diese sieben Tage haben bewiesen, dass ich
ein Prophet bin. Gott hatte Recht.«

Omar wollte seinen Ohren kaum trauen. In diesem Augenblick kam plötzlich von einer anderen Säule die Stimme
eines Mannes, der einen Monat zuvor ins Gefängnis gebracht
worden war. Er hatte erklärt: »Ich bin Gott selbst!« Also
war er einen Monat lang im Gefängnis gefoltert worden.
Omar hatte ihn bereits vollkommen vergessen – er hatte angefangen, sich für diesen Propheten zu interessieren –, doch
dieser Mann rief jetzt plötzlich: »Omar! Ich bin Gott! Nimm
dich in Acht! Nach Mohammed habe ich nie mehr einen
Propheten in diese Welt gesandt! Dieser Mann lügt!«

Was soll man mit solchen Leuten machen? Sie sind einfach nur verrückt.

Kein Psychoanalytiker, sofern er sich an seine wissenschaftlichen Analysen und Vorgehensweisen hält, könnte erklären, dass Jesus geistig gesund war. Dieser Mann bezeichnet sich selbst als »Sohn Gottes«. Er muss in Verwahrung genommen werden! Da hilft keine Kreuzigung; das wäre vollkommen falsch. Er hat kein Verbrechen begangen, er hat einfach nur gezeigt, dass er verrückt ist. Und verrückte Menschen schlägt man nicht ans Kreuz, man hat Mitgefühl mit ihnen; sie brauchen psychologische Betreuung. Doch leider gab es zu jener Zeit noch keine Psychiatrie und keine Psychologie. Es brauchte erst einen anderen Juden, Sigmund Freud, um das zu erfinden. Doch er kam zu spät; er kam erst zweitausend Jahre, nachdem der erste Jude, Jesus, gekreuzigt worden war.

In Wahrheit handelt es sich um Größenwahn. Wenn es keinen Gott gibt, kann jeder mit einem egoistischen Verstand plötzlich ins andere Extrem kippen. Früher kniete er vor Gott nieder. Nun, da er weiß, dass es keinen Gott gibt, kippt er ins andere Extrem. Nun erklärt er: »Ich bin Gott.« Immer muss es einen Gott geben.

Doch diese Behauptung Nietzsches ist die Erfahrung eines Menschen, der nur den Verstand kennt und nichts darüber hinaus. Wenn man über den Verstand hinausgeht, ist man nicht mehr vorhanden. Dann gibt es niemanden mehr, der sagen könnte: »Ich bin der Sohn Gottes«, oder: »Ich bin Gott.« Es gibt niemanden mehr, der sagen könnte: »Ich bin der Erlöser der Menschheit«, »Ich bin ein Prophet«, oder: »Ich bin die Inkarnation Gottes.« All diese Menschen sind einfach nur verrückt. Ihr habt Verrückte verehrt, weil sie sich selbst zu Gott erklärt hatten. All diese sogenannten Religionsgründer hätten eigentlich eine psychiatrische Behandlung gebraucht.

Solche Leute gibt es immer noch ... Als Jawaharlal Nehru
Indiens Premierminister war, gab es mindestens ein Dutzend
Leute in ganz Indien, die sich für Jawaharlal Nehru hielten.
Einen von ihnen kannte ich, denn er wohnte in einer nahe
gelegenen Stadt, und ich fuhr ab und zu dorthin, um im Col-
lege einen Vortrag zu halten. Der Schulleiter stellte ihn mir
lachend vor: »Das ist der Pandit Jawaharlal Nehru, unser
Premierminister.« Und der Mann war genauso wie Jawaharlal Nehru angezogen.

Ich sagte: »Er sieht aus wie der Pandit Jawaharlal Nehru.«
Worauf der Mann erwiderte: »Ich sehe so aus? Ich bin es!«

Der Schulleiter teilte mir anschließend mit, dass dieser
Mann immer Telegramme an Gemeinderäte schickte und sie
informierte, dass der Premierminister an dem und dem Tag
kommen würde und dass sie das beste Zimmer für ihn re-
servieren sollten: »Er wird zwei Tage lang bleiben. Informie-
ren Sie alle Beamten.« Und häufig gelang es ihm, die Leute
zu täuschen, denn in solch kleinen Dörfern gab es niemanden, der Jawaharlal Nehru direkt gekannt hätte. Sie hatten
nur Bilder von ihm gesehen, und dieser Mann sah genauso
aus wie er. Er trug denselben Haarschnitt, dieselbe Kappe,
dieselbe Weste, dieselbe mohammedanische Tracht – alles
war vollkommen perfekt. Und auch sein Gesichtsausdruck
wurde dem von Jawaharlal Nehru immer ähnlicher, vermutlich aufgrund seiner Vorstellung. Er glaubte vollkommen
daran, in seinem Kopf gab es überhaupt keinen Zweifel. Er
verhielt sich so wie Jawaharlal Nehru, er hatte sogar denselben Gang wie er. Schließlich starb er bei einem Autounfall.

In der größten Irrenanstalt Indiens, in Barelli, gab es einen
weiteren Mann, der sich für Jawaharlal Nehru hielt. Nach
drei Jahren dort erkannte er, dass er nicht Nehru war, vielleicht, weil sie ihn ständig quälten und auf ihn einhämmer-
ten: »Du bist nicht Nehru.« Er war es irgendwann leid, so
scheint mir, und was später geschah, beweist, dass ich damit
Recht habe.

Jawaharlal Nehru kam zu irgendeiner Feier nach Barelli und sollte auch die Irrenanstalt besuchen, um einen neuen Gebäudeflügel einzuweihen, der errichtet worden war, um mehr Verrückte unterbringen zu können. Die Angestellten der Irrenanstalt dachten, es wäre hilfreich, wenn die beiden Nehrus sich begegnen würden, nun, da der Verrückte geheilt war.

Als Jawaharlal kam, brachten sie ihn also zu diesem Verrückten und stellten ihn diesem vor: »Das ist der Pandit Jawaharlal Nehru, unser Premierminister.«

Der Mann schaute Jawaharlal an und sagte: »Machen Sie sich keine Sorgen. Es wird etwa drei Jahre dauern. Ich habe genau dasselbe wie Sie gedacht, doch diese Leute hier sind solche Quälgeister. Schließlich musste ich akzeptieren, dass ich es nicht bin, auch wenn ich innerlich weiß, dass ich es bin. In drei Jahren werden Sie ebenfalls akzeptieren, dass Sie nicht Jawaharlal Nehru sind. Gehen Sie nur hinein. Ich gehe hinaus, und Sie gehen hinein! Machen Sie sich keine Sorgen, es dauert nur drei Jahre, bis Sie geheilt sind.«

Dieser Mann dachte vollkommen logisch. Er hatte immer gedacht, dass er Jawaharlal sei; dann hatten ihn diese Leute geheilt, indem sie ihn quälten. Doch tief im Innern wusste er immer noch, wer er war.

Es geschah einmal in England, als Churchill Premierminister war. Wegen des Zweiten Weltkriegs gab es in London eine strikte Ausgangssperre nach sechs Uhr. Man durfte sich nicht auf den Straßen sehen lassen, sonst konnte man erschossen werden.

Churchill pflegte nun immer einen Abendspaziergang zu machen. Und an diesem Tag gab es einen wunderbaren Sonnenuntergang – etwas sehr Seltenes in England, wo die Sonne nur ab und zu auftaucht. Also setzte er sich auf eine Parkbank, um den Sonnenuntergang zu beobachten, und vergaß die Ausgangssperre. Als die Sonne hinter dem Horizont versank, wurde ihm plötzlich klar, dass er zu spät dran

war. Es war schon nach sechs Uhr, er sollte längst zu Hause
sein, doch er war mindestens eine Meile weit entfernt. Und
der strikte Befehl, *sein* Befehl, lautete, dass man nach sechs
Uhr zu Hause sein musste. Man würde ihn erschießen.

Er sah sich also um, ob er nicht irgendwo unterkommen
könnte. Jeder würde ihn aufnehmen, wenn er ihn als Winston Churchill, den Premierminister, den Retter der Nation
erkannte. Er klopfte also an die Tür des ersten Hauses um
die Ecke, das zufällig eine Irrenanstalt war. Jemand öffnete
ihm die Tür, und Churchill sagte: »Es tut mir leid, wenn ich
störe. Ich bin Winston Churchill, der Premierminister. Bestimmt erkennen Sie mich.«

Der andere Mann packte ihn einfach und zog ihn hinein.
Churchill sagte: »Was machen Sie denn da?«

Der Mann antwortete: »Wir haben bereits sechs Winston
Churchills hier. Kommen Sie nur herein!«

Churchill wandte ein: »Aber ich sage Ihnen, ich bin wirklich Winston Churchill.«

Der Mann erwiderte: »Das sagen sie alle. Ich stecke Sie
zu den anderen, dann werden Sie bald wissen, wer der echte
Winston Churchill ist.«

Es gab keine Möglichkeit zu entkommen. Draußen war er
in Gefahr, erschossen zu werden, also war es besser, in dieser Irrenanstalt zu bleiben. Und man steckte ihn zu diesen
sechs fetten Typen, die alle die Art von Zigarre rauchten, die
man Churchill immer rauchen sah. Als der siebte Churchill
eintrat, winkten sie ihm alle zu – mit dem V-Zeichen für
Victory. »Willkommen, treten Sie ein!«

Sie sahen alle aus wie er selbst, fett und aufgeblasen und
Zigarre rauchend, und begrüßten ihn mit dem Victory-Zei-
chen. Er versuchte sie zu überzeugen, und die Diskussion
dauerte die ganze Nacht. Er sagte zu ihnen: »Ihr seid verrückt. Ich bin der echte Winston Churchill …« Doch sie lachten alle nur. Einer von ihnen sagte: »Jeder hier ist echt. Es
gibt keine unechten Churchills.«

Churchill versuchte es weiter: »Erkennt ihr mich nicht?«
Doch sie sagten: »Erkennen Sie uns nicht? Wir freuen uns
sehr, dass Sie da sind. Wir waren schon zu sechst, und Sie
sind nun der Siebte. Bestimmt kommen noch mehr! Und
alle sind echt! Niemand ist unecht.«

Er verbrachte also eine quälende Nacht mit diesen sechs
Churchills, die permanent rauchten und redeten, wie Churchill zu reden pflegte, über Kriegsangelegenheiten und seine
Pläne, Hitler zu besiegen. Churchill schwieg: »Was soll man
schon mit diesen Idioten machen?« Sie nörgelten an ihm
herum: »Warum sitzen Sie so still da? Wenn Sie der echte
Churchill sind, sollten Sie mit dazukommen und die Staats-
probleme mit uns besprechen. Das Land ist in Gefahr, und
Sie sitzen schweigend herum? Wie können Sie da denken,
dass Sie der echte Churchill seien?«

Churchill meinte später dazu: »Gelegentlich begann ich
in dieser Nacht tatsächlich zu zweifeln … diese Leute waren
sich so sicher, wer weiß? Vielleicht war ich derjenige, der
verrückt war? Ich war mir sicher, doch sie waren es auch.
Tatsächlich schienen sie sich sicherer zu sein als ich. Bei mir
tauchte manchmal ein gewisses Zögern auf, ein gewisser
Zweifel …«

Am Morgen rief er seinen Sekretär an: »Schicken Sie Leute
vorbei, um diese Gefängniswärter hier zu überzeugen.« Alle
hatten sich schon Sorgen gemacht, und die ganze Nacht über
war in ganz London nach ihm gesucht worden. »Wohin ist
er gegangen?« Ganz England hing von Churchills Plänen
zur Vernichtung Adolf Hitlers ab. »Wohin ist er gegangen?
Handelt es sich um eine Verschwörung? Hat Adolf Hitler
ihn entführen lassen?«

Als er anrief, kamen sofort Beamte vorbei und sagten zum
Aufseher: »Sie sind ein Idiot. Sie haben unseren Premierminister gequält.«

Doch der Aufseher erwiderte: »Kommen Sie nur herein,
dann werden Sie sehen, dass wir hier sieben Premierminis-

ter haben. Es ist nicht mein Fehler, sie sagen alle dasselbe. Dieser Mann sagte dasselbe wie alle anderen. Wie hätte ich entscheiden sollen, wer echt ist?«

Und als die Beamten eingetreten waren, konnten sie ihren Augen kaum glauben. Sie entschuldigten sich: »Sie haben Recht, es tut uns leid. Doch dieser Mann ist der echte Churchill. Wir nehmen ihn mit.« Und da sie hohe Parlamentsbeamte waren, stimmte der Aufseher zu.

Die anderen sechs meinten: »Was soll das? Diesen falschen Typ haben sie mitgenommen! Wir sind die echten Churchills – nicht nur einer, sondern sechs! – aber niemand nimmt irgendwelche Notiz von uns ...«

Das Ego ist wahnsinnig. Wenn es keinen Gott gibt, kann das Ego sich selbst für Gott halten. Doch das kann nur dann passieren, wenn man nicht mit Meditation vertraut ist. Durch Meditation verschmilzt man einfach nur mit dem Kosmos. Man selbst ist nicht mehr vorhanden, nur die Existenz ist noch vorhanden.

Nun die Meditation:

Werde still ...

Schließe deine Augen und spüre, wie dein Körper vollkommen still wird. Das ist der richtige Augenblick, um nach innen zu gehen. Sammle all deine Energie, dein gesamtes Bewusstsein, und begib dich ins Zentrum deines Wesens, als wäre dies der letzte Augenblick deines Lebens.

Schneller und schneller ... tiefer und tiefer ...

Während du deinem Zentrum immer näher kommst, senkt sich eine große Stille auf dich herab. Sie fällt wie sanfter Regen auf dich nieder.

Geh noch ein Stückchen weiter, tiefer, und eine vollkommen neue Erfahrung wartet auf dich ...

Blumen des Friedens, Blumen der Heiterkeit, Blumen der

vollkommenen Stille sind rund um dich herum am Erblühen.

Nur noch ein Schritt und du bist im innersten Zentrum
deines Wesens, vollkommen trunken vom Göttlichen, umgeben von einer Aura der Ekstase. Zum ersten Mal erkennst
du dein ursprüngliches Gesicht. Das Gesicht Buddhas ist
nur ein Symbol, in Wahrheit ist es unser aller Gesicht, das
letztendliche Gesicht.

Die einzige Qualität, die ein Buddha besitzt ... alle Buddhas der Vergangenheit, der Gegenwart und der Zukunft
haben nur eine einzige Qualität – Gewahrsein, Bewusstheit.

Nimm einfach wahr, dass du nicht der Körper bist. Nimm
wahr, dass du nicht der Verstand bist.

Nimm wahr, dass du nur ein Beobachter bist.

Du bist nur ein Buddha, vollkommen unschuldig, jenseits
des Verstandes, reiner Raum, unendlich und ewig.

Entspanne dich ... Lass los, so wie die Blüten von den Bäumen fallen ... mit leichtem Herzen, ohne Spannung, ohne
Angst. Im Zentrum angekommen, bist du im Einklang mit
dem Leben, dein Herzschlag ist der Herzschlag des ganzen
Universums.

In diesem Augenblick zählst du zu den am meisten geseg-
neten Menschen auf dieser Erde, denn es gibt keinen größeren Glanz im Universum als den, den du in diesem Augenblick verkörperst.

Erfreue dich an diesem wunderbaren Augenblick.

Erfreue dich an dieser authentischen und ursprünglichen
Erfahrung.

Erfreue dich daran, dass du so gesegnet bist, so nahe am
Leben selbst. Und sammle all diese Erfahrungen ein, bevor
Nivedano dich zurückruft.

Du musst sie vom Zentrum zur Peripherie deines Lebens
bringen. Du musst ein Leben der Anmut, Schönheit, Freude,

Seligkeit und Ekstase führen – in jedem Augenblick, rund um die Uhr.

Ob wachend oder schlafend, du bist der Buddha und alles, was dazugehört – das Gewahrsein, die Ekstase, die Freude, die Glückseligkeit, die vollkommene Trunkenheit, die zu dir kommt. Wenn du dein Zentrum erreicht hast, bist du damit ins Zentrum der ganzen Existenz gelangt.

Du bist umgeben und genährt von den Säften des Lebens.

Sammle all diese Erfahrungen ein und denke daran, dass du den Buddha dazu bringen musst, mit dir zu kommen.

Das sind die drei Schritte der Meditation: Zuerst tritt der Buddha wie ein Schatten hinter dich. Doch dieser Schatten duftet, dieser Schatten besitzt eine enorme Substanz, dieser Schatten ist kein Schatten, sondern eine Präsenz – sehr greifbar, man kann sie berühren, man kann sie fühlen. Er ist direkt hinter dir; seine Wärme, sein Mitgefühl, sein Licht fallen dauernd auf dich.

Beim zweiten Schritt wirst du der Schatten, und der Buddha tritt vor dich. Dein Schatten löst sich langsam auf, denn deine Persönlichkeit ist nichts als eine falsche Vorstellung, eine Fiktion, eine Lüge.

Und wenn dein Schatten verschwindet, wird dein Wesen eins mit dem Buddha. Das ist der dritte und letzte Schritt.

In dem Augenblick, in dem du zum Buddha wirst, bist du nach Hause gekommen. Dieser Tag wird der glücklichste Tag deines Lebens sein. Du hast viele Leben gelebt, auf vielerlei Weise, in vielen verschiedenen Körpern, und du hast den Weg zurück verfehlt – und verfehlt – und verfehlt. Mache dir klar, dass du den Weg diesmal nicht verfehlen wirst: Du wirst die Erleuchtung erlangen, du wirst den höchsten Gipfel erreichen, die tiefste Tiefe deines Wesens.

Genau darum geht es, wenn du dein verborgenes Geheimnis, deinen verborgenen Glanz, an die Oberfläche bringst.

Gott ist tot, und Zen ist nun die einzige lebendige Wahrheit.

Komm zurück, doch ganz langsam, ganz friedlich, ganz still, so als ob überhaupt niemand hier wäre.

Bleib einfach eine Zeit lang still sitzen, um dich an den Weg zu erinnern, den du gegangen bist, um dich an diesen weiten Raum zu erinnern, diese wunderbaren Augenblicke, in denen dein Herz im Einklang mit dem Herzen des Universums schlug, diese kurzen, kostbaren Augenblicke, als dein ganzes Leben ewig war.

Und fühle den Buddha, seine Wärme, sein Mitgefühl, seine Präsenz. Er befindet sich direkt hinter dir.

Der Tag ist nicht mehr weit, an dem du den zweiten und den dritten Schritt machen wirst.

Kapitel 3

Gott ist wie die endlose Hoffnung auf morgen

Einmal sagte Seigen zu Sekito: »Es heißt, dass eine große Intelligenz von südlich des Ling kommt.«

Sekito antwortete: »Von nirgendwoher kommt eine solche Intelligenz.«

Seigen fragte: »Woher kommen dann all die Sutren des **Tripitaka**?«

Sekito erwiderte: »Sie kommen alle von hier, und es mangelt an nichts.«

Nach Seigens Tod begab sich Sekito zum Mount Nangaku. Dort fand er einen großen, flachen Felsen und baute sich darauf eine Hütte. Von da an wurde er bekannt als »Stonehead«, und später, als er zum Meister geworden war, als »Stonehead Osho«.

Als Meister Nangaku hörte, dass Sekito dort auf einem Felsen lebte, ließ er einen jungen Mönch kommen und sagte zu ihm: »Geh nach Osten und schau dir den Mönch genau an, der dort auf dem Felsen lebt. Wenn er der Mönch ist, der vor kurzem einmal hier war, dann sprich ihn an. Und wenn er antwortet, sage Folgendes zu ihm: ›Du sitzt so stolz auf deinem Stein, doch besser wäre es, du kämst zu mir.‹«

Der junge Mönch ging also zu Sekito und zitierte diesen Satz. Sekito antwortete: »Selbst wenn du Tränen des Leids vergießen würdest, käme ich doch niemals über die Hügel zu dir.«

Der Mönch kehrte zurück und berichtete Nangaku davon. Darauf meinte Nangaku: »Dieser Mönch wird gewiss über viele Generationen hinweg die Menschen erzittern lassen.«

Bevor wir über dieses Sutra sprechen, zunächst ein paar Fragen. Hier die erste:

Mein tiefster Schmerz besteht darin, dass ich mich als Außenseiter fühle, dass ich das Gefühl habe, in diesem Leben nicht zu Hause zu sein, grundlegend falsch zu sein, und dass der Tod einfach nur darauf wartet, mich unbarmherzig zu holen. Das Gefühl, hierher zu gehören, mich selbst wertzuschätzen und von der Existenz geschätzt zu werden und daher wirklich leben und das Leben feiern zu können, entzieht sich mir. Hat das etwas mit dem Einfluss einer auf Gott orientierten Religion zu tun?

Auf einen Gott hin orientierte Religionen werden immer solche Gefühle hervorrufen. Das ist vollkommen unvermeidlich, weil sie euch Lügen als Trost geben. Als der Mensch sich über seine primitiveren Bewusstseinszustände hinausentwickelte, wurde er immer intelligenter, und heute kann er Gott als Mythos erkennen. Er lebte mit der Lüge, als ob sie Wahrheit wäre, und er war damit zufrieden. Doch nun ist er zu intelligent dafür, und er kann die Falschheit der ganzen religiösen Lüge erkennen, und dadurch entsteht für ihn ein großes Problem.

Gott ist tot. Das Trostpflaster für die Menschen ist verschwunden. Nun fühlt sich der Mensch vollkommen leer, ohne Verbindung zur Existenz. Gott stellte immer die Erfüllung des Lebens dar, jemand, der sich kümmerte, jemand, der vergab, jemand, der voller Mitgefühl war. Ohne Gott fühlst du dich plötzlich wie ein Außenseiter in dieser Welt. Doch das ist ein guter Anfang, sieh das also nicht falsch.

Jede Lüge wird für gewisse Zeit eine Leere hinterlassen,

wenn sie erst einmal verschwunden ist. Du kannst diese Leere nutzen, um dich elend zu fühlen; dein Elend wird sie füllen. Du kannst diesen Raum mit Angst, Sorge, Leid, Schmerz füllen. Doch es hängt ganz von dir ab. Du kannst diesen leeren Raum auch für einen neuen Anfang nutzen, als eine ganz neue Tür. Gott ist tot, und nun musst du selbst nach der Wahrheit suchen; niemand kann sie dir mehr geben. Diese Leere kann zu einer Tür werden, die nach innen führt. In dem Augenblick, in dem du das Zentrum deines Wesens betrittst, bist du kein Außenseiter mehr. Zum ersten Mal bist du ein Insider! Gott hat bewirkt, dass du außerhalb der Wahrheit geblieben bist, außerhalb der Existenz. Gott gab dir einfach nur einen Trost, doch ein Trost ist keine wirkliche Hilfe. Du brauchst eine Transformation von innen, du musst deine Leere freudig nutzen, denn sie öffnet dir eine Tür in den Raum der Ewigkeit. Sie öffnet dir eine Tür zu deinen eigenen Wurzeln, die in der Existenz liegen. Sie gibt dir das Gefühl, zu den Bäumen, zu den Vögeln, zu den Menschen, zu den Sternen zu gehören – zu allem um dich herum. Der ganze Kosmos ist dein Zuhause.

Es hängt also alles davon ab, wie du diese Leere nutzt. Die sogenannten westlichen Existentialisten nutzen sie auf falsche Art und Weise. Sie füllen sie mit Elend, Furcht, Spannung, Schrecken, Sorge, Angst.

Zuerst wart ihr voller Lügen, voller Fiktionen, doch sie waren wenigstens tröstlich, sie gaben euch wenigstens ein bisschen Hoffnung, ein bisschen Zufriedenheit mit dem Leben. Doch der Existentialismus füllt eure Leere auf noch schlimmere Art und Weise als die Religionen.

Die Religionen benutzten diese Leere, um euch auszubeuten. Sie gaben euch Trost, doch er hatte seinen Preis. Sie beuteten euch also aus, doch jahrhundertelang fühltet ihr euch vollkommen glücklich, denn es gab einen Gott im Himmel, und alles war in Ordnung – er sorgte für euch.

Dieser Trost war falsch; er bewirkte keine Veränderung

in euch, er machte euch nicht zum Buddha, er sorgte nicht
für euer Erwachen, für eure Erleuchtung. Er diente nicht
eurem spirituellen Wachstum, doch er sorgte wenigstens
dafür, dass ihr ohne Angst und Sorge, ohne Sinnlosigkeit leben konntet. Ihr fühltet euch zu Hause, auch wenn dieses
Gefühl nur ein Traum war. Nun ist der Traum zerstört, und
plötzlich fühlt ihr euch vollkommen allein. Es gibt keinen
Gott, und ihr kennt keine andere Art, mit der Existenz in
Verbindung zu treten. Eure alte Programmierung funktioniert nicht mehr.

Ihr braucht neue Einsichten. Ihr braucht Meditation statt
Gebet, Bewusstheit statt Gott. Dann wird eine Säule der Bewusstheit euer Inneres ausfüllen, und sie wird kein leerer
Trost mehr sein. Sie wird euch echte Zufriedenheit schenken; sie wird euch mit der Existenz verbinden, und ihr werdet euch nicht mehr als Außenseiter fühlen.

Glaubt ihr, ich fühle mich in irgendeiner Weise als Außenseiter? Ich bin so tief mit der Existenz verbunden, wie man
nur sein kann. Die gesamte Existenz ist zu meinem Wesen
geworden, mein Herz tanzt mit dem Herzschlag des Universums.

Gott hat verhindert, dass genau das passieren konnte,
dieses enorme Phänomen der Transformation. Gott war
euch kein Freund, er war euer größter Feind. Und seine
Priester haben euch ausgebeutet.

Nun, da euch klar geworden ist, dass es keinen Gott gibt,
muss notgedrungen eine Lücke auftauchen, ein Zwischen-
raum, in dem ihr entweder den westlichen Existentialismus
wählen könnt – der kein echter Existentialismus ist, sondern
ein Akzidentalismus – oder in dem ihr nach innen blicken
könnt, so wie jeder Erwachte nach innen geblickt hat. Ihr
müsst aufhören, zum Himmel aufzublicken. Ihr müsst die
Augen schließen und in den inneren Raum blicken, in dem
ihr mit der Existenz verbunden seid. Sofort wird die Leere
verschwinden. Nicht nur die Leere – du selbst wirst ver-

schwinden. Und dann bleibt nur noch der Tanz, das Feiern des gesamten Universums. Und du bist vollkommen eins damit, die Frage von innen oder außen taucht überhaupt nicht mehr auf. Es entsteht eine große Einheit. Plötzlich erkennst du dich selbst in den unterschiedlichsten Manifestationen: in den Bäumen, den Blumen, den Wolken, den Sternen – überall. In dem Augenblick, in dem du verschwindest, bist du eins mit der ganzen Existenz; Pflanzen, Berge, Schnee, Flüsse, Ozeane – du bist über all das ausgebreitet. Und dieser Zustand ist der Zustand eines Buddhas. Das ist die wahre Befreiung.

Du fühlst dich also als Außenseiter – das ist gut! Das ist die Übergangszeit; jetzt musst du wachsam sein und darfst dich nicht mit Schmerz und Elend anfüllen. Wer soll dich trösten, nachdem Gott nicht mehr vorhanden ist? Du brauchst keinen Trost. Die Menschheit ist erwachsen geworden. Sei ein Mann, sei eine Frau, und stehe auf deinen eigenen Füßen.

Jahrtausende hindurch wurdet ihr verkrüppelt durch diesen Gott, durch die gesamte Priesterschaft. Sie wollten nicht, dass ihr gesund und vollständig seid. Ihr ganzer Berufsstand hing von eurem Elend und eurem Schmerz ab. Sie haben euer Leid und euren Schmerz zugedeckt und euch Hoffnung gegeben. Doch Hoffnung ist nur ein leeres Wort. Karl Marx hat Recht, wenn er sagt, Religion sei die Hoffnung der Hoffnungslosen. Doch diese Hoffnung war wie eine Möhre, die vor eurer Nase hängt. Ihr könnt sie niemals erreichen, doch sie hängt so nah, dass ihr das Gefühl habt, ihr werdet sie bald erreichen – wenn nicht heute, dann morgen, wenn nicht morgen, dann übermorgen. Die Möhre hängt immer vor eurer Nase.

Es gibt dazu eine Sufi-Geschichte:

Ein Mann hatte eine Kuh gekauft, doch er hatte keine Erfahrung im Umgang mit Kühen. Also versuchte er sie an den Hörnern hinter sich herzuziehen, doch die Kuh leistete erbitterten Widerstand – nun ja, ganz offensichtlich hatte er keine Ahnung. Die Kuh wollte nach Hause, zurück in ihren alten Stall.

Ein Sufi-Mystiker schaute dem Ganzen zu. Darauf sagte er zu dem Mann: »Mir scheint, du bist ein Anfänger mit Kühen; du weißt nicht, wie man mit ihnen umgeht. So funktioniert es nicht.«

Der Mann erwiderte: »Was soll ich tun? Ich bin nicht stark genug. Die Kuh ist stärker; sie zieht mich mit sich.«

Der Mystiker gab dem Mann ein Büschel Gras und sagte zu ihm: »Lass ihre Hörner los. Nimm das Gras und geh einfach vor ihr her. Halte das Gras knapp vor ihrer Nase, doch lass sie nicht daran fressen. Während sie in Richtung Gras läuft, gehst du immer weiter nach Hause.« Und so funktionierte es. Die Kuh lief hinterher, denn das Gras schien so nah, und es war so grün und saftig. Sie vergaß ihren früheren Besitzer; das wichtigste Problem war jetzt, wie sie an dieses Gras kommen konnte. Und es war so nah – es hing praktisch vor ihrer Nase! Doch der Mann ging langsam vor ihr her, so dass der Abstand zwischen der Kuh und dem Gras immer gleich blieb. Schließlich lief sie in die Scheune ihres neuen Besitzer und er machte die Tür hinter ihr zu.

Auf diese Weise haben die Religionen euch Möhren vor die Nase gehalten. Diese Hoffnungen erfüllen sich nie, sie sind hoffnungslos. Diese Versprechungen sind leer.

Wenn eure Hoffnungen und eure Erwartungen und eure Vorstellungen von Gott und von eurer Beziehung zur Welt zerstört werden, dann entsteht dadurch natürlich eine kleine Lücke, bevor ihr den richtigen Weg einschlagt. Und der richtige Weg ist nicht der Existentialismus des Westens. Der richtige Weg ist die Meditation, die der Osten schon seit Jahrhunderten benutzt und zu einer wahren Wissenschaft entwickelt hat. Ihr müsst nach innen gehen.

Gott hat euch davon abgehalten, denn er befand sich außen. Euer Gebet war an einen Gott gerichtet, den es gar
nicht gab. Ihr seid da, es braucht keinen weiteren Beweis,
dass ihr da seid. Es braucht keine Argumente, um zu beweisen, dass ihr da seid. Warum also nicht dieses Da-Sein erforschen, diese Präsenz, die ihr seid, dieses Bewusstsein, das ihr
seid? Warum es nicht erforschen?

Jene, die es erforschten, kamen nicht zurück und sagten,
dass sie Außenseiter seien. Sie sagten nicht einmal, dass sie
Insider seien, denn selbst Insider sind getrennt. Sie kamen
zurück und erklärten: »*Aham brahmasmi!*« – Ich bin das
Ganze, oder »*Ana'l haq!*« – Ich bin die Wahrheit, ich bin das
Leben selbst. Da gibt es keine Frage von außen oder innen
mehr. Das sind nur die zwei Seiten derselben Münze. Die
ganze Münze ist vergessen, plötzlich stellt man fest, dass
man eins ist mit dem kosmischen Tanz, mit diesem ungeheuren Rhythmus, in dem man als getrennte Persönlichkeit verschwindet und eins wird mit dem Ganzen.

Jede Welle im Meer denkt vielleicht einen Augenblick
lang, dass sie ein Außenseiter ist, dass sie nicht zum Ozean
gehört. Doch im nächsten Augenblick verschwindet sie wieder im Ozean. Auf dieselbe Weise werdet auch ihr im Ozean
des Bewusstseins verschwinden; ihr seid nur eine Welle,
auch wenn ihr siebzig Jahre lang lebt. Vielleicht seid ihr ge-
froren, und alles, was es braucht, ist ein Schmelzen. Schmelzt
wie Eis an der Sonne und werdet eins mit dem Ozean, der
euch umgibt. Ihr lebt tatsächlich im Ozean.

Ich habe euch schon öfter von einem jungen, revolutionären Fisch erzählt. Er fing an, alle anderen Fische zu fragen:
»Wo ist das Meer? Ich habe schon so viel davon gehört!«

Kein Fisch konnte ihm diese Frage beantworten. Sie sagten: »Du wirst irgendeinen weisen Fisch finden müssen, einen erleuchteten Fisch vielleicht, doch wir wissen nicht, wo
dieses Meer ist. Wir haben auch schon davon gehört, und

wir glauben, dass es irgendwo sein muss, weil doch jeder davon spricht. Seit Jahrhunderten haben unsere Vorfahren davon gesprochen, dass es das Meer gibt. Also glauben wir daran.«

Dann begegnete der junge Fisch einmal einem alten Mystiker-Fisch, und dieser sagte: »Du Dummkopf! Du bist *im* Meer! Du *bist* das Meer! Du wirst aus dem Meer geboren, du lebst im Meer und du wirst dich im Meer auflösen. Du bist einfach nur eine etwas solidere Welle, doch du wirst dich im Meer wieder auflösen.«

Das ist das Meer, in dem ihr lebt. Das kosmische Bewusstsein umgibt euch, so wie die Luft euch umgibt; ihr könnt es nicht sehen, doch es nährt euch beständig. Euer Bewusstsein wird vom kosmischen Bewusstsein genährt, so wie euer Herz von eurem Atem genährt wird. Die Luft, die ihr nicht sehen könnt, stellt euch ständig Sauerstoff zur Verfügung, der euren Körper am Leben erhält.

Doch ihr seid nicht nur der Körper. Hinter dem Körper verbirgt sich eure geheime Größe, das Bewusstsein. Auch dieses benötigt ständig Nahrung. Und rund um euch her, so wie die Luft …

Sobald du leer bist, musst du nur ein klein wenig warten; triff jetzt keine Entscheidungen. Plötzlich wirst du eine neue Energie in dir auftauchen fühlen, von innen, von außen. Du wirst plötzlich das Gefühl haben, dass du von Bewusstsein umgeben bist und dass du dich darin auflöst. Und dann kommt die Erkenntnis: »Ich wusste einfach nichts von mir selbst und von dem Universum, in dem ich lebe, das mir das Leben geschenkt hat und das meine wahre Heimat ist. Ich muss mich in dieser Heimat ausbreiten.«

Doch immer wird es dabei einen kurzen Zeitraum geben, in dem du sehr unsicher bist.

Letzte Nacht habe ich über Gurdjieff und seine Arbeit mit dem Energiesystem gesprochen. Er teilte die Energie in verschiedene Schichten ein. Die erste Schicht ist sehr dünn, gerade ausreichend für die alltäglichen Angelegenheiten ... die zweite Schicht ist bereits stärker. Wenn die erste Schicht erschöpft ist und man trotzdem weitermacht, dann beginnt plötzlich die zweite Schicht zu funktionieren. Und wenn man die zweite Schicht vollkommen ausgeschöpft hat – was sehr schwierig ist, es dauert Monate und manchmal Jahre, sie vollständig zu erschöpfen –, dann beginnt die dritte Schicht zu funktionieren, die kosmische, unerschöpfliche. Gurdjieffs Methode ist sehr alt und sehr primitiv. Doch die Energie des Kosmos umgibt euch. Alles, was es braucht, ist eine gewisse Leere in euch.

Die Leere ist also gut; fülle sie nicht mit Glaubenssystemen, fülle sie nicht mit einem anderen Gott, einer anderen Philosophie, irgendeinem Existentialismus. Fülle sie nicht. Lass sie rein und klar und geh tiefer. Bald wirst du von beiden Seiten, von innen und von außen, einen enormen Energieschub verspüren, einen enormen Bewusstseinsschub. Dann löst du dich auf. Du wirst vom Universum beinahe überflutet; du bist so klein, und der Kosmos ist so groß. Plötzlich löst du dich in ihm auf, und dieses Auflösen ist die Erfahrung der endgültigen Erleuchtung. Dann weißt du, dass du niemals außen oder innen warst; du bist eins mit der Existenz.

Nichts außer dieser Einheit mit der Existenz kann dir weiterhelfen. Doch diese Einheit ist so einfach, so offensichtlich. Es braucht nur eine kleine Entspannung, nur ein kleines Nach-innen-Gehen – keine große Anstrengung, nicht viel Disziplin, keine große Tortur.

Es ist gut, dass du dich als Außenseiter fühlst, weil Gott diesen Raum nicht mehr ausfüllt, und dass du dich nicht mit dem Universum verbunden fühlst. Das ist gut. Es bedeutet einfach nur, dass falsche Verbindungen sich aufgelöst haben.

Es geschah eines Tages ...

Mulla Nasruddin saß in seinem Büro und wartete auf
Kunden. Schließlich trat ein Mann ein, doch Nasruddin
gab ihm keine Gelegenheit, etwas zu sagen. Er winkte einfach nur mit der Hand, um ihm zu bedeuten, er solle sich
setzen, griff zum Telefonhörer und begann über Millionen-
beträge zu sprechen.

»Eine Million Dollar? In Ordnung, ich übernehme den
Auftrag.«

In diesem Augenblick sagte der Mann, der eben herein-
gekommen war: »Einen Augenblick bitte. Ich bin von der
Telefongesellschaft und soll Ihr Telefon anschließen.« Das
Telefon war überhaupt nicht angeschlossen – dieser Ein-
Million-Dollar-Auftrag war einfach nur Show gewesen!

Du fühlst dich nicht verbunden, weil deine Verbindungen
falsch waren. Tatsächlich gab es überhaupt keine Verbindungen, und du hast nur gedacht, dass du zu Gott sprichst –
am Telefon, auf einer direkten Leitung! Ich habe dir bewusst
gemacht, dass dein Telefon überhaupt nicht angeschlossen
war. Mit wem hast du gesprochen? Alle deine Gebete liefen
über eine Telefonleitung, die nicht angeschlossen war.

Die einzige Möglichkeit, mit der Existenz in Verbindung
zu treten, besteht darin, nach innen zu gehen, denn im Zentrum bist du immer verbunden. Du hast dich physisch von
deiner Mutter getrennt. Diese Trennung war absolut notwendig, um dich zu einem eigenständigen Individuum werden zu lassen. Doch du bist nicht vom Universum getrennt.
Deine Verbindung mit dem Universum geht über das Bewusstsein. Du kannst es nicht sehen, also musst du mit großer Bewusstheit, mit Wachheit, mit Gewahrsein tief nach innen gehen, und du wirst die Verbindung finden. Der Buddha
ist die Verbindung!

Die zweite Frage:

Ist der Monotheismus ein notwendiger Schritt in der menschlichen Evolution, oder ist er einfach nur eine Erfindung der Priester?

Der Monotheismus ist eine sehr viel gefährlichere Erfindung der Priester als der Polytheismus. Aus einer monotheistischen Religion kann kein Buddha hervorgehen. Sie ist kein Teil der Evolution; im Gegenteil, sie verhindert eure Evolution.

Alle Religionen, die außerhalb Indiens entstanden sind – Judentum, Christentum, Islam –, sind monotheistisch. Mohammed hat die perfekte Definition dafür gegeben: ein Gott, ein Prophet, ein Koran. Es handelt sich um eine sehr diktatorische Art von Religion, die von Natur aus gefährlich ist, weil sie sehr intolerant ist. Der jüdische Gott sagt selbst: »Ich bin ein eifersüchtiger Gott. Ich erlaube euch nicht, irgendwelche anderen Götter zu verehren.«

Der Monotheismus ist eine sehr viel effizientere Art, die Menschen auszubeuten. Der Hinduismus ist polytheistisch; in ihm gibt es so viele Götter, wie man sich nur vorstellen kann. Als der Hinduismus entstand, gab es dreiunddreißig Millionen Menschen in Indien. Der Hinduismus hat genau dreiunddreißig Millionen Götter. Das ist doch um einiges demokratischer – jeder Mensch hat seinen eigenen Gott! Statt den Gott eines anderen zu verehren, ist es doch viel besser, seinen eigenen Gott zu haben; dann gibt es keine Konflikte.

Keine hinduistische Schrift sagt: »Ein Gott, ein Prophet, eine heilige Schrift.« Alle hinduistischen Schriften sagen, dass es so viele Götter gibt, wie es Menschen gibt. Darum ist der Hinduismus sehr ineffizient. Das muss so sein: Er ist keine Armee, er hat keinen Papst, er hat kein zentral organisiertes Organ, er ist ein vollkommen desorganisiertes Chaos. Deshalb besitzt jeder darin vollkommene Freiheit.

Wenn jemand zu einem Mahavira wird, hat der Hinduismus nichts dagegen. Wenn jemand zu einem Buddha wird, hat der Hinduismus nichts dagegen. Beide wurden als Hindus geboren, und beide wandten sich gegen den Hinduismus. Das ist kein Problem, denn es gibt kein zentrales Organ, das einen Gerichtshof oder Geschworene einberufen könnte, um zu entscheiden, ob Mahavira Recht hat, wenn er nicht an Gott glaubt. Sein ganzes Bemühen geht dahin, dass man sein eigenes Bewusstsein bis zum letzten Gipfel entwickeln sollte: Jeder ist ein Gott.

Mahaviras Interpretation der dreiunddreißig Millionen Götter war, dass es dreiunddreißig Millionen Menschen gibt, die alle eines Tages zu Göttern werden, wenn sie den höchsten Gipfel des Bewusstseins erreicht haben. Er sagte, dass es wahrscheinlich so sei, dass es nicht dreiunddreißig Millionen Götter gebe, sondern dreiunddreißig Millionen potentielle Götter. Das schenkt viel Freiheit, und es besteht keine Notwendigkeit für irgendwelche Priester. Jeder hat eine direkte Verbindung zu seinem eigenen privaten Gott.

Doch das Christentum, eine monotheistische Religion, lässt keinen Buddha aufkommen; daher ist das Bewusstsein darin wenig entwickelt. Diese Religion wirkt sehr primitiv und basiert auf Fiktionen. Die monotheistischen Religionen haben nichts außer Krieg zur Welt beigetragen, weil der islamische Gott weder den jüdischen Gott tolerieren kann noch den christlichen, noch die hinduistischen Götter. Er muss all diese Götter vernichten und ebenso alle ihre Anhänger. »Nur ein Gott« … Als die Mohammedaner nach Indien kamen, zerstörten sie also Millionen wunderbarer Tempel, die von großartigen Bildhauern über die Jahrhunderte erschaffen worden waren. Sie zerstörten Millionen von Statuen, wunderbare Darstellungen von Buddha, Mahavira und anderen jainistischen *Tirthankaras*. Nur ein sehr kleiner Teil davon ist übrig geblieben. Hier und da blieb möglicherweise ein Tempel stehen, weil er tief im Dschungel verborgen war.

In jedem Dorf kann man feststellen, dass die Leute ihre Götter, ihre wunderbaren Statuen, einfach in den Brunnen warfen, sobald die Mohammedaner auftauchten – um sie vor jenen zu schützen, die diese Statuen ansonsten zerstört hätten. In jedem Dorf – das kommt häufig vor – kann man also im Sommer, wenn der Wasserspiegel sinkt, plötzlich einen Buddha auftauchen sehen, und dann ziehen die Leute den Buddha heraus. Jahrhundertelang lag er im Brunnen, doch dort war er geschützt. Die Menschen hatten ihn vergessen, denn jene, die die Statuen in den Brunnen geworfen hatten, sind schon seit Jahrhunderten tot.

Die Mohammedaner kamen vor zweitausend Jahren, und sie zerstörten alles. Ihr Gott war intolerant, wie hätten sie da tolerant sein können?

Der Monotheismus ist die abscheulichste Religionsform der Welt, denn er ist intolerant. Intoleranz führt zu Gewalt. Die Christen hatten ihre Kreuzzüge, die Mohammedaner ihre Dschihads – ihre heiligen Kriege. In Indien gab es niemals Religionskriege. Jeder hatte die Wahl, ob er einen Gott oder keinen Gott haben wollte; nicht einmal die Atheisten wurden belästigt.

Jahrhundertelang gab es eine große Philosophie namens *Charvaka*. Ihre Anhänger waren der Ansicht, dass es keinen Gott gibt, dass es keine Seele gibt – dasselbe, was Marx fünftausend Jahre später ebenfalls sagte. Sie sagten, dass die Seele nur ein Nebenprodukt der fünf Elemente ist, aus denen der Körper besteht. Der Gründer dieser Religion war Acharya Brihaspati – und seltsamerweise wird in den Veden mit großem Respekt von ihm gesprochen.

Das ist Toleranz. Es ist deine Wahl, du bist frei, deinen eigenen Weg zu wählen; du hast sogar die Freiheit, eine Religion zu wählen, die keinen Gott kennt, die keine Seele kennt. Die *Charvaka*-Anhänger waren absolute Atheisten. Ihre ganze Philosophie bestand darin: Iss, trink und sei fröhlich, denn es gibt keine Hölle, es gibt keinen Himmel, es gibt

keinen Gott. Und mach dir keine Sorgen, denn es gibt kein
Letztes Gericht und niemanden, der dich richten könnte.
Sünder und Heilige lösen sich einfach in ihre fünf Elemente
auf.

In Indien findet man viele Leute, die rote Lippen haben,
weil sie Pan kauen. Brihaspati verwendete das als Beispiel:
Wenn man das Panblatt selbst kaut, dann färbt es die Lippen nicht rot, und wenn man die einzelnen Bestandteile der
Pan-Mischung kaut, passiert ebenfalls nichts. Doch wenn
man sie zusammenmischt, sorgen sie für eine Rotfärbung
von Mund und Lippen. Diese Verfärbung ist ein Nebenprodukt der fünf Elemente, aus denen die Pan-Mischung besteht. Es handelt sich nicht um etwas Eigenes, sondern es
ist ein Ergebnis der Kombination dieser fünf Elemente. Das
ist ein einfaches Beispiel, das von den *Charvaka*-Anhängern
angeführt wird, und man respektierte sie. Selbst die Veden
bezeichnen Brihaspati als einen großen Meister, als einen
Acharya.

Eine solche Toleranz ist nur in einer polytheistischen Religion möglich. Wenn es viele Götter gibt, hat man die Wahl,
hat man eine gewisse Freiheit. Wenn es nur einen Gott gibt,
hat man keine Freiheit.

Aus meiner Sicht ist Monotheismus weit schlimmer als
Polytheismus. Der hinduistische Polytheismus ließ die Buddhas ebenso zu wie die jainistischen *Tirthankaras* und die
Charvaka-Anhänger, ohne irgendwelche Probleme. Obwohl
sie gegen den Hinduismus waren, wurde doch keiner von
ihnen gekreuzigt. Selbst Brihaspati wurde nicht gekreuzigt,
er wird vielmehr voller Respekt in den Veden erwähnt. Er
hatte die Freiheit, zu denken, zu sprechen und seine eigene
Philosophie zu entwickeln.

Und der Name der Philosophie war eigentlich nicht *charvak*, sondern *charuvak*. Das ist ein großer Unterschied.
Charuvak bedeutet »süße Worte«. Die Philosophie von Brihaspati bestand aus süßen Worten. Er nahm den Menschen

alle Angst – es gibt keinen Gott, keinen Himmel, keine Hölle –, er nahm ihnen allen Schrecken. Der Tod ist das Ende, die Geburt der Anfang, und dazwischen haben wir ein kurzes Leben. Genießt es, und genießt es sogar dann, wenn ihr euch dafür Geld borgen müsst. Macht euch keine Sorgen, denn nach dem Tod kommt niemand und sagt: »Gib mir mein Geld zurück.«

Seine Aussage lautet: *Rinam kritva ghritam pivet*. »Selbst wenn du dir Geld borgen musst, mach dir keine Sorgen: Borge dir Geld und trinke *Ghee*.« *Ghee* ist ausgelassene Butter. Wenn man aus Butter das Fett ausschmilzt, erhält man *Ghee*, reines Butterschmalz. Weiter geht es nicht, *Ghee* ist das absolute Endprodukt. Und rückwärts geht es auch nicht, es geht weder vorwärts noch rückwärts. Man ist an einem Endpunkt angekommen.

Er sagt also, dass dieses Leben ein Endpunkt ist. Man geht von hier aus nirgendwohin, also sollte man es einfach nur genießen. Es spielt keine Rolle, was man dafür aufwendet; wichtig ist nur, dass man es genießt. Das Leben ist so kurz, verschwendet es also nicht mit unnötigen Ängsten vor einer Bestrafung in der Hölle. Verschwendet es nicht mit unnötigen Hoffnungen auf eine Belohnung im Himmel. Sorgt euch nicht um richtig oder falsch. Das einzig Wichtige ist, es zu genießen. Selbst dieser Mann wurde respektiert. Doch ganz langsam und allmählich wurde aus dem Wort *charuvak* im Bewusstsein der Massen das Wort *charvak*. *Charvak* bedeutet jemand, der ständig kaut und isst, so wie ein Büffel – denn das war ja auch seine Lehre: Esst, trinkt und seid fröhlich.

Und auch Gautama Buddha wurde nicht gekreuzigt, obwohl er alle Veden als vollkommen falsch bezeichnete. Er erklärte, dass die Brahmanen, die Priesterschaft der Hindus, die Menschen ausgebeutet hätten. Er erklärte, dass das hinduistische Kastensystem falsch sei, dass jeder Mensch gleichwertig sei. Doch er wurde nicht gekreuzigt. Selbst hinduistische Philosophen gingen zu ihm und hörten ihm zu. Tatsächlich waren alle seine Schüler im Grunde Hindus. Wo sonst hätte er Tausende von Schülern finden sollen? Große hinduistische Gelehrte kamen, um mit ihm zu debattieren, und wurden seine Schüler, als sie feststellten, dass sie nur Worte hatten, während dieser Mann wirkliche Erfahrung aufzuweisen hatte. Ihr Verlangen nach Wahrheit war so groß, dass es keine Rolle spielte, woher diese Wahrheit kam.

Die monotheistischen Religionen – das Christentum, das Judentum, der Islam – waren die gefährlichsten Religionen der Welt. Zweitausendfünfhundert Jahre lang wurde kein einziger Mensch im Namen des Buddhismus getötet. Der Buddhismus griff niemals jemanden an, und doch breitete er sich über ganz Asien aus, wurde ganz Asien nur durch eine einfache Erfahrung bekehrt.

Es war schwierig, einem Bodhidharma gegenüberzutreten. Selbst der Kaiser Wu von China konnte sich Bodhidharma nicht entgegenstellen. Und Bodhidharma sagte zu ihm: »Du bist ein Narr!« Er bezeichnete den Kaiser von China als Narren! Der Kaiser hatte Bodhidharma gefragt: »Ich habe den buddhistischen Mönchen all meine Energie, all meine Macht und all meine Schätze zur Verfügung gestellt. Tausende von Mönchen sind hier und übersetzen die Schriften Buddhas ins Chinesische, und sie alle sind meine Gäste. Ich habe zahlreiche Klöster erbauen und viele Tempel für Buddha errichten lassen. Was wird mein Lohn sein?«

Das Wort »Lohn« genügte schon, dass Bodhidharma zu ihm sagte: »Du bist ein Narr! Wenn du all das um einer Belohnung willen getan hast, wirst du in die tiefste Hölle stürzen.« Der Kaiser war schockiert. Doch Bodhidharma sagte: »Die Vorstellung von Lohn ist nichts anderes als Gier. Du bist weitaus gieriger als die gewöhnlichen gierigen Menschen. Menschen, die Geld anhäufen, wissen genau, dass sie ihr Bankguthaben und all ihr Geld nicht mitnehmen können, wenn sie sterben. Doch du bist wirklich gierig – so gierig, dass du versuchst, dir ein Guthaben in der jenseitigen Welt zu verschaffen, von der du doch gar nichts weißt. Offensichtlich bist du ein Narr, und ich werde dein Reich nicht betreten. Ich hatte es eigentlich vorgehabt, doch wenn der Kaiser ein Narr ist, genügt das schon, um mir zu zeigen, welche Art von Menschen dort leben müssen.«

Er weigerte sich, China zu betreten, und blieb außerhalb der Grenzen in einem kleinen Tempel. Und als er starb, sagte Kaiser Wu zu seinen Leuten und zu seinem obersten Minister: »Schreibt auf mein Grab, dass ich wahrhaft ein Narr war. Ich konnte den großen Buddha nicht verstehen, der in der Gestalt Bodhidharmas gekommen war. Er hatte Recht, ich habe ein falsches Leben voller Gier und Angst geführt.«

Buddhas Worte verbreiteten sich über ganz Asien, von Sri Lanka bis Korea. Es gab keinen Zusammenstoß, keinen Kampf. Allerhöchstens gab es spannende Diskussionen, sehr freundlich, sehr zivilisiert, sehr kultiviert.

Das Schwert kann nicht beweisen, dass man im Recht ist, so wenig wie die Kreuzigung beweisen kann, dass Jesus im Unrecht war. Ich frage mich immer … die Juden hatten solch große Rabbis und Gelehrte. Warum waren sie nicht in der Lage, Jesus zu überzeugen, einen jungen Mann, nur dreiunddreißig Jahre alt? Das Problem bestand darin, dass sie nur Gelehrte waren; es war kein Einziger unter ihnen, der wirklich die Wahrheit kannte. Und dieser Mann behauptete etwas, wogegen sie nicht argumentieren konnten, weil es keine Möglichkeit gibt, dagegen zu argumentieren.

Jesus sagte: »Ich bin der Prophet, auf den ihr gewartet habt.« Und sie hatten tatsächlich gewartet; sie warten immer noch, und sie werden ewig warten. Es ist wie das Warten auf Godot.

Als mir dieses Buch zum ersten Mal in die Hände fiel – »Warten auf Godot« –, dachte ich: »Godot muss wohl eine Verballhornung des Wortes ›God‹ sein.« Mein ältester deutscher Sannyasin, Haridas, war gerade da, also fragte ich ihn: »Ist Godot das deutsche Wort für ›God‹?«

Er erwiderte: »Nein, das deutsche Wort ist Gott!«

Darauf meinte ich: »Großartig! Dann braucht man nicht mehr zu warten. Das ist vollkommen in Ordnung. Wenn man es *hat* (when you have *gott* it), wozu dann noch warten?«

Diese Vorstellung gefällt mir. *God* ist so weit weg. *Gott* ist sehr ansprechend.

Du fragst, ob der Monotheismus ein notwendiger Schritt war – nein, absolut nicht. Er war ein vollkommen *unnötiger* Schritt, und nicht nur unnötig, sondern gefährlich. Er hat nur zu Gewalt und Totschlag geführt; lebendige Menschen wurden im Namen eines monotheistischen Gottes verbrannt. Ein einziger Gott wird euch niemals erlauben, an einen anderen Gott zu glauben.

Der Polytheismus ist ebenfalls nur eine Erfindung der Priester, doch er ist weitaus liberaler. Der Monotheismus ist eine diktatorische Erfindung. Er gibt euch Gebote, als wärt ihr eine Armee und würdet Vorschriften brauchen.

Buddha macht keine Vorschriften, ebensowenig Mahavira. Sie überzeugen, sie schreiben nichts vor. Sie demütigen euch nicht. Sie respektieren euch, sie wissen, dass euer verborgenes Potential identisch ist mit ihrem eigenen.

Von Gautama Buddha gibt es folgende Erzählung über sein früheres Leben. Er hatte einmal von einem Mann gehört, der erleuchtet sein sollte. Er war nicht besonders daran interessiert, doch aus reiner Neugierde ... Der Mann war in die Stadt gekommen, wo er lebte. Er war noch sehr jung und überhaupt nicht an Erleuchtung oder Spiritualität interessiert, doch er ging hin, um den Mann zu treffen, einfach nur aus Neugierde, um herauszufinden, worum es bei der Erleuchtung geht.

Er hatte nicht vorgehabt, sich vor ihm zu verneigen, doch als er diesen Mann sah – er war so strahlend, er besaß solche Anmut, solch eine enorme Präsenz –, da musste er sich einfach vor ihm verneigen und seine Füße berühren. Und als er seine Füße berührte und ihm bewusst wurde, was er da tat, fragte er sich: »Was mache ich hier eigentlich? Ich war doch nur als Zuschauer gekommen.«

Wenn man einem Menschen gegenübersteht, der wirklich weiß, dann steigt spontan Dankbarkeit in einem auf, ganz ohne Anstrengung. Es war überhaupt keine Anstrengung. Als er gekommen war, hatte er überhaupt nicht daran gedacht, die Füße dieses Mannes zu berühren; er war nur als Zuschauer gekommen. Doch es genügte, diesen Mann zu sehen. Er vergaß alle Vorsätze. Die Präsenz dieses Mannes war so überwältigend. Solche Schönheit! Seine Augen waren so tief wie ein See, so rein, so klar. Er verliebte sich augenblicklich in diesen Mann, als er seine Füße berührte. Er dachte, während er das tat: »Was mache ich hier eigentlich? Es ist ganz von allein passiert.«

Doch ein noch größeres Wunder wartete auf ihn. Als er sich wieder aufrichtete, verneigte sich der Erleuchtete vor ihm und berührte die Füße des jungen Mannes. Dieser sagte: »Was machst du da? Du bist ein Erwachter. Es ist vollkommen in Ordnung, dass ich deine Füße berührt habe, auch wenn ich nicht mit diesem Vorhaben gekommen war – es geschah ganz spontan, weil du mein Herz berührt hast –, doch warum berührst du meine Füße? Ich bin niemand, ich weiß nicht das Geringste über Erleuchtung.«

Der Mann antwortete ihm: »Noch weißt du nicht. Es gab eine Zeit, da war ich genauso wie du. Ich hatte nicht die geringste Ahnung, wer ich bin. Jetzt weiß ich es, jetzt bin ich erblüht. Und ich weiß, dass auch du zum Erblühen kommen wirst. Vergiss das nicht! Ich habe deine Füße berührt, damit du nicht vergisst, wenn du erst einmal zum Buddha geworden bist, dass jeder ein Buddha ist. Der eine ist erblüht, der andere wartet noch auf die richtige Zeit. Für jeden kommt der Frühling zu seiner eigenen Zeit.«

Buddha erinnerte seine Schüler immer und immer wieder
daran: »Glaubt auch nicht einen einzigen Augenblick lang,
dass ihr geringer seid als ich. Wir sind alle gleich. Der einzige Unterschied – und es ist nur ein kleiner Unterschied,
der nicht viel bedeutet – besteht darin, dass ihr noch schlaft,
während ich erwacht bin. Doch auch ich habe einmal ge-
schlafen, und eines Tages werdet auch ihr erwacht sein –
was also ist der Unterschied?«

Der Unterschied besteht nur im Zeitpunkt. Ich erwache
am Morgen, und du erwachst am Abend – das sind nur
zwölf Stunden Unterschied. Das bedeutet keine Überlegenheit oder Unterlegenheit. Jeder muss in seiner eigenen Geschwindigkeit gehen. Manche Menschen rennen, manche
sind wirklich schnelle Läufer. Andere Menschen gehen lieber
langsam, manche halten häufig an und legen viele Pausen
ein, um eine Tasse Tee zu trinken oder einen Mittagsschlaf
zu halten. Doch alle sind auf dem Weg. Der eine liegt ein
bisschen zurück, der andere geht etwas weiter vorn, doch
das bedeutet noch keine Unterlegenheit oder Überlegenheit.

Im Buddhismus gibt es keine Priester, und im Jainismus
gibt es keine Priester, weil sie keinen Gott haben. Wenn man
keinen Gott hat, braucht man keine Priester. Priester sind
die Repräsentanten eines fiktiven Gottes; sie sind die Ver-
mittler zwischen euch und Gott. Und Priestern gefällt der
Monotheismus natürlich besser als der Polytheismus.

Die hinduistischen Priester haben sich sehr bemüht, auch
aus dem Hinduismus eine monotheistische Religion zu machen, doch es ist ihnen nicht gelungen. Es gibt acht *Shankaracharyas*. Der ursprüngliche *Shankaracharya*, Adi Shankaracharya, ernannte vier weitere *Shankaracharyas*. Er war
der erste, der gewisse Anstrengungen unternahm, den Hinduismus stärker zu organisieren. Vor ihm gab es überhaupt
keine Führung; es gab nur vollkommene Freiheit. Er ernannte also vier *Shankaracharyas*, einen für jede Himmels-
richtung, so dass jeder in einer Richtung herrschen konnte.

Doch nach seinem Tod tauchten vier weitere *Shankaracha-ryas* auf – denn es gibt acht Richtungen, nicht nur vier. Vier weitere Leute tauchten also ganz von selbst auf, und nun sind es acht *Shankaracharyas*.

Einmal sagte ich zu einem von ihnen: »Ihr solltet eigentlich zwei mehr sein.«

Er wollte wissen, warum.

Ich antwortete: »Nun, es gibt zehn Richtungen. Acht habt ihr schon, nun braucht ihr noch einen für oben und einen für unten.«

Er meinte: »Das ist eine großartige Idee. Nun können wir uns zwei mehr leisten.«

Doch es gibt kein zentrales Organ unter diesen *Shankaracharyas* – und das ist auch nicht möglich, denn der eine verehrt Shiva, der andere Vishnu, wieder ein anderer Krishna und der nächste Brahma. Und es gibt Hunderte von kleineren Göttern, die von den Menschen verehrt werden. Die Menschen verehren sogar Bäume und Steine. Streicht nur einmal einen Stein rot an und wartet ab – bald werden ein paar Hindus vorbeikommen und sich vor dem Stein verneigen.

Als die britische Regierung zum ersten Mal Straßen baute und Kilometersteine errichtete, malten sie diese rot an, weil Rot schon aus großer Entfernung sichtbar ist. Also malten sie die Steine rot an, und dann machten sie sich Sorgen. Hinduistische Dorfbewohner kamen, legten Blumen und Kokosnüsse rund um die Steine und beteten sie an.

Die Briten sagten zu ihnen: »Das sind doch nur Kilometersteine.« Doch die Dorfbewohner antworteten: »Das spielt keine Rolle. Jeder rote Stein repräsentiert Gott.«

Im Hinduismus werden Bäume verehrt, werden Steine verehrt. Es herrscht vollkommene Freiheit, wenn es um Anbetung geht. Das ist weit besser als Monotheismus, doch ich befürworte auch das nicht. Es ist vielleicht besser, doch es ist immer noch Gift, wenn auch etwas verdünnt. Es bringt

dich vielleicht langsamer um, aber es bringt dich ebenfalls
um. Jede Religion verhindert die Evolution deines Bewusstseins. Monotheismus ist darin am gefährlichsten, doch jede
Religion als solche ist gefährlich.

Nur wenn du jede Religion vermeiden kannst, kannst du
religiös werden. Nur wenn du jede Religion vermeiden
kannst, kannst du in direkten Kontakt mit dem Leben und
dem Kosmos kommen.

Die dritte Frage:

*Ist es so schwierig für die Menschen, Gott aufzugeben, weil
er ihre einzige Hoffnung ist und sie all ihre Erwartungen
auf ihn gesetzt haben? Es scheint sehr schwer zu sein, eine
Erwartung aufzugeben, selbst wenn man sie als solche erkennt und sich ausrechnen kann, dass sie vermutlich nur zu
einer Enttäuschung führen wird.*

Das ist richtig. Es ist sehr schwer, eure Erwartungen aufzugeben, eure Hoffnungen aufzugeben, weil ihr nichts Wirkliches im Leben habt. Ihr lebt einfach nur in der Hoffnung,
dass es morgen besser wird. Ihr lebt in der Erwartung, dass
ihr nach dem Tod auf ewig die Freuden des Paradieses genießen werdet. Daher ist es so schwierig, die Vorstellung
von einem Gott aufzugeben.

Doch es ist Gott, der euch von der Freude und Glückseligkeit und Ekstase in diesem Moment abhält. Ihr versäumt
die Gegenwart in der Hoffnung auf die Zukunft, und die
Zukunft ist niemals sicher. Morgen kommt niemals. Habt
ihr jemals erlebt, dass morgen kommt? Gott ist wie morgen – immer in der Ferne. Es sieht nur so aus, als würde es
kommen, und es kommt auch etwas, doch was kommt, ist
heute. Morgen kommt niemals. All diese Hoffnungen werden niemals wahr. All diese Erwartungen werden schließlich
zu Frustrationen.

Wie kommt es, dass reiche Menschen oft mehr frustriert sind als arme? Geht nur einmal ins tiefste Innere Indiens, wo wirkliche Armut herrscht, und ihr werdet niemanden finden, der frustriert ist. Die Menschen dort hoffen auf Gott. Sie glauben daran, dass ihre Armut eine Prüfung ist und dass nur die Armen das Reich Gottes betreten werden. Das ist der Grund, warum das Christentum für die armen Völker der Welt so viel Anziehungskraft besitzt. Es gibt ihnen großen Trost. Es gibt ihnen eine Erwartung, die ihnen hilft, das gegenwärtige Elend, den Schmerz, die Armut und Sklaverei zu ertragen. Ihre Augen sind auf die Zukunft gerichtet, während die Gegenwart im Elend verstreicht. Weil ihre Augen nicht mehr auf die Gegenwart gerichtet sind, hilft ihnen der Trost, am Leben zu bleiben – aber gerade nur am Leben, nicht mehr, wie Gemüse. Er hilft ihnen nur zu vegetieren.

Ein Leben, das nicht tanzen kann, ist kein Leben. Es ist nur ein Überleben. Ein Leben, das das Lied der Liebe und Freude nicht singen kann, ist kein Leben. Eure Erwartungen und eure Hoffnungen machen es also schwierig, Gott aufzugeben, doch ihr müsst Mut fassen und verstehen, dass eure Hoffnungen und Erwartungen euer ganzes Leben zerstören. Gott ist nur eine Fiktion. Er wird euch nichts geben. Gott ist nirgendwo. Du bist, Gott ist nicht. Das Leben ist, Gott ist nicht.

Schaut also in das Sein der Dinge, schaut in diesen Augenblick hier und jetzt, in euch selbst. Das ist die Tür zum Kosmos, die am nächsten ist; sie öffnet sich direkt in eurem Zentrum. All eure Erwartungen werden erbärmlich wirken, und all eure Hoffnungen werden hässlich wirken, wenn ihr euer gewaltiges Strahlen erkennt, eure Göttlichkeit, wenn ihr eure Freiheit erkennt und wenn ihr erkennt, dass der ganze Kosmos mit euch verbunden ist, zutiefst verbunden, und dass ihr einfach ein großartiger Versuch des Kosmos seid, den höchsten Punkt des Bewusstseins zu erreichen.

Vincent van Gogh pflegte Bäume zu malen ... Niemandem gefielen seine Bilder, weil sie so absurd waren. Seine Bäume reichten bis zu den Sternen. Wenn er gefragt wurde: »Wo hast du jemals solche Bäume gesehen?«, sagte er: »Ich habe solche Bäume nirgendwo gesehen; ich habe nur ein Flüstern vernommen. Ich lag im Schatten eines Baumes und hörte das Flüstern. Die Erde sprach zu dem Baum: ›Du bist mein Versuch, die Sterne zu erreichen.‹ Seither male ich meine Bäume so, dass sie bis zu den Sternen reichen.«

Er war ein wirkliches Genie. Bäume sind ganz sicher der Versuch der Erde, den Himmel zu erreichen. Und was ist das menschliche Bewusstsein? Der Versuch der gesamten Existenz, den höchsten Gipfel zu erreichen, ein Gautama Buddha zu werden.

Wenn ein Mensch zu einem Gautama Buddha wird, jubelt das ganze Universum. Er hat die Erwartung der Existenz erfüllt.

Ihr braucht nichts zu erwarten, ihr seid selbst eine Erwartung der Existenz. Ihr braucht sie nur zu erfüllen – und ihr könnt sie erfüllen, denn das Leben hat euch alle Möglichkeiten und das gesamte Potential dafür gegeben, sie zu erfüllen. Alles ist vorhanden. Ihr müsst nur alles an den richtigen Platz rücken, und plötzlich werdet ihr erkennen, dass das Leben von der Geburt bis zum Tod, vom Tod bis zur Geburt ein reiner Tanz der Ekstase ist. Geburt und Tod sind nur kleine, unbedeutende Episoden im ewigen Fluss des Lebens.

Doch solange ihr Gott nicht aufgebt, werdet ihr unglücklich bleiben. Und Unglück braucht eine gewisse Unterstützung durch Hoffnungen, Erwartungen, Morgen. Doch das ist kein Leben. Glaubt ihr, dass man ein Leben im Morgen als Leben bezeichnen kann? Das Leben kennt nur einen einzigen Moment, und der ist jetzt. Das Leben kennt nur einen einzigen Ort, und der ist hier. Hier und jetzt: Diese beiden Wörter sind die wichtigsten Wörter in der menschlichen Sprache. Sie stehen für die Realität.

Friedrich Nietzsche weist darauf hin, dass es die Hoffnung auf Glück ist, wodurch sich der Mensch manipulieren lässt, mehr als durch irgendwelche tatsächlichen Glückserfahrungen. Erinnert ihr euch an einen Augenblick wirklichen Glücks in eurer Vergangenheit? Geht nur einmal zurück bis in eure Kindheit. Als ihr Kinder wart, dachtet ihr, ihr würdet glücklich sein, wenn ihr erst älter seid. Jedes Kind möchte schnell älter werden.

Ich wohnte immer in einem Haus, das acht oder zehn Häuser vom Postamt entfernt war. Vor unserem Haus war ein öffentlicher Park, deshalb war es ein ruhiger und stiller Platz. Um drei Uhr morgens machte ich immer einen Spaziergang. Eines Tages sah ich in der Nähe des Postamts einen Jungen mit einem Schnurrbart. Ich traute meinen Augen kaum! Es war dunkel, aber der Vollmond schien, also konnte ich den Schnurrbart gut erkennen. Und er rauchte eine Zigarette.

Ich überlegte: »Vielleicht ist es ein Zwerg.« Als er mich sah, trat der Junge hinter einen großen Baum neben der Straße. Also ging ich ihm nach.

Der Junge bat: »Erzähl meinem Vater nichts davon.«

Ich antwortete: »Ich werde niemandem etwas erzählen. Ich weiß ja gar nicht, wer dein Vater ist. Wer bist du?«

Er erwiderte: »Mein Vater ist der Postmeister; das hier ist das Postamt.«

Ich wollte wissen: »Was machst du hier? Du hast einen ordentlichen Schnurrbart.«

Er zog ihn ab und sagte: »Er ist nicht echt, aber mein Vater hat einen echten Schnurrbart, und ich möchte mir so schnell wie möglich einen wachsen lassen. Aber wie? Ich rasiere mir die Oberlippe, wenn mein Vater nicht da ist, aber es wächst einfach nichts. Und er rasiert sich zweimal am Tag. Also habe ich mir diesen Schnurrbart besorgt, in einem Laden, der Requisiten für Schauspieler verkauft.«

Ich sagte zu ihm: »Du rauchst auch eine Zigarette.« Er hatte sie hinter seinem Rücken versteckt.

Er antwortete: »Mein Vater raucht immer, und wenn er raucht, sieht er aus wie ein richtiger Mann. Deshalb wollte ich es auch einmal versuchen.«

In diesem Jungen begegnete ich allen Kindern der Welt. Jedes Kind möchte schnell erwachsen werden, denn was ist die Kindheit? Eine Zeit, in der man vom Vater, von der Mutter, von den Lehrern herumkommandiert wird, in der man von den Eltern und von den Lehrern geschlagen wird ... Jeder Junge, jedes Mädchen möchte einfach so schnell wie möglich groß werden. Erinnert euch nur an eure eigene Kindheit.

Es ist vollkommen falsch, wenn jemand sagt: »Meine Kindheit war die schönste Zeit meines Lebens.« Wenn eure Kindheit die schönste Zeit eures Lebens war, und eure Jugend aus eurer Kindheit erwuchs, dann hätte sie noch viel schöner sein müssen. Aus der Jugend wird das Alter, und das sollte vollkommen sein. Doch das ist nicht der Fall. Wenn ihr endlich erwachsen seid, wird es euch langsam peinlich. Ihr seid jung und erwachsen, und wo ist das Glück? Vielleicht in einer Frau oder in einem Mann. Also such deinen Seelenpartner!

Erst kürzlich habe ich gehört, dass es in Europa eine große New-Age-Bewegung gibt, bei der es darum geht, den Seelenpartner zu finden. In einem Buch darüber wird auch mein Name erwähnt, weil ich einmal gesagt habe, dass man seinen Seelenpartner nicht finden kann. Wir leben in einer großen Welt, und ich glaube nicht, dass das Leben Seelenpartner hervorbringt. Wie sollten sie sich finden? Die Menschen begegnen sich in der Nachbarschaft oder an der Universität. Wie soll das Leben es schaffen, dich und deinen Seelenpartner auf dieselbe Universität zu schicken? Dieses Buch verurteilt mich also, weil ich nicht das Richtige gesagt habe – dass jeder einen Seelenpartner hat.

Das ist ein großer Trost. Aber schaut euch nur mal diejenigen an, die ihren Seelenpartner gefunden haben ... Hier sitzt Zareen. Sie hat einen Seelenpartner gefunden, und seither habe ich sie nie mehr so glücklich gesehen wie zuvor. Und ich kenne ihren Seelenpartner. Er schließt sich in seinem Zimmer ein, weil er ein bisschen Zeit für sich allein haben möchte, der arme Kerl. Doch Zareen kann ihn nicht allein lassen – man muss vorsichtig sein, wenn man seinen Seelenpartner gefunden hat –, sie klopft also dauernd an seine Tür. Sie klettert von Balkon zu Balkon, um zu dem armen Kerl zu kommen. Um keinen Aufruhr zu verursachen – »Jeder wird bald über uns reden« –, muss er seine Tür aufmachen. Dann beginnt die Begegnung der Seelenpartner. Beide sind unglücklich, seit sie sich begegnet sind.

Meine Sekretärin hat mir das erzählt, als ich sie fragte, warum Zareen nicht so glücklich wirkt wie sonst immer. Sie antwortete: »Sie hat ihren Seelenpartner gefunden.« Ich sagte: »Sie sollte glücklicher sein. Wenn ihr Seelenpartner nicht der richtige ist, dann sollte man einfach ein paar Männer bringen und sie in einer Reihe vor Zareen aufstellen – ›Jetzt wähle deinen Seelenpartner!‹«

Und ihr könnt ihn jeden Tag wechseln. Warum sich mit einem einzigen langweilen? Derselbe Anzug, dieselbe Aufmachung ... Man fängt an, sich zu langweilen, das ist vollkommen natürlich. Alle Seelenpartner führen nur zu Langeweile und zu sonst gar nichts.

Und hier, an diesem Ort, wo Freiheit der oberste Wert ist, der absolute Wert, wo Veränderung als natürlicher Lauf des Lebens akzeptiert wird, warum sollte man sich hier um einen einzigen Seelenpartner Sorgen machen, wenn so viele zur Verfügung stehen? Wechsle ihn einfach laufend, und das Leben wird wieder fröhlich. Zareen wird wieder lachen und lächeln. Wegen dieses Seelenpartners ist sie hart und diktatorisch geworden. An wem soll man sich rächen, wenn der Seelenpartner immer nach Bombay fährt? Und ich weiß, warum er nach Bombay fährt – einfach um ein bisschen Freiheit zu haben.

Vollkommen unnötiges Elend …

In ihrer Jugend beginnen die Menschen zu denken: »Vielleicht wird das Leben im Alter endlich friedvoll werden.« Doch im Alter ist das Leben voll ständiger Sorge. Der Tod kommt immer näher. So verschwendet ihr euer ganzes Leben, indem ihr immer nach vorne blickt.

Das erinnert mich an eine Geschichte über einen berühmten griechischen Astrologen. Selbst die Könige verschiedener europäischer Länder pflegten ihn wegen ihres Schicksals zu konsultieren. Eines Nachts ging er spazieren und blickte auf zu den Sternen. Doch wenn man zu den Sternen aufschaut, kann man nicht auf die Straße achten. Man kann nicht ein Auge nach oben und eines nach unten richten; ich glaube nicht, dass das funktioniert. Beide blicken entweder nach oben oder nach unten. Er fiel also in einen tiefen Graben, und dann schrie er verzweifelt: »Hilfe! Helft mir!«

Eine alte Frau, die in der Nähe auf ihrem Hof wohnte, kam herbei. Sie war schon sehr alt, doch mit Hilfe eines Seils gelang es ihr, ihn herauszuziehen. Der Astrologe sagte zu ihr: »Wissen Sie, wer ich bin? Ich bin der Hofastrologe des Königs. Zu mir kommen Könige und Königinnen aus ganz Europa. Die reichsten Menschen befragen mich über ihr Schicksal, über ihre Zukunft. Mein Honorar ist sehr hoch, aber weil Sie mich gerettet haben, dürfen Sie gern zu mir kommen. Ich werde Ihnen umsonst die Zukunft weissagen.«

Da lachte die alte Frau und sagte: »Sie können nicht einmal den Graben sehen, der vor Ihren Füßen liegt! Sie sollten sich schämen. Und jene, die zu Ihnen kommen, müssen Narren sein. Ich werde ganz sicher nicht kommen. Wenn Sie nicht einmal den Graben vor Ihren Füßen sehen können, wie wollen Sie dann meine Zukunft sehen?«

Die Zukunft ist einfach nur eure Hoffnung, eure Erwartung. Und wenn dieses Leben sie nicht erfüllt, dann schaut ihr weiter, über den Tod hinaus. All das sind Fiktionen, die es euch einfach nur ermöglichen, irgendwie zu überleben. Doch dieses Überleben entspricht nicht dem, wie ihr sein solltet. Das Universum hat euch nicht hervorgebracht, um nur in Hoffnung zu leben. Ihr könnt jetzt, in diesem Augenblick, voller Ekstase sein, und einen anderen Augenblick gibt es nicht.

Meditation und Zen bedeutet, hier und jetzt zu leben.

Nun zu dem Sutra:

Einmal sagte Seigen zu Sekito: »Es heißt, dass eine große Intelligenz von südlich des Ling kommt.«

Sekito antwortete: »Nirgendwoher kommt eine solche Intelligenz.«

Intelligenz steigt in dir selbst auf. Sie kommt niemals von außen, von irgendjemandem, von irgendeinem Ort, vom Süden oder Norden, Osten oder Westen. Sie hat nichts mit dem Außen zu tun. Sie ist ein Erblühen deines Inneren.

Seigen fragte: »Woher kommen dann all die Sutren des *Tripitaka*?«

Wenn du sagst, Intelligenz komme nicht von außen, woher kommen dann die Sutren des Gautama Buddha, die als *Tripitaka* – drei Schätze – bezeichnet werden? Was sagst du dazu?

Sekito erwiderte: »Sie kommen alle von hier ...«

Achtet auf das Wort »hier«. Wir haben eben darüber gesprochen.

Sekito erwiderte: »Sie kommen alle von hier, und es mangelt an
nichts.«

Sobald du *hier* bist, ist nichts in dir unerfüllt. Alles ist so
erfüllt, so voll tiefer Zufriedenheit, dass du nichts mehr
brauchst. Du hast dein Potential realisiert. Deine Blüten haben sich geöffnet, der Frühling ist gekommen.

Alles kommt aus dem Hier, alles kommt aus dem Jetzt.
Weder Buddha noch sonst jemand kann es dir geben.

Nach Seigens Tod begab sich Sekito zum Mount Nangaku. Dort
fand er einen großen, flachen Felsen und baute sich darauf
eine Hütte. Von da an wurde er bekannt als »Stonehead«, und
später, als er zum Meister geworden war, als »Stonehead Osho«.

Dieser Mount Nangaku ist der Ort, wo er Meister Nangaku
besucht hatte.

In Japan war es Tradition, dass der Kaiser einem Berg,
auf dem ein Meister lebte, den Namen dieses Meisters gab,
so dass der Berg für immer an ihn erinnerte. All die kom-
menden Jahrhunderte hindurch wissen dann die Menschen,
dass dieser Mount Nangaku einmal der Tempel und Hort
des großen Meisters Nangaku war.

Sekito war einmal zu Nangaku gegangen, um einen Brief,
eine Botschaft von Seigen, dort abzuliefern. Zu jenem Zeitpunkt muss er die Schönheit dieses Berges gesehen haben,
auf dessen Gipfel Nangaku lebte. Als Seigen starb, ging Sekito also zum Mount Nangaku. Auf seinem Weg dorthin
und wieder zurück muss er erkannt haben, dass dieser Ort
einfach großartig war.

Nangaku war nicht der richtige Meister für ihn, was aber
nicht bedeutet, dass er ein falscher Meister war. Es bedeutet
einfach, dass zwischen ihnen keine Harmonie möglich war.
Er konnte durchaus für jemand anderen der richtige Meister sein, aber er war nicht der richtige für ihn. Oder viel-

leicht war Sekito auch nicht der richtige Schüler für Nangaku – das ist dasselbe, doch es bedeutet nichts Negatives in
Bezug auf Nangaku. Es bedeutet einfach, dass es zwischen
zwei Menschen nichts gibt, was als Brücke dienen kann.
Doch Sekito muss den Berg gesehen haben, als er kam und
wieder ging; es war ein wunderbarer Ort. Also suchte er sich
einen Platz, einen flachen Felsen am Mount Nangaku, auf
dessen Gipfel sich das Kloster befand. Er errichtete eine
Hütte, und von da an wurde er als »Stonehead« bekannt,
weil er immer auf diesem Felsen saß. Und wie jeder buddhis-
tische Mönch pflegte er sich den Kopf zu rasieren, so dass
sein Kopf fast wie der Felsen wirkte, auf dem er saß.

Als Meister Nangaku hörte, dass Sekito dort auf einem Felsen
lebte, ließ er einen jungen Mönch kommen und sagte zu ihm:
»Geh nach Osten und schau dir den Mönch genau an, der dort
auf dem Felsen lebt. Wenn er der Mönch ist, der vor kurzem einmal hier war, dann sprich ihn an. Und wenn er antwortet, sage
Folgendes zu ihm: ›Du sitzt so stolz auf deinem Stein, doch besser wäre es, du kämst zu mir.‹«
      Der junge Mönch ging also zu Sekito und zitierte diesen Satz.
Sekito antwortete: »Selbst wenn du Tränen des Leids vergießen
würdest, käme ich doch niemals über die Hügel zu dir.«

Sekito war sich absolut sicher, dass Nangaku nicht der richtige Meister für ihn war. Es gab kein Gefühl von Synchronizität, er hatte noch nicht einmal Seigens Brief bei ihm abgeliefert.

Der Mönch kehrte zurück und berichtete Nangaku davon. Darauf meinte Nangaku: »Dieser Mönch wird gewiss über viele Generationen hinweg die Menschen erzittern lassen.«

Nangakus Einschätzung war richtig. Er war diesem Mann
bereits einmal begegnet, als jener kam, um den Brief abzu-

liefern, und erinnert ihr euch, was er sagte? Als Nangaku zu
ihm gesagt hatte: »Du solltest deine Frage nicht so arrogant
stellen, du solltest etwas gemäßigter, etwas bescheidener
sein«, hatte Sekito geantwortet: »Eher würde ich auf ewig
in der Hölle versinken, als meine Frage anders zu stellen.«
Und der Grund dafür war, dass keine Frage jemals bescheiden sein kann. Jede Frage ist an ihrer tiefsten Wurzel ein
Zweifel, und jede Frage ist eine Einmischung in die Stille des
Meisters. Das ist arrogant. Also brach er sofort wieder auf,
ohne den Brief abzuliefern.

   Nangaku war diesem Mann bereits begegnet; als er den
Boten schickte, sagte er also zu ihm: »Sei vorsichtig. Wenn
es derselbe Mann ist, der vor kurzem vorbeikam, dann zi-
tiere dieses Sutra. Sag ihm, er solle lieber zu mir kommen,
als auf diesem Felsen zu sitzen, und berichte mir, was er darauf antwortet.« Und was antwortete er? Er sagte: »Ich
werde diesen Platz nicht verlassen, selbst dann nicht, wenn
du mit Tränen in den Augen zu mir kommst.«

   Nangaku muss sofort gewusst haben, dass das derselbe
Mann war, der lieber auf ewig in der Hölle versinken
würde, als seine Frage bescheidener zu stellen. Darum gab
er diesen Kommentar ab:

»Dieser Mönch wird gewiss über viele Generationen hinweg die
Menschen erzittern lassen.«

Sekito wurde der Meister von Hunderten von Menschen, die
alle die Erleuchtung erlangten. Er war ein sehr strenger Meister, fast schon gefährlich für seine Schüler, doch seine Härte
entsprang einem liebevollen Herzen, einem tiefen Mitgefühl. Er wollte, dass sie erleuchtet wurden, er ließ sie nicht
entkommen. Ab und zu versuchte ihm ein Schüler zu entflie-
hen, doch Sekito folgte ihm kilometerweit und brachte ihn
zurück. »Wohin willst du? Komm zurück!« Und der Schüler sagte: »Vergib mir, doch ich bin es müde«, denn er schlug

seine Schüler, er sprang sie geradezu an. Einmal warf er einen Schüler aus einem Fenster im zweiten Stock und sprang dann auf ihn drauf. Der Schüler erlitt mehrfache Knochenbrüche, doch Sekito saß auf seiner Brust und fragte: »Kapiert?« Und der Schüler verstand tatsächlich, er wurde erleuchtet. Wer macht sich schon etwas aus Knochenbrüchen, wenn es um Erleuchtung geht! Für sie ist kein Preis zu hoch.

Die Menschen waren noch nie jemandem wie Sekito begegnet, dessen Mitgefühl so groß war. Er war bereit, *alles* zu tun. Selbst im hohen Alter schlug er noch so hart zu, dass seine Hand ihm wehtat. Seine Schüler sagten dann zu ihm: »Du wirst jetzt langsam alt, Meister, du solltest nicht mehr so fest zuschlagen, denn diese Menschen sind jung, und du bist alt. Jeden Tag wirst du gebrechlicher.«

Er antwortete: »Ich weiß. Meine Hand tut mir die ganze Nacht lang weh, doch ich kann es einfach nicht ertragen, wenn ich jemanden im Dunkeln herumtappen sehe. Wenn ein einfacher Schlag ihn aufwecken kann, dann spielt es keine Rolle, ob meine Hand mir die ganze Nacht lang wehtut. Früher oder später werden diese Hände in der Erde verwesen, doch solange sie dazu beitragen können, jemanden aufzuwecken … Ihr glaubt, dass ich alt werde; das ist wahr, doch wenn es nach mir geht, werde ich sogar noch aus dem Grab kommen, wenn ich jemanden im Dunkeln stolpern sehe, und ihn so hart schlagen, wie ich nur kann.«

Er war ein ganz besonderer Meister, an der Oberfläche sehr hart, doch im Innern so weich, dass er bereit war, sogar noch aus dem Grab zurückzukehren. Ich glaube, wenn er das gemacht hätte – er hat es niemals getan –, dann hätte sein Skelett schon ausgereicht, um den entsprechenden Menschen zur Erleuchtung zu bringen. Er hätte ihn überhaupt nicht schlagen müssen. Der Mensch hätte sofort gerufen: »Ich hab's schon kapiert! Geh nur zurück in dein Grab.«

Issa schrieb:

> Perlen des Morgentaus!
> In jeder einzelnen von ihnen
> Erkenne ich meine Heimat.

Diese Zen-Poeten haben die gesamte Dichtkunst der westlichen Welt transzendiert, denn all diese Dichtung kommt aus dem Verstand; nur Haikus kommen aus einem Raum von jenseits des Verstandes.

> Perlen des Morgentaus!
> In jeder einzelnen von ihnen
> Erkenne ich meine Heimat.

Wenn du in jedem Tautropfen deine Heimat sehen kannst, wie kannst du dich da draußen oder drinnen fühlen? Du bist einfach eins mit der Existenz.

Diese ganze Existenz ist in ihrem Kern zutiefst eins. Nur an der Peripherie sind wir verschieden.

Wenn man einen großen Kreis zieht, kann man Punkte an der Peripherie des Kreises definieren, die sich unterscheiden. Wenn man dann von jedem Punkt aus eine Linie zum Zentrum zieht, kommen diese Linien sich immer näher, je mehr sie sich dem Zentrum nähern. Und im Zentrum treffen sich all diese Linien.

Wenn ich also sage, geht zu eurem Zentrum, dann schicke ich euch nicht nur zu eurem eigenen Zentrum, denn es ist das Zentrum der gesamten Existenz. Dort begegnen wir uns alle, dort gibt es nur ein einziges ozeanisches Bewusstsein.

Die letzte Frage:

Nietzsches Vorwort zu seinem Buch »Der Antichrist« beginnt folgendermaßen: »Dies Buch gehört den wenigsten. Vielleicht lebt selbst noch keiner von ihnen. Es mögen die sein, welche meinen Zarathustra verstehn ... Erst das Über-morgen gehört mir. Einige werden posthum geboren.« Um ihn zu verstehen, so Nietzsche weiter, braucht man »Neue Ohren für neue Musik. Neue Augen für das Fernste.« Siehst du in uns das Potential für diese »neuen Ohren«, diese »neuen Augen«?

Jeder Mensch besitzt dieses Potential, doch das Potential muss erst zu Realität werden. Es ist nur eine Möglichkeit. Und ich arbeite daran, euch so zu transformieren, das eure potentiellen »Ohren« zu Realität werden, dass eure poten-tiellen »Augen« zu Realität werden.

Vielleicht sprach Nietzsche über euch. Heute ist über-morgen. Und die Meditation wird eure Ohren empfängli-cher machen, wird eure Augen klarer machen.

Wenn ihr mich verstehen könnt, werdet ihr keine Pro-bleme haben, Friedrich Nietzsche zu verstehen, denn Nietz-sche spricht nur aus dem Verstand. Ich befinde mich jenseits des Verstandes. Wenn ihr mich verstehen könnt, sind eure Ohren und eure Augen weitaus besser, als Nietzsche sich je-mals vorstellen konnte. Meditation wird eure ganze Sensi-bilität entwickeln, wird eure Empfänglichkeit entwickeln. Nietzsche wird dann nicht schwer für euch zu verstehen sein.

Meditation wird euch fähig machen, nicht nur Nietzsche zu verstehen, sondern auch jene großen Buddhas, die noch gar nicht geboren sind. Ihr werdet fähig sein, alle Buddhas der Vergangenheit, der Gegenwart und der Zukunft zu ver-stehen, denn ihr Lied ist eins, ihre Musik ist eins. Es ist die Musik, die aus tiefer Stille aufsteigt.

Dieser Ort hier ist ein Labor, in dem der neue Mensch er-schaffen wird – in Friedrich Nietzsches Worten »der Über-mensch«. Doch ich verwende lieber den Begriff »der neue Mensch«, denn »Übermensch« impliziert ein Gefühl von Überlegenheit. Ansonsten ist es ein sehr schönes Wort, doch es kann irreführend sein; daher spreche ich vom neuen Menschen oder vom Buddha, denn der neue Mensch wird vollkommen erwacht sein. Wenn ein vollkommen erwachter Mensch Friedrich Nietzsche nicht verstehen kann, wer dann? Ihr seid auf dem Weg, selbst tiefere Dinge und größere Höhen zu verstehen.

Und nun die Meditation:

Werde still. Schließe deine Augen und nimm wahr, wie dein Körper vollkommen ruhig wird.

Dies ist der richtige Augenblick, um sich nach innen zu wenden, mit deiner ganzen Energie, mit deinem ganzen Bewusstsein.

Wende dich deinem Zentrum zu, mit einer Dringlichkeit, als wäre dies dein letzter Augenblick auf Erden. Ohne diese Dringlichkeit wurde noch niemand erleuchtet.

Schneller und schneller ...

Tiefer und tiefer ...

Während du deinem Zentrum immer näher kommst, senkt sich eine große Stille auf dich herab. Die ganze Nacht beginnt für dich zu singen.

Noch ein bisschen weiter, tiefer, und du wirst Blumen des Friedens, der Heiterkeit, der Freude, der Ekstase, der Glückseligkeit überall um dich herum erblühen sehen.

Nur noch ein Schritt, und du bist im Zentrum deines Seins. Plötzlich erkennst du, dass du nicht mehr vorhanden bist, sondern nur noch dein ursprüngliches Gesicht, ohne jede Maske, ohne jede Persönlichkeit.

Das ist das Gesicht, das wir im Osten das Gesicht des Buddhas nennen. Es ist das ursprüngliche Gesicht jedes Menschen, es gehört keinem einzelnen.

Die einzige Qualität, die der Buddha im Zentrum des Seins besitzt, ist Gewahrsein. Gewahrsein ist die gesamte Spiritualität in einem einzigen Wort.

Nimm wahr, dass du nicht der Körper bist, nimm wahr, dass du nicht der Verstand bist, nimm wahr, dass du nur ein Beobachter bist, nur ein Spiegel, der ohne jedes Urteil, ohne Wertschätzung, ohne Ablehnung reflektiert – ein reiner Spiegel, das ist es, was der Buddha ist.

Die Stille wird tiefer. Die Ekstase wird überwältigend. Du bist trunken vom Göttlichen. Dieses Zentrum ist deine Verbindung zur Existenz. Von hier aus wird dein Bewusstsein ständig genährt.

Das ist das ewige Leben, ohne Anfang, ohne Ende.

Entspanne dich, lass vollkommen los, doch erinnere dich immer daran, dass du ein Beobachter bist.

Dieser Beobachter ist das Wahre.

Dieser Beobachter ist das Schöne.

Dieser Beobachter ist das Gute.

Dieser Beobachter eröffnet dir alle Mysterien der Existenz, das letzte Geheimnis aller Wunder.

In diesem untadeligen, stillen Augenblick seid ihr die glücklichsten Menschen auf Erden. Ich sehe, wie ihr schmelzt, wie sich das Eis im Ozean auflöst. Ihr seid dabei, euch aufzulösen. Zehntausend Buddhas haben sich in ein einziges ozeanisches Bewusstsein aufgelöst.

Nehmt so viel wie möglich aus dem Zentrum mit, die Blumen des Jenseits, den ewigen Frieden, die ewige Freude.

Ihr müsst all diese Qualitäten in euer gewöhnliches Alltagsleben integrieren. Je mehr euer Alltag voller Anmut, Schönheit und Frieden ist, still, liebevoll und mitfühlend, desto näher wird euch der Buddha kommen.

Denkt also daran, den Buddha davon zu überzeugen, dass ihr bereit seid, dass nur er noch fehlt. Er muss euch wie ein Schatten folgen.

Dies sind die drei Schritte der Erleuchtung: Zuerst geht der Buddha hinter dir mit all seiner Wärme, Anmut, Schönheit, Glückseligkeit, mit all seinem Segen, wie ein Schatten.

Irgendwann überholt er dich. Beim zweiten Schritt wirst du zum Schatten. Und dann beginnt sich dein Schatten nach und nach aufzulösen, weil er nur ein Schatten ist und nichts weiter.

Beim dritten Schritt stellst du fest, dass du der Buddha bist, und der Mensch, der du warst, ist nirgendwo mehr zu finden.

Dieser Tag wird der größte Freudentag in deinem Leben sein – und nicht nur in deinem Leben, sondern im Leben der gesamten Existenz. Die ganze Existenz wird feiern: die Bäume, die Sterne, der Mond, die Meere, die Erde – alles um dich herum wird deine Heimkehr feiern.

Nach einer langen Wanderschaft in verschiedenen Körpern, in verschiedenen Verkörperungen, bist du schließlich nach Hause gekommen.

Jetzt komm zurück, doch komm zurück mit derselben Anmut wie ein Buddha, mit derselben Stille.

Bleib ein paar Augenblicke lang sitzen und erinnere dich an den goldenen Pfad, den du gegangen bist, und den gewaltigen Raum, in dem du dich befunden hast.

Fühle das Strahlen und die Kühle des Buddhas hinter dir.

Er berührt beinahe deinen Körper und dein Herz. Er ist so mütterlich, so feminin, so zerbrechlich – beinahe wie ein Lotusblatt.

Freue dich, dass du zu den wenigen Auserwählten gehörst, von denen Friedrich Nietzsche sprach. Bald werden deine Ohren eine neue Empfänglichkeit aufweisen, und ein neues Licht wird in deinen Augen scheinen, und ein neuer Tanz wird in deinem Herzen beginnen.

Bald kommt der Frühling, und ihr werdet alle zu Buddhas erblühen. Weniger als das ist nicht genug.

Ihr *müsst* zum Buddha werden; nur diese Erfahrung der letzten Höhen und der letzten Tiefen wird euch nach Hause führen. Die Quelle, aus der ihr gekommen seid, ist auch das Ziel, zu dem ihr zurückkehrt.

Und ich freue mich mit euch. Ihr macht es so gut, mit solcher Aufrichtigkeit, dass jeder Meister stolz auf euch wäre.

Gott ist tot, und Zen ist die einzige lebendige Wahrheit.

Kapitel 4

Gott ist eine Lüge

Nachdem Nangaku diesen Kommentar über Sekito abgegeben hatte, schickte er den Mönch abermals zu Sekito, um ihm einige Fragen zu stellen. Als der Mönch bei ihm ankam, fragte er also: »Was ist Befreiung?«

Sekito antwortete: »Wer hat dich gebunden?«

Der Mönch fragte weiter: »Was ist das reine Land?«

Sekito erwiderte: »Wer hat dich schmutzig gemacht?«

Und weiter fragte der Mönch: »Was ist das Nirwana?«

»Wer gab dir Geburt und Tod?«, entgegnete Sekito.

Der Mönch kehrte zu Nangaku zurück und berichtete von Sekitos Antworten. Darauf faltete Nangaku die Hände, verneigte sich vor ihm und berührte seine Füße.

Zu jener Zeit galten Kengo, Ran und Nangaku als die drei großen Meister des Landes, und alle drei sagten sie: »Vom Stonehead dringt das Brüllen eines Löwen an mein Ohr.«

Der Mönch ging daraufhin zurück zu Sekito und sagte zu ihm, dass er es ihn wissen lassen solle, wenn er irgendetwas für ihn tun könne. Bald darauf kam Nangaku, der Meister selbst, mit seinen Mönchen vorbei, um Sekito zu besuchen. Sekito erhob sich, um ihn zu empfangen, und die beiden begrüßten sich. Später ließ Nangaku zu Sekitos Bequemlichkeit einen Tempel errichten.

Zunächst einmal die Fragen. Die erste Frage:

Ist es nicht dasselbe, wenn man die Existenz als intelligent und liebevoll bezeichnet, wie wenn man sie als Gott bezeichnet? Das entspricht vielleicht nicht dem christlichen Konzept von Gott, doch es gibt andere pantheistische Philosophien, die Gott in allem sehen.

Es ist nicht dasselbe. Der Begriff »Gott« vermittelt ein Gefühl von Persönlichkeit, von Endlichkeit, während der Begriff »Existenz« eine unbegrenzte, unpersönliche Weite enthält. »Gott« ist nicht dasselbe wie »die Existenz«. Gott wurde von allen Religionen, seien sie nun monotheistisch oder polytheistisch, immer als Schöpfer der Existenz betrachtet. Doch die Existenz ist kein erschaffenes Phänomen; sie war schon immer da.

Zuerst vermittelt euch »Gott« also den Eindruck, dass es einen Schöpfer gibt. Dann beginnen aus der Vorstellung von Gott zahlreiche Lügen aufzutauchen. Dann wird Gebet möglich, dann wird Anbetung möglich, dann werden Darstellungen Gottes möglich. Dann beginnen Tempel und Kirchen und Moscheen aufzutauchen. Dann werden organisierte Religionen möglich. Gott ist das Zentrum aller organisierten Religionen.

Sobald man Gott als Person annimmt, hat man die Intelligenz begrenzt, hat man sie auf eine Person verlagert. Ich verteile sie über die ganze Existenz. Die gesamte Existenz ist intelligent, mitfühlend, liebevoll – doch sie ist keine Person. Sie ist in keiner Weise begrenzt; sie ist unbegrenzt, unendlich und ewig. Sie hat keinen Anfang und kein Ende. Sie entwickelt sich zu immer höheren Gipfeln; sie erreicht immer weitere Tiefen. Es gibt Himmel über Himmel. Die Existenz hat kein Ende, sie hat keine Grenzen.

Gott muss begrenzt sein, denn Gott ist eine Fiktion des menschlichen Verstandes. Die Existenz ist das nicht. Ihr habt

euch von Gott das Bild eines alten Mannes gemacht. Er sitzt
da auf einem Thron, ein alter Mann natürlich – ihr könnt
euch Gott nicht jung oder als Kind vorstellen – mit einem
langen Bart. Der Bart muss länger sein als Gott selbst. Seit
Ewigkeiten war er nicht mehr beim Friseur, und ich glaube
nicht, dass er Rasierklingen hat. Jeden Morgen im Badezimmer ... Tatsächlich glaube ich, dass er nicht einmal ein Badezimmer besitzt, in keiner heiligen Schrift wird ein Badezimmer erwähnt. Also Vorsicht! Er verwendet vermutlich
den ganzen Himmel als Toilette. Wenn euch etwas auf den
Kopf fällt, muss es wohl heilige Scheiße sein. Sich Gott als
Person vorzustellen führt zu zahlreichen Problemen.

Nein, die Existenz ist ein vollkommen anderes Konzept.
Sie ist keine Fiktion; sie ist wirklich vorhanden. Sie war bereits hier, als ihr noch nicht da wart. Sie wird immer noch
da sein, wenn ihr schon lange nicht mehr da seid. Wir kommen und gehen; wir sind einfach nur Wellen in diesem unendlich weiten Ozean der Existenz. Wir kommen und gehen, doch die Existenz bleibt – und das, was bleibt, ist die
letzte Wahrheit. Ihr braucht nicht die Natur anzubeten, ihr
braucht nicht zur Natur zu beten. Solche Dinge sind nur mit
der Fiktion eines Gottes verbunden.

Die Existenz urteilt nicht. Ich möchte diese Tatsache so
deutlich wie nur möglich betonen. Gott urteilt. Der christliche Gott hat ausdrücklich erklärt, dass es einen Tag des
Gerichts geben wird, an dem er jene auswählen wird, die auf
seiner Seite sind, die Anhänger von Jesus Christus, seinem
Sohn. Und jene, die nicht auf seiner Seite sind, sind gegen
ihn. Sie werden für ewige Zeit im Höllenfeuer landen. Gott
ist die Ursache dafür, dass alle möglichen Moralvorstellungen entstanden sind: Das ist gut und das ist böse. Was sind
die Kriterien dafür? Die Schriften. Doch die Schriften wurden von primitiven, ungebildeten Menschen verfasst; sie
stammen nicht aus unserer Zeit.

Die Existenz verfasst keine Schriften und gibt keine Gebote. Die Existenz sagt euch nicht, was ihr tun sollt und was ihr nicht tun sollt. Die Existenz gibt absolut kein Urteil ab. Sie ist dem Sünder gegenüber genauso mitfühlend wie dem Heiligen gegenüber, sie macht keine Unterschiede, denn in den Augen der Existenz ist alles schön, was natürlich ist. Die Religionen nennen jene heilig, die sich gegen die Natur wenden. Die Natur verspürt einfach nur Mitleid für sie. Die Existenz weiß einfach nur, dass sie einen falschen Weg gehen und deshalb leiden. Es ist nicht so, dass die Existenz ihnen das Leid und die Hölle zuteilt, dass sie Bestrafung und Belohnung verteilt. Die Existenz ist einfach nur da. Wenn man im Einklang mit ihr ist, wird man enorm belohnt. Niemand belohnt einen, es ist vielmehr so, dass einfach dieser Einklang mit der Existenz solchen Frieden schenkt, solche Freude, solchen Segen, dass man allein dadurch schon belohnt ist. Es gibt keine Belohnung darüber hinaus. Und jene, die nicht im Einklang mit der Natur und mit der Existenz sind, sind bereits bestraft.

Schaut euch doch eure Heiligen an: Sie können nicht lächeln, sie können nicht lachen, sie können nichts genießen. Sie sind die hässlichsten menschlichen Wesen, die aus dem Bereich der Menschlichkeit in eine Art Dunkelheit ohne Ende gefallen sind. Sie quälen sich selbst, sie sind Masochisten, und sie leiden bereits. Ihr Leiden wird nicht durch irgendjemand anderen verursacht, sondern durch sie selbst.

Das ist das Kriterium: Wenn du leidest, bedeutet das, dass du nicht im Einklang mit der Natur bist. Wenn du unglücklich bist, bedeutet das, dass du nicht im Einklang mit der Natur bist. In dem Augenblick, in dem du wahrnimmst, dass du unglücklich bist, dass du leidest, dass du dich quälst, versuche also sofort, den Abstand geringer zu machen, dich näher zur Existenz zu begeben, und plötzlich wird es Licht werden, wird Freude auftauchen, werden Lieder auftauchen, wird ein Feiern auftauchen.

Im Einklang mit der Existenz zu sein enthält seine eigene

Belohnung; nicht im Einklang mit ihr zu sein enthält seine eigene Bestrafung. Mein Konzept ist also sehr einfach und klar.

Wenn man einen Gott erschafft, wird dieser Gott urteilen. Und sein Urteil wird immer alt sein, wird immer hinter der Entwicklung des menschlichen Bewusstseins hinterherhinken. Und wenn man den Schriften folgt, die von Priestern stammen und nicht von Gott …

Dafür gibt es eindeutige Beweise. Die Hindus behaupten, die Veden wären von Gott selbst verfasst, doch ich verstehe nicht, wie man so dumm sein kann. Jahrtausendelang hat niemand dieser Vorstellung widersprochen. Doch die Veden selbst enthalten den Beweis dafür, dass sie von Priestern verfasst wurden. Es braucht keine äußeren Beweise.

Ich will euch sagen, welche Beweise die Veden enthalten: Achtundneunzig Prozent der Gebete in den Veden stammen von Priestern. Gott würde kein Gebet sprechen. Es gibt keinen anderen Gott – zu wem sollte er also beten? Betrachtet nur einmal diesen Punkt. Gott kann niemanden anbeten, Gott kann zu niemandem beten, Gott kann niemanden um etwas bitten, weil es jenseits von ihm niemanden mehr gibt. Doch die Veden bestehen fast nur aus Gebeten, und der Inhalt der Gebete ist so schwachsinnig, dass es ein Wunder ist, dass sie noch nie jemand hinterfragt hat.

Einer dieser so genannten hinduistischen Seher betet – natürlich zu Gott: »Lass deine Wolken in diesem Jahr nur auf meine Felder regnen und nicht auf die Felder meiner Feinde.« Glaubt ihr vielleicht, dass solche Schriften von Gott kommen könnten?

Ein anderer bittet Gott: »Lass meine Kühe mehr und mehr Milch geben, und lass die Kühe meiner Feinde keine Milch mehr geben.« Würde Gott etwa solche Dinge schreiben? Das ist der eindeutige Beweis aus den Veden selbst, dass dies die Schriften ganz gewöhnlicher Gläubiger, Brahmanen und Priester sind. Und doch hat man jahrtausendelang behauptet, dass die Veden von Gott verfasst worden seien. Alle Religionen versuchen zu beweisen, dass ihre heiligen Schriften von Gott stammen. Wenn schon nicht direkt verfasst, dann doch zumindest über einen Boten übermittelt; jedenfalls so, dass die Worte direkt von Gott stammen.

Sobald man die Fiktion eines Gottes akzeptiert hat, muss man diese heiligen Schriften akzeptieren, muss man seine Gebote akzeptieren. Und seine Gebote sind absolut gegen die Natur, denn diese Schriften schreiben euch vor, ein abnormales, dummes, schwachsinniges Leben zu führen: Esst nicht nach den Bedürfnissen eures Körpers, sondern fastet. Lebt nicht in der Welt, sondern entsagt ihr, geht in den Himalaja und lebt in den Höhlen dort. Unter vielen Schwierigkeiten hat sich der Mensch aus den Höhlen herausentwickelt. Jahrtausende des Kampfes haben die Menschheit aus den Höhlen geführt, und diese sogenannten heiligen Schriften schicken sie zurück: »Geht in die Höhlen!«

Es gibt natürlich bestimmte psychologische Gründe dahinter. Wenn man fastet, wird die Vorstellungskraft lebhafter. Natürlich wird man sich zuerst einmal Nahrung vorstellen; das ist die erste Vorstellung, die auftaucht. Die ganze Nacht hindurch wird man sich vorstellen, dass man vom König selbst zu einem großen Festmahl eingeladen wurde. Das muss einfach so kommen. Wenn man sexuell ausgehungert ist, hat man sexuelle Träume. Wenn man physisch ausgehungert ist, träumt man vom Essen. Wenn man durstig ist, träumt man von Wasser.

Eure Träume zeigen, was ihr braucht und was ihr euch selbst versagt. Träume sind Hinweise eurer eigenen inneren Natur, dass ihr euch unnötigerweise gegen die Natur wendet und dadurch leidet. Doch alle Religionen stellen das Fasten als eine Tugend hin, als eine große Tugend. Der Grund dafür ist einfach, dass das Fasten Halluzinationen fördert. Das ist eine wissenschaftlich bewiesene Tatsache. Wenn man drei Wochen am Stück fastet und allein in einer

Höhle im Himalaja sitzt, wird man anfangen zu halluzinieren. Am Ende der zweiten Woche wird man anfangen, mit
sich selbst zu reden. Am Ende der dritten Woche wird man
anfangen, sich mit Gott zu unterhalten. Diesen Dialog führt
man selbst von beiden Seiten. Man stellt Fragen, und man
beantwortet die Fragen und hat das Gefühl, dass die Antworten von Gott kommen. Am Ende der vierten Woche
wird man in der Lage sein, seinen Gott unmittelbar zu sehen, Jesus Christus oder Krishna oder Buddha oder an wen
auch immer man glaubt. In der vierten Woche verliert man
die Herrschaft über seine Intelligenz, verliert man den Kontakt mit der Realität. Man kann nicht mehr unterscheiden,
was real und was geträumt ist; man ist in den Zustand eines kleinen Kindes zurückgefallen.

Kleine Kinder können anfangs nicht zwischen Traum und
Realität unterscheiden. Im Traum spielen sie mit einem
Spielzeug, und wenn sie am Morgen aufwachen und das
Spielzeug ist verschwunden, fangen sie an zu weinen: »Wo
ist mein Spielzeug?« Sie realisieren nicht, dass das Spielzeug
nur im Traum vorhanden war. Es braucht ein wenig Reife,
ein gewisses Maß an Intelligenz, um zwischen dem Realen
und dem Irrealen zu unterscheiden. Nach vier Wochen Fasten hat man die Unterscheidungskraft seiner Intelligenz
vollkommen verloren.

Alleinsein ist aber absolut notwendig dafür, denn wenn
jemand anderer dabei ist, wird man mit ihm reden. Das ist
eine Entlastung. Doch wenn man allein lebt ... und jede Religion schreibt das Alleinsein vor, im Kloster, in einer Zelle
oder in einer Höhle. Lebt allein. Warum allein? Damit man
mit niemandem sprechen kann – dann entwickelt der Verstand einen solchen Drang zu sprechen, dass man anfangen
wird, mit sich selbst zu reden.

Ihr habt bestimmt schon solche Leute auf der Straße gesehen. Ihre Lippen bewegen sich, doch sie sind allein. Sie ei-
len in ihr Büro oder nach Hause, und ihre Lippen bewegen

sich. Manchmal machen sie Gesten, als würden sie etwas wegwerfen. Was passiert mit ihnen? Sie gehen wie Roboter nach Hause, weil es eine mechanische Gewohnheit geworden ist. Sie müssen nicht darüber nachdenken, wo sie rechts abbiegen müssen und wo sie links abbiegen müssen, das machen ihre Füße ganz von allein. Ich habe schon Leute gesehen, die an ihren Fingern Geldbeträge abgezählt haben oder die ihre Lippen bewegt und vor sich hin gemurmelt haben.

Ich liebe folgende Geschichte dazu.

Ein Mann war zum Zentrum der Aufmerksamkeit einer Menschenmenge geworden, die in einem Warteraum in einem Bahnhof saß. Der Zug war verspätet, und alle warteten auf den Zug, doch dabei konzentrierten sie sich auf einen Mann, der ruhig in einem Stuhl saß. Seine Lippen bewegten sich, und ab und zu lächelte er, ab und zu kicherte er, und ab und zu warf er etwas mit einer Handbewegung beiseite. Schließlich konnten sie der Versuchung nicht mehr widerstehen, nachzufragen, was da eigentlich los war.

Ein Mann fragte ihn also: »Was ist los? Manchmal kichern Sie, manchmal lächeln Sie. Manchmal scheinen Sie etwas wegzuwerfen.«

Der andere Mann antwortete: »Oh, nichts. Ich erzähle mir nur selbst Witze. Wenn ich einen richtig guten Witz höre, lächle ich. Wenn ein Witz besonders neu ist, kichere ich. Und wenn ich einen alten Witz mit Bart höre, werfe ich ihn einfach weg.«

Er erzählt sich selbst Witze ... sie müssen alle alt sein. Doch jeder sagte: »Sie genießen die Zeit, während wir uns unnötigerweise Gedanken über den Zug machen, der sich immer mehr verspätet.«

In Indien kann das schon passieren ...

Einmal steckte ich in Allahabad fest. Zuerst erklärte man mir, der Zug habe zwei Stunden Verspätung. Ich meinte dazu: »Okay, das ist kein großes Problem. Ich werde immer noch rechtzeitig ankommen.« Zwei Stunden später ging ich wieder hin, um nachzufragen. Sie sagten mir: »Jetzt hat er vier Stunden zusätzlich Verspätung.«

Ich fragte: »Fährt er vielleicht rückwärts? Wie kann er vier Stunden mehr Verspätung haben, wenn er zuerst nur zwei Stunden Verspätung hatte? Diese zwei Stunden sind verstrichen; der Zug sollte inzwischen da sein. Das bedeutet, dass er jetzt sechs Stunden Verspätung hat. Was ist da los? Fährt der Zug etwa rückwärts?«

Der Mann war schockiert. Er konnte mir nicht antworten, obwohl meine Frage vollkommen logisch war. »Was ist mit diesem Zug los? Ich kann nachvollziehen, dass er verspätet ist, aber er kann sich doch nicht rückwärts bewegen. Wenn ich in vier Stunden wiederkomme, dann ist er vielleicht zwölf Stunden verspätet, weil er rückwärts fährt. Das müssen Sie mir erst einmal erklären!«

Aber in Indien passiert so etwas jeden Tag ... einfach, um die Leute weiter hoffen zu lassen. Keiner weiß genau, wie viel der Zug verspätet ist, also sagen sie einfach, er käme in zwei Stunden. Wenn er früher kommt, ist es gut. Wenn er nicht kommt, dann kommt er jetzt eben noch etwas später, doch wenn man den Leuten sagen würde, dass er zwölf Stunden Verspätung hat, wäre das zu schockierend. Also macht man es sich einfach: zwei Stunden Verspätung, dann vier Stunden, dann noch zwei Stunden ... jetzt kommt er in einer Stunde. Und nach und nach sind es zwölf Stunden Verspätung. Sie konnten mir nicht antworten, weil ich die Wahrheit kannte. Was war die Wahrheit? In Wahrheit hatten sie überhaupt keine Ahnung, wie viel Verspätung der Zug tatsächlich haben würde.

Also saß ich im Wartesaal und beobachtete die Leute ... diese Leute, die nichts zu tun hatten. Irgendwann beginnen sie die Lippen zu bewegen und mit sich selbst zu reden, einfach um sich zu beschäftigen. Es ist einfach zu schrecklich, daran zu denken, dass man an diesem Ort festsitzt, ohne zu wissen, wie lange es dauern wird. Manchmal hat der Zug vierundzwanzig Stunden Verspätung, und ich habe es sogar schon erlebt, dass er achtundvierzig Stunden zu spät kam. Ich hatte nie keine Ahnung, wie das passieren kann.

Aber einmal habe ich es herausgefunden. Ich fuhr mit einem kleinen Zug von Chanda nach Gondia. Inzwischen sind diese kleinen Züge fast vollkommen verschwunden, außer in ganz wenigen Gegenden. Dieser Zug war ein Passagierzug; auf dieser kleinen Strecke gab es nur Passagierzüge, und er hielt an jeder Station an. Ein Freund von mir, der inzwischen gestorben ist, ein reicher Mann, hatte mich dazu überredet, mit dem Zug zu fahren. Er sagte: »Es ist wunderbar, mit dem Zug durch diese Gegend zu fahren. Auf beiden Seiten gibt es herrliche Landschaften – Berge, Flüsse, Wälder.«

Also willigte ich ein. Sonst wäre ich geflogen, denn der Zug brauchte etwa zwölf Stunden für die Strecke, während es mit dem Flugzeug nur fünfzehn Minuten dauerte. Ich sagte also zu ihm: »Okay, lass es uns diesmal ausprobieren. Du hast mir immer wieder erzählt, wie wunderbar die Landschaft um diese Zuglinie herum ist.« Die Gegend ist kaum bewohnt, sie ist ein ursprüngliches Gebiet, wo die Menschen tief in den Wäldern leben.

An einer Station sagte er zu mir: »Steig aus.« Es war gerade die Reifezeit der Mangos. Und an diesem Platz gab es außerhalb des Bahnhofsgeländes wunderbare Mangobäume, kilometerweit, und der Geruch nach reifen Mangos ... und Hunderte von Vögeln, die wunderbar sangen, herrliche Lieder. Er nahm mich also mit hinaus. Ich fragte: »Was machst du da?«

Er sagte: »Komm mit. Nirgendwo gibt es so köstliche Mangos wie hier.«

Er stieg auf einen Baum und forderte mich auf, ihm nachzukommen. Ich fragte: »Und was ist mit dem Zug?«

Er erwiderte: »Mach dir deshalb keine Sorgen. Das ist meine Verantwortung. Solange ich nicht herunterkomme, wird der Zug nicht weiterfahren.«

Ich meinte: »Das ist aber komisch – du hast doch niemandem Bescheid gesagt, weder dem Bahnhofsvorsteher noch dem Zugführer.«

Da begann er zu lachen und sagte: »Schau doch mal nach oben. Der Zugführer ist über uns. Solange ich ihn nicht herunterkommen lasse, kann der Zug nicht weiterfahren. Mach dir also keine Sorgen.«

Der Zugführer begann ebenfalls zu lachen und sagte: »Das ist richtig.«

Also vergnügten wir uns beinahe eine Stunde lang an den Mangos, und immer, wenn der Zugführer nach unten zu steigen versuchte, sagte mein Freund: »Ich werde dich am Bein ziehen und runterwerfen. Bleib also oben. Der Zug kann nicht weiterfahren, bevor wir hier nicht fertig sind. Iss einfach noch ein paar Mangos, das wird dir nicht schaden.«

Also sorgten wir dafür, dass der Zugführer auf dem Baum blieb, und alle Passagiere im Zug wunderten sich, was los war. Es war der einzige Zug auf dieser Strecke. Er fährt einfach nur hin und her. Es war also nicht so, dass ein anderer Zug hätte kommen können. Der Bahnhofsvorsteher versuchte herauszufinden, wohin der Zugführer verschwunden war. Der Schaffner suchte ebenfalls, überall … Wir konnten sehen, dass jeder nach dem Zugführer suchte. Doch dieser war gefangen, weil er nicht an uns vorbeikonnte. Wir saßen im Baum und scheuchten ihn immer wieder zurück. »Klettere einfach wieder hoch!« Seither weiß ich, wieso diese Züge immer so viel Verspätung haben. So etwas kann nur in Indien passieren.

Alle Religionen predigen das Fasten und sagen: »Geh in die Einsamkeit und stelle dir ständig nur Gott vor.« Es ist eine psychologische Tatsache, dass selbst der intelligenteste

Mensch nach vier Wochen anfängt, unsicher zu werden, was real und was eingebildet ist. Was soll man dann schon von den gewöhnlichen Massenmenschen erwarten, deren Intelligenzquotient nicht höher ist als der eines Siebenjährigen? Ihr Verstand bleibt im Alter zwischen sieben und vierzehn stecken. Der Körper wächst weiter bis zu einem Alter von siebzig oder achtzig Jahren, doch der Verstand bleibt irgendwo im Alter zwischen sieben und vierzehn stehen; nur ganz selten wächst ein Mensch über das mentale Alter von vierzehn Jahren hinaus.

Diese Menschen mit einem zurückgebliebenen Verstand – und nur mit einem zurückgebliebenen Verstand kann man einer religiösen Organisation angehören, kann man an die Fiktion eines Gottes glauben, kann man an Himmel und Hölle glauben, kann man zum leeren Himmel beten –, diese Menschen entsagen der Welt aus Angst und aus Gier. Und wenn sie allein sind, beginnen sie, sich Dinge vorzustellen – wozu das Fasten absolut notwendig ist. Es schwächt nicht nur den Körper, sondern auch den Verstand.

Habt ihr jemals über die Tatsache nachgedacht, dass kein indischer Vegetarier jemals den Nobelpreis bekommen hat? Dabei sollten sie doch diejenigen sein, die am meisten Nobelpreise bekommen, denn sie sind der Ansicht, dass sie die reinste Nahrung zu sich nehmen. Ihr Verstand sollte reiner und klarer sein als der von Menschen, die keine Vegetarier sind. Aber kein einziger Jaina hat bisher einen Nobelpreis bekommen, und das wird auch niemals möglich sein, denn etwas, was für die Intelligenz unbedingt notwendig ist, fehlt in ihrer Nahrung. Doch sie wollen das nicht hören. Ich habe auf ihren Konferenzen gesprochen, und sie waren sehr wütend auf mich, sie hätten mich am liebsten umgebracht. Aber sie hören nicht zu. Ich sagte ihnen, dass es vollkommen in Ordnung ist, vegetarisch zu leben, doch dass sie wissen sollten, dass es ein paar Proteine gibt, die in ihrer Ernährung fehlen und für die sie einen Ersatz finden müssen.

Die beste Möglichkeit besteht darin, Eier zu essen, die nicht befruchtet sind. Sie sind praktisch wie Gemüse, sie enthalten kein Leben. Auch wenn eine Henne nicht mit einem Hahn zusammen ist, legt sie jeden Tag ein Ei. Das hängt nicht von der Befruchtung durch einen Hahn ab. Die Eier sind dann einfach nur wie Gemüse, es kann sich kein Leben daraus entwickeln. Doch sie enthalten alle Proteine und Vitamine, die für die Entwicklung der Intelligenz notwendig sind.

Aber das Wort »Ei« genügte schon, um sie ausflippen zu lassen: »Du willst uns dazu überreden, Eier zu essen!«

Ich antwortete: »Versteht mich nicht falsch. Ich sage nicht, dass ihr Eier essen sollt, sondern dass ihr unbefruchtete Eier essen sollt.«

Sie erwiderten: »Eier sind Eier.«

Sie konnten das einfache Phänomen nicht verstehen, dass es sich *nicht* um ein Ei handelt, wenn es nicht befruchtet ist, dass es dann einfach nur die Form eines Eis hat. Es besteht aus reinem Eiweiß und Vitaminen, ganz billig und natürlich. Und es ist ein absolutes Muss, damit die Intelligenz sich entwickeln kann.

Wenn man jemanden vier Wochen lang fasten lässt, zerstört das alle Proteine und Vitamine, die seine Intelligenz ausmachen. Ihr kennt die Dynamik des Fastens nicht. Warum bestehen alle Religionen auf dem Fasten? Weil es zerstört ... maximal vier Wochen lang kann man von seinen Speichern leben. Nach vier Wochen ist kein Speicher mehr vorhanden. Und dann werden die kleinsten Nervenbahnen abgebaut, wenn nicht innerhalb kürzester Zeit ausreichende Mengen an Eiweiß, Vitaminen und Sauerstoff zugeführt werden. Sobald diese Nervenbahnen abgebaut werden, kann man nicht mehr unterscheiden, ob wirklich Christus vor einem steht oder ob es nur eine Vorstellung ist, eine Projektion.

Dann beginnt man mit offenen Augen zu träumen. Dazu

braucht es außerdem Einsamkeit, denn dann ist niemand da, der die Vorstellung stört, und es braucht laufendes Visualisieren und Beten den ganzen Tag hindurch. Was machen die Menschen in Klöstern? Sie beten den ganzen Tag: *Ave Maria, Ave Maria …* und sie stellen sich Marias Bild vor und werfen sich nieder und fasten und beten Ave Maria … Nach ein paar Tagen wird das innere Bild anfangen, die Lippen zu bewegen. Ave Maria wird lebendig, und das ist für den tumben Verstand sehr befriedigend.

Bald wird Maria dann aus dem Bild heraustreten. Was für eine Offenbarung! Das ist es, worauf der Mensch gewartet hat. Da ist niemand, dessen Füße er berührt, und doch kann er sie spüren, so wie man manchmal im Traum Dinge spüren kann. Die Grenzen zwischen Traum und Realität haben sich aufgelöst. Um diese Grenzen aufzulösen, werden Fasten, Einsamkeit und ständiges Visualisieren eingesetzt.

Gott kann man visualisieren, doch die Existenz kann man nicht visualisieren; und dafür besteht auch keine Notwendigkeit, denn sie ist bereits vorhanden. Die Bäume sind da, die Flüsse, das Meer, die Berge, die Sterne, der gesamte Himmel. Das alles entspringt nicht deiner Vorstellungskraft; es handelt sich um ein objektives Phänomen.

Wir können alle darin übereinstimmen, ob es sich um eine Vollmondnacht handelt. Doch wenn jemand Jesus sieht, wirst du nicht mit ihm übereinstimmen, denn *du* kannst Jesus nicht sehen, nur dieser Mensch sieht ihn. Es ist eine Projektion. Wäre es Realität, würde niemand es in Frage stellen; andere Menschen würden ihn ebenfalls sehen, so wie sie den Vollmond sehen, wie sie den Sonnenaufgang sehen, wie sie Rosen sehen und alle darin übereinstimmen, dass es sich um eine Rose handelt. Vielleicht haben sie unterschiedliche Meinungen dazu: Ein Dichter ist vielleicht empfindsamer, ein Maler sieht die Rose mit anderen Augen, weil er für Farben besonders empfänglich ist. Ein Mensch, der Parfümexperte ist, wird ebenfalls eine andere Sensibilität für die Rose haben, weil er mehr riecht als jeder andere. Und für jemanden wie mich, der eine Allergie gegen Düfte hat ...

Mein Gärtner muss alle Blüten von meinen Fenstern fern halten, und diese werden auch nie geöffnet, so dass ich die Rosen zwar sehen kann, aber ohne dass ihr Duft zu mir vordringt. Und der arme Gärtner muss hart arbeiten, denn um die Rosen um mein Zimmer herum am Blühen zu halten ... es stehen hohe Bäume im Garten, die viel Schatten werfen, und Rosen blühen nicht gut, wenn sie keine Sonne haben. Also muss er die Pflanztöpfe ständig umstellen.

Doch er schafft es, dass ich immer blühende Rosen sehe, wo immer ich mich im Haus auch aufhalte. Er muss die Sonne und die Rosen austricksen. Er bewegt sie ständig im Kreis herum; wenn eine Blüte voll aufgeblüht ist, stellt er sie vor mein Fenster. Und sobald er bemerkt, dass die Pflanze unter dem Schatten leidet, bringt er die Pflanze wieder in die Sonne. Er muss also eine ganze Reihe von Pflanzen immer rotieren lassen. Es ist ein richtiger Rotary Club! Doch er schafft das wunderbar. Er weiß, dass ich die Rosen liebe, aber ihren Duft nicht vertrage. Ich bin empfindlich gegen ihren Duft, ich reagiere sofort allergisch darauf.

Es gibt also Unterschiede bei den Menschen, doch die Existenz der Rose ist objektiv. Jeder wird das anerkennen, bis auf einen Blinden vielleicht; aber er kann die Rose ebenfalls berühren, er kann sie riechen. Er kann eine gewisse Vorstellung von der Rose haben, bis auf die Farbe. Er kann ihre Form spüren, die samtigen Blütenblätter, und weil ein Blinder keine Augen zur Verfügung hat ...

Achtzig Prozent eurer Energie gehen in die Augen. Für die übrigen vier Sinne bleiben nur jeweils fünf Prozent übrig. Die Augen nutzen also achtzig Prozent eurer Energie, und die übrigen vier Sinne zwanzig Prozent. Doch ein Blinder verwendet hundert Prozent seiner Energie auf die anderen vier Sinne; fünfundzwanzig Prozent für jeden. Das ist der Grund, warum Blinde häufig gute Sänger sind; sie haben ein

besseres Gehör als andere Menschen. Ihre Berührung hat
mehr Energie als bei einem sehenden Menschen, denn ihre
Hände empfangen fünfundzwanzig Prozent ihrer Energie,
während in deine Hände nur fünf Prozent gehen. Sie können die Blume und ihre Farbe also vielleicht nicht sehen,
doch sie können sie berühren, und ihre Berührung wird tiefer gehen als eure. Sie können sie riechen, und ihr Geruchs-
sinn wird empfindlicher sein als eurer. Und insgesamt können wir zu dem Schluss kommen, dass hier etwas Objektives
vorliegt.

Ein Traum dagegen ist vollkommen subjektiv; man kann
ihn mit niemand anderem teilen.

Zwei Freunde unterhalten sich. Sagt der eine: »Letzte Nacht
war toll. Im Traum war ich fischen. Und bei Gott, im ganzen Leben hab ich noch keinen so großen Fisch gesehen. Ich
hatte kaum genug Kraft, den Fisch zu fangen und an Land
zu ziehen, so groß war er. Und dann kam ein Fisch nach dem
anderen ... Ich lag auf dem Ufer, und das ganze Ufer war
voll davon. Das hättest du sehen sollen! Du hättest wirklich
dabei sein sollen!«

Darauf sagt der andere: »Das ist doch noch gar nichts.
Letzte Nacht träumte ich, dass zwei nackte Weiber neben
mir lagen, eine links und die andere rechts. Ich blickte nach
rechts und staunte: Es war Marilyn Monroe. Und auf der
anderen Seite lag Sophia Loren, beide nackt. Und du Idiot
redest von Fischen.«

Da wurde der andere ärgerlich und sagte: »Wenn es so
war, warum hast du mich dann nicht sofort angerufen? Was
wolltest du denn mit zwei Weibern anfangen?«

Darauf erwiderte der andere: »Hab ich doch gemacht.
Aber deine Frau hat gesagt, du seist beim Fischen.«

Träume kann man nicht mit anderen teilen, Halluzinationen lassen sich nicht mit anderen teilen. Ein Anhänger von

Krishna wird also Krishna sehen, und nicht Christus. Ein Anhänger von Christus wird Christus sehen, und nicht Krishna, und während er Christus sieht, kann jemand anderer dabei sein und wird doch überhaupt nichts sehen. Es ist nur eine Projektion, ein Traum mit offenen Augen. Um das zu ermöglichen, muss man fasten, um seine Intelligenz zu zerstören, und man muss allein sein, damit niemand einen stört und sagt, dass man ein Idiot ist: »Da ist niemand. Ich sehe nur eine glatte Wand. Wo ist dein Krishna? Ich sehe niemanden, und ich kann auch noch andere Leute herbringen und dir beweisen, dass niemand anderer sieht, was du siehst.« Man muss also allein sein, damit niemand die Projektion stört, damit niemand die Halluzination zerstört.

Gott war einer der größten Hemmschuhe für die menschliche Evolution, weil er die Menschen halluzinieren ließ, weil er ihre Intelligenz zerstörte, weil er ihr Potential, zum Buddha zu werden, zerstörte.

Die Existenz besitzt ihre eigene Weisheit, ihre eigene Liebe. Ihr müsst nur einmal damit experimentieren. Und inzwischen weiß es auch die Wissenschaft. Tatsächlich war der erste Wissenschaftler, der sich der Empfindsamkeit und Intelligenz der Bäume bewusst wurde, sehr schockiert, weil er das Gefühl hatte: »Wir haben nicht dieselbe Empfindsamkeit und Intelligenz; da gibt es eine vollkommen andere Dimension, um die wir uns nie gekümmert haben. Wir leben seit Jahrtausenden, seit Jahrmillionen mit Bäumen, doch wir haben uns nie die Mühe gemacht herauszufinden, ob diese Bäume irgendeine Intelligenz besitzen, irgendeine Empfindsamkeit.« Erst seit kurzem sind sich die Wissenschaftler dessen bewusst geworden.

Jetzt gibt es ein spezielles Messinstrument, ähnlich einem Lügendetektor; es verwendet dieselbe Art von Mechanismus. Man legt dem Baum die Elektroden an, und das Gerät zeichnet ein Diagramm auf, wie sich der Baum fühlt. Das Diagramm ist sehr harmonisch – die Sonne geht auf, ein sanfter Wind weht, und der Baum tanzt im Wind, in der Sonne, er ist vollkommen glücklich. Das Diagramm ist sehr harmonisch, der Baum zeigt keine Spannungen, keine Unruhe, keine Sorgen. Das Diagramm verläuft weiter harmonisch ... und plötzlich taucht ein Gärtner mit einer Säge in der Hand auf. Sofort beginnt das Diagramm zu zittern, es ist nicht länger harmonisch, der Baum ist besorgt. Doch das passiert nur, wenn der Gärtner vorhat, den Baum zu beschneiden. Das ist sehr seltsam, denn man hat herausgefunden, dass der Baum nicht durch die Säge beunruhigt wird; er wird durch die Absichten des Gärtners beunruhigt. Als das den Wissenschaftlern klar wurde, waren sie wirklich schockiert.

Zuerst dachte man, es sei die Säge. Ein Baum besitzt keine Augen, doch er muss irgendeine Art von Wahrnehmung haben. Doch schließlich entdeckte man, dass es nicht an der Säge lag, sondern an der Absicht der entsprechenden Person. Beim ersten Mal trat ein Gärtner mit einer Säge auf, um Bäume zu beschneiden, einschließlich des Baums, den man untersuchte. Der Gärtner hatte vor, einen Ast abzuschneiden, und der Baum drehte vollkommen durch. Das Diagramm zeigte, dass der Baum komplett dagegen war, dass da an ihm herumgeschnitten werden sollte. Es war schockierend ... denn Bäume haben keine Augen, und wie weit weg war der Gärtner mit seiner Säge? Dann ließen sie einen Gärtner mit einer Säge kommen, aber ohne die Absicht, den Baum zu beschneiden. Dabei blieb das Diagramm weiterhin harmonisch.

Also war es nicht die Säge, sondern die Absicht, die Intention des Gärtners, für die der Baum auf irgendeine Weise empfänglich war. Dann forschten sie weiter. Sie schlossen auch noch andere Bäume in der Nähe des ersten Baums an, und sie fanden heraus, dass der Baum, der beschnitten werden sollte, Angst empfand und dass die anderen Bäume Mitgefühl für ihn verspürten. Ihr Diagramm zeigte nicht so extreme Ausschläge, wies aber ebenfalls Disharmonie auf. Sie wussten, dass einer ihrer Freunde, einer ihrer Nachbarn, beschnitten werden sollte. Doch das geschah nur, falls diese Absicht bestand. Wenn es keine entsprechende Absicht gab und der Gärtner einfach nur mit einer Säge vorbeikam, zeigte kein Baum irgendeine Beunruhigung, Sorge oder Angst.

Die ganze Existenz ist auf ihre eigene Weise intelligent. Unsere Intelligenz ist nicht die einzige. Ein berühmter Wissenschaftler, John Lilly, arbeitete mit Delphinen. Delphine besitzen eine ganz eigene Sprache. Niemand hatte jemals gedacht, dass irgendein Wesen außer dem Menschen über eine Sprache verfügt. Doch der Kopf eines Delphins ist größer als der eines Menschen; er besitzt mehr Nerven als der menschliche Kopf. Vielleicht weist er auch eine höhere Intelligenzstufe auf als der Mensch. Delphine verwenden ein System bestimmter Laute zur Kommunikation. Der Klang bewegt sich kilometerweit durch das Wasser fort und erreicht den Delphin, an den er gerichtet war – ohne irgendeine Drahtverbindung, es ist ein drahtloses System! Es gibt Tausende von Delphinen in diesem Gebiet, doch vielleicht auch einen Freund oder eine Freundin … und die Botschaft besteht aus einem Klang, den wir nicht hören können, der jenseits unseres eigenen Klangspektrums liegt. Nur wenn wir ihn durch bestimmte Instrumente verstärken, können wir ihn hören, einen wirklich schönen Klang. Und der Klang muss jeweils an einen bestimmten Delphin gerichtet sein – vielleicht besitzt jeder Delphin einen Namen und eine Adresse. Der Klang erreicht den anderen Delphin, und bald darauf kommt dieser zu dem Platz, von dem aus der erste Delphin das Signal aussandte: »Komm schnell!«

Lilly arbeitete fast sein ganzes Leben lang mit Delphinen. Sie sind sehr liebevolle Tiere, sehr verspielt, sehr fröhlich. Sie haben noch nie irgendeinen Menschen oder einen anderen Delphin angegriffen – kein Kampf, kein Streit. Wenn man schwimmt, kommen sie und schwimmen mit einem.

Sie fühlen sich vollkommen wohl mit Menschen, sie haben damit überhaupt kein Problem. Die ganze Existenz ...

Ich hatte einmal einen sehr alten Mann als Gärtner. Ich fand heraus, dass er ab und zu, wenn ihm nicht bewusst war, dass ich ihn beobachtete – wenn ich vielleicht im Haus war und durch das Fenster zu ihm blickte –, mit den Bäumen sprach. Eines Tages erwischte ich ihn dabei und sagte: »Was machst du da?«

Er antwortete: »Sag es niemandem, sonst denken alle, ich sei verrückt. Aber die Wahrheit ist, dass ich eine gewisse Affinität zu ihnen spüre ... Mein ganzes Leben lang habe ich mit Bäumen gearbeitet; ich habe immer mit ihnen gesprochen, und zu meiner Überraschung stellte ich fest, wenn ich zwei Pflanzen gleicher Größe nebeneinander pflanze und mit der einen spreche und mit der anderen nicht – und beiden die gleiche Nahrung, die gleiche Pflege, gleich viel Wasser, gleich viel Sonne, gleich viel Dünger zukommen lasse, doch mit der einen liebevoll spreche und sie mit meinen Händen streichle – dass dieser Baum schneller wächst. Schon bald, innerhalb eines Monats, ist er doppelt so groß wie der andere Baum. Auch wenn alles andere gleich ist, fehlt ihm doch etwas – meine Liebe.

Jedes Jahr pflegte er den Blumenwettbewerb zu gewinnen. Bei ihm wuchsen die größten Rosen, die ich je gesehen habe, die größten Dahlien. Und seine Methode war, mit den Pflanzen zu sprechen: »Lasst mich nicht im Stich. Der Wettbewerb rückt näher. Ihr müsst eine riesige Blüte für mich hervorbringen, die größte, die euch nur möglich ist.«

Ich freundete mich mit ihm an, und er wusste, dass ich es niemandem weitererzählen würde. Ich kann ihn verstehen ... und ich halte ihn nicht für verrückt. Er macht seine Arbeit sehr gut. Wenn dieser arme Mann gebildet und ein Wissenschaftler gewesen wäre, hätte er viele Geheimnisse über Bäume entdecken können. Doch ich habe es mit eigenen

Augen gesehen, weil er beinahe neun Jahre lang bei mir war.
Als ich die Stadt verließ, wollte er mit mir kommen. Aber
ich sagte zu ihm: »In Bombay werde ich keinen Garten haben.«

Er schrieb mir sogar, als ich in Amerika war: »Nachdem
du jetzt so eine große Ranch dort hast, warum lässt du mich
nicht zu dir kommen? Auch wenn ich schon sehr alt bin und
zu nicht mehr viel tauge, trotzdem … niemand anderer kann
mit Bäumen das erreichen, was ich erreichen kann.«

Die Existenz besitzt eine multidimensionale Intelligenz. Wir
sind nur ein kleiner Teil dieses großen Universums. Glaubt
auch nicht einen Moment lang, dass ich die Existenz an die
Stelle Gottes stellen möchte. Ganz und gar nicht! Gott existiert nicht, doch die Existenz existiert. Darum bezeichnen
wir sie ja auch als »Existenz«.

Die zweite Frage:

*Es ist sehr einfach für mich zu sagen: »Ach, ich glaube nicht
mehr an Gott, seit ich ein Kind war, und selbst damals war
ich mir nie so ganz sicher.« Doch die Gewohnheit des Verstandes, Mysterien in Aberglauben zu verwandeln, sitzt sehr
tief und ist sehr trügerisch. Als du gestern Abend gesprochen hast, erinnerte ich mich an verschiedene Gelegenhei-
ten in der Vergangenheit, bei denen ich die Qualitäten der
Allmacht, der Allgegenwart und der Allwissenheit dir zuge-
schrieben habe, obwohl du uns immer gesagt hast, dass so
etwas Unsinn ist. Es scheint, diese Krankheit namens Gott
verbirgt sich tief in den Knochen und kommt immer dann
zum Vorschein, wenn ich es am wenigsten erwarte, und
dort, wo ich es am wenigsten möchte.*

Es ist leicht, einfach nur das Gefängnis zu wechseln. Das
neue Gefängnis sieht vielleicht besser aus. Es ist leicht, eure

Ketten auszutauschen, eure Sklaverei, denn jede Sklaverei, sosehr sie sich auch von der alten unterscheidet, ist doch im tiefsten Grunde dasselbe – und das ist es, was die Menschen ständig machen. Hindus werden zu Christen, Christen werden zu Hindus. Doch sie tauschen nur ihre Sklaverei aus. Sie wechseln nur das Gefängnis, die Handschellen, die Ketten. Nichts verändert sich wirklich.

Wenn ihr also hört, dass Gott tot ist, und wenn euer Intellekt überzeugt ist, dass Gott niemals existiert hat, dass er nirgendwo zu finden ist … dann ist das nur eine intellektuelle Überzeugung. Doch ihr besteht nicht nur aus Intellekt; ihr besteht auch aus Emotionen, Empfindungen, Gefühlen, und diese gehen tiefer als der Intellekt. Und das Konzept von Gott ist bis in eure Emotionen vorgedrungen, bis in eure Empfindungen, eure Gefühle. Der Intellekt ist nur die Oberfläche eures Geistes, und ihr könnt rein logisch, rational, durchaus davon überzeugt sein, dass es keinen Gott gibt.

Einer meiner Freunde, ein alter Mann und sehr intelligent, war immer ein Anhänger von J. Krishnamurti gewesen, und er war im selben Alter wie Krishnamurti. Ich trat in sein Leben, als er schon recht alt war, doch er fing an, zu mir zu kommen. Intellektuell war er ein Gigant und überzeugt davon, dass es keinen Gott gibt, keine Hölle, keinen Himmel, keine Moral, dass das alles nur eine soziale Übereinkunft ist.

Eines Tages kam sein Sohn angerannt – sie wohnten nur fünf Minuten Fußmarsch von mir entfernt – und sagte: »Mein Vater hatte einen schweren Herzinfarkt, und die Ärzte machen sich Sorgen, dass ein zweiter folgen könnte. Er ist sehr schwach, doch er hat sich plötzlich an dich erinnert und möchte, dass du bei ihm bist.«

Also rannte ich mit ihm zurück. Als ich zum Zimmer des alten Mannes kam … ich stand an der Tür und hörte ein Geräusch. Dieser alte Mann sprach vor sich hin: »Hare Krishna, Hare Rama.« Ich konnte es kaum glauben. Sein ganzes Leben hindurch hatte er Gott geleugnet, geleugnet, geleugnet, und nun betete er: »Hare Krishna, Hare Rama.«

Ich ging sehr langsam zu ihm hin, um ihn nicht zu stören, setzte mich an seine Seite und hörte ihm zu. Er wiederholte ständig: »Hare Krishna, Hare Rama.« Ich schüttelte ihn. Er öffnete die Augen. Ich fragte ihn: »Was machst du da? Ein Herzinfarkt, und schon ist deine ganze Philosophie vergessen?«

Er antwortete: »Jetzt ist keine Zeit zum Diskutieren, und jetzt ist es auch nicht an der Zeit, Risiken einzugehen. Lass mich einfach in Ruhe; setz dich nur neben mich, und lass mich zu Gott beten. Intellektuell ist mir klar, dass es keinen Gott gibt. Aber wer weiß? Und was kann es schon schaden? Ich sterbe sowieso. Da ist es besser, seinen Namen zu wiederholen. Wenn es ihn gibt, hilft es vielleicht; wenn es ihn nicht gibt, was kann es dann schon schaden? Ich habe einfach nur ein paarmal seinen Namen wiederholt, das ist alles.«

Ich erwiderte: »Darum geht es gar nicht. Es geht um deine Integrität. Du bist ein vollkommen gespaltener Mensch.« Es war alles nur intellektuell gewesen. Das ist es, was ich euch immer und immer wieder gesagt habe, dass es sich dabei nur um intellektuelle Rationalität handelt. Und darin hat Krishnamurti versagt. Er sprach nur intellektuell zu den Menschen, er überzeugte sie intellektuell, doch er gab ihnen keine Methode, keine Meditation, mit der sie tiefer als das Gefühl hätten gehen können. Die Menschen können tiefer gehen als bis zum Herzen. Sie können zu ihrem innersten Wesen gehen, und erst dann taucht ein enormes Licht auf, das nicht mehr flackert; dann spielt es keine Rolle mehr, ob der Tod kommt, ob ein Herzinfarkt kommt.

Der alte Mann erholte sich wieder. Ein paar Tage später kam er zu mir und sagte: »Erzähl niemandem davon.«

Ich antwortete: »Ich werde es allen erzählen, und ich werde es auch Krishnamurti berichten.«

Und das machte ich auch. Ich sagte zu ihm: »Das sind deine Anhänger. Sie waren ein Leben lang deine Anhänger, und du hast dich auf diese Leute verlassen.«

Krishamurtis letzte Worte, bevor er starb, bestätigten das. Seine letzte Aussage war: »Ich sterbe als frustrierter Mensch. Die Menschen haben sich von mir nur unterhalten lassen. Niemand hat mir wirklich zugehört.« Doch das war nicht der Fehler der Leute. Es war sein eigener Fehler. Er sprach nur auf der intellektuellen Ebene zu ihnen; er wies sie niemals darauf hin, tiefer zu gehen.

Solange ihr nicht tiefer geht, werdet ihr eure Projektionen nur von einem Objekt auf ein anderes verlagern. Wenn es keinen Gott gibt, macht ihr *mich* zu eurem Gott. Und ich bin ganz sicher nicht Gott. Ich habe dieses schreckliche Chaos nicht erschaffen, das ihr hier auf der ganzen Welt seht. Ich habe Adolf Hitler nicht erschaffen, oder Dschingis Khan oder Tamerlan, auch nicht Nadir Schah oder Benito Mussolini. Ich habe diese Menschen nicht erschaffen. Macht mich nicht dafür verantwortlich! Und ich bin nicht allmächtig. Ich sitze einfach nur hier auf meinem Stuhl, das ist alles. Allmächtig würde bedeuten, dass ich einen Stuhl brauche, in den das ganze Universum passt. Und ich bin nicht allgegenwärtig. Ich bin kein Voyeur, der euch im Schlafzimmer beobachtet. Das ist es, was Gott angeblich macht, er beobachtet euch selbst noch im Badezimmer, durchs Schlüsselloch.

Ich bin auch nicht allwissend. Ich weiß nicht, was im nächsten Augenblick passieren wird. Ich bin einfach nur ein Mensch, einfach nur vollkommen wach und bewusst, und antworte auf das Leben von Moment zu Moment, entsprechend meiner Bewusstheit, meinem Bewusstsein; einfach nur ein klarer Spiegel, der alles reflektiert, was vor ihn tritt. Projiziert also nichts auf mich.

Doch ich kann dein Problem verstehen. Dein Problem ist, dass du intellektuell überzeugt bist, doch dass du die Wahrheit in den tieferen Schichten deines Wesens noch nicht er-

kannt hast. Du musst erst durch Meditation erkennen, dass
es keinen Gott gibt; die Existenz genügt, es braucht keinen
Gott, keine Fiktion.

Sobald du das in deinem tiefsten Kern erkannt hast, wirst
du diesen alten Aberglauben niemals mehr projizieren. Nur
Meditation kann für eine Verwandlung deines Wesens sorgen. Krishnamurti starb frustriert, weil er niemals bedacht
hatte, dass er nur mit dem Intellekt der Menschen arbeitete.
Krishnamurti half den Menschen nicht, über den Verstand
hinauszugehen.

Ich vermute, dass er selbst vielleicht niemals über den Verstand hinausgegangen ist. Wie hätte er das sonst übersehen
können? Wenn er über den Verstand hinausgegangen wäre,
dann hätte er sich bestimmt sein ganzes Leben lang bemüht,
den Menschen zu helfen, über den Verstand hinauszugehen.
Wenn man anfängt, über den Verstand hinauszublicken,
dann gibt es keinen Gott, aber diese Existenz wird so schön,
so intelligent, so strahlend, so sich selbst genug, dass sie
nichts anderes mehr braucht. Doch nur Meditation kann
dieses Wunder zustande bringen.

Die dritte Frage:

*Gestern hörte ich dich sagen, dass Gebet etwas nach außen
Gerichtetes ist. Was ist mit Dankbarkeit? Ich habe das Gefühl, dass Dankbarkeit nicht unbedingt ein äußeres Objekt
braucht. Und dass sie nicht nur entsteht, weil eine offene
oder geheime Sehnsucht erfüllt wurde.*

Es gibt zwei verschiedene Arten von Dankbarkeit. Die eine
ist immer nach außen gerichtet und entsteht dadurch, dass
man sich tief im Innern etwas direkt oder indirekt gewünscht
und es bekommen hat. Aus diesem Grund ist man dankbar.
Diese Art Dankbarkeit bedeutet einfach nur, dass man sich
für etwas bedankt. Das macht es vielleicht etwas klarer:

Man bedankt sich bei demjenigen, der eine Sehnsucht erfüllt hat, die vorhanden gewesen war, ob man sich dessen nun bewusst war oder nicht. Etwas wurde erfüllt, daher fühlt man sich dankbar.

Diese Dankbarkeit ist immer nach außen gerichtet. Das kann Dankbarkeit einem Gott gegenüber sein, der nicht existiert. Es kann Dankbarkeit einem Freund gegenüber sein, der existiert. Doch diese Dankbarkeit entspringt der Befriedigung einer bewussten oder unbewussten Sehnsucht.

Die andere Art von Dankbarkeit ist ein vollkommen anderes Phänomen, auch wenn sie im Wörterbuch nicht unterschieden werden. In Wörterbüchern wird Dankbarkeit nicht in verschiedene Kategorien unterteilt. Doch das Leben richtet sich nicht nach euren Wörterbüchern. Diese Art von Dankbarkeit hat kein äußeres oder inneres Objekt. Sie ist mehr wie der Duft, den eine Blume verströmt. Sie ist eine Erfahrung, die nicht auf irgendjemanden gerichtet ist.

Wenn man die innerste Quelle seines Wesens erreicht hat, wo immer Frühling herrscht und unzählige Blüten auf einen herabregnen, verspürt man plötzlich eine Dankbarkeit, die auf niemand Bestimmten gerichtet ist, die wie ein Duft aus einem aufsteigt, so wie Weihrauch Wolken von Rauch und Duft zum Himmel emporsendet, wo sie sich auflösen.

Diese Dankbarkeit steigt wie ein Duft aus einem auf, nicht wie die Dankbarkeit, die auf jemanden gerichtet ist. Sie ist der Schatten, das Nebenprodukt, wenn man zum Buddha wird. Sie entspringt nicht der Befriedigung irgendeiner Sehnsucht. Wenn man irgendwelche Wünsche hat, bewusst oder unbewusst, kann man nicht zum Buddha werden. Erst wenn alle Wünsche sich aufgelöst haben, wenn man alle Wünsche und Sehnsüchte transzendiert hat, wird man zum Buddha. Und von einem Buddha strahlt ein gewisser Duft aus. Dieser Duft besteht aus vielen Elementen. Er besteht aus Dankbarkeit, aus Mitgefühl, aus Liebe, aus Glückseligkeit, aus Ekstase – er ist vielfältig, er ist multidimensional.

Nun zu unserem Sutra:

Nachdem Nangaku diesen Kommentar über Sekito abgegeben hatte, schickte er den Mönch abermals zu Sekito, um ihm einige Fragen zu stellen. Als der Mönch bei ihm ankam, fragte er also: »Was ist Befreiung?«

Bevor ich Sekitos Antwort erläutere, möchte ich euch eine kleine Anekdote über den Sufi-Mystiker Al-Hillaj Mansoor erzählen. Einmal kam ein Mann zu ihm und stellte ihm dieselbe Frage: »Was ist Befreiung?«

Mansoor befand sich gerade in einer Moschee mit prachtvollen Säulen rundum. Als er diese Frage hörte, ging er zu einer der Säulen, umklammerte sie mit beiden Händen und begann zu schreien: »Hilf mir!«

Der Mann verstand nicht, was das sollte. Er hatte doch nur eine Frage zum Thema Befreiung gestellt, doch dieser Mansoor schien verrückt zu sein. Er umklammerte die Säule und flehte den Mann an: »Bitte hilf mir – diese Säule hält mich fest und lässt mich nicht los. Befreie mich!«

Der Mann erwiderte: »Du bist ja verrückt. *Du* hältst doch die Säule fest, und nicht die Säule dich.«

Da ließ Mansoor die Säule los und sagte: »Das war meine Antwort, und jetzt verschwinde. Niemand hält dich fest.«

Das war auch Sekitos Antwort: »Wer hat dich gebunden?« Warum strebst du nach Befreiung? Das ist die Vorgehensweise beim Zen – sich die eigene Sklaverei genauer anzusehen. Kümmere dich nicht um deine Befreiung. Deine Sklaverei ist das Problem, und sie ist deine eigene Schöpfung. Wer hat dich zum Sklaven gemacht? Du selbst! Und jetzt bittest du: »Befreie mich.« Niemand kann dich befreien, weil niemand dich versklavt hat. Es ist nur dein eigenes Spiel.

Diese Antwort ist hart, aber überaus klar und überaus wahr.

Sekito antwortete: »Wer hat dich gebunden?«

Sag mir zuerst, worin deine Sklaverei besteht. Wer hat dich versklavt? Warum strebst du danach, dich zu befreien? Sobald du dir deine Sklaverei genauer ansiehst, wirst du einfach nur anfangen zu lachen. Deine Sklaverei ist deine eigene Kreation; du kannst sie jetzt sofort loslassen. Und sobald du sie losgelassen hast, wirst du erkennen, dass Freiheit deine wahre Natur ist; du musst nicht befreit werden. Du wurdest frei geboren, du warst von Anfang an frei, doch wieder und wieder gerätst du in Sklaverei.

Vielleicht gibt dir die Sklaverei eine gewisse Sicherheit, einen gewissen Schutz. Die Sklaverei gibt dir ein gewisses Gefühl, dass du etwas gegen deine Sklaverei tust. Doch in deinem Bewusstsein bist du vollkommen frei und immer schon frei gewesen.

Es ist so, als würdest du dich hinlegen, die Augen schließen und anfangen zu schreien: »Weck mich auf!« Natürlich ist es sehr schwierig, jemanden aufzuwecken, der bereits wach ist. Es ist leicht, jemanden aufzuwecken, der schläft. Man kann ihm kaltes Wasser, einen Eimer eiskaltes Wasser, ins Gesicht schütten, und er wird sofort aufspringen. Man kann ihm die Decke wegziehen, und er wird sofort aufschreien: »Was machst du da?«

Aber wenn jemand wach ist, wenn jemand mit geschlossenen Augen daliegt und sagt: »Bitte weck mich auf!« … Das ist es, was Sekito zu dem Mönch sagt, als dieser ihn fragt: »Was ist Befreiung?«

Sekito antwortet ihm: »Wer hat dich gebunden?« Du warst schon immer frei; du bist der Buddha; du bist der Erwachte. Deine Sklaverei ist deine eigene Erfindung, sie ist nur eine Fiktion.

Ihr könnt einmal ein kleines Experiment machen, wenn ihr zu Hause in eurem Zimmer sitzt. Faltet die Hände fest zusammen und verschränkt die Finger ineinander. Schließt dann die Augen und stellt euch vor, dass ihr die Hände nicht mehr öffnen könnt, egal, was ihr macht. Wiederholt mindestens fünf Minuten lang vor euch hin, mit geschlossenen Augen: »Was immer ich mache, ich kann meine Hände nicht mehr öffnen.« Dann, nach fünf Minuten, strengt euch an, sie zu öffnen. Setzt eure komplette Energie ein und versucht, sie zu öffnen – und ihr werdet euch wundern: Je mehr ihr es versucht, desto unmöglicher scheint es. Ihr habt euch selbst in Sklaverei hypnotisiert.

Die einzige Möglichkeit, die Hände zu öffnen, besteht jetzt darin, euch nicht mehr anzustrengen, euch nicht mehr zu bemühen, sie zu öffnen. Entspannt euch, und eure Hände werden sich irgendwann von ganz allein öffnen, ohne dass ihr euch anstrengen müsst. Eure Anstrengungen haben sich gegen euch gerichtet, weil ihr euch selbst hypnotisiert hattet. Dann könnt ihr sie nicht mehr öffnen; mit Anstrengung ist es nicht mehr möglich, die Hände zu öffnen.

Wir haben uns selbst in alle möglichen Arten von Sklaverei hypnotisiert, und dann fragen wir uns, wie wir uns wieder daraus befreien können. Dann unternehmen wir große Anstrengungen. Doch jede Anstrengung macht es nur noch schwieriger. Die Hände umklammern sich immer fester, und dann fangt ihr an durchzudrehen: »Mein Gott, was soll ich nur machen? Je mehr ich mich anstrenge, desto fester halten sie zusammen!« Es scheint nur deshalb unmöglich, weil ihr diesen einfachen Prozess nicht durchschaut habt.

Hypnose lässt sich nur durch Entspannung auflösen. Entspannt euch einfach. Unternehmt keine Anstrengungen mehr, sie zu öffnen. Die Hände werden sich von allein öffnen, denn das Festhalten ist eine Anstrengung, und das Öffnen ist anstrengungslos. Ihr braucht euch nicht anzustrengen. Das ist der Grund ... habt ihr jemals einen Menschen mit geschlossenen Fäusten sterben sehen? Kann ein Toter seine Faust geschlossen halten? Unmöglich, denn für eine

Faust braucht es eine gewisse Anstrengung, und ein Toter ist
nicht mehr zu einer Anstrengung fähig … daher sterben alle
Menschen mit offenen Händen. Alle Menschen werden mit
geschlossenen Fäusten geboren. Betrachtet nur einmal ein
kleines Kind – seine Fäuste! Und dann betrachtet einen Toten; die Hände sind offen, weil ein Toter vollkommen entspannt ist. Zum ersten Mal in seinem ganzen Leben ist keine
Anspannung mehr vorhanden.

Der Mönch stellte eine weitere Frage: »Was ist das reine
Land?« Doch das ist nur eine andere Art und Weise, dasselbe zu fragen.

Sekito erwiderte: »Wer hat dich schmutzig gemacht?«
Warum machst du dir Gedanken über reines Land?

Und weiter fragte der Mönch: »Was ist das Nirwana?«
»Wer gab dir Geburt und Tod?«

All das sind Fiktionen. Deine Geburt ist eine Fiktion, dein
Tod ist eine Fiktion; dein Körper wurde geboren, dein Körper wird sterben. Doch *du* wurdest niemals geboren; du
gehst durch viele Körper, du gehst durch viele Geburten,
durch viele Tode, du gehst immer weiter vom Anfang bis
zum Ende – von Ewigkeit zu Ewigkeit. Du bist ein ewiges
Licht. Wozu also fragen: »Was ist das Nirwana?« Nirwana
bedeutet einfach Befreiung von Geburt und Tod; und Geburt und Tod sind gleichermaßen Fiktionen.

Eigentlich ist es auch nicht richtig, von einer »Befreiung«
zu sprechen. Wenn ihr euch alles genau anseht, wenn ihr
euch eure Sklaverei genau anseht, werdet ihr feststellen,
dass sie nur eure eigene Vorstellung ist. Die Idee, dass ihr
Sünder seid, dass ihr schmutzig seid, ist nur eure Vorstellung. Vielleicht hab ihr sie von anderen übernommen, von
Priestern, von Predigern, von sogenannten Heiligen. Sie sorgen dafür, dass ihr euch schmutzig fühlt, dass ihr euch als
Sünder fühlt, die gleich in die Hölle stürzen werden. Sie de-

mütigen euch auf jede nur erdenkliche Art und Weise. Und
die Menschen lassen sich diese Demütigung gefallen.

Von Kindheit an diskutierte ich mit allen Heiligen, die
durch unser Dorf kamen. Meine Eltern waren besorgt, meine
Familie war besorgt: »Du störst jede Versammlung. Immer
wenn ein Heiliger auftaucht und das ganze Dorf sich versammelt, um ihn anzuhören, tauchst du auf und störst.«
Und mein Vater schlug sich an den Kopf und sagte: »Schon
wieder taucht er auf und stört!«

Mein grundlegendes Argument war: »Ihr demütigt die
Menschen, indem ihr sie als Sünder bezeichnet. Sprecht doch
einmal aus, wer hier ein Sünder ist und welche Sünde er begangen hat. Ihr macht nur allgemeine Aussagen: ›Ihr seid
alle Sünder.‹ Aber sagt doch einmal ganz deutlich, wer hier
ein Sünder ist.«

Die Heiligen sagten immer zu den Leuten: »Lasst euch
nicht mit Frauen ein, denn sie sind nichts als Knochen,
Fleisch, Schleim und Blut in einem Sack aus Haut. Warum
solltet ihr euch mit ihnen einlassen?«

Dann stand ich sofort auf und sagte: »Und was ist mit
euch? Glaubt ihr vielleicht, dass ihr aus Gold besteht? Frauen
bestehen aus Knochen, Blut, Schleim und Fleisch; nun, und
aus was besteht ihr? Und worin besteht das Problem, wenn
Blut, Schleim und Knochen einander umarmen? Worin besteht das Problem, wenn sie ihre Haut aneinander reiben?
Warum machst du so viel Aufhebens darum? Was sollen sie
denn sonst machen?«

Doch alle heiligen Schriften sind voll solcher detaillierter
Beschreibungen – nur von Frauen, nicht von Männern.
Seltsam! Beide bestehen aus denselben Elementen, und tat-
sächlich werden alle Männer von einer Frau geboren. Keine
Frau wurde jemals von einem Mann geboren.

In Amerika sind inzwischen in manchen Bundesstaaten
lesbische Ehen zugelassen, so dass Frauen Frauen heiraten
können. Das ist inzwischen kein Problem mehr, es ist ganz

legal. Und Tausende von Babys werden in diesen lesbischen Ehen geboren. Eine der Partnerinnen, die ein Baby haben möchte, geht einfach ins Krankenhaus und lässt sich befruchten, mit einer Spritze. Was ist also der Mann? Nur eine Injektion, eine Spritze! Jede Spritze kann seine Aufgabe übernehmen. Also sagte ich zu diesen Heiligen: »Ihr habt nur eine Spritze, und diese Spritze besteht ebenfalls aus Knochen und Fleisch und ist mit schmutziger Haut bedeckt. Womit prahlt ihr also? Und wieso demütigt ihr diese Menschen?« Sie hörten den Heiligen immer mit niedergeschlagenen Augen zu, weil sie glaubten, dass sie ihnen die Wahrheit verkündeten. Alle Schriften verkündeten schließlich das Gleiche.

Darauf nahm mich mein Vater immer mit nach Hause und sagte zu mir: »Weil du die Versammlung gestört hast, haben die Leute angefangen zu lachen, und der Mahatma ist sehr zornig.«

Ich antwortete: »Das ist mir egal. Wenn er zornig ist, handelt er gegen seine eigenen Lehren und wird in der Hölle dafür büßen. Schließlich hat er gegen den Zorn gepredigt, und wenn er jetzt zornig ist, habe ich ihm nur sein wahres Gesicht gezeigt.«

Mein Vater sagte dann immer: »Komm einfach nur mit nach Hause. Manchmal mache ich mir Sorgen, dass sie anfangen könnten, dich zu verprügeln oder sogar mich zu verprügeln. Und du bist so ein hartnäckiger Kerl … Kein einziger Heiliger kann in dieses Dorf kommen, ohne von dir gestört zu werden. Wir versuchen schon immer, dir die Nachricht zu verheimlichen, damit du nicht erfährst, dass wieder einmal ein Heiliger, ein Mahatma, vorbeikommt und spricht. Wir geben dir doch immer Geld, um ins Kino zu gehen …«

Aber sobald sie mir Geld gaben, sagte ich: »Behaltet das Geld, ich komme mit euch! Dieses Geld bekomme ich nicht, damit ich ins Kino gehen kann, sondern nur, damit ich irgendeinen Mahatma in Ruhe lasse. Ich komme mit zu der richtigen Show!«

Ich machte ihnen Probleme mit den Fragen, die ich den Mahatmas stellte, dabei waren es doch ganz einfache Fragen: »Was für eine Sünde sollte es sein, wenn zwei Menschen ihre Haut aneinander reiben? Sag mir das doch mal. Ich reibe meine Haut; das ist doch genau dasselbe. Es bedeutet einfach nur, dass ich mir meine Hände wasche, dass ich mir meine Hände wärme. Doch wenn ein Mann und eine Frau ihre Haut aneinander reiben, soll sie das in die Hölle bringen? Und schau dir doch nur einmal deinen Bauch an ...«

Alle Mahatmas in Indien haben dicke Bäuche, und dabei predigen sie den Leuten: »Esst nicht um des Genusses willen.« Aber sie selbst ... Ich sagte also: »Woher kommt dieser Bauch? Steh auf und zeig allen Leuten deinen Bauch! Du isst zu viel, während man im ganzen Land hungert. Und weil du wegen dieses Bauches keine Frau lieben kannst, predigst du jetzt allen Leuten, dass sie keine Frau lieben sollen. Das liegt nur an deinem Bauch, nicht an deiner Religion.«

Ich habe so gewaltige Bäuche gesehen ... ihr würdet es kaum glauben. Muktanandas Guru war Nityananda. Er hatte möglicherweise den dicksten Bauch von allen, einen wahren Mount Everest. Er lag immer nur, weil es schwierig für ihn war, mit diesem Bauch zu gehen. Und wenn er lag, schien es nicht so, als hätte Nityananda einen Bauch, sondern als hätte der Bauch Nityananda. Der Bauch war wie ein Berg, mit einem kleinen Kopf auf der einen Seite und zwei dünnen Beinen auf der anderen Seite. Und diese Leute sollten große Mahatmas sein! Ich habe nie mehr einen so vollkommenen Bauch gesehen, und er lag immer nur da und aß Süßigkeiten. Seine Anhänger brachten ihm Süßigkeiten, Halva und Puri, und diese machten seinen Bauch immer dicker und dicker.

Als ich ihn zum ersten Mal sah, sagte ich: »Dieser Mann

wird eines Tages noch platzen. Er verwendet seinen Bauch
als Ballon. Er kann niemals mit einer Frau ins Bett gehen.«
Das ist die Wahrheit. Wo könnte man eine Frau mit einem
entsprechenden Loch als Bauch finden? Ich glaube nicht ...
Es scheint unmöglich, ein Rätsel, ein Koan. Dieser Mann
kann nur mit einer Frau ins Bett gehen, wenn er eine mit einem umgekehrten Bauch findet, so dass sie ineinander passen.

Weil er selbst nicht mehr aktiv werden kann, sagt er offenbar zu allen: »Seid enthaltsam.« Er muss leiden und versucht, alle anderen ebenso leiden zu lassen. Die Menschen
genießen das Leiden anderer, weil sie dann zeigen können:
»Wir stehen über euch. Seht nur einmal uns an. Wir sind immer glücklich, still, im Frieden.« Doch die Wahrheit ist, dass
sie nicht einmal aufstehen können, nicht einmal herumge-
hen können.

Ein sehr berühmter Mahatma, Shivananda, der im Westen viele Anhänger hatte, war früher ein Arzt gewesen. Das
macht es noch schwerer verständlich: Wie kann ein Arzt seinem Körper so etwas antun? Er aß so viel, dass er nicht mehr
gehen konnte, ohne dass ihn zwei Helfer unter den Armen
stützten. Er konnte nicht einmal mehr seine Hände hoch-
heben. Seine Hände waren so schwer, so fett, dass jemand
die eine Hand nehmen musste, jemand anderer die andere
Hand, und dann gingen sie kurz umher. Und dieser Mann
sagte zu den Leuten: »Ihr müsst die fünf großen Prinzipien
des Hinduismus befolgen. Und das erste Prinzip ist *Ashwad*,
Begierdelosigkeit.«

Was ist nur mit diesem Mann passiert? Er war Arzt gewesen! Als ich einmal nach Rishikesh kam und ihn sah, sagte
ich zu ihm: »Was für ein Arzt sind Sie nur? Mir scheint, Ihr
Titel ist nur Schein. Sie können nicht einmal für Ihren eigenen Körper richtig sorgen; Sie sind zu einem Monster geworden. Sie können nicht einmal Ihre Hand heben, weil sie
so schwer geworden ist.«

Alles war außer Proportion geraten: ein dicker Bauch, dicke Hände, Beine wie die eines Elefanten – und dieser Mensch sagt zur ganzen Welt: »Du bist nicht der Körper, du bist die Seele.« Wer sind diese Monster? Nur Körper, ohne jede Seele. Ich kann in ihnen keinen Platz dafür sehen; sie sind so voller Schrott, dass ich nicht glaube, dass noch eine Seele darin Platz hätte.

Was Sekito sagt, ist vollkommen richtig. In seinen kurzen Aussagen ist enorm viel Wahrheit enthalten.

»Was ist das reine Land?«
Sekito erwiderte: »Wer hat dich schmutzig gemacht?«

Du bist immer rein; das ist das reine Land. Dein innerer Raum sammelt niemals irgendwelchen Schmutz an. Dieser Spiegel ist immer klar. Kein Schmutz kann in diese Tiefe vordringen, in dieses unsichtbare Jenseits.

Und weiter fragte der Mönch: »Was ist das Nirwana?«

Er versteht offensichtlich überhaupt nichts, denn die erste Frage war schon genug. All seine Fragen sind nur Wiederholungen. Das Nirwana ist nichts anderes als die Befreiung, Befreiung von allen Wünschen, Befreiung von allen Anhaftungen, Befreiung von aller Sklaverei. Was ist das Nirwana? Befreiung von Geburt und von Tod.

Und Sekito antwortete: »Wer gab dir Geburt und Tod?« Das warst du selbst, es war dein eigenes Verlangen.

Versucht einmal ein kleines Experiment. Wenn ihr am Abend schlafen geht, wartet bis zum letzten Moment, wenn ihr das Gefühl habt, dass ihr am Rand des Einschlafens seid, und dann sagt: »Eins.« Wiederholt das immer weiter: »Eins, eins, eins …« so lange, bis ihr die Grenze vom Wachen zum Schlafen überschritten habt, immer weiter: »Eins,

eins, eins …« Selbst nachdem ihr die Grenze überschritten habt, wiederholt ihr noch ein- oder zweimal »Eins, eins …«, und dann seid ihr fest eingeschlafen. Beobachtet dann, was am Morgen geschieht. Sobald euch bewusst wird, dass ihr aufwacht, werdet ihr überrascht feststellen, dass ihr immer noch vor euch hin wiederholt: »Eins, eins, eins …« Wie seltsam! Nach acht Stunden Schlaf wiederholt sich immer noch ständig die »Eins« in euch. Der letzte Gedanke beim Einschlafen ist der erste Gedanke beim Aufwachen. Das ist eine wissenschaftlich erwiesene Tatsache.

Warum erzähle ich euch dieses Beispiel? Weil der letzte Gedanke und Wunsch beim Sterben der erste Wunsch beim Eintritt in einen neuen Körper ist. Wenn jemand ohne Wünsche und ohne Gedanken stirbt, wird er nicht mehr in einem neuen Körper geboren. Niemand zwingt euch, wiedergeboren zu werden. Es ist eure Sehnsucht, euer letzter Wunsch beim Sterben. Irgendeine Begierde, ein nicht erfüllter Wunsch, eine Frustration … Du wolltest Premierminister werden, doch es ist dir nicht gelungen. Du wolltest der reichste Mann auf Erden werden, doch es ist dir nicht gelungen. Du wolltest eine schöne Frau heiraten, doch es ist dir nicht gelungen. Was immer an Wünschen in dir ist, wird dich in einen neuen Körper führen, so dass sich dein Wunsch erfüllen kann.

Das Leben ist gnädig, die Existenz ist voller Mitgefühl. Sie gibt dir eine Chance nach der anderen, eine Gelegenheit nach der anderen. Wenn du meditativ stirbst, ohne Begierden und Wünsche, dann wird es keinen weiteren Körper mehr für dich geben, keine Geburt, keinen Tod. Das ist es, was Sekito damit sagen möchte. Wer gab dir Geburt und Tod? Du selbst. Durch deine Wünsche, durch deine Begierden führst du den Kreislauf von Geburt und Tod immer weiter fort. Höre auf zu wünschen; das ist das Nirwana, damit begibst du dich vom Tod in den Kosmos statt in einen weiteren Körper.

Sich im Kosmos aufzulösen, eins mit dem Leben zu werden, das ist das Nirwana. Das ist Befreiung, das ist Freiheit, das ist das Paradies – unterschiedliche Bezeichnungen für dieselbe Erfahrung.

Der Mönch kehrte zu Nangaku zurück und berichtete von Sekitos Antworten. Darauf faltete Nangaku die Hände, verneigte sich vor ihm und berührte seine Füße.

Obwohl Sekito gar nicht anwesend war, akzeptierte er ihn damit als Erleuchteten.

Das ist eine seltsame Geschichte. Als Sekito mit einem Brief zu ihm kam, konnten sie keine Gemeinsamkeit finden, und Sekito ging zurück, ohne ihm den Brief zu übergeben. Zu jener Zeit war er noch nicht erleuchtet. Inzwischen hatte sich Sekito auf demselben Berg niedergelassen, wo Nangaku seinen Tempel und sein Kloster hatte – und der Kaiser hatte diesem Berg seinen Namen gegeben – Mount Nangaku –, und hier hatte sich Sekito auf einem Hügel niedergelassen, auf einem flachen Felsen.

Nachdem Sekitos Meister gestorben war, hörte Nangaku, dass Sekito dort auf dem Felsen saß. Er wollte wissen, ob Sekito inzwischen erleuchtet war oder nicht. Er muss an jenem Tag, als Sekito als Seigens Schüler gekommen war, die Kraft und Stärke dieses Mannes bemerkt haben. Dieser hatte eine Frage gestellt, und Nangaku hatte geantwortet: »Deine Frage ist zu arrogant. Du solltest sie etwas bescheidener stellen.« Und Sekito hatte darauf erwidert: »Eher würde ich auf ewig in der Hölle versinken, als meine Frage anders zu stellen.« Und danach war er sofort wieder gegangen, ein Mann aus Stahl.

Nangaku war ein berühmter Meister. Als er die Antworten hörte, von denen der Mönch ihm berichtete, faltete er die Hände und verneigte sich; damit erkannte er an, dass Sekito inzwischen erleuchtet war. Solche Antworten können

nicht von einem reinen Gelehrten kommen. Sie können
nicht aus geborgtem Wissen kommen. Sie können nur aus
der eigenen Erfahrung aufsteigen.

Zu jener Zeit galten Kengo, Ran und Nangaku als die drei
großen Meister des Landes, und alle drei sagten sie: »Vom
Stonehead dringt das Brüllen eines Löwen an mein Ohr.«

Weil er mit geschorenem Kopf auf einem Felsen saß, wurde
Sekito unter dem Namen Stonehead bekannt. Und alle drei
Meister sagten: »Vom Stonehead dringt das Brüllen eines
Löwen an mein Ohr. Er ist weit entfernt, doch ich kann sein
Brüllen hören.«

Der Mönch ging daraufhin zurück zu Sekito und sagte zu ihm,
dass er es ihn wissen lassen solle, wenn er irgendetwas für ihn
tun könne. Bald darauf kam Nangaku, der Meister selbst, mit
seinen Mönchen vorbei, um Sekito zu besuchen.

Das ist ein seltsames Phänomen. Einst war Sekito als Schüler zu Nangaku gegangen. Inzwischen haben sich die Dinge
vollkommen verändert, nun geht Nangaku zu Sekito, um
ihm seinen Respekt zu erweisen.

Sekito erhob sich, um ihn zu empfangen, und die beiden begrüßten sich. Später ließ Nangaku zu Sekitos Bequemlichkeit
einen Tempel errichten.

Zen vermittelt einen vollkommen anderen Geschmack –
keine Konkurrenz. Nangaku ließ für Sekito einen Tempel
auf seinem Berg errichten und kümmerte sich um dessen Bequemlichkeit. Ein Mönch kam regelmäßig zu ihm, um ihn
zu fragen, ob er etwas benötige. Doch bald begannen Tausende von Menschen zu Sekito zu kommen. Er wurde einer
der größten Zen-Meister. Er war ein sehr direkter Mensch,

kein Philosoph oder Theologe; seine Antworten waren sehr einfach, doch auf den Punkt. Sein Schwert war sehr scharf, und mit einem einzigen Hieb konnte er den Intellekt eines Menschen, seinen kompletten Verstand, zerlegen. Er verhalf vielen Menschen zur Erleuchtung. Sehr wenige Meister können sich rühmen, so vielen Menschen zur Erleuchtung verholfen zu haben wie Sekito.

Chinejo schrieb:

> Auf einmal Licht,
> dann wieder Finsternis,
> auch ich – ein Glühwürmchen.

Ihr habt bestimmt schon Glühwürmchen gesehen. Sie fliegen umher ... wenn sie die Flügel ausbreiten, sieht man ihr Licht, und wenn sie die Flügel wieder anlegen, verschwindet das Licht.

> Auf einmal Licht,
> dann wieder Finsternis,
> auch ich – ein Glühwürmchen.

Chinejo muss bis tief in die Nacht hinein meditiert haben. Und die Stille der Nacht und viele Glühwürmchen um ihn herum, mal dunkel, mal hell, mal dunkel, mal hell, brachten ihn plötzlich so in Einklang mit den Glühwürmchen, dass er sagte: »Auch ich – ein Glühwürmchen. Manchmal bin ich unwissend, manchmal bin ich erleuchtet. Manchmal ist alles dunkel, manchmal wird alles hell.«

Jeder Buddha war in seiner Vergangenheit so unwissend, wie ihr es seid; und jeder, der heute noch unwissend ist, hat eine Zukunft vor sich. Eines Tages kann es plötzlich hell werden; und in diesem Licht verschwindet die Vergangenheit wie ein Traum, und seien es Millionen von Jahren.

Buddha pflegte das Alter der Menschen von dem Zeitpunkt an zu rechnen, als sie erleuchtet wurden. Die Jahre davor zählten für ihn nicht.

Eines Tages saß ein großer Herrscher jener Zeit, Prasenjita, bei Buddha und stellte ihm Fragen. Da kam ein alter Mönch – der wohl mindestens fünfundsiebzig Jahre alt war – und sagte zu Prasenjita: »Bitte vergib mir. Ich warte schon einige Zeit, denn ich muss vor Sonnenuntergang gehen. Ich muss ins nächste Dorf gehen« – ein buddhistischer Mönch darf nicht bei Nacht umhergehen –, »deshalb bin ich etwas in Eile. Ich muss dich daher einen Augenblick stören, nur um Buddhas Füße zu berühren und ihn zu fragen, ob er eine Botschaft für mich hat. Ich sehe ihn vielleicht nie wieder, denn wer weiß schon, was morgen ist?« Also berührte er Buddhas Füße, und Buddha fragte: »Wie alt bist du?«

Der alte Mann antwortete: »Vier Jahre.«

Prasenjita traute seinen Ohren nicht und konnte der Versuchung nicht widerstehen, sich einzumischen. Er sagte: »Was? Vier Jahre? Du musst mindestens fünfundsiebzig sein.«

Buddha antwortete darauf: »Prasenjita, das verstehst du nicht. In meinem Ashram zählen wir nur die Jahre, die jemand als erleuchtetes Wesen verbracht hat. Davor waren nur Dunkelheit und Träume, Alpträume und Elend – nicht wert, dass man sie zählt. Du hast recht, er ist fünfundsiebzig Jahre alt in der gewöhnlichen Welt, doch dies hier ist nicht die gewöhnliche Welt. Er lebt in einem außergewöhnlichen Ashram. Soweit es mich betrifft, ist er vier Jahre alt. Ich habe ihn nur gefragt, ob er sich daran erinnert. Und er erinnert sich. Er weiß, was wahres Leben ist – nur diese vier Jahre. Die einundsiebzig Jahre davor waren ohne Belang, sie spielen keine Rolle, sie sind ohne jede Bedeutung. Man braucht sie nicht zu zählen.«

Und Buddha sagte zu dem Mönch: »Geh mit meinem Segen, denn deine Erinnerung ist korrekt.«

Nun die Meditation:

Sei still, schließe deine Augen und spüre, wie dein Körper vollkommen still wird. Das ist der richtige Augenblick, um nach innen zu schauen.

Sammle deine Energie, dein komplettes Bewusstsein, und mit einer Dringlichkeit, als wäre dies der letzte Moment deines Lebens, dringe vor zu deinem Zentrum – schneller und schneller, tiefer und tiefer.

Während du deinem Zentrum immer näher kommst, breitet sich eine große Stille über dir aus. Sie fällt fast wie sanfter Regen auf dich nieder, so greifbar. Noch ein wenig näher, und ein großer Frieden steigt aus deiner inneren Quelle auf und umgibt dich mit einem Strahlen, das du noch nie gesehen hast, mit einer Gnade, die nicht von dieser Welt ist.

Noch ein Schritt, und du befindest dich im innersten Zentrum deines Wesens.

Zum ersten Mal siehst du dein ursprüngliches Gesicht. Hier im Osten haben wir das Gesicht Buddhas als Symbol für das ursprüngliche Gesicht jedes Menschen übernommen. Du stehst deinem eigenen verborgenen Buddha gegenüber.

Dies ist dein verborgenes Strahlen. Dies ist deine wahre Natur, dein Dharma.

Der Buddha besitzt nur eine einzige Eigenschaft, die des Gewahrseins.

Nimm wahr, dass du nicht der Körper bist, nimm wahr, dass du nicht der Verstand bist, nimm wahr, dass du nur ein Zeuge bist. Und plötzlich bist du eins mit dem Buddha.

Sowie sich deine Wahrnehmung vertieft, taucht eine große Ekstase in dir auf. Sie beginnt in dir aufzutauchen wie eine Lotusblume, die sich in der Morgensonne öffnet, so voller Frische. Auf ihren Blütenblättern liegen noch die Tautropfen der Nacht und glänzen in der Morgensonne wie Perlen.

In diesem Augenblick zählst du zu den glücklichsten Menschen auf Erden. In deinem eigenen Zentrum zu sein, ein Buddha zu sein ist die großartigste Erfahrung des Lebens.

Um dieses Wahrnehmen noch tiefer werden zu lassen … Entspanne dich … lass los … doch bleibe im Wahrnehmen.

Langsam, ganz langsam, beginnst du wie Eis im Ozean zu schmelzen, als getrennte Einheit zu verschwinden und zu der ozeanischen Weite, Ewigkeit, Unendlichkeit zu werden.

Das ist deine innerste Natur. Das ist dein Geburtsrecht – ein Buddha zu sein. Du bist über den Verstand hinausgegangen und hast die Quelle deines Wesens erreicht, von der du gekommen bist. Und wenn die Quelle und das Ziel eins geworden sind, ist der Kreis vollendet. Dieses Vollenden des Kreises ist Erleuchtung. Jeden Tag wird sie tiefer und tiefer.

Sammle alle Erfahrungen ein, die du jetzt gerade machst: das Gefühl von Weite, dieses ozeanische Gefühl, den immensen Frieden, die seltene Stille, die unendliche Ekstase und die Blumen der Seligkeit, die auf dich herabfallen.

Sammle alles ein, denn du musst diese Erfahrungen in dein gewöhnliches, alltägliches Leben bringen – diese Anmut, diesen Frieden, diese Stille, diese Freude, dieses Feiern.

Wenn es dir gelingt, all diese Dinge vom Zentrum zur Peripherie zu bringen, wird dir der Buddha folgen.

Doch du solltest ihn direkt dazu auffordern. Bitte den Buddha, näher zu kommen und dir zu folgen, so dass er eine ständige Präsenz hinter dir ist.

Bei jeder Handlung, jeder Geste, jedem Wort, in jeder Stille, bei Tag, bei Nacht, im Wachen, im Schlafen, im Gehen, was immer du auch tust, folgt dir seine Präsenz wie ein Schatten.

Doch dieser Schatten ist sehr solide und strahlend; der Schatten erfüllt dich mit großer Freude. Dein Herz beginnt zu tanzen.

Jetzt komm langsam zurück … doch komm so friedvoll zurück, als ob niemand hier wäre, ganz still, mit großer Anmut. Denke daran, dass du ein Buddha bist.

Bleibe noch ein paar Sekunden sitzen, um dich an den goldenen Pfad zu erinnern, den du gegangen bist, um dich an die Erfahrungen zu erinnern, die sich im Zentrum deines Wesens für dich öffnen.

Die Erfahrung des Zentrums ist das einzige Wunder, das es gibt.

Durch eure Ehrlichkeit, durch eure Aufrichtigkeit habt ihr diesen Abend zu einem magischen Abend gemacht. Fühlt die Präsenz des Buddhas hinter euch.

Das sind die drei Schritte der Meditation: Zuerst spürt ihr Buddha als Präsenz hinter euch; dann erkennt ihr Buddha als eine Präsenz vor euch, und ihr werdet zu seinem Schatten; und schließlich verschwindet euer Schatten im Buddha, und ihr werdet zum Buddha selbst. Ihr seid nicht mehr da, nur der Buddha ist noch vorhanden.

Der Buddha ist nur ein Symbol für das reine Sein, die letztendliche Befreiung, das Nirwana.

Eines Tages werden sich diese drei Schritte in euch vollzogen haben. Wenn der dritte Schritt vollzogen ist, seid ihr erwacht, erleuchtet. Dann gibt es keine Geburt mehr für euch und keinen Tod. Dann seid ihr Teil des ganzen Kosmos geworden.

Gott ist tot, und Zen ist die einzige lebendige Wahrheit.

Kapitel 5

Gott entspringt eurer Unsicherheit

Sekito schrieb:

Der Geist des großen indischen Weisen wurde auf intime Weise von Indien nach China übermittelt. Unter den Menschen gibt es Weise und Narren, doch es gibt keine nördlichen oder südlichen Lehrer auf dem Weg. Die geheimnisvolle Quelle ist klar und rein, die Ströme, die daraus hervorgehen, fließen durch die Dunkelheit.

Am Relativen festzuhalten ist Illusion, doch das Absolute zu sich zu nehmen ist nicht Erleuchtung.

Alle Elemente der subjektiven und der objektiven Sphären sind miteinander verbunden, und gleichzeitig sind sie unabhängig voneinander; sie sind miteinander verbunden, doch sie funktionieren unterschiedlich, wobei jede Sphäre ihren eigenen Platz behält. Durch ihre äußere Form werden ihr Charakter und ihre Erscheinung bestimmt; Klang, Geschmack und Geruch entscheiden über angenehm oder unangenehm.

Dunkelheit macht alle Dinge eins; Helligkeit macht alle Dinge unterschiedlich.

Die vier Elemente kehren zu ihrer Natur zurück wie ein Kind zu seiner Mutter.

Feuer ist heiß, Wind bewegt, Wasser ist nass, Erde ist fest. Die

Augen sehen, die Ohren hören, die Nase riecht, die Zunge
schmeckt, das Salzige und das Saure.

Alles ist unabhängig voneinander, doch die verschiedenen
Blätter stammen alle aus derselben Wurzel.

Nun, Freunde, zunächst einmal die Fragen. Hier die erste:

*Könnte man den Unterschied zwischen einer gottorientier-
ten Religion und der Qualität von Religiosität mit dem
Unterschied zwischen einem äußeren Richter, einem proji-
zierten Gewissen, und dem Zeugen in unserem eigenen Bewusstsein vergleichen?*

Der Unterschied zwischen gottorientierten Religionen und
Religionen ohne Gott ist enorm. Gottorientierte Religionen
sind einfach nur Fiktion. Doch Lügen, die immer und immer
und immer wieder erzählt werden, fangen beinahe schon
an, wahr zu erscheinen. Gott als die letztendliche Lüge erzeugt viele Lügen um sich herum, weil keine Lüge für sich
allein bestehen kann. Weil eine Lüge nicht selbstverständ-
lich ist, braucht sie andere Lügen zu ihrer Unterstützung;
daher haben alle gottorientierten Religionen zahlreiche Lügen erfunden, um die Lüge von einem Gott zu unterstützen.

Die Wahrheit kann für sich selbst bestehen, doch eine Lüge
nicht. Die Wahrheit braucht keine Argumente, anders als
eine Lüge; eine Lüge braucht viele Argumente, viele fabri-
zierte Beweise, viele imaginäre Nachweise. Die Wahrheit ist
vollkommen nackt – entweder man erkennt sie, oder man
erkennt sie nicht.

Gottorientierte Religionen sind eine Krankheit der Seele,
eine Krankheit des Geistes, denn Gott ist nur eure Angst,
euer Schrecken, eure Sorge, eure Unsicherheit. Dann kommt
das Gebet, und dann kommt der Priester, und dann kommt
die organisierte Religion, die Kirche.

Wahre Religiosität kann nicht auf einen Gott orientiert

sein. Wahre Religiosität entspringt dem eigenen Inneren, dem eigenen inneren Raum.

Und man kann den Unterschied zwischen diesen beiden Arten von Menschen deutlich erkennen. Jene, die einer gottorientierten Religion folgen, zeigen kein Mitgefühl, keine Ekstase, keine Glückseligkeit. Im Gegenteil, sie sind gewalttätig, und sie sind gegen jede Freiheit. Sie leben in ständiger Angst, dass jemand ihren Lügen widersprechen könnte und sie darauf nicht antworten können, weil alles, was sie haben, nur ein Glaubenssystem ist. Ein Glaubenssystem kann euch eure Unwissenheit vergessen lassen, doch es beseitigt sie nicht. Ein gottorientierter Mensch lebt daher in Unwissenheit und glaubt, dass er weiß.

Doch bloße Worte, Theorien, Hypothesen können deinen Charakter nicht verändern. Sie können dich allerhöchstens zu einem Heuchler machen. Sie können dir eine wunderbare Maske geben, doch nicht dein ursprüngliches Gesicht. Sie können dir eine passende Persönlichkeit geben, doch sie können deine einzigartige Individualität weder erschaffen noch entdecken. Und die Persönlichkeit, so passend sie auch ist, ist ein schweres Gewicht auf deiner Brust, auf deinem Herzen, denn du lebst eine Lüge. Niemand kann sich wohl fühlen, wenn er eine Lüge lebt.

Ein Mensch, der kein Glaubenssystem hat, aber der Wahrheit selbst begegnet ist, stellt fest, dass er sich plötzlich in einen neuen Menschen verwandelt. Damit ist keine Anstrengung verbunden. Anmut kommt von allein, Mitgefühl kommt von allein, Gewalt verschwindet, Angst verschwindet, Tod und Geburt verschwinden. Man beginnt sich im Universum zu Hause zu fühlen. Es gibt keine Spannung mehr, man fühlt sich vollkommen entspannt. Das hier ist unser Zuhause. Man hört auf, zu suchen und zu streben, man beginnt zu leben, zu tanzen, zu lieben. Wer sein eigenes innerstes Zentrum kennt, kennt auch das innerste Zentrum des Universums. Die Türen zu allen Mysterien öffnen sich –

nicht dass man jetzt alle Antworten kennt, man selbst wird
geheimnisvoller.

Alle Antworten sind nur Produkte des Verstandes. Die
Fragen entstehen aus dem Verstand heraus, und die Antworten stammen aus demselben Verstand. Weder die Fragen noch die Antworten führen euch zur Wahrheit. Antworten unterdrücken nur eure Fragen, doch die Fragen
werden wieder und wieder auftauchen.

Ein Mensch ohne Gott ist vollkommen allein. Er kann nirgendwo hingehen außer nach innen. Alle Wege, die nach außen führen, sind bedeutungslos; sie führen einen nirgendwohin, weil es im Außen niemanden gibt, keinen Gott, kein
Paradies.

Gott zu entfernen bedeutet eine große Rebellion, und das
ist eine absolute Notwendigkeit, um zu erwachen, um erleuchtet zu werden. Gott hält Millionen von Menschen als
Gefangene außerhalb ihres eigenen Bewusstseins fest. Und
da Gott eine Fiktion ist, sind alle Gebete falsch, und alle Religiosität ist aufgesetzt. Daher verlangen all diese Religionen: »Tut dies, tut das.« Alles wird von außen bestimmt.
Und wann immer etwas von außen bestimmt wird, zerstört
das eure Würde, zerstört das eure Individualität. Eure Freiheit verwandelt sich in Sklaverei, und spirituelle Sklaverei
ist die hässlichste Form von Sklaverei.

Mit einem Gott könnt ihr immer nur Sklaven sein. Mit einem Gott könnt ihr niemals frei sein. Die Befreiung beginnt
damit, dass ihr euch von Gott und all den Lügen, die ihn
umgeben, befreit.

Diese Befreiung bringt euch zu eurem eigenen inneren
Zentrum, und dort findet ihr eine vollkommen andere Erfahrung, die nicht aus dem Verstand stammt; sie ist reine
Stille, Wahrheit und Schönheit, sie ist Ewigkeit, sie ist Leben
als beständiges Feiern. Und weil ihr dieses Feiern in euch
selbst erfahrt, beginnt es aus euch herauszuströmen. Ihr werdet anmutig in euren Handlungen, eure Augen beginnen vor

Liebe und Tiefe zu strahlen; selbst eure Bewegungen spiegeln euer zentriertes, ausgeglichenes, harmonisches Wesen wider. Eure Worte enthalten etwas von dem, was jenseits der Worte liegt. Euer Schweigen ist nicht mehr das Schweigen des Grabes, es ist nicht mehr tot. Es ist lebendig, pulsierend. Es besitzt einen Herzschlag, es ist ein stiller Tanz reinen Gewahrseins. Es ist ein stilles Lied ohne Töne, doch unermesslich lebendig.

Alles, was euch von außen aufgezwungen wird, zerstört euch, zerstört eure Freiheit, eure Individualität. Euer innerer Raum ist vollkommen verschlossen, und er ist auf solche Weise verschlossen, dass ihr niemals auf den Gedanken kommt, dass eure Eltern, eure Lehrer, eure Priester, eure Führer, eure Politiker – alle sogenannten weisen Leute – in Wahrheit Gift für euch sind. Mit den besten Absichten vergiften sie jedes Kind. Und Gott ist die Erbsünde; Erbsünde daher, weil wir eine große Lüge damit erfunden haben, die allergrößte Lüge.

Ihr werdet vielleicht staunen zu hören, dass das indische Christentum das älteste Christentum der Welt ist. Einer der engsten Jünger Jesu Christi, Thomas, ging direkt nach Indien. Sein Testament ist nicht in der Bibel enthalten, weil es in Indien geschrieben wurde, doch es ist das schönste Testament. Die vier, die im Neuen Testament enthalten sind, sind nichts dagegen.

Thomas wurde hier in Indien zu einem neuen Menschen, denn er erkannte den Unterschied zwischen einer gottorientierten Religion und einer Religion ohne Gott. Eine Religion ohne Gott gibt dem Menschen Würde, denn der Mensch wird zum höchstentwickelten Bewusstsein der ganzen Existenz. Sie gibt dem Menschen Freiheit von einer Last, die den Menschen im Namen Gottes von den Priestern auferlegt wurde.

Du hast gefragt: »Könnte man den Unterschied zwischen einer gottorientierten Religion und der Qualität von Reli-

giosität mit dem Unterschied zwischen einem äußeren Richter und einem inneren Zeugen vergleichen …?« In einer
gottorientierten Religion gibt es keinen Richter und keine
Religiosität. Das alles ist reine Theologie, ist eine Projektion
des Verstandes. Es ist nichts Existentielles, nichts Erfahre-
nes. Denkt daran: eine gottorientierte Religion ist nur ein
Begriff. Gott ist eine Fiktion, also kann alles, was auf Gott
orientiert ist, nichts anderes als Lüge sein.

Die gottorientierte, sogenannte Religion besitzt keine Religiosität. Sie besitzt eine gewisse Moral, sie besitzt eine gewisse Disziplin, die dem Menschen entgegen seiner Natur
auferlegt wird.

Gott ist ein Feind der Natur, denn die Natur ist Wahrheit,
und Gott ist eine Lüge. Doch diese Lüge herrscht über Millionen von Menschen und sagt ihnen, dass sie sich nicht
nach der Natur richten sollen, die doch die einzige Wahrheit
ist.

Ein gottorientierter Mensch besitzt also keine Religiosität. Was er besitzt, ist eine gewisse Moral, die nichts anderes als eine soziale Übereinkunft ist. Sie unterscheidet sich
von Ort zu Ort, von Land zu Land, von Rasse zu Rasse. Was
für einen Teil der Menschheit religiös erscheint, ist für einen
anderen Teil der Menschheit nicht religiös, weil jede Gesellschaft ihr eigenes Klima besitzt, ihr eigenes Erbe, ihre eigene
Vergangenheit – die sich von der anderer Gesellschaften unterscheidet.

Das hinduistische Bild vom Himmel ist zum Beispiel das
eines Orts mit Klimaanlage. Natürlich verwenden sie nicht
den Begriff »Klimaanlage«, aber sie sagen: »Den ganzen Tag
weht eine kühle, duftende Brise, und es ist niemals heiß im
Himmel.« Das zeigt ganz offensichtlich, dass die Menschen,
die diese Lüge projiziert haben, in einem heißen Land leben
und nicht ewig an einem heißen Ort leben möchten.

Die Tibeter stellen sich ihren Himmel sehr warm vor und
ohne Schnee; in ihrem Himmel gibt es keinen Winter. Sie

leiden unter der Kälte, dem Winter und dem Schnee. Sie projizieren ein Bild von etwas, was sie dauerhaft aushalten könnten. Dieses Leben ist nur kurz, doch dasselbe in alle Ewigkeit ertragen zu müssen wäre zu viel. Der menschliche Geist ist zu schwach, zu empfindlich.

Und schaut euch nur einmal an, was in jedem Land unter religiös verstanden wird. In Indien muss man am Morgen vor dem Sonnenaufgang ein Bad nehmen und seine Gebete sprechen, bevor man frühstücken darf – auf keinen Fall darf man davor frühstücken. In den religiösen Schriften Tibets heißt es, dass man einmal im Jahr ein Bad nehmen muss. Doch das Problem ist, dass die Menschen ihre Konzepte mitnehmen, selbst wenn sie in andere Gegenden ziehen.

Einer meiner Freunde, ein sehr gelehrter Brahmane, wollte einmal für längere Zeit nach Tibet reisen. Er war sehr an der tibetischen Sprache und den Schriften interessiert.

Ich sagte zu ihm: »All diese Literatur steht dir auch hier zur Verfügung. Du musst deshalb nicht nach Tibet gehen. Du wirst es dort sowieso nicht länger als zwei Tage aushalten.«

Er wollte wissen: »Wieso denn nicht?«

Ich antwortete: »Wie willst du dort vor Sonnenaufgang ein Bad nehmen? Und ohne Bad kannst du nicht frühstücken. Du kannst nichts essen, solange du nicht gebetet hast, doch bevor du beten kannst, musst du baden.«

Aber er hörte nicht auf mich. Er ging nach Tibet, und nach zwei Tagen kam er wieder zurück. Er schaffte es nicht einmal bis nach Lhasa, er kehrte bereits in Ladakh um, das zwischen Tibet und Indien liegt. Selbst Ladakh bereitete ihm schon zu viele Probleme. Ein Bad am frühen Morgen in Ladakh kann einen umbringen. Es ist eiskalt dort! Also kam er zurück und fuhr nicht weiter.

Ich fragte ihn: »Was ist passiert? Du warst nur zwei Tage weg und bist schon wieder zurück?«

Er antwortete: »Du hattest Recht. Ich bin ein Brahmane

und lebe nach meiner Religion. Ich muss regelmäßig ein Bad nehmen.«

Als der Dalai Lama nach der chinesischen Invasion aus Tibet floh, kamen Hunderte tibetischer Lamas mit ihm. Ich hielt einmal ein Meditationscamp in Bodhgaya ab, dem Ort, wo Gautama Buddha erleuchtet wurde. Dort, an demselben Ort, neben exakt demselben Baum, bot ich ein Meditationscamp an. Eine Gruppe tibetischer Lamas kam, um dem Baum, unter dem Gautama Buddha die Erleuchtung erlangt hatte, ihren Respekt zu erweisen.

Ihr werdet es nicht glauben … man konnte sie schon von weitem riechen. Sie befolgten immer noch die Vorschrift, dass man einmal im Jahr baden sollte – in Indien! Es war ein heißer Sommer, und sie schwitzten natürlich. Und sie trugen immer noch dieselbe Kleidung wie in Tibet – eine Schicht über der anderen. In Tibet trugen sie viele Schichten von Kleidung, und diese Kleider waren inzwischen schmutzig, fettig, und Staub hatte sich darauf angesammelt. In Tibet war diese Art von Kleidung gut gewesen, denn sie hielt die Kälte ab, aber in Indien …! Sie hatten sie nicht gewechselt.

Ich fragte sie: »Versteht ihr denn nicht, dass alle möglichen sogenannten religiösen Vorschriften nur soziale Vereinbarungen sind? In Tibet waren sie in Ordnung, doch hier sind sie dumm. Ihr seid ja verrückt, mit so vielen Schichten von Kleidung herumzulaufen und nicht zu baden!«

Doch sie antworteten: »Unsere Religion sagt, dass einmal Baden pro Jahr notwendig ist. Mehr als das ist Luxus. Mehr als das ist abzulehnen, es ist gefährlich.« Und um den Leuten Angst einzujagen und zu verhindern, daß sie sich gegen die Vorschriften auflehnen, wird ihnen mit der Hölle gedroht. Sie sagten also: »Besser stinken, als in der Hölle zu landen.«

Ich entgegnete ihnen: »Das stimmt. Ich glaube nicht, dass der Teufel euch in der Hölle einlassen würde, denn in keiner Schrift der Welt ist die Rede davon, dass der Teufel stinkt; er ist ein Gentleman, ein netter Kerl.« Ich sagte zu ihnen:

»Behaltet einfach diese Kleider an, und sie werden euch vor der Hölle bewahren. Wenn der Teufel euch riecht, wird er die Tore verschließen: ›Kein Zutritt für tibetische Lamas! Geht an einen anderen Platz.‹«

Jesus pflegte Alkohol zu trinken. In Indien kann sich keine Religion vorstellen, dass ein Mensch mit Bewusstheit, ein Erleuchteter, Alkohol trinken kann. Ich sehe darin kein Problem, denn der Körper ist nur eine Illusion, und der Alkohol wird vom Körper aufgenommen und nicht von der Seele. Man spricht zwar von »Spirituosen«, aber ich glaube nicht, dass es sich bei Alkohol um etwas »Spirituelles« handelt. Er wirkt nicht auf das Bewusstsein. Er wirkt vielleicht auf den Verstand, doch das Bewusstsein wird davon überhaupt nicht berührt, denn der Verstand und das Gehirn sind Teil des Körpers. Der Verstand ist die Software, und das Gehirn ist der Computer, der damit programmiert wird.

Wenn ein Kind geboren wird, besitzt es ein Gehirn, aber noch keinen Verstand. Der Verstand ist nichts anderes als eine Ansammlung von Informationen, von Wissen; er ist die Programmierung. Das Gehirn wird also durch Alkohol beeinflusst, aber nicht eure Spiritualität.

Worin besteht also das Problem? Für mich ist das kein Problem. Selbst ein Buddha kann ab und zu ein bisschen Alkohol trinken, sich eine kleine Party gönnen – nach italienischer Art. In Italien bedeutet »Party« etwas ganz anderes als das, was ihr darunter versteht. Es handelt sich um eine wirkliche Party, mit zwei Partnern. Und warum sollte ein Buddha nicht eine kleine Party genießen können, ein bißchen Spaghetti und Wein? All diese Dinge sind nur materieller Natur und berühren euer spirituelles Wesen überhaupt nicht.

Aber in Indien kann sich niemand vorstellen, dass ein Buddha Alkohol trinken könnte – er trinkt nicht einmal Tee. Man kann sich nicht vorstellen, dass ein Mahavira Alkohol trinken könnte. Der Grund dafür ist ganz einfach: Im heißen Klima Indiens braucht es keinen Alkohol. Doch in einem kalten Klima ist Alkohol eine Notwendigkeit. Er hält einen warm; er macht einen nicht betrunken, sondern hält einen nur warm. Und es ist nichts dabei, sich warm zu fühlen, wenn um einen herum der Schnee vom Himmel fällt. In einem kalten Land ist die Moral also anders als in einem heißen Land. Das ist nur eines von vielen Beispielen. Unterschiedliche Klimazonen führen zu unterschiedlichen Moralvorstellungen in allen möglichen Bereichen.

Mohammed sagte zu den Mohammedanern: »Ihr dürft vier Frauen heiraten.« Der Grund dafür war, dass damals, vor vierzehnhundert Jahren, in Saudi-Arabien das Verhältnis von Frauen zu Männern ungefähr vier zu eins war. Das lag daran, dass die Männer ständig Krieg führten. Es war eine Stammesgesellschaft, und jeder Stamm kämpfte gegen jeden anderen. Natürlich wurden die Männer dabei getötet, und die Frauen blieben übrig. Das Verhältnis war schließlich so, dass auf jeden Mann ungefähr vier Frauen kamen. Also verurteile ich Mohammed nicht, denn er passte sich nur der Gesellschaft an und machte es einfacher für sie. Was hätten die übrigen Frauen sonst tun sollen? Sie hätten nur die ganze Gesellschaft durcheinander gebracht. Sie hätten Liebesaffären mit verheirateten Männern angefangen oder wären Prostituierte geworden, und solch eine große Anzahl von Prostituierten hätte nur für viel Unruhe und Perversion gesorgt. Also war es besser, dass die Männer vier Frauen heirateten.

Und seltsamerweise ... ich habe engen Kontakt mit ein paar Mohammedanern, die meine Freunde sind. Und ich war erstaunt. Ich hatte immer gedacht, dass eine Frau bereits ausreicht, um einen Mann entweder in den Wahnsinn oder in die Erleuchtung zu treiben – die einzigen beiden Alternativen. Wozu können dann vier Frauen einen Mann treiben? Doch als ich mit Mohammedanern in Kontakt kam, die vier Frauen hatten, war die tatsächliche Erfahrung eine ganz andere.

Das ist es, was ich immer sage, dass etwas in der Theorie

logisch wirken kann, doch das Leben ist nicht verpflichtet, eurer Logik zu folgen.

Ich war überrascht, dass es in einem mohammedanischen Haushalt keinen Streit gibt wie in einem Haushalt mit einem Mann und einer Frau, wo beide ständig streiten und kämpfen und eifersüchtig sind. Der Grund liegt darin, dass die vier Frauen untereinander streiten und der Mann vollkommen außen vor ist. Sie kümmern sich nicht besonders um den Mann, der ganze Streit findet unter den vier Frauen statt. Dieser Mann ist also weitaus glücklicher als jemand, der nur mit einer einzigen Frau zusammenlebt.

Ich fragte also diese Freunde von mir: »Was ist mit euch los? Normalerweise treibt jede Frau ihren Mann in den Wahnsinn oder bringt ihn so weit, dass er die Welt hinter sich lässt – was in Wahrheit nur bedeutet, dass er die Frauen hinter sich lässt – und erleuchtet wird.« Jetzt verstehe ich auch, warum kein Mohammedaner jemals erleuchtet wurde. Sie sind sehr normale Menschen, sie werden in der Regel auch nicht verrückt. Das liegt daran, dass diese vier Frauen untereinander streiten und der Mann dabei einfach aus dem Spiel bleibt. Er kann das Spiel beobachten, aber er ist kein Teil mehr davon.

Aber heute ist das Verhältnis nicht mehr so wie früher. In einem Land wie Indien ist das Verhältnis von Männern zu Frauen vollkommen ausgeglichen, und selbst in Saudi-Arabien ist das Verhältnis ausgeglichen. Jetzt führt es zu Problemen und Ungelegenheiten für die Gesellschaft, wenn man weiter zulässt, dass ein Mann vier Frauen heiratet, denn drei Männer bleiben dabei ohne Frau. Diese drei Männer werden nun für Probleme sorgen. Sie werden Liebesaffären mit den Frauen anderer Männer beginnen ... Und denkt immer daran, die Frau eines anderen ist weitaus schöner als die eigene Frau, weitaus grüner – so wie der Rasen des Nachbarn so grün wirkt, dass man ihn am liebsten essen würde.

Die Franzosen haben tatsächlich so einen Ausdruck. Wenn

man in Frankreich zutiefst in eine Frau verliebt ist, sagt man zu ihr: »Ich möchte dich am liebsten verschlingen.« Das macht sie sehr glücklich. Doch das gilt nur für die Franzosen. Wenn man das in Indien zu einer Frau sagen würde – dass man sie verschlingen möchte –, würde sie einen Mordsschrei loslassen. Man würde von der Polizei verhaftet werden: »Was haben Sie zu dieser Frau gesagt, dass sie so laut geschrien hat?« Und wenn man dann antwortet: »Ich habe ihr nur gesagt, dass ich sie liebe und dass ich sie am liebsten verschlingen möchte« ...

Selbst die Sprache ist unterschiedlich – so wie sich auch die Moral verändert, wie sich die Religion verändert –, je nach Klima, je nach Tradition, je nach geschichtlicher Vergangenheit.

Ich habe einmal folgende Geschichte von einem französischen Ritter gehört. Im Mittelalter waren die Ritter ständig auf Kreuzzügen unterwegs. Die Christen waren dauernd unterwegs, um Mohammedaner zu töten, und sie waren unterwegs, um Juden zu töten oder zum Christentum zu bekehren. Wenn man am Leben bleiben wollte, hatte man nur die Möglichkeit, Christ zu werden; andernfalls wurde man umgebracht.

Der Ritter war also dabei, sich auf einen Kreuzzug zu begeben, doch er hatte eine sehr schöne Frau. Im Mittelalter gab es in Europa gewisse Vorrichtungen: Wenn ein Mann einige Tage unterwegs war, legte er seiner Frau einen Gürtel an, einen sogenannten Keuschheitsgürtel. Das war ein Metallgürtel mit einem Schloss, und es wurden die seltsamsten Schlösser dafür entwickelt, damit sich niemand mit der Frau verlustieren konnte. Manche dieser Gürtel, die von den reicheren Leuten verwendet wurden, hatten sogar ein Messer im Innern. Wenn man mit etwas eindrang, klappte das Messer zu. Solche Gürtel sind in allen großen europäischen Museen ausgestellt, vor allem in London.

Der Ritter, der einige Monate unterwegs sein würde – vielleicht sogar ein oder zwei Jahre – schloss also seine Frau ab. Er wollte den Schlüssel aber nicht mitnehmen, denn es war Krieg, und wenn der Schlüssel verloren ging, wäre es sehr schwierig, das Schloss zu öffnen. Man würde einen Schmied oder sonst jemanden brauchen, um einen Ersatzschlüssel anzufertigen. Es wäre jedenfalls sehr peinlich. Also ließ er seinen besten Freund zu sich kommen und sagte zu ihm: »Ich gehe auf einen Kreuzzug, und ich vertraue dir, du bist mein bester Freund; also verwahre bitte diesen Schlüssel für mich. Wenn ich zurückkomme, werde ich mir den Schlüssel wiederholen. Es ist der Schlüssel für den Keuschheitsgürtel meiner Frau.«

Der Freund erwiderte: »Mach dir keine Sorgen.« Doch fünf Minuten, nachdem der Ritter weggeritten war, kam der Freund auf seinem Pferd hinterhergaloppiert. Der Ritter hielt an und fragte: »Was ist los?« Und der Freund antwortete: »Du hast mir den falschen Schlüssel gegeben.« Nach fünf Minuten!

Wenn das Verhältnis von Männern und Frauen nicht ausgeglichen ist, ist das, was Mohammed empfohlen hat, sehr praktisch; es ist nichts Falsches daran. Aber es passte nur zu seiner Zeit und zu der damaligen Situation. Inzwischen ist es jedoch unter Mohammedanern zu einer Regel geworden, und weil sie in ihrer eigenen Religion nicht so viele Frauen finden können, gehen sie hin und entführen die Frauen anderer.

In Indien ist es zu einem richtigen Spiel geworden. Man holt sich einfach die Frau eines anderen und hält sie fest ... denn Hindus sind da sehr empfindlich. Wenn eine Ehefrau auch nur eine Nacht außerhalb ihres Hauses verbringt, ist sie erledigt. Sie kann das Haus ihres Ehemannes dann nicht mehr betreten, ihr Mann lässt das nicht zu. Sie kann auch das Haus ihrer Eltern nicht mehr betreten; die Eltern werfen sie hinaus, weil sie ihre Respektabilität beschmutzt hat, ihr Prestige: »Geh hin und bring dich um, eine andere Möglichkeit hast du nicht.« Doch statt Selbstmord zu begehen, kehrt die Frau zu dem Mohammedaner zurück. Das ist vernünftiger und logischer.

Eine Frau braucht nur eine Nacht lang nicht zu Hause zu sein. Es spielt keine Rolle, ob sie diese Nacht mit einem anderen im Bett verbracht hat oder nicht. Und so vermehren sich die indischen Mohammedaner. Offensichtlich kann ein Mann mit vier Frauen mindestens vier Kinder pro Jahr zeugen. Das ist nicht möglich, wenn es vier Männer und eine Frau sind. Dann bringen sie vielleicht nicht einmal ein einziges Kind zustande – die vier Männer bringen das Kind möglicherweise um, noch bevor es geboren wird.

Denkt also daran, eure gottorientierten Religionen bestehen nur aus gesellschaftlichen Vereinbarungen. Sie sollten eigentlich überhaupt nicht als Religionen bezeichnet werden, denn sie bestehen nur aus moralischen Vorschriften, die die Gesellschaft zusammenhalten, und zwar so einfach wie möglich. Das ist keine Religiosität. Religiosität entsteht nur aus dem Aufblühen des eigenen Bewusstseins.

Gottorientierte Religionen erzeugen zwar ein *Gewissen*, aber keine *Bewusstheit*. Viele Menschen glauben fälschlicherweise, dass Gewissen und Bewusstheit dasselbe seien. Sie haben zwar dieselbe Wurzel, doch sie sind wie getrennte Zweige, die in entgegengesetzte Richtungen verlaufen. Das Gewissen wird dir von anderen aufgezwungen. Bewusstheit ist eine Evolution, die aus deinen eigenen Tiefen bis in die höchsten Höhen aufsteigt.

Das Gewissen ist nur eine Plastikblume.

Ich hatte einmal einen Nachbarn. Ich besaß einen wunderbaren Garten mit allen Arten von Bäumen und Sträuchern. Natürlich war er neidisch. Was tat er … Ich konnte von meinem Haus aus nur eines seiner Fenster sehen, nicht sein ganzes Haus. Große Bäume verbargen sein Haus, doch ein Fenster konnte ich sehen – also stellte er dort einen Blumentopf auf und steckte Plastikblumen hinein. Und um mich zu täuschen – denn Plastikblumen brauchen ja kein Wasser –, goss er sie jeden Tag, nur um mir zu zeigen, dass er ebenfalls Blumen besaß. Doch ich konnte sehen, dass die Blumen immer gleich blieben – sechs Monate vergingen, und die Blumen hatten sich nicht verändert.

Plastikblumen blühen ewig. Tatsächlich machen sich die Ökologen Sorgen, weil Plastik etwas ist, was nicht von der Natur abgebaut wird. Und inzwischen landet so viel Plastikmüll in den Meeren, in der freien Natur, dass die ganze Ökologie dadurch gestört wird. Plastik hält ewig.

Ein Baum entsteht aus der Erde, ein Mensch entsteht aus der Erde; legt man einen Baum in die Erde, löst er sich in seine Bestandteile auf. Doch Plastik wird künstlich vom Menschen hergestellt. Man kann es in die Erde legen, und wenn man viele Jahre später nachgräbt, findet man das Plastik immer noch genauso vor, ohne dass es sich verändert hat.

Das liegt an der amerikanischen Erfindung der Einwegprodukte: Man verwendet etwas einmal und wirft es dann weg. Das ist sauberer, doch es ist auch gefährlich. Der ganze Meeresboden rund um die USA herum ist voller Plastikmüll: Tüten, Spritzen, Behälter, Spielzeug, alles aus Plastik. Alles ist Plastik. Und diese Schichten aus Plastik haben etwas Seltsames bewirkt. Millionen von Fischen sind gestorben, weil das Plastik das Wasser vergiftet hat. Es herrscht zunehmende Angst, dass immer mehr Plastikabfall in den Meeren, in den Flüssen, in der Umwelt dazu führen wird, dass alles stirbt; irgendwann wird alles nur noch aus Plastik bestehen.

Ich klopfte also bei meinem Nachbarn an und sagte zu ihm: »Sie haben ganz wunderbare Blumen. Meine Blumen sind armselig dagegen: Am Morgen blühen sie, und am Abend sind sie bereits verwelkt. Auch wenn Sie nur einen einzigen Blumentopf haben, ist er doch besser als mein ganzer Garten.«

Er war sehr verlegen. Darauf meinte ich: »Sie sind so ein intelligenter Mensch. Sie haben diese Blumen gegossen ...« Er wusste nichts darauf zu sagen. Seine Frau kam hinzu und meinte: »Sie sagen, er sei intelligent, aber er ist ein Idiot! Ich habe ihm gesagt, dass Plastikblumen kein Wasser brauchen.«

Ich sagte zu seiner Frau: »Das verstehen Sie nicht. Er hat nicht die Plastikblumen gegossen, er hat versucht, mich zu täuschen. Diese Plastikblumen blühen schon seit sechs Monaten, und sie werden ewig blühen. Dieser Mann wird sterben, und Sie werden sterben«, so sagte ich zu seiner Frau, »doch diese Plastikblumen werden ewig blühen. Sie sind unsterblich. Doch sie sind tot, deshalb sind sie unsterblich – weil sie bereits tot sind.«

Einen toten Menschen kann man nicht umbringen, nicht wahr? Sobald ein Mensch tot ist, wird er unsterblich. Man kann ihn nicht zweimal umbringen. Nur einmal gab es eine Auferstehung, und auch die war nicht echt. Sobald ein Mensch gestorben ist, gibt es für ihn keinen Tod mehr.

Das ist der Unterschied zwischen einer aufgezwungenen Moral und Religion und einem inneren Wachsen des Bewusstseins. Beide sind vollkommen voneinander verschieden. Nur im Französischen sind Gewissen und Bewusstsein identisch. Ich bin mir dessen nicht ganz sicher, denn ich spreche kein Französisch. Doch ich habe das Gefühl, dass sich diese beiden Wörter im Französischen nicht unterscheiden, dass das Wort für Gewissen für beides verwendet wird, für Gewissen und für Bewusstsein. Doch das ist vollkommen falsch. Die französischen Linguisten sollten das ändern.

Das Gewissen ist gottorientiert; das Bewusstsein ist das Aufblühen des eigenen inneren Seins. Dann wird man spontan auf jede Situation reagieren. Eine gottorientierte Moral kann nicht spontan sein. Sie richtet sich danach, was die heiligen Schriften sagen, was Moses gesagt hat, was Jesus gesagt hat; sie muss das Gedächtnis befragen. Doch Spontanität muss niemanden befragen – weder Manu noch Moses, noch Mohammed oder irgendjemand anderen. Spontanes Handeln entsteht einfach aus dir, und weil es aus dir entsteht, besitzt es Authentizität und Aufrichtigkeit. Dann handelst du als Individuum und nicht als Schaf. Dann handelst du als menschliches Wesen voller Würde und Herrlichkeit und Ehre.

Eine gottorientierte Religion nimmt dir alles weg, was schön an dir ist, und lässt nur ein gebrochenes Wesen zurück, das in jeder Hinsicht verkrüppelt ist, von allen möglichen Parasiten befallen. Gott ist der oberste Parasit. Er droht ständig. Und weil es keinen Gott gibt, ist es natürlich der Priester, sein Sprachrohr, der dir ständig droht: »Du wirst in der Hölle landen, wenn du nicht auf mich hörst. Ich repräsentiere Gott.« Das ist eine reine Erfindung der Priester in aller Welt, um die Menschen zu beherrschen, um sie auszubeuten. Und sie glauben selbst nicht, was sie zu den Menschen sagen. Wie könnten sie es glauben? Sie wissen doch, dass es sich um eine Fiktion handelt. Aber es ist ein guter Beruf, es ist ein gutes Geschäft.

Erst vor kurzem wurde der Erzbischof von Jerusalem verhaftet – Jerusalem, die Heilige Stadt von drei Religionen, Judentum, Christentum und Islam –, weil er sich in der öffentlichen Toilette des Bahnhofs exhibitioniert hatte, weil er seine Sexualorgane vor anderen entblößt hatte. Der Erzbischof von Jerusalem! Es ist kaum zu glauben, dass diese Menschen anderen Keuschheit predigen und sich selbst so dumm benehmen.

Doch was soll man mit diesen Leuten machen? Sobald man etwas unterdrückt, wird es irgendwann wieder an die Oberfläche kommen, und man wird sich zum Narren machen. Sie sind die Opfer einer ständigen Unterdrückung durch ihre Religion, durch ihre Äbte, durch ihre Päpste – vollkommen gegen die Natur.

Jede Art von Moral ist gegen die Natur und dient einer bestimmten sozialen Struktur. Die soziale Struktur ist vom Menschen gemacht, sie ist nicht perfekt, sie bedarf ständiger Veränderungen. Doch jeder Moralkodex, jede gottorientierte Religion, schützt die soziale Struktur. Sie sind gegen jede Revolution. Sie haben kein Bewusstsein. Anstelle eines Bewusstseins haben sie ein falsches Gewissen erzeugt, ein Plastikbewusstsein. Was sie als Gewissen bezeichnen, ist nur aufgezwungen, einprogrammiert. Ihr müsst euch entsprechend verhalten, doch euer inneres Wesen ist nicht damit im Einklang. Diese Spaltung wird durch eure gottorientierten Religionen erzeugt.

Der Mensch leidet unter Schizophrenie, Neurosen, Psychosen – allen Arten von Geisteskrankheiten – aufgrund dieser einen Fiktion, die er nicht loslassen kann. Lasst einfach Gott los, und ihr werdet feststellen, dass ihr gesünder und natürlicher werdet, dass eine gewisse Schönheit in euch auftaucht, die nur in natürlichen Wesen auftaucht.

Wenn ihr an einen Gott glaubt, werdet ihr euch immer vor seinem Urteil fürchten. Doch wenn es keinen Gott gibt, gibt es auch keine Urteile. Dann gibt es nur noch einen Zeugen, und ein Zeuge ist kein Richter. Ein Zeuge ist nur ein Spiegel. Er zeigt euch klar und deutlich die Situation, und er ermöglicht euch eine spontane Reaktion. Diese besitzt enorme Schönheit und Harmonie, und ihr lebt ohne Bedauern und Reue. Ihr blickt nicht zurück, ihr seid immer in der Gegenwart, nur ein Zeuge, handelnd, auf das reagierend, was euch begegnet, entsprechend eurem eigenen Bewusstsein.

Und denkt an eins: Selbst wenn ihr in die Hölle kommt, werdet ihr es nicht bedauern, wenn ihr spontan und entsprechend eurem Bewusstsein gelebt habt. Wenn ihr dagegen in den Himmel kommt, weil andere euch gezwungen haben, bestimmten Vorschriften zu folgen, bestimmten Geboten, dann werdet ihr es selbst im Himmel noch bereuen, dass ihr euer Leben nicht entsprechend eurer eigenen Natur gelebt habt.

Es gibt nur ein Glück auf dieser Welt, und das besteht darin, im Einklang mit der eigenen Natur, mit dem eigenen Leben zu sein. Kümmert euch also nicht um irgendwelche Gebote, um irgendeine Disziplin oder Moral. Lebt einfach entsprechend eurem eigenen Bewusstsein und entwickelt dieses Bewusstsein ständig weiter. Dann wird es bald Frühling in euch werden, und das wird euch enorme Klarheit schenken, Sicherheit im Handeln, Absolutheit in jeder Antwort auf das Leben. All eure Antworten auf das Leben werden voll Schönheit sein, denn sie werden aus einem wachsenden Bewusstsein kommen.

Ein Gewissen ist nur geborgt. Bewusstsein ist eure Natur. Der Unterschied ist gewaltig.

Die zweite Frage:

Das Leben scheint nicht der oberste Wert zu sein, der mechanische Mensch ist verzichtbar. Gott ist nichts anderes als eine kranke Fantasie, also ist offensichtlich auch das nicht der oberste Wert. Was bleibt denn dann noch übrig?

Nichts – außer dir selbst. Sobald es keinen Gott mehr gibt, bist nur noch du selbst da, allein und verantwortlich.

Die Menschen klammern sich aus einem bestimmten Grund an Gott. Sie übergeben ihre ganze Verantwortung an Gott, denn er soll sich um sie kümmern. Sie wollen einfach nur jeden Sonntag zur Kirche gehen – das ist genug –, und Gott soll sich um alles andere kümmern. Doch dabei ist euch nicht klar: Sobald ihr eure Verantwortung an Gott übergebt, habt ihr ihm auch eure Freiheit übergeben, seid ihr zu einer Marionette geworden.

Sobald du weißt, dass Gott nur eine kranke Fantasie ist,

wird dich dieses Wissen gesund, ganz und heil machen. Und deine Ganzheit, dein Alleinsein, ist solch eine wunderbare Erfahrung, dass du keinen anderen Wert, keinen obersten Wert brauchst. Du selbst bist der oberste Wert. Dein eigenes Wesen, wenn du es in seiner Ganzheit entdeckt hast, ist ein Gautama Buddha. Es braucht keine anderen Werte als Anreiz, um den Weg bis an sein Ziel zu gehen.

Was es braucht, ist einfach nur, alle kranken Fantasien aufzugeben. Dann werden alle eure Religionen vom Angesicht der Erde verschwinden, und das wird euch in vollkommener Gesundheit zurücklassen. Aus dieser Gesundheit, aus diesem Alleinsein, aus dieser Freiheit heraus werdet ihr eure höchsten Gipfel und eure tiefsten Tiefen finden. Und das kann man als den wirklichen Sinn, die wahre Bedeutung, den obersten Wert bezeichnen. Du selbst bist der oberste Wert. Es liegt an einer kranken Fantasie, dass ihr nicht euch selbst anschaut, sondern zu den Sternen blickt.

Die dritte Frage:

Primitive Gesellschaften betrachteten Gott immer als Teil der Umwelt, sie sahen ihn in Flüssen und Bäumen, in Sonne und Mond. Erst wenn eine Gesellschaft zivilisierter wird, beginnt sie Gott als ein getrenntes Wesen zu betrachten. Woran liegt das?

Primitive Gesellschaften hatten kein Privateigentum. Primitive Gesellschaften hatten keine Familien, sie lebten als Stämme. Niemand kannte seinen Vater, die Menschen kannten nur ihre Mutter und die Brüder der Mutter. Primitive Gesellschaften waren matriarchal strukturiert; die Mutter war die einzige Person, die sie kannten, der Vater war noch nicht in Erscheinung getreten.

Als die Gesellschaften von der Jagd zum Ackerbau übergingen, hörten sie auf, Nomaden zu sein; vorher waren sie immer dorthin gezogen, wo es ausreichend Tiere für die Jagd gab. Sie konnten nicht an einem Platz bleiben, weil ihre Nahrungsquellen bald erschöpft waren. Wenn die Tiere von ihnen wegzogen, mussten sie ihnen folgen. Ihre ganze Sorge bestand darin, Nahrung zu beschaffen. Es gab keine Häuser, es gab keine Städte, es gab nur vorübergehende Camps. Das Privateigentum war noch nicht entstanden.

Erst mit dem Ackerbau entstand das Privateigentum. Die Stärkeren schafften es, sich so viel Land unter den Nagel zu reißen, wie sie wollten. Die Schwächeren konnten gerade so am Existenzminimum leben – sie bekamen nur, was die Stärkeren übrig ließen. Die stärksten Gangster wurden schließlich eure Könige, eure Herrscher, eure Führer. Sie sind im Grunde Kriminelle, die die Menschheit vieler ihrer Freuden beraubt und sie in die Ecke gedrängt haben.

Doch sobald Privateigentum entstanden war, musste der Vater sich sicher sein können, dass sein Sohn auch wirklich *sein* Sohn war. Mit dem Privateigentum entstand die Familie. Und mit dem Privateigentum wurde die Frau zu einer untermenschlichen Rasse degradiert. Sie wurde versklavt. Nun war sie nichts anderes mehr als Eigentum, das Eigentum eines bestimmten Mannes, und ihre ganze Funktion bestand darin, Kinder zu produzieren.

Stammesmenschen hatten keine Vorstellung von einem Vater, doch sie wussten viele Dinge, die wir vergessen haben: Sie fühlten, wie das Leben in den Bäumen erwacht; sie fühlten das Leben, das sich im Fluss bewegt; sie fühlten das Leben in den Wellen, die beständig, ewig an den Strand branden. Sie waren sensibler. Sie waren unzivilisierte Analphabeten, doch sie waren sensibler und empfänglicher.

Ich habe einmal verschiedene Geschichten über die australischen Ureinwohner gehört. Die meisten von ihnen wurden von den Weißen umgebracht, und zwar auf eine so abscheuliche Art und Weise, dass die Weißen die größten Barbaren auf der ganzen Welt zu sein scheinen. Die australischen Ur-

einwohner wurden fast wie Tiere umgebracht. Die Menschen pflegten auf die Jagd nach ihnen zu gehen, weil sie sie
nicht für menschliche Wesen hielten, sondern für eine weit
unterlegene Spezies. Fast neunzig Prozent der australischen
Ureinwohner wurden von den Weißen getötet. So wie man
Tiger und Löwen und Rehe jagt, jagte man sie ebenfalls, wie
eine andere Art, die sich von den Menschen unterschied. Sie
waren nicht weiß, ihre Gesichter waren anders, ihr Verhalten war anders.

Doch die australischen Ureinwohner hatten einen ganz
besonderen Brauch. Sie hatten kein Postamt, sie hatten kein
Telefonsystem und keine Handys. Sie pflegten einen Baum
zu hypnotisieren, eine bestimmte Art von Baum. Durch ihre
Sensibilität waren sie in der Lage, die richtige Art Baum zu
finden, Bäume, die sich hypnotisieren ließen. Bei Menschen
lässt sich nur ein Drittel leicht hypnotisieren, nur 33 Prozent.
Seltsamerweise sind auch nur 33 Prozent der Menschen intelligent; es sind dieselben Menschen. Nur 33 Prozent der
Menschen sind kreativ; es sind dieselben Menschen. Die
übrigen sind unsensibel, unempfänglich, unintelligent. Die
australischen Ureinwohner fanden also heraus, welcher
Baum sich leicht hypnotisieren ließ, so dass jedes Dorf seinen eigenen hypnotisierten Baum besaß. Und über den
Baum pflegten sie Botschaften zu anderen Bäumen in anderen Dörfern zu senden. Wenn beispielsweise ein junger Mann
in ein anderes Dorf ging und der Vater ihm eine Botschaft
schicken wollte, dann sagte der Vater zu seinem Sohn, bevor
er aufbrach: »Wenn ich dir eine Botschaft schicken muss,
dann werde ich sie genau zu Sonnenaufgang schicken. Lau-
sche immer zu dieser Zeit dem hypnotisierten Baum in jenem Dorf.« Das Dorf war vielleicht Hunderte von Meilen
entfernt. Doch wenn der Vater seinem Sohn eine Botschaft
schicken wollte, ging er früh am Morgen, bei Sonnenaufgang, zum Baum seines eigenen Dorfes und sagte zu ihm:
»Bitte informiere den Baum in diesem oder jenem Dorf, wo

mein Sohn auf eine Botschaft wartet ...« Und dann gab er dem Baum die Botschaft, und dieser empfing sie: »Du kannst noch zwei Tage bleiben« – oder was immer die Botschaft war.

Das praktizierten sie jahrtausendelang, doch inzwischen haben sie es langsam vergessen; die meisten unter ihnen haben vergessen, wie man Bäume hypnotisiert, weil das Christentum sie in Schulen zwang, um lesen zu lernen. Das Christentum ist absolut gegen Hypnose. Es denkt, Hypnose hätte etwas mit dem Teufel zu tun. Hypnotismus oder Mesmerismus oder was auch immer wird für gefährlich gehalten. Also haben die Christen zusammen mit den Ureinwohnern auch diese Bäume vernichtet, die über Jahrhunderte hinweg hypnotisiert worden waren. Sie waren so empfindsam geworden, dass sie eine Botschaft jederzeit zu anderen Bäumen über Hunderte von Kilometern hinweg senden konnten, selbst über Tausende von Kilometern hinweg. Der Raum spielte keine Rolle, die Entfernung spielte keine Rolle.

Primitive Menschen waren sehr sensibel, weil sie mit den Bäumen lebten, mit den Tieren, mit den Flüssen, mit den Meeren, mit den Bergen. Sie waren Teil der Natur. Der primitive Mensch hatte keine Religion, keine organisierte Kirche, keine Priesterschaft. Offensichtlich war sich der primitive Mensch des Lebens rund um ihn herum sehr viel stärker bewusst. Er lebte inmitten eines Ozeans aus Leben. Und offensichtlich war seine Liebe zu den Bäumen, zu den Flüssen, zum Meer, zu den Bergen, den Sternen, zur Sonne und zum Mond sehr groß. Er lebte in einer vollkommen anderen Welt – voller Bezogenheit. Er war ein Teil des Kosmos, so wie jedes lebendige Wesen. Was Empfindsamkeit betrifft, so war er sehr viel menschlicher als der sogenannte zivilisierte Mensch, der hart geworden ist, der mechanisch geworden ist, wie ein Roboter; er hat viel von seiner Empfindsamkeit verloren.

Ihr könnt das einmal beobachten, wenn ihr verschiedene Leute bei der Hand fasst. Bei manchen Menschen fühlt es

sich fast so an, als würde man die Hand eines Toten halten:
keine Energie, keine Wärme, kein pulsierendes Leben, keine
Übertragung einer liebevollen, freundlichen Energie, sondern vollkommen verschlossen, tot. Und es gibt Hände, die
Energie aus euch heraussaugen. Anschließend fühlt ihr euch
schwächer. Es gibt Menschen, mit denen ihr nicht zusammen sein möchtet, weil ihr beim Zusammensein mit ihnen
das Gefühl habt, dass euch Energie ausgesaugt wird, als
würde euch jemand Blut aussaugen. Sie sind energetische
Parasiten. Sie haben keine Energie zu geben, stattdessen
nehmen sie sich jede verfügbare Energie. Und ihr könnt
auch das Gegenteil feststellen: Dass ihr euch gesünder und
frischer fühlt, wenn ihr die Hand eines bestimmten Menschen haltet. Von seinen Händen fließt etwas in euer Wesen
ein, fließt Energie in euch ein, Liebe, Wärme.

Vor kurzem brachte meine Sekretärin eine sehr reiche
Frau zu mir. Ihr gehören verschiedene Zeitungen und Zeit-
schriften, und sie ist eine sehr schöne Frau. Sie wollte einen
Artikel über mich schreiben, also bat sie mich um ein Foto
von uns beiden zusammen. Ich nahm ihre Hand in meine,
und es war ein trauriger Schock für mich. Diese Frau lächelte, doch ihr Herz war traurig. Ich konnte in ihrer Hand
eine große Traurigkeit spüren.

Wenn ihr empfindsam seid, werdet ihr in der Lage sein zu
fühlen, ob jemand glücklich ist oder traurig, ob jemand sich
unwürdig fühlt und als Sünder oder ob er auf seinen eigenen
Beinen steht, die Würde des menschlichen Seins fühlt, sich
verwurzelt und zentriert fühlt; ob er das Gefühl hat, dass er
einen eigenen Platz im Leben hat, dass er kein Zufallspro-
dukt ist, dass das Universum ihn braucht, weil er sonst nicht
da wäre. »Allein die Tatsache, dass es mich gibt, zeigt deutlich, dass das Universum mich braucht. Es gibt ein Schicksal,
eine Bestimmung, die das Universum für mich vorgesehen
hat. Ich diene, ebenso wie alle anderen, einem bestimmten
Zweck des Universums.« In dem Augenblick, in dem du das

fühlen kannst, wird eine große Dankbarkeit in dir aufsteigen.

Aus dieser Dankbarkeit heraus verneigte sich der primitive Mensch vor den Bäumen, vor den Flüssen, vor der Sonne, vor dem Mond. Das war weitaus schöner, als in eine Kirche zu gehen und sich vor einem traurigen Jesus Christus zu verneigen. Jesus muss ganz offensichtlich traurig sein; er wurde ja schließlich gekreuzigt. Man erwartet nicht, dass er lacht; das wäre vollkommen unangemessen gewesen. Ich hätte gelacht, doch Jesus macht ein langes Gesicht und ist traurig.

Ihr werdet feststellen, dass alle gottorientierten Menschen ernsthaft und traurig sind, weil sie tief in sich einen Zweifel spüren. Gott entspricht nicht ihrer Erfahrung, er ist nur ein Glaube. Wie kann man aus einem Glauben Wahrheit machen? Er wird ein Glaube bleiben. Man kann seine Zweifel so weit wie möglich ins Unbewusste verdrängen, doch sie werden immer vorhanden bleiben, vollkommen lebendig und wach. Das macht einen traurig, denn man lebt ein fiktives Leben, ein Leben, das nicht das eigene ist, ein Leben, das andere einem aufgezwungen haben. Gott ist mehr als alles andere dafür verantwortlich, dass euch euer Ansehen, eure Würde, euer Stolz genommen wurden.

Der primitive Mensch liebte das Leben. Für mich war er weitaus religiöser als der zivilisierte Mensch.

Mit dem Privateigentum kam der Vater ins Spiel. Der Vater kann dich beschützen, solange du ein Kind bist, doch wenn du zum Jugendlichen heranwächst, gründest du irgendwann eine eigene Familie; du musst dein eigenes Leben führen. Bis dahin ist dein Vater vielleicht bereits gestorben, oder er ist alt und schwach geworden. Doch vom allerersten Atemzug an hast du unter dem Schutz deines Vaters gelebt. Er war der große Mann in deinem Leben, der erste große Mann. Wenn du allein bist, beginnst du ein gewisses Vakuum in dir wahrzunehmen, das dein Vater auszufüllen pflegte. Daher wurde Gott zum Vater, zu einem Vater, der niemals stirbt.

Dein Vater hat dich verraten, er hat dich verlassen. Du hast ihm so sehr vertraut, und er hat sich so wenig aus dir gemacht, dass er dich jetzt allein lässt. Mit diesem Programm hast du vom ersten Atemzug an gelebt. Wenn der Vater dich verlässt und du plötzlich allein bist, verspürst du ein Vakuum. Dieses Vakuum kann von einem anderen Vater gefüllt werden, doch dieser Vater darf kein menschliches Wesen sein, denn ein menschliches Wesen hat dich bereits enttäuscht. Du fühlst dich verletzt, also projizierst du einen Vater, der ewig und unsterblich ist und weit weg und allmächtig – nicht wie dein eigener Vater, von dem du in deiner Kindheit immer dachtest, er könne alles …

Ihr könnt das beobachten, wenn kleine Kinder streiten: »Mein Vater ist der Stärkste auf der ganzen Welt!« Jedes Kind hält seinen Vater für allmächtig, denn es sieht, dass sein Vater alle möglichen Dinge macht. Er repariert das Auto, er repariert den Fernseher, er kommandiert die Mutter herum … das Kind weiß, dass sein Vater mächtig ist.

Doch dieser mächtige Vater … langsam und allmählich, während deine Intelligenz zunimmt, beginnst du seine Schwächen zu erkennen, seine Schwachheit. Plötzlich ist da eine Lücke. Selbst wenn der Vater noch am Leben ist, weißt du jetzt, dass er nicht unbesiegbar ist. Er wird älter, und bald wird er sterben. Du weißt, dass er nicht allmächtig ist. Vor seinem Chef wackelt er mit dem Schwanz, mit einem unsichtbaren Schwanz. Es gibt eine Stelle an eurer Wirbelsäule, ganz am unteren Ende, wo vor einigen Jahrmillionen ein Schwanz zu sitzen pflegte. Diese Stelle ist immer noch vorhanden. Das war eines der besten Argumente von Charles Darwin: Wenn wir keinen Schwanz hatten, wozu gibt es dann diese Stelle? Diese Stelle dürfte dann nicht vorhanden sein. Der Schwanz ging verloren, und die Ansatzstelle blieb zurück, die Stelle, wo er zu sitzen pflegte.

Warum beginnst du zu lächeln, wenn du deinen Chef
siehst? Deine Untergebenen lächelst du nicht an; sie haben
zu lächeln, nicht du. Du nimmst keine Notiz von ihnen und
liest weiter deine Zeitung; du weißt, dass einer von ihnen
vorübergeht und lächelt, aber du schaust ihn nicht einmal
an. Dein Chef macht dasselbe mit dir. Du lächelst, und er
arbeitet weiter. Vielleicht macht er gerade gar nichts Besonderes, aber sobald er dich hereinkommen sieht, beschäftigt
er sich mit seinen Akten, blättert darin und sieht sehr beschäftigt und wichtig aus.

Ich habe schon öfter einen der Präsidenten der herrschenden Kongresspartei besucht, U. N. Dhebar. Er war sehr an
mir interessiert. Er pflegte zu meinen Meditationscamps zu
kommen, auch wenn alle seine politischen Freunde ihn davon abzuhalten versuchten und zu ihm sagten: »Geh nicht
zu diesem Mann.« Aber er war kein wirklicher Politiker, er
war nicht schlau. Er war ein sehr einfacher und sehr authentischer Mensch. Nur durch Glück und Zufall war er
zum Präsidenten geworden.

Das geschieht recht häufig. Er wurde zum Präsidenten,
weil er so höflich war – ein netter Mensch, der niemals nein
sagte. Und der Pandit Jawaharlal Nehru brauchte einen Jasager. Nehru war Premierminister und wollte, dass die
Kongresspartei entweder ihm selbst unterstand – was aber
diktatorisch gewirkt hätte – oder zumindest einem Jasager.
U. N. Dhebar war solch ein schlichter Mann, dass er zu
allem ja sagte, was Jawaharlal wünschte. Also war es Jawaharlal, der praktisch alles bestimmte.

Einmal besuchte ich ihn in seinem Haus in Neu-Delhi,
und er unterhielt sich mit mir und erzählte mir von all den
anderen politischen Führern, welche Art Menschen sie waren; er erzählte mir von allen möglichen Idioten. Es gab da
einen gewissen Maulana Azad, einen Mohammedaner, der
kein Englisch und kein Hindi sprach. Er war ein Gelehrter
des Arabischen und des Persischen, und er war Kultusmi-

nister von Indien. U. N. Dhebar erzählte mir von diesem Maulana Azad.

Einmal war der Pandit Jawaharlal Nehru zu einer Konferenz nach London gefahren, einer Konferenz der Commonwealth-Staaten. Damals war Indien noch Teil des Commonwealth, heute nicht mehr. Maulana Azad war der zweite Mann im Kabinett. Er hatte diesen zweiten Platz erhalten, weil er Mohammedaner war, um die indischen Mohammedaner zufrieden zu stellen.

Ihr werdet vielleicht überrascht sein, wenn ich euch sage, dass Indien der größte mohammedanische Staat der Welt ist. In keinem anderen mohammedanischen Land leben so viele Mohammedaner wie in Indien. Selbst nachdem Pakistan und Bangladesh sich abgespalten haben, besitzt Indien noch mehr mohammedanische Einwohner als jedes andere Land der Welt. Um die Mohammedaner zufrieden zu stellen, musste also ein Mohammedaner die Nummer zwei im Kabinett sein. Und als Jawaharlal nach London ging, dachte Maulana Azad: »Vielleicht bin ich jetzt stellvertretender Premierminister, weil ich doch der zweite Mann im Kabinett bin.«

Aber Premierminister sind Premierminister, wo immer sie sein mögen. So etwas wie einen »stellvertretenden Premierminister« gibt es nicht. Wenn der Präsident als Regierungsoberhaupt außer Landes geht, dann ist der Vizepräsident sein Stellvertreter. Doch der Premierminister ist unter einer Verfassung, wie Indien oder England sie besitzen, nicht das Regierungsoberhaupt. Der Premierminister ist das Oberhaupt von gar nichts, also braucht er auch keinen Stellvertreter. Doch Azad war anderer Ansicht, und U. N. Dhebar erzählte mir: »Wir sagten alle zu ihm, dass das überhaupt nicht verfassungsgemäß sei. Es gibt in der Verfassung keinen Platz für einen stellvertretenden Premierminister; es gibt nur einen stellvertretenden Präsidenten.«

Doch Azad hörte nicht auf sie. Er rief sofort Jawaharlals Chauffeur an und sagte zu ihm: »Bringen Sie seine Limou-

sine zu meinem Haus; während er weg ist, bin ich der stellver-
tretende Premierminister.« Und er fuhr mit der Flagge des
Premierministers am Auto und zwei Motorrädern vorne-
weg und zwei Motorrädern an den Seiten und zwei Motorrädern hinter ihm zum Parlament. Jeder lachte über ihn ...

U. N. Dhebar erzählte mir: »Es gibt solche Idioten! Jawaharlal musste aus London anrufen und ihm sagen: ›Lassen
Sie diese Dummheiten. Das ist vollkommen gegen die Verfassung. Es gibt bei uns keinen stellvertretenden Premierminister.‹«

Dann kam plötzlich ein Telefonanruf. U. N. Dhebar nahm
den Hörer ab, sagte: »Ich bin im Moment sehr beschäftigt
und kann Ihnen die nächsten sieben Tage keinen Termin geben«, und legte wieder auf.

Ich sagte zu ihm: »Du bist doch gar nicht beschäftigt, du
unterhältst dich einfach nur mit mir.«

Er antwortete: »Das ist das Problem in der Politik. Man
muss so tun, als ob man sehr beschäftigt ist, als ob man
keine Zeit hätte – selbst wenn man alle Zeit der Welt hat.
Aber man muss den Menschen zeigen, dass man ein sehr be-
schäftigter Mann ist und nicht so leicht zugänglich. Als habe
ich ihm gesagt, dass er in sieben Tagen wieder anrufen soll.
Wenn ich dann Zeit habe, werde ich ihm einen Termin geben. Auch wenn ich im Moment vollkommen frei bin ...
weil du hier bist, habe ich alle meine Termine abgesagt. Ich
möchte meine Zeit nicht mit jemand anderem verschwenden, während du hier zu Besuch bist. Ich möchte die Zeit
mit dir verbringen. Das ist eine seltene Gelegenheit, denn
während der Meditationscamps kann ich nicht so viel Zeit
mit dir verbringen. Das ist eine großartige Gelegenheit. Und
ich habe zu allen gesagt – zu meinen Wachen und Leibwäch-
tern –, dass ich von niemandem gestört werden möchte.«

Ich erwiderte: »Das ist doch seltsam. Der Mann, der gerade angerufen hat, hat vielleicht eine wichtige Aufgabe zu
erledigen.«

Er antwortete: »Wen kümmert das schon? Niemand kümmert sich um andere.« Dabei war er so ein netter Mensch, sehr kultiviert und gebildet, aber ... »wen kümmert es?«

Als er das sagte, meinte ich zu ihm: »Das ist aber sehr unsensibel. Und dabei betest du doch jeden Tag zu Gott.« Er hatte in seinem Haus einen kleinen Tempel mit einer Krishna-Statue stehen. Er war ein Krishna-Anhänger. »Deine Gebete sind vollkommen bedeutungslos. Da wäre es doch besser, hinauszugehen und zu einem Rosenstrauch zu beten. Der ist wenigstens lebendig! Dieser Krishna, zu dem du betest, ist von Menschen gemacht, einfach nur ein Stein, der zu einer Statue behauen ist. Kannst du nicht erkennen, wie tot dein Krishna ist? Schau nach draußen, die ganze Welt ist lebendig. Die Vögel singen, die Blumen blühen, die Sonne geht gerade unter. Bald wird der Himmel voller Sterne sein.«

Der primitive Mensch lebte im Universum als ein essentieller Teil davon und war dankbar, einfach nur am Leben zu sein. Seine Dankbarkeit war authentischer als die Dankbarkeit der gottorientierten Religionen Gott gegenüber. Ihr seid dankbar gegenüber einer Fiktion.

Ein englischer Autor, ein bekannter Linguist, Dr. Johnson, hatte eine seltsame Angewohnheit, fast schon eine Neurose. Immer wenn er morgens einen Spaziergang machte, musste er jeden Laternenpfahl berühren. Wenn er einen vergaß, ging er zurück, berührte ihn, und ging dann erst weiter. Wenn jemand ihn dabei begleitete, tauchte immer die Frage auf: »Was machen Sie da eigentlich?«

Er antwortete: »Was soll ich machen? Ich verspüre in mir solch einen Zwang, es zu tun. Ich weiß, dass es komisch wirkt, und ich weiß, dass irgendetwas nicht ganz richtig mit mir ist, aber was soll ich machen? Wenn ich einen Pfahl auslasse, löst das in mir solch einen Aufruhr aus, so viele Gefühle, Emotionen – ›Was machst du da? Geh zurück!‹ –, dass

ich einfach zurückgehen muss.« Wegen eines Laternen-
pfahls!

Ich pflegte regelmäßig einen Morgenspaziergang zu machen,
und dabei begegnete mir immer ein alter, pensionierter Professor. Wir freundeten uns an und fingen an, zusammen spazieren zu gehen. Aber er hatte diese Angewohnheit ... In Indien gibt es überall Tempel. Alle paar Häuser weit steht ein
Tempel. Und wenn kein Tempel, dann zumindest ein roter
Stein unter einem Baum, der den Affengott symbolisiert.
Und dieser Mann verneigte sich vor jedem Tempel und vor
jedem Stein.
    Ich sagte zu ihm: »Das ist eine Tortur für mich. Sie müs-
sen entweder mich aufgeben oder Ihre Götter. Was für ein
Unsinn! An jedem Platz ... diese ganze Stadt ist voll von
Tempeln dieses oder jenes Gottes, und Sie müssen sich vor
jedem verneigen ... Und ich muss bei Ihnen stehen, und es
ist mir peinlich: Was für einen Begleiter habe ich da? Entweder hören Sie also auf, mit mir zu gehen – Sie können Ihren
eigenen Weg gehen –, oder Sie geben diese dumme Angewohnheit auf. All diese Steine sind tot. Wenn es schon sein
muss, dann schauen Sie doch etwas Lebendiges an. Ich habe
noch nie bemerkt, dass Sie die Bäume angeschaut hätten
oder die Blumen oder den letzten Stern, wenn er am Himmel verblasst.«
    Und es herrscht eine solche Ruhe am frühen Morgen: Die
Sonne ist noch nicht aufgegangen, es ist noch dunkel, und
der letzte Stern ist am Verschwinden. In diesem Moment, in
solch einem Augenblick, wurde Gautama Buddha erleuchtet. Der letzte Stern war am Verschwinden, und als der letzte
Stern verschwand, verschwand auch etwas in ihm. Plötzlich
war da nur noch der Himmel, leer, und er schaute nach innen, und dort war ebenfalls vollkommene Leere: zwei Himmel – einer außen, einer innen – und eine große Stille. Zum
ersten Mal verneigte er sich, nicht vor jemand besonderem,

sondern vor der gesamten Existenz. Das ist Dankbarkeit, das ist echte Empfindsamkeit.

Zusammen mit dem Privateigentum wurde also auch der Vater wichtig. Und als der Vater in seiner ganzen Realität erkannt wurde – dass ihm die Allmacht fehlte, die Allwissenheit, die Allgegenwart, dass er kein Gott war –, musste man einen Gott als Ersatz für den Vater erfinden. Wenn also Jesus auf die Knie fällt und in der aramäischen Sprache, die Jesus sprach, »Abba!« ruft ...

Jesus sprach niemals hebräisch; Hebräisch war die Sprache der Gelehrten, der Reichen, der Gebildeten. Aramäisch war die Sprache der Dorfbewohner, der Ungebildeten; es ist eine Form des Hebräischen, aber nicht so komplex. Im Aramäischen heißt Vater »Abba«. Doch so, wie Jesus sich auf den Boden warf und zum Himmel aufblickte und »Abba!« rief ... es zeigt, dass er über seine Kindheit noch nicht hinausgewachsen war. Es ist kindisch.

Und beachtet den Unterschied zwischen kindisch und kindlich. Ein Erwachter wird kind*lich*, er ist nicht kind*isch*. Ein gottorientierter Mensch wird kind*isch*. Sein Verhalten ist das eines Kindes, das sich auf dem Jahrmarkt verlaufen hat und nach seinem Vater sucht. »Abba!«, ruft es. »Wo ist mein Vater?« Ohne den Vater fühlt es sich nicht sicher, ist es nicht in Sicherheit.

All diese Gebete zeigen nur eure Angst, all diese Gebete zeigen nur eure Enttäuschung über euren eigenen Vater. Ihr habt euch ein Fantasiegebilde geschaffen, und es ist eine kranke Fantasie.

Bevor wir nun die Sutren diskutieren, zunächst einmal eine kleine biographische Anmerkung:

Sekitos Erleuchtung ereignete sich, als er das *Chaolun* las, ein Werk, das im Jahr 400 von Sengchao geschrieben worden war. Sengchao hatte dieses Werk verfasst, während er im Gefängnis saß und auf seine Hinrichtung wartete. Der Absatz, der zu Sekitos Erleuchtung führte, lautete: »Ist nicht derjenige ein wahrer Weiser, der sich mit allen Dingen im Universum identifiziert?«

Ist nicht derjenige ein wahrer Weiser, der sich mit der gesamten Existenz identifiziert? Einfach nur diese Aussage, und plötzlich ereignete sich in ihm eine große Revolution. Aus der Unwissenheit machte er einen Quantensprung zur Erleuchtung.

Das ist genau das, was ich immer zu euch sage: Religiosität ohne Gott bedeutet einfach nur, sich mit dem gesamten Universum eins zu fühlen. Einfach nur diese Aussage: Sekito muss sich bereits am Rand der Erleuchtung befunden haben, direkt auf der Grenze. Und als er diesen Satz las: »Ist nicht derjenige ein wahrer Weiser, der sich mit allen Dingen im Universum identifiziert?« – einfach nur beim Lesen dieses Sutras geschah bei ihm eine Metamorphose. Er wurde ein vollständig neuer Mensch. Die alte Persönlichkeit fiel von ihm ab, und er war zum ersten Mal ein Individuum, im Einklang mit dem Leben.

Und dieser Mann, Sengchao, war ebenfalls ein großer Meister. Doch je größer ein Meister ist, desto mehr richtet sich die Gesellschaft gegen ihn. Er wurde inhaftiert, weil er sich gegen die alte Religion Japans geäußert hatte – die eigentlich gar keine besondere Religion ist. Sie ist nur eine ganz gewöhnliche Religion wie der Hinduismus, der Islam, das Christentum. Sie besitzt keinen genialen Touch und keine geistigen Giganten.

Doch immer wenn ein Genie und ein Gigant auftaucht, wird der kleine Mann aus der Masse ärgerlich, fühlt er sich unterlegen, wird er zornig. Er hat Sokrates getötet, er hat Jesus getötet, und er hat Mansoor getötet. Er hat auch Sengchao getötet. Weil die Masse gegen ihn war, musste der Kaiser ihn verhaften lassen. Er verursachte durch seine Aussagen großen Aufruhr im ganzen Land. Und seine Aussagen sind so wundervoll, dass ein einziger Satz Sekito die Erleuchtung brachte.

Sengchaos kleines Buch, *Chaolun*, besteht aus sehr verdichteten Aussagen, denn er schrieb dieses Buch, kurz bevor er zum Tode verurteilt wurde. Doch was für ein Mann! – Er kümmerte sich nicht um den Tod, sondern schrieb sein letztes Testament ohne Angst vor dem Tod, ohne jede Frage nach dem Tod. Sein Buch wurde kurz vor seiner Verurteilung geschrieben. Es ist nur ein dünnes Buch. Wenn man es nicht weiß, würde man niemals annehmen oder sich vorstellen können, dass dieses Buch geschrieben wurde, kurz bevor er zum Tod verurteilt wurde. Darin zeigt sich das Kaliber dieses Mannes; darin zeigt sich die Höhe und Tiefe seiner Erleuchtung; darin zeigt sich seine Großartigkeit, sein strahlender Glanz.

Eine kleine Aussage in diesem Buch verhalf Sekito zur Erleuchtung. Und von diesem Buch inspiriert, schrieb Sekito ein eigenes Buch, das er *Sandokai* nannte. Es ist ebenso großartig wie *Chaolun*.

Nur sehr selten passieren solche Dinge in unserer zeitgenössischen Welt. Es war Friedrich Nietzsches Werk »Also sprach Zarathustra«, das Khalil Gibran zu seinem Buch »Der Prophet« inspirierte. Gibran schrieb »Der Prophet«, als er erst einundzwanzig Jahre alt war, und in seinem weiteren Leben muss er insgesamt mindestens fünfzig Bücher geschrieben haben. In jedem Buch versuchte er, über den »Propheten« hinauszugehen, doch es gelang ihm nicht, denn »Der Prophet« war ein inspiriertes Buch. Er war so erfüllt von Friedrich Nietzsches Einsichten, dass sie ihn in neue Räume katapultierten.

»Der Prophet« ist ein großartiges Buch, doch seine anderen Werke … Er schrieb auch »Der Garten des Propheten«, ein Versuch, über den »Propheten« hinauszugehen, doch es gelang ihm nicht. Er hat mindestens fünfzig Bücher geschrieben: dreißig in Englisch und zwanzig in Libanesisch, seiner Muttersprache. Doch mit keinem anderen Buch kam er dem »Propheten« auch nur nahe – bei den anderen Büchern war er es, der schrieb. »Der Prophet« dagegen wurde unter dem gewaltigen Schatten von Friedrich Nietzsches Erkenntnissen geschrieben. Er lässt sich nicht mit »Also sprach Zarathustra« vergleichen, aber er kommt ihm recht nahe.

So war es auch mit Sengchaos Buch *Chaolun* und Sekitos *Sandokai*. Doch der Unterschied ist, dass beide erleuchtet waren. *Sandokai* erreicht dieselbe Höhe wie *Chaolun*.

Weder Friedrich Nietzsche noch Khalil Gibran waren erleuchtet, aber Friedrich Nietzsche war ein Gigant im Vergleich zu Khalil Gibran. Beide waren nicht erleuchtet, doch Nietzsche erreichte die äußerste Grenze des Verstandes. Nur noch ein Schritt, und er wäre erleuchtet gewesen. Khalil Gibran kam nicht einmal an diese Grenze heran, darum wurde er auch niemals verrückt.

Nietzsches Wahnsinn ist ein Zeichen dafür, dass er fast reif für die Erleuchtung war, aber die Tür nicht finden konnte. Er hatte keine Vorstellung davon, dass es etwas jenseits des Verstandes gibt, und er rannte gegen die Wand im Versuch, sich einen Weg über den Verstand hinaus zu erzwingen. Doch man kann sich den Weg nicht erzwingen. Es gibt eine Tür, doch man muss sie kennen; Meditation ist der Name dieser Tür. Andernfalls verletzt man sich selbst, indem man gegen die Wände rennt. Auf diese Weise wurde Nietzsche verrückt.

Khalil Gibran wurde niemals verrückt. Er erreichte niemals auch nur die Grenzen des Verstandes; die Frage nach einem Weg über den Verstand hinaus stellte sich damit gar nicht. Doch allein der Schatten von Nietzsches überragendem Intellekt löste in ihm eine große Inspiration aus, und er schrieb »Der Prophet«.

Die beiden Bücher *Chaolun* und *Sandokai* stehen auf derselben Grundlage, sie erreichen dieselbe Höhe. Wir werden uns nun *Sandokai* zuwenden; die folgenden Sutren stammen aus *Sandokai*. Jede Aussage ist magisch.

Hier nun die Sutren:

Der Geist des großen indischen Weisen wurde auf intime Weise von Indien nach China übermittelt.

Er wurde auf intime Weise vermittelt, weil Bodhidharma, ein Mann von derselben Größe wie Gautama Buddha, nach China ging. Er war voller Licht, voller Freude, voller Ekstase. Sein Frühling war gekommen. Er ging als Erleuchteter nach China. Das ist der Grund, warum hier das Wort »intim« verwendet wird.

Bevor Bodhidharma nach China ging, waren schon Tausende buddhistischer Gelehrter dort gewesen. Hunderte buddhistischer Schriften waren ins Chinesische übertragen worden. Fast ganz China war bereits buddhistisch geworden, als Bodhidharma endlich dort ankam. Doch keiner dieser Menschen war erleuchtet gewesen. Es waren große Gelehrte gewesen, die hingegangen waren und die Schriften übersetzt hatten. Die Schriften waren wunderbar. China besaß nichts Vergleichbares. Es besaß nur ein einziges Buch von Laotse über das Tao, doch das reicht nicht an Buddhas Sutren heran, denn es ist ein geschriebenes Buch, und es war unter Zwang, unter Drohungen geschrieben worden.

Laotse hatte niemals in seinem ganzen Leben etwas geschrieben, und er sprach auch nicht. Die Menschen pflegten still an seiner Seite zu sitzen, und wenn in der Stille etwas geschah, gut. Wenn nichts geschah ... »Was kann ich da machen?«, war seine einzige Antwort. Einige wenige Menschen wurden erleuchtet, doch nur sehr wenige. Ein gewisser Tschuang-Tse und ein gewisser Lieh-Tse – nur zwei Menschen wurden erleuchtet, indem sie still neben Laotse saßen. Schweigen zu verstehen ist nicht einfach; man muss dieselbe Tiefe erreichen. Ansonsten sitzt man vielleicht neben Laotse, doch der Verstand bewegt sich weiter im Kreis herum, eine ständige Flut von Gedanken. Außen ist man vielleicht still, doch im Innern läuft jede Menge Geschwätz ab.

Als der Tonfilm entstand … zuvor hatte es nur Stummfilme gegeben. Die erste Bezeichnung für Tonfilme war »Talkies«. Und in indischen Dörfern heißen Kinofilme immer noch »Talkies«. In eurem Verstand läuft ständig dieses Talkie ab. Es spielt keine Rolle, ob ihr das möchtet oder nicht. Es ist ständig da, unabhängig von eurem Willen.

Obwohl also Tausende von buddhistischen Gelehrten nach China gegangen waren und das ganze Land zum Buddhismus übergetreten war, selbst der Kaiser von China zum Buddhismus übergetreten war, hatte ihnen niemand einen Geschmack davon vermittelt; es war kein intim vertrautes Phänomen. Es wurde erst vertraut, als Bodhidharma nach China kam.

Damit war ein Buddha nach China gekommen – ein anderer Mensch als Gautama Buddha, doch dasselbe Bewusstsein. Ein anderer Körper, doch dieselbe Höhe und dieselbe Tiefe. Es ist also vollkommen richtig, dass Sekito von einer intimen Vermittlung von Indien nach China spricht.

Unter den Menschen gibt es Weise und Narren, doch es gibt keine nördlichen oder südlichen Lehrer auf dem Weg.

Weder Lehrer aus Indien noch Lehrer aus China sind auf dem Weg von Nutzen. Man braucht einen Meister; man braucht die intime Kommunion mit einem Meister, keinen Lehrer. In der wahren religiösen Welt braucht man keinen Lehrer, sondern einen Meister. Man braucht einen Buddha, der bereits angekommen ist und der einen dazu auffordern, dazu herausfordern kann, nachzukommen. Ein Buddha ist nichts anderes als ein Aufruf an alle: Wer es wirklich wissen möchte, kann kommen. Ein Meister ist angekommen – ein Lehrer hat nur etwas gehört, er besitzt keine eigene intime Erfahrung der Wahrheit.

In der normalen Welt gibt es also weise Menschen und andere, doch auf dem Weg sind weder die Weisen noch die anderen von Nutzen. Auf dem Weg braucht man jemanden, der über den Verstand hinausgegangen ist, der über Weisheit und Narrheit, über den Intellekt und über die Dummheit hinausgegangen ist, der in die Stille des Jenseits vorgedrungen ist. Man braucht jemanden, der die Wahrheit gefunden hat. In diesem Finden der Wahrheit ist er zu einem Strahlen geworden. Um ihn herum ist ein Energiefeld, das andere durchdringen kann, das andere erwecken kann.

Die geheimnisvolle Quelle ist klar und rein, die Ströme, die daraus hervorgehen, fließen durch die Dunkelheit.

Soweit es den Meister betrifft, ist die geheimnisvolle Quelle klar und rein, doch die daraus hervorgehenden Ströme fließen durch die Dunkelheit. In dem Augenblick, in dem der Meister spricht, beginnen sich seine Worte in die Dunkelheit zu bewegen. Wenn sie andere erreichen, sind sie Ströme, die durch die Dunkelheit fließen, Abzweigungen, die sich in die Dunkelheit bewegen. Man muss sich in tiefe Intimität mit dem Meister begeben, so dass man seine Helligkeit, seine Klarheit, seine Reinheit, seine Transparenz teilen kann. Wenn man nur seine Worte hört und diese niederschreibt, ist man bereits auf dem falschen Weg. Der Meister besteht nicht aus Worten. Er verwendet vielleicht Worte, um andere näher zu sich zu rufen. Doch tatsächlich besteht er nur aus Stille, aus vollkommener, reiner Stille.

Am Relativen festzuhalten ist Illusion ...

Die ganze Welt ist relativ. Albert Einstein war nicht der Erste, der das Wort »Relativität« in die Welt gebracht hat. Lange vor ihm haben die Mystiker verschiedenster Länder festgestellt, dass alles in der äußeren Welt relativ ist.

Für Philosophen ist das ein Problem, doch nicht für Mystiker. Mystiker sagen, dass alles in der äußeren Welt relativ ist und dass alles, was relativ ist, eine Illusion ist. Warum ist es eine Illusion? Das ist ein bisschen subtil, doch man muss es verstehen.

Wenn du eine schöne Frau siehst, hältst du dich für unscheinbar; wenn du einen großen Mann siehst, fühlst du dich klein. Doch Größe ist relativ. Bevor der große Mann dazukam, warst du vollkommen in Ordnung, gab es kein Problem. Du hast dir über deine Größe keine Gedanken gemacht.

In Indien gibt es ein Sprichwort, dass Kamele nicht gern in die Berge gehen, dass sie die Wüste lieben, weil sie darin Berge sind. Sie leben in der Wüste, sie mögen keine Berge, weil Berge ihnen ein Gefühl von Unterlegenheit geben.

Das ist sehr psychologisch gedacht. Warum fühlst du dich klein und unwürdig, warum hast du das Gefühl, dass du keine Achtung verdienst, dass du ein Sünder bist? Das sind alles relative Dinge. Dass du schön bist, dass du gebildet bist ... das ist alles relativ. Alles Relative ist illusorisch, illusorisch in dem Sinn, dass du du selbst bist und dass jemand anderer auch er selbst ist, wenn ihr euch nicht vergleicht. Welche Rolle spielt es, ob jemand groß ist? Welche Rolle spielt es, ob du kleiner bist? Deine Füße reichen auf die Erde, ebenso wie die eines größeren Menschen. Es ist ja nicht so, dass du klein bist und deine Füße in der Luft hängen. Wo liegt also das Problem? Vergleiche führen zu relativen Illusionen.

Pflanzen machen sich deswegen keine Gedanken. Ein Rosenstrauch bleibt klein, und eine Zeder kann 60 Meter hoch werden. Weder macht sich der Rosenstrauch Gedanken dar-

über, warum die Zeder so groß ist, noch ist die Zeder besorgt, weil der Rosenstrauch so wundervolle Blüten trägt.
Eine Rose ist eine Rose, eine Zeder ist eine Zeder.

Ein Zen-Meister wurde einmal gefragt: »Warum sind wir
Menschen so unglücklich?« Er antwortete: »Schau dir die
Zypresse im Hof an.«

Der Fragende blickte in den Hof und auf die Zypresse. Er
antwortete: »Das verstehe ich nicht.«

Der Meister erwiderte: »Schau noch einmal hin. Neben
der Zypresse wächst eine Rose. Ich habe nie gehört, dass
sich die Rose beklagt hätte: ›Warum bin ich so klein?‹ Und
ich habe auch noch nie gehört, dass sich die Zypresse beklagt hätte: ›Warum blühen an mir keine Rosen? Ich bin so
hoch gewachsen auf der Suche nach Blüten – 60 Meter
hoch – und immer noch trage ich keine Rosen – wo bleibt
da die Gerechtigkeit?‹ Nein, sie hadern nicht. Ich gehe jeden
Morgen hinaus – manchmal auch am Abend oder in der
Nacht –, um zu sehen, ob sie miteinander streiten oder diskutieren. Es ist immer vollkommen still. Beide sind zufrieden damit, wie sie sind, weil kein Vergleichen auftaucht;
weil keine Vorstellung von Überlegenheit oder Unterlegenheit in ihnen auftaucht.«

Das Relative wird auch als illusorisch bezeichnet, weil es
eure eigene Kreation ist, weil es nicht wirklich existiert. Andernfalls würdet ihr verrückt werden. Ihr geht vielleicht an
irgendwelchen Bäumen vorbei und könntet anfangen zu
denken: »Warum bin ich nicht grün?«

Das tut ihr nicht, weil ihr noch nicht ganz so neurotisch
seid. Weil ihr euch nicht vergleicht, gibt es kein Problem.
Doch wenn du an einer Frau vorbeigehst, die sehr schön ist,
und wenn du eine Frau bist, dann taucht sofort der Vergleich auf und damit Ärger und Neid. Doch worin besteht
das Problem? Ihre Nase ist vielleicht ein bisschen länger.
Doch was würdest du mit einer längeren Nase anfangen? Im
Dunkeln sind alle Frauen gleich. Mach also einfach das

Licht aus! Das ist der Grund, warum die Menschen sich im Dunkeln lieben. Wenn sie das Licht ausmachen, ist jede Frau eine Sophia Loren. Wo ist der Unterschied? Dasselbe Skelett, dieselben Knochen, dasselbe Blut, derselbe Schleim, dasselbe Deodorant, derselbe Schweiß, dasselbe Keuchen und Stöhnen ...

Dunkelheit besitzt eine großartige Eigenschaft. Sie macht alle gleich. Wer schert sich dann noch darum? Im Dunkeln kann man sich mit der hässlichsten Frau einlassen und sich vorstellen, sie sei Kleopatra.

Immer wenn ihr vergleicht, bringt euch dieses Vergleichen in einen illusorischen Raum.

... doch das Absolute zu sich zu nehmen ist nicht Erleuchtung.

Das ist das, was die Philosophen gemacht haben. Sie halten die Welt für illusorisch, also ist Gott das Absolute, das Nicht-Relative. Gott ist jenseits aller Relativität. Die Welt ist relativ und verändert sich von Augenblick zu Augenblick; nichts ist von Dauer, nichts ist fest, alles ist im Fluss. Gott dagegen ist absolut. Das Absolute ist eine andere Bezeichnung für Gott. Er verändert sich niemals, er ist derselbe, immer derselbe, von Ewigkeit zu Ewigkeit. Das ist eine Idee der Philosophen: Da sie die illusorische Qualität der Welt erkannt haben, erschaffen sie sich das extreme Gegenteil eines absoluten Gottes.

Einer meiner Professoren, S. S. Roy – der inzwischen ein alter Mann und längst emeritiert ist –, mochte mich sehr gern. Seinetwegen wechselte ich an die Universität, wo er als Professor lehrte. Er versuchte mich ständig zu überreden ... ich studierte an einer anderen Universität, doch ich kam immer zu Debatten, Diskussionen und Rhetorikwettbewerben an die Universität, wo S. S. Roy lehrte. Schon beim allerersten Mal, bei unserer ersten Begegnung, hatte er sich in mich verliebt. Er gehörte zur Jury dort – die Jury hatte drei Mitglieder –, und er gab mir neunundneunzig von hundert möglichen Punkten. Ich bekam die meisten Punkte, ich gewann den Wettbewerb, und als ich mit meiner Medaille gerade gehen wollte, kam er zu mir und sagte: »Warte. Ich muss mich bei dir entschuldigen.«

Ich fragte ihn: »Wofür?«

Er antwortete: »Ich wollte dir eigentlich hundert Punkte geben, aber ich habe einen Punkt abgezogen, weil ich das Gefühl hatte, dass die Leute denken könnten, ich sei zu sehr von dir eingenommen. Also habe ich dir nur neunundneunzig Punkte gegeben. Verzeih mir bitte. Ich wollte dir hundert Punkte geben, aber ich war nicht stark genug. Ich wusste, dass die anderen Professoren sagen würden, ich würde dich bevorzugen.«

Ich erwiderte: »Das schadet doch nichts. Ich habe den Preis trotzdem gewonnen, und die anderen haben mir ebenfalls gute Noten gegeben. Von einem habe ich 80 Punkte bekommen, und von einem anderen 85 Punkte. Das Ganze ist also kein Problem. Die anderen Teilnehmer bekamen weit weniger Punkte als ich, also macht es keinen Unterschied, dass Sie mir einen Punkt weniger gegeben haben.«

Er meinte: »Für dich macht es vielleicht keinen Unterschied, aber für mich schon, denn ich bin mir selbst nicht treu gewesen. Ich wollte dir hundert Punkte geben.«

Darauf sagte ich: »Dann eben beim nächsten Mal. Ich werde sicher wiederkommen.« Denn ich ging zu allen Universitäten und Colleges, wo es Rhetorik- oder Debattierwettbewerbe gab.

Ein einziges Mal gewann ich nur den zweiten Preis; ansonsten bekam ich Hunderte erster Preise. An dem Tag, als ich den zweiten Preis bekam, konnte es die gesamte Zuhörerschaft an der Universität nicht fassen. Ich musste mich einfach dazu melden. Ich sagte zum Vizekanzler, der den Vorsitz hatte: »Ich weiß, warum ich nur den zweiten Preis bekommen habe, und Sie sollten sich das auch fragen.« Ein

Mädchen hatte den ersten Preis gewonnen. Also sagte ich: »Ich möchte die Sache vollkommen klarstellen, denn ich weiß, was passiert ist. Einer der Professoren aus der Jury ist in das Mädchen verliebt, und er hat ihr zu viele Punkte gegeben. Die beiden anderen Jurymitglieder hatten keine Ahnung davon. Sie gaben mir beide die höchste Punktzahl, aber dieser Mensch gab ihr so viele Punkte, dass sie am Ende einen Punkt mehr hatte als ich.«

Ich sagte also: »Sie müssen den Professor fragen, denn ich weiß, dass sie zusammen nachts spazieren gegangen sind. Der Park liegt unmittelbar vor unserem Haus, also weiß ich das ganz genau. Und ich kann auch Zeugen beibringen, weil alle Gärtner im Park wissen, dass diese beiden spät in der Nacht kommen, wenn der Park eigentlich schon geschlossen ist. Sie bestechen die Gärtner und gehen in den Park, weil es nachts dort am sichersten ist.«

Da fingen das Mädchen und der Professor an zu schwitzen. Ich sagte: »Schaut nur, wie sie schwitzen! Niemand anderer in dieser Halle« – es waren mindestens tausend Leute – »ist am Schwitzen. Nur diese beiden. Warum schwitzen sie so?« Ich befahl ihnen: »Steht auf!« Und ich sagte es so laut und befehlend, dass sogar der Professor aufstand.

Der Vizekanzler meinte daraufhin: »Du machst hier einen ziemlichen Aufruhr, aber ich kann es verstehen.«

Ich sagte: »Sie müssen diese ganze Debatte für ungültig erklären; sie muss wiederholt werden, und dieser Mann darf nicht mehr Mitglied der Jury sein.«

Er fühlte sich so beschämt, dass er noch in derselben Nacht an der Universität kündigte und aus der Stadt wegzog. Zwanzig Jahre später begegnete ich ihm in einem Zug. Ich sagte zu ihm: »Hallo.«

Er antwortete: »Mein Gott! Ich hoffte, Sie niemals wiederzusehen.«

Ich erwiderte: »Das Leben ist geheimnisvoll. Wo ist das Mädchen?«

Er fragte: »Sie haben das noch nicht vergessen?«

Ich sagte zu ihm: »Ich habe es weder vergessen noch vergeben. Wo ist das Mädchen?«

Darauf meinte er: »Dieses Mädchen hat mich Ihretwegen verlassen! Sie schämte sich so sehr, dass sie aufhörte, sich mit mir zu treffen.«

Ich entgegnete ihm: »Das ist sehr gut! Jetzt vergebe ich Ihnen, und jetzt werde ich Sie vergessen. Ich wollte diese Beziehung noch zu einem Ende bringen, weil Sie mich ungerecht behandelt hatten. Sie dachten, dass ich nichts dazu sagen würde.«

Doch von da an waren die Jurymitglieder gewarnt, dass sie nichts Ungebührliches machen durften, denn »dieser Typ ist ein bisschen seltsam«. Jeder hatte das Gefühl, dass es vollkommen ungerecht gewesen war. Dieses Mädchen war es nicht einmal wert, Vierte zu werden!

Und S. S. Roy begann sich für mich zu interessieren, weil ich widersprochen hatte. Das gefiel ihm, und er sagte zu mir: »Ich werde alles für dich arrangieren, ein Stipendium, alles Mögliche, was immer du willst, wenn du die Universität wechselst. Ich möchte, dass du mein Student wirst.« Er war Philosophieprofessor.

Also wechselte ich die Universität. Er war ein sehr bekannter Gelehrter und ein Experte für die Philosophie von Shankara, die da lautet, dass die Welt illusorisch und Gott die absolute Wahrheit ist. Und er war auch Experte für die Philosophie Bradleys, eines englischen Philosophen, der genau dasselbe sagt: Die Welt ist Illusion und Gott ist die absolute Wahrheit. Er hatte seine Doktorarbeit über Shankara und Bradley geschrieben.

Als ich zum ersten Mal in seine Vorlesung kam … Er hatte mich eingeladen, doch ihm war nicht bewusst gewesen, dass er sich damit ein Problem einlud. Er sprach über Illusion und das Absolute, über die Welt und über Gott. Ich sagte zu ihm: »Wenn Gott unwandelbar ist, dann muss er tot sein. Ein le-

bendiges Wesen kann nicht unwandelbar sein. Zeigen Sie
mir irgendein lebendiges Wesen auf der ganzen Welt – jedes
lebendige Wesen bewegt sich, wächst, vergeht. Es ist ein be-
ständiger Fluss. Das Leben ist ein Fluss. Wenn Gott lebendig
ist, kann er nicht unveränderlich sein, immer derselbe. Wie
könnte man dann zwischen einem toten und einem lebendi-
gen Gott unterscheiden? Sagen Sie mir das doch einmal.
Beide sitzen vor einem, der lebendige Gott und der tote Gott.
Weder der tote noch der lebendige Gott verändern sich. Wie
kann man da herausfinden, welcher der lebendige Gott ist?«

Er sagte: »Mein Gott! Ich habe mir mit dieser Arbeit einen Doktortitel verdient, aber darüber habe ich noch nie
nachgedacht.«

Ich erwiderte: »Allein schon das Wort ›absolut‹ ist eine
Reaktion. Zuerst nennt man die Welt illusorisch, was sie
nicht ist. Sie wissen ganz genau, dass Sie nicht einfach in das
Haus von jemand anderem gehen können. Wenn alles illusorisch wäre, welche Rolle würde es dann spielen? Warum
gehen Sie jeden Tag immer nur in Ihr eigenes Haus? Welche
Rolle spielt es? Sie könnten doch auch in das Haus von jemand anderem gehen.«

Er antwortete: »Deine philosophische Diskussion ist gefährlich. Ich habe über philosophische Probleme gesprochen, und du sagst mir, dass ich das Haus von jemand anderem betreten soll?«

Ich entgegnete: »Ja, denn wenn alles nur illusorisch ist,
nur ein Traum, welche Rolle spielt es dann, ob es sich um
Ihre eigene Frau handelt oder um die Frau von jemand anderem? Ob es sich um Ihre eigenen Kinder handelt oder um
die Kinder von jemand anderem, das ist alles nur Illusion.
Ihr Gott ist nur ein philosophisches Konzept: Weil die Welt
so veränderlich ist, sagen Sie, dass Gott unveränderlich sein
muss. Doch das ist nur Logik, keine Realität. Wenn es einen
Gott gibt, muss er ebenfalls veränderlich sein, andernfalls
wäre er tot.«

An diesem Tag, dem ersten Tag, an dem ich seine Vorlesung besuchte, sagte ich zu ihm: »Ihr Gott ist ganz sicher
tot, darum verändert er sich nicht.«

Diese Vorstellung von einem absoluten Gott ist nur ein
philosophisches Konzept, darum sagt Sekito: »*Dem Relativen verhaftet zu sein ist Illusion …*«

Er sagt nicht, dass die *Welt* Illusion sei; dieser Welt *verhaftet* zu sein ist Illusion. Die Welt ist vollkommen real, doch
bleibe unverhaftet. Nicht die Welt ist die Illusion, sondern
das Verhaftetsein an der Welt, nicht die Frau, sondern das
Verhaftetsein an der Frau, nicht das Geld, sondern das Verhaftetsein am Geld, nicht der Körper, sondern das Verhaftetsein am Körper.

Sekito macht hier eine enorm bedeutsame Aussage. Kein
Philosoph hat jemals so etwas gesagt. Sie sagen, die Welt sei
illusorisch. Sekito trifft eine Unterscheidung: nicht die Welt,
sondern die Verhaftung an die Welt, an das Relative, ist illusorisch. Und deshalb sind die Philosophen ins andere Extrem gegangen: Gott ist nicht illusorisch, er ist das am meisten Reale, das absolut Reale.

Und sofort widerspricht Sekito diesen Philosophen und
sagt:

»… doch das Absolute zu sich zu nehmen ist nicht Erleuchtung.«

Denkt nicht in Begriffen des Absoluten. Es gibt nichts Absolutes, alles ist immer nur dabei, absolut zu werden, doch
es wird und wird und wird, und es kommt niemals zu einem
endgültigen Halt, denn ein endgültiger Halt wäre etwas Totes. An dem Tag, an dem die Welt Vollkommenheit erreicht,
kann sie nirgendwo mehr hin, ist sie zu einem endgültigen
Abschluss gekommen. Vollkommenheit ist Tod. Absolut zu
sein bedeutet, tot zu sein.

Sekito sagt etwas, was nur ein Mystiker, nur ein Buddha
sagen kann: »Selbst die Erfahrung der Buddhaschaft wächst

immer weiter. Es gibt keine Grenzen für ihr Wachstum. Es ist nicht so, dass man bei einem endgültigen Abschluss angekommen ist, wenn man ein Buddha geworden ist. Nein, der Weg ist endlos, die Reise ist unendlich, die Pilgerschaft geht weiter und immer weiter. Und das ist die Schönheit des Lebens, dass nichts jemals zu einem Ende kommt. Alles bewegt sich ewig weiter.«

Das Konzept des Absoluten ist also ein Konzept von Philosophen und nicht von Erleuchteten.

Alle Elemente der subjektiven und der objektiven Sphären sind miteinander verbunden, und gleichzeitig sind sie unabhängig voneinander ...

Er sagt damit, dass die äußere Welt und die innere Welt unabhängig voneinander und gleichzeitig miteinander verbunden sind, denn ihre Funktionsweisen sind unterschiedlich. Sie sind verbunden, weil sie nicht getrennt existieren können. Das Äußere kann nicht ohne das Innere existieren, das Innere kann nicht ohne das Äußere existieren, also sind sie miteinander verbunden. Doch ihre Funktionsweisen sind unterschiedlich: Das Äußere bewegt sich in Richtung Objekte, und das Innere bewegt sich in Richtung Subjektivität. Ihre Richtungen sind unterschiedlich, ihre Erkenntnisse sind unterschiedlich, doch an einem gewissen Punkt sind sie miteinander verbunden.

Er macht damit enorm bedeutsame Aussagen, die euch nur dann klar werden, wenn ihr euch in eurem innersten Zentrum befindet – vollkommen klar, ohne Sand in den Augen – und erkennt, dass die objektive Welt ihre ganz eigene Schönheit besitzt, ihre ganz eigene Wirklichkeit, ihr ganz eigenes Leben, ihr ganz eigenes verborgenes Bewusstsein, so wie auch die innere Welt ihre eigenen Sterne besitzt, ihren eigenen Himmel, ihre eigene Ausdehnung, ihr eigenes Universum. Außerhalb von euch erstreckt sich ein unendliches

Universum, und in euch erstreckt sich ebenfalls ein unendliches Universum. Beide sind miteinander verbunden, beide
hängen voneinander ab, doch ihre Funktionsweisen sind
unterschiedlich.

Wenn man sich in der äußeren Welt bewegt, wird man
feststellen, dass man immer mehr zum Wissenschaftler
wird. Wenn man sich in der inneren Welt bewegt, wird man
feststellen, dass man immer mehr zum Mystiker wird.

Sie sind miteinander verbunden, doch sie funktionieren unterschiedlich, wobei jede Sphäre ihren eigenen Platz behält.
Durch ihre äußere Form werden ihr Charakter und ihre Erscheinung bestimmt; Klang, Geschmack und Geruch entscheiden
über angenehm oder unangenehm.

Dunkelheit macht alle Dinge eins; Helligkeit macht alle Dinge
unterschiedlich.

Doch es handelt sich nur um die äußere Erscheinung. In der
Dunkelheit kann man nicht sehen, daher scheint alles eins
zu sein. Im Licht kann man sehen, daher scheint alles getrennt zu sein. Doch an der tiefsten Wurzel sind all diese ge-
trennten Dinge verbunden. Wir sind alle mit dem einen Zentrum des Universums verbunden. So wie Zweige und Blätter
sind wir getrennt, doch wenn wir tiefer zu den Wurzeln gehen, dann stellen wir fest, dass alle Zweige, alle Blätter, alle
Blüten ihre Nahrung aus denselben Wurzeln bekommen.
Die Existenz nährt dich und die Bäume und die Berge und
die Vögel gleichermaßen.

Und so ist es ein Mysterium, dass sich die eine Existenz
auf so vielfältige Weise manifestiert. Diese Vielfalt des Aus-
drucks macht das Leben schön. Diese Vielfalt macht das
Leben interessant. Die Vielfalt ist ein Reichtum, doch die
Einheit macht alles Leben gleich. Niemand ist unterlegen,
niemand ist überlegen, daher besteht keine Notwendigkeit
für Vergleiche.

Die vier Elemente kehren zu ihrer Natur zurück wie ein Kind zu seiner Mutter.

Das ist genau das, was auch ich euch immer sage. Wenn die Quelle des Lebens zum Ziel des Lebens wird, wird der Kreis vollständig. Und wenn der Kreis vollständig ist, braucht man sich nicht mehr unnötigerweise durch Geburt und Tod zu bewegen und durch eine erneute Geburt und einen erneuten Tod. Ihr habt euch seit Millionen von Jahren durch dieses Rad von Geburt und Tod bewegt. Es ist an der Zeit, aus dem Rad auszusteigen. Dieses Aussteigen aus dem Kreis ist Erleuchtung.

Feuer ist heiß, Wind bewegt, Wasser ist nass, Erde ist fest. Die Augen sehen, die Ohren hören, die Nase riecht, die Zunge schmeckt, das Salzige und das Saure. Alles ist unabhängig voneinander, doch die verschiedenen Blätter stammen alle aus derselben Wurzel.

Man schmeckt mit der Zunge, man sieht mit den Augen, man berührt mit der Hand. Alle Sinne sind verschieden: Man kann nicht mit der Hand sehen, man kann nicht mit den Augen tasten, man kann nicht mit den Ohren riechen. Sie sind getrennt, doch sie alle sind verbunden mit dem einen Gehirn, von dem sie wie unterschiedliche Zweige ausgehen. Sie leiten ihre Informationen alle an dasselbe Gehirn weiter, und dasselbe Gehirn ernährt sie.

Was die Hände durch das Tasten erspüren, gelangt in dasselbe Gehirn. Was die Nase an Düften riecht, erreicht dasselbe Gehirn. Die Augen leiten ihren Überblick über die Welt an dasselbe Gehirn weiter. Diese Sinne sind einfach nur Zweige, die in verschiedene Richtungen reichen, um verschiedene Erfahrungen einzusammeln und das Gehirn reicher zu machen. Doch sie sind alle im selben Gehirn verwurzelt.

Sekito gibt hier einfach nur ein Beispiel. Wir sind alle getrennt und unabhängig voneinander, doch wir sind in derselben Existenz verwurzelt. Wir sollen unabhängig sein, wir sollen Individuen sein, doch wir sollten dabei nicht vergessen, dass wir letztendlich eins sind, Wellen desselben Ozeans.

Basho schrieb:

> Welche Freude,
> diesen Fluss zu durchschreiten,
> die Sandalen in der Hand!

Für einen erleuchteten Menschen wird alles zum Mysterium. So eine kleine Sache! Du wirst vielleicht fragen: »Was soll das schon sein?«

> Welche Freude,
> diesen Fluss zu durchschreiten,
> die Sandalen in der Hand!

Du wirst vielleicht sagen: »Da ist doch nichts dabei. Die Sandalen in der Hand? Der Fluss muss sehr flach sein. Warum sollte man darüber froh und glücklich sein?«

Doch das ist genau das, worum es im Zen geht: Es braucht keinen Grund, um glücklich zu sein. Selbst nur den Fluss zu durchschreiten, die Sandalen in der Hand ... welches Glück!

Jedes Handeln oder Nichthandeln, jedes Tun oder Nichttun wird zu vollkommener Glückseligkeit. Dein Glück muss nicht durch irgendetwas ausgelöst werden. Wenn dein Glück durch etwas ausgelöst wird, wirst du dich an den Auslöser klammern, weil du Angst hast, dass dein Glück verschwindet, sobald der Auslöser verschwindet. Wenn du mit einer Frau oder mit einem Mann glücklich bist, wirst du abhängig; und nicht nur abhängig, ihr fangt sogar an, Gefängnisse füreinander zu bauen, denn ohne diese Frau, ohne diesen

Mann könnt ihr nicht mehr glücklich sein. Das Glück verwandelt sich also in Unglück für beide.

Meditation ermöglicht die großartige Erfahrung, dass Glück keine Ursache haben muss, und wenn man ein Glück gefunden hat, das nicht durch etwas verursacht wird, so dass man einfach glücklich ist – einfach nur zu sein bedeutet, glücklich zu sein –, dann baut man keine Gefängnisse mehr für andere. Dann braucht man niemanden mehr zu besitzen, und man wird die Würde eines anderen menschlichen Wesens nicht mehr zerstören. Man wird andere Menschen nicht mehr versklaven. Man liebt, man teilt, einfach nur aufgrund der eigenen Fülle – nicht, weil man etwas dafür haben möchte. Ohne dass man danach zu suchen braucht, fällt einem dann vieles zu. In dem Augenblick, in dem man zu suchen beginnt, hat man die Grundlage für das Glücklichsein bereits verloren.

Daher habe ich Jesu Aussagen immer widersprochen. Er sagt: »Sucht, und ihr werdet finden«, doch ich sage euch: »Sucht *nicht*, und ihr werdet finden.« Jesus sagt: »Bittet, und euch wird gegeben«, doch ich sage euch: »Bittet nicht, und ihr *seid* die Gabe.« Jesus sagt: »Klopft an, und euch wird aufgetan.« Doch ich sage euch: »Ihr braucht nicht anzuklopfen, denn die Türen sind bereits geöffnet. Sie waren immer schon offen; macht einfach nur die Augen auf!«

Und noch eine Frage:

Friedrich Nietzsche verurteilt die Menschen für ihren Mangel an Kreativität, weil sie nicht fähig waren, ein besseres Konzept von Gott zu erschaffen als das christliche – das er als das schlimmste und krankhafteste betrachtet, weshalb er von dem »erbarmungswürdigen Gott des christlichen Monotono-Theismus« spricht.

Stimmst du damit überein, dass die christliche Version Gottes die hässlichste ist?

Alle Konzepte von Gott sind Fiktion, daher stellt sich die Frage überhaupt nicht, ob ein Gott hässlich oder schön ist. Gott existiert nicht. Nietzsche hat vergessen, dass Gott tot ist.

Das passiert bei Menschen, die nicht erleuchtet sind. Er hat gesagt: »Gott ist tot«, doch plötzlich sagt er, dass der Mensch nicht sehr kreativ sei, weil er es nicht geschafft hat, ein besseres Konzept von Gott zu erstellen. Dabei würde es sich aber nur um eine bessere Fiktion handeln, um eine bessere Lüge. Er hat vollkommen vergessen, dass er bereits erklärt hat, dass Gott tot ist. Selbst wenn es eine bessere Fiktion wäre, wäre Gott immer noch tot. Fiktion ist Fiktion, Lüge ist Lüge; so poliert, so raffiniert sie auch sein mag, man kann sie nicht zur Wahrheit machen.

Ob es sich nun um einen christlichen Gott handelt, um einen hinduistischen oder einen mohammedanischen Gott, spielt keine Rolle. Gott ist eine Fiktion, und die Fiktion entsteht aus der Krankheit des Verstandes. Nietzsche hatte keine Vorstellung von den östlichen Göttern, er kannte nur die Vorstellung des jüdischen und des christlichen Gottes. Hätte er die hinduistischen Götter gekannt, hätte er diesen Satz nicht geschrieben.

Der christliche Gott ist nicht der einzige hässliche Gott; alle Götter sind auf unterschiedliche Art und Weise hässlich. Doch zuallererst einmal sind sie Fiktion, es besteht also keine Notwendigkeit, sie besser zu machen. Der Mensch ist sicherlich nicht sehr kreativ gewesen, doch das bedeutet nicht, dass er sich jetzt einen besseren Gott erschaffen sollte! Ein besserer Gott wäre nur ein besseres Gefängnis. Ein besserer Gott wäre eine sehr viel stärkere Kette. Ein besserer Gott würde euch noch gründlicher und wirkungsvoller zerstören, als die üblichen Götter das schon tun. Wollt ihr wirklich einen besseren Gott, ein besseres Gefängnis, ein besseres Gift?

Nietzsche hat völlig vergessen, dass Lügen einfach nur

Lügen sind. Es gibt keine guten Lügen und keine schlechten Lügen. Lügen sind einfach nur Lügen, da gibt es keinen Unterschied. Die Wahrheit ist die Wahrheit. Es gibt keine »bessere« Wahrheit, man kann sie nicht verbessern. Lügen sind Lügen. Man kann sie verbessern, doch sie werden immer noch Lügen bleiben, sie können nicht zu Wahrheit werden.

Ich kann da also nicht mit Nietzsche übereinstimmen; er hat etwas vergessen. Das ist das Problem mit Philosophen. Er ist ein großartiger Philosoph, doch er geht nicht über den Verstand hinaus. Er besitzt nicht die Klarheit eines erleuchteten Menschen.

Der Mensch war sicherlich nicht sehr kreativ, doch er sollte seine Kreativität nicht auf Gott verwenden. Seine Kreativität sollte darauf gerichtet sein, eine bessere Welt zu erschaffen, eine bessere Gesellschaft, bessere Literatur, bessere Poesie, bessere Gemälde, bessere Skulpturen, bessere Menschen. Es braucht keinen besseren Gott, ein besserer Gott wäre nur noch gefährlicher.

Ich hasse allein schon das Wort »Gott«. Und ich würde es noch mehr hassen, wenn jemand das Konzept von Gott verbessern würde, denn Lügen müssen ausgerottet werden! Und man kann sie nicht ausrotten, wenn man sie nicht hasst. All eure Liebe zu Gott muss vernichtet werden.

Nun die Meditation:

Sei still ...

Schließe deine Augen und fühle, wie dein Körper vollkommen ruhig wird.

Das ist der richtige Augenblick, um nach innen zu gehen. Sammle deine Energien, dein gesamtes Bewusstsein, und begib dich mit großer Dringlichkeit zu deinem Zentrum, so als wäre dies dein letzter Augenblick. Nur mit solcher

Dringlichkeit kann man das Zentrum unmittelbar erreichen!

Schneller und schneller ...

Tiefer und tiefer ...

Sobald du dich dem Zentrum näherst, senkt sich eine
große Stille auf dich herab, wie sanfter Regen, sehr fühlbar,
sehr kühl,

Noch etwas näher, und du spürst einen enormen Frieden,
der deinen inneren Raum umgibt. Blüten des Jenseits beginnen auf dich herabzuregnen.

Noch ein Schritt weiter, und du bist im Zentrum. Zum
ersten Mal siehst du dein ursprüngliches Gesicht. Zum ersten
Mal begegnest du deiner Ewigkeit. Der Osten nennt dieses
ursprüngliche Gesicht das Gesicht Buddhas, des Erwachten.

Das hat nichts mit Gautama Buddha persönlich zu tun, es
ist das ursprüngliche Gesicht jedes Menschen: friedlich, anmutig, voll Größe, voll enormer Klarheit, Transparenz, Ma-
jestät. Dein Glanz ist groß, dein Schatz ist groß.

Nur an eine Qualität Buddhas muss man sich erinnern.
Er besteht nur aus einer Qualität: Gewahrsein.

Dieses kleine Wort »Gewahrsein« enthält die gesamte Essenz der Spiritualität.

Sei gewahr, dass du nicht der Körper bist.

Sei gewahr, dass du nicht der Verstand bist.

Sei gewahr, dass du nur ein Beobachter bist.

Sobald sich das Beobachten vertieft, wirst du trunken mit
dem Göttlichen. Das ist es, was als Ekstase bezeichnet wird.

Um das Beobachten zu vertiefen, entspanne dich ...

Lass den Körper und den Verstand hinter dir.

Erinnere dich nur noch an das eine: Du bist ein Buddha,
ein Beobachter, reines, ewiges Gewahrsein. Und nach und
nach wirst du ein gewisses Schmelzen fühlen; alle Trennun-
gen lösen sich auf. Dieses ozeanische Bewusstsein ist die innerste Essenz von Zen, die innerste Essenz authentischer Religiosität.

Sammle so viel von dieser Ekstase ein, wie du kannst, von all dieser Trunkenheit, all diesen Blüten, die auf dich herabregnen, all dieser Anmut, dieser Schönheit, dieser Wahrheit, dieser Göttlichkeit. Du must sie mitnehmen und du musst sie in ihrer vollkommenen Schönheit in deinem alltäglichen Leben zum Ausdruck bringen.

Du bist ein Buddha, auch wenn du Holz hackst. Sei achtsam gegenüber dem Baum, denn auch er ist ein potenzieller Buddha. Sei ein Buddha, wenn du Wasser vom Brunnen holst.

Jede Handlung muss voller Anmut, voller Dankbarkeit sein. Nur dann wird der Buddha dir näher und näher kommen.

Bevor du zurückkehrst, bitte den Buddha, als starke Präsenz mit dir zu kommen. Bitte ihn, vierundzwanzig Stunden am Tag bei dir zu bleiben.

Seine Anwesenheit wird die Alchemie deiner Transformation bewirken.

Dies sind die drei Schritte: Beim ersten Schritt tritt der Buddha hinter dich, und du spürst seine Wärme, seine Liebe, sein Mitgefühl, seine Glückseligkeit; beim zweiten Schritt wirst du der Schatten, und der Buddha tritt vor dich; beim dritten Schrifft verschwindet dein Schatten in den Buddha, so dass du nicht mehr vorhanden bist, sondern nur noch der Buddha. Du bist nicht mehr vorhanden, nur die Existenz ist noch vorhanden.

Gott ist tot, und Zen ist die einzige lebendige Wahrheit.

Komm zurück, doch komm zurück als Buddha.

Selbst deine Bewegungen sollten anmutig und schön sein, voller Seligkeit, und sie sollten dein Bewusstsein und dein Gewahrsein ausstrahlen.

Bleibe einige Augenblicke sitzen, um dich an den goldenen Pfad zu erinnern, den du gegangen bist, und an den inneren Raum, den du berührt hast, den du geschmeckt hast,

den Duft des Jenseits, der dich immer noch umgibt, und die
Präsenz Buddhas, der unmittelbar hinter dir ist und dich
beinahe berührt.

Lass den Buddha zu deiner eigenen Realität werden, und
du wirst dich vollkommen auflösen, du wirst vollkommen
verschwinden.

Du bist die Krankheit; der Buddha ist die Heilung.

Du bist Geburt und Tod; der Buddha transzendiert den
Kreislauf von Tod und Wiedergeburt.

Du bist vergänglich, nur eine Seifenblase; der Buddha ist
deine Ewigkeit.

Kapitel 6

Gott ist der ursprüngliche Sünder

Sekito schrieb:

Ursache und Wirkung stammen notwendigerweise beide aus der einen großen Realität. Die Worte »hoch« und »niedrig« werden immer relativ gebraucht.

Im Licht ist Dunkelheit, doch sei dieser Dunkelheit nicht verhaftet. In der Dunkelheit ist Licht, doch suche nicht nach diesem Licht. Licht und Dunkelheit gehören zusammen, so wie der vordere und der hintere Fuß beim Gehen. Jedes Ding hat seinen eigenen inneren Wert und ist mit allem anderen in seiner Funktion und Position verbunden. Das Relative gehört zum Absoluten wie eine Schachtel zu ihrem Deckel; das Absolute wirkt zusammen mit dem Relativen wie zwei Pfeile, die sich in der Luft begegnen.

Wer diese Zeilen liest, sollte die große Realität verstanden haben. Urteile nicht nach irgendwelchen Standards. Wenn du den Weg nicht siehst, siehst du ihn nicht, auch wenn du in Wahrheit auf ihm gehst.

Wenn du den Weg gehst, ist es nicht nah und nicht fern. Wenn du in der Täuschung verfangen bist, bist du viele Berge und Täler davon entfernt.

Ich sage respektvoll zu jenen, die nach Erleuchtung streben: Vergeudet nicht nutzlos eure Zeit.

Die erste Frage, meine Freunde:

Es scheint, dass für alle, die an einen Gott glauben, der Gegensatz zu Gott nicht »das Böse« ist, sondern das, was natürlich ist. Wodurch wurde der Mensch so leicht zum Opfer der Priester mit ihrem Konzept von einem lebensfeindlichen Gott?

Diese Frage ist absolut klar und richtig. An der Oberfläche scheint die christliche Theologie zu sagen, dass Gott gegen das Böse ist, doch wenn man tiefer schaut, erkennt man, dass er nicht wirklich gegen das Böse ist, sondern gegen das Natürliche.

Alle Religionen sind gegen die Natur, nicht nur das Christentum. Warum sind sie gegen die Natur? Es ist eine großartige psychologische Strategie. Die Strategie besteht darin, dass man ein unglückliches Leben führen wird, wenn man gegen seine eigene Natur programmiert wird, dass man mit Angst, Qual, Perversion und Schuld leben wird.

Dieses ganze Phänomen lässt sich nur erzeugen, wenn man gegen seine eigene Natur programmiert wird. Wenn man natürlich lebt, ist man genauso glücklich wie die Vögel, die Bäume, die Tiere. Sie verehren keinen Gott, sie gehen nicht zur Kirche, sie kennen keine Theologie. Sie haben keine Schuldgefühle, sie sind einfach nur natürlich.

Die Priester fanden schon sehr früh im Lauf der menschlichen Geschichte heraus, dass der Mensch sich nur zur Orientierung auf einen Gott bringen lässt, wenn er gezwungen wird, sich gegen die eigene Natur zu verhalten. Sobald man sich gegen die Natur richtet, wird man schizophren. Euer ganzes Sein ist Teil der Natur; nur euer Verstand ist gegen die Natur, denn nur der Verstand lässt sich programmieren, nicht aber euer Körper.

Ihr gelobt also Enthaltsamkeit, doch das ändert nichts an eurer Biologie; das ändert nichts an eurer Physiologie. Es ist nur ein mentales Konzept, es sind nur Worte. Euer Blut wird weiter sexuelle Energie aufbauen, euer Körper wird weiter Sexualhormone bilden.

Habt ihr schon einmal Statuen von Buddha, von Mahavira oder den dreiundzwanzig anderen Tirthankaras der Jaina gesehen? Ihr werdet überrascht sein. Keine von ihnen hat einen Bart. Glaubt ihr, dass diese Männer keinen Bartwuchs hatten? Es sind die raffinierten Priester, die diese Statuen so gestalteten, um den Menschen deutlich zu machen, dass diese Männer nicht sexuell waren, denn Bartwuchs ist auf bestimmte Hormone zurückzuführen. Männer besitzen diese Hormone, Frauen nicht. Um zu zeigen, dass sich auch ihre Physiologie verändert hat, wurden ihre Bärte entfernt. Es gibt keine Photographien von ihnen, und die Statuen wurden hergestellt, nachdem sie gestorben waren – dreihundert Jahre später –, so dass niemand eine genaue Vorstellung von ihnen hat, da niemand sie lebend gesehen hat. Aber man kann sich vorstellen, worum es dabei geht.

Krischna hat keinen Bart. Rama hat keinen Bart. Was ist mit diesen Leuten los? Ihr könnt euch eure zölibatär lebenden Mönche anschauen, und sie weisen weiter Bartwuchs auf. Ihr Zölibat hat versagt. Ihr Bartwuchs zeigt, dass ihre Männlichkeit immer noch vorhanden ist, trotz ihres Gelübdes vor einer Statue von Jesus oder irgendeinem anderen Gott, enthaltsam zu leben. Das Zölibat beschränkt sich auf den Verstand, doch der ganze Körper, die ganze Struktur richtet sich nach der Natur. Also wird man in zwei Teile aufgespalten, und ein geteiltes Haus kann jeden Augenblick einstürzen.

Diese Religionen haben Wahnsinn hervorgebracht und nichts anderes. Das ist ihr einziger Beitrag zur Menschheitsentwicklung: Wahnsinn, ein gespaltenes Bewusstsein, gespaltene Persönlichkeiten. Ein Teil, der Verstand – der vollkommen machtlos ist, denn er besitzt keine Macht über den Körper, er kann nichts im Körper verändern –, dieser Ver-

stand wird gemäß einer bestimmten Ideologie programmiert. Und wenn dieser Verstand feststellt, dass der Körper
gegen das Programm handelt, fühlt er sich schuldig, ist er
unglücklich. Er macht sich Sorgen, dass nach dem Tod eine
große Bestrafung auf ihn zukommt und dass das ewige Höllenfeuer seine Strafe sein wird.

Der Körper hat Bedürfnisse, die ganz natürlich sind. Er
braucht Nahrung, er braucht Liebe. Liebe ist ebenfalls eine
Form von Nahrung. Wenn niemand dich liebt, verkümmerst
du und stirbst. Es gibt dazu wissenschaftliche Experimente
mit Affen. Bei einem Experiment, das bereits durch Wiederholung bestätigt wurde, wurden junge Affenbabys in ein
Labor gebracht, und es wurden ihnen zwei verschiedene
Affenmütter zur Verfügung gestellt. Beide Mütter waren
künstlich. Eine bestand nur aus Draht und Rohrleitungen,
aus denen das Affenbaby Milch trinken konnte. Aber es
konnte das Drahtgestell nicht umarmen, und es konnte beim
Trinken aus den Rohren keine Mutterliebe spüren, keine
Zuneigung, keine Wärme.

Einem anderen Affenbaby wurde eine etwas andere Version einer künstlichen Mutter gegeben. Das Drahtgestell
war mit Wolle und Fell bedeckt. Es war eine künstliche
Mutter, nicht echt, aber warm wie eine Mutter. Sie wurde
elektrisch erwärmt, so dass das Affenbaby aufgrund der Abdeckung einen warmen Körper spüren konnte. Im Innern
enthielt sie Flaschen mit Milch, die ständig warm gehalten
wurden. Sie hatte Brüste für das Affenkind, nicht einfach
nur Rohrleitungen, sondern fast wie echte Brüste – aus Plastik, aber warm, so dass die Milch warm austrat. Und das Affenbaby konnte diese Mutter umarmen.

Seltsamerweise bewiesen all diese Experimente, dass das
Kind, das Wärme bekommt und eine gewisse Vorstellung
davon, dass es bei einer Mutter lebt, am Leben bleibt; das
andere Kind stirbt. Es stirbt innerhalb von drei Monaten,
obwohl es ausreichend ernährt wird, obwohl es versorgt

wird. Nur eines fehlt ihm: die warmen Brüste der Mutter. Nur eines fehlt ihm: ein Gefühl von Liebe. Selbst vorgetäuschte, künstliche Wärme hilft dem Kind zu wachsen.

In den USA wurden die Indianer fast vollständig ausgerottet. Nur einige wenige blieben übrig, die heute in Reservaten leben und eine Rente bekommen, weil die Amerikaner ihr Land benutzen – ursprünglich gehörte das ganze Land ihnen. Doch sie sind nur wenige, und daher ist es kein großes Problem. Man hielt es für besser, ihnen eine Rente zu geben, ihnen Geld zu geben, als mit einer Revolte rechnen zu müssen.

Doch Geld ist zerstörerisch, wenn man keine Arbeit hat. Arbeit gibt einem das Gefühl, dass man etwas leistet, dass man etwas wert ist, dass man zum Leben beiträgt, zum Ganzen, dass man die Menschen, die man liebt, versorgen kann. Doch die Indianer bekommen keine Arbeit. Das gibt ihnen das Gefühl, dass sie nicht gebraucht werden. Wenn sie sterben, freut sich die Regierung, freut sich die Nation, denn dadurch lässt sich das Geld für die Rente sparen.

Und was soll ein Mensch mit Geld anfangen, wenn er keine Arbeit hat? Er wird anfangen, Alkohol zu trinken, er wird spielen und wetten, er wird zu Prostituierten gehen. Und im Rausch wird er anfangen zu streiten, und manchmal kommt es auch zu Vergewaltigung und Mord. Und wenn es zu Verbrechen kommt, steckt die amerikanische Regierung sie sofort ins Gefängnis.

Worauf ich hinauswill, ist die seltsame Tatsache, dass fast alle Indianer, die ins Gefängnis kamen, angeblich durch Selbstmord starben. Aber ich kenne die amerikanischen Gefängnisse – ich war in fünf verschiedenen Gefängnissen –, und es gibt dort nichts, womit man Selbstmord begehen könnte. Man darf nicht einmal seine Uhr mit in die Zelle nehmen. Die Zelle ist vollkommen leer, sie enthält nichts. Es wird strengstens dafür gesorgt, dass die Insassen keinen Selbstmord begehen können. Doch ich kann verstehen, wie diese Menschen gestorben sind. Sie wurden entweder ermordet oder sie sind einfach verkümmert. Sie starben an Verkümmerung – ihr Leben war sinnlos geworden. Es war vorher schon sinnlos gewesen, und nun war es noch sinnloser. Und sie waren zu dreißig oder vierzig Jahren oder zu lebenslänglich verurteilt worden. In dieser Zelle zu leben, in der es keine Liebe gibt – auch wenn man Nahrung erhält –, wo niemand sie als menschliches Wesen anerkennt, beraubt sie aller Würde.

Ich habe das Gefühl, dass ein Mensch durchaus an Verkümmerung sterben kann; schließlich gab es nichts, womit sie hätten Selbstmord begehen können. Möglicherweise dachten die Polizisten und Gefängniswärter, dass es sich um Selbstmord handelte. Doch sie begingen keinen Selbstmord. Man zwang diese Menschen in einen Raum, wo sie weder gebraucht noch geliebt, noch respektiert wurden – ohne Stolz. Da verkümmerten sie einfach. Das Leben hatte keinen Sinn mehr für sie, keine Bedeutung ... Warum weiter in dieser Sklaverei leben, in dieser Würdelosigkeit, mit dieser Demütigung?

Die ganze Menschheit ist verkümmert, weil die Religionen sie ständig gelehrt haben, sich gegen die Natur zu verhalten. Und man kann nicht gegen die Natur leben, also wird man notgedrungen zu einer gespaltenen Persönlichkeit. Auf der Vorderseite ist man ein Christ, ein Hindu, ein Mohammedaner, zeigt man den Menschen eine Maske, ein falsches Gesicht. Und auf der Rückseite folgt man der eigenen Natur. Dann beginnt man natürlich im Innern einen Konflikt zu verspüren.

Dieser Konflikt ist die Grundlage dafür, dass die Priester euch ausbeuten können; weil ihr so unglücklich seid, braucht ihr jemanden, der euch raten kann, der euch einen Weg aus dieser Qual zeigen kann.

Also sorgen die Religionen zuerst für Angst, Unglück, Elend, Leid. Und sie machen das, indem sie euren Verstand

gegen die Natur programmieren – das ist die einfachste Methode. Wenn man sich gegen die eigene Natur wendet, wird
man automatisch unglücklich, leer, überflüssig, verliert man
seine ganze Lust am Leben. Dann braucht man natürlich
gute Ratschläge, und die Priester haben immer damit ge-
prahlt, dass sie einen Weg aus dem Unglück kennen: Gebet.
»Gott wird für dich sorgen, wenn du nur an ihn glaubst.«

Das ist die ganze Strategie aller Religionen. Zuerst erzeugen sie Unglück, Angst und Schuldgefühle, dann werden
die Leute ganz von allein zu ihnen kommen, zu den Priestern, denn alle Priester haben seit Jahrhunderten ihre heiligen Schriften – die eigentlich nicht besonders heilig sind –
als ihr Monopol verwaltet.

In Indien zum Beispiel wurden die heiligen Schriften der
Hindus erst gedruckt, als die Briten an die Herrschaft kamen. Und die Hindus waren sehr dagegen, sie zu drucken,
denn sobald sie gedruckt sind, sind sie für alle verfügbar.

Vorher hatten sie handgeschriebene Schriften gehabt, und
bestimmte Familien hatten das Monopol darauf besessen –
sie waren vom Vater an den Sohn weitergegeben worden
wie ein Erbe – sie waren ihr Eigentum. Und die Öffentlichkeit durfte niemals wissen, was in diesen heiligen Schriften
stand. Also waren sie allein die weisen Männer.

Die Hälfte der Menschheit, nämlich die Frauen, durfte
die heiligen Schriften überhaupt nicht lesen. In Indien
durfte die Hälfte der Bevölkerung, die Frauen, und zusätzlich ein weiteres Viertel der Bevölkerung, die Unberührba-
ren, nicht einmal einen Tempel betreten oder einem Brahmanen zuhören, wenn er Mantren aus den Veden rezitierte.
Darauf stand die Todesstrafe.

Wozu diese Geheimnistuerei? Der Grund dafür ist, dass
zwei Dinge eintreten, wenn alle das Wissen zur Verfügung
haben. Erstens werden die Menschen erkennen, dass nichts
Heiliges daran ist. Achtundneunzig Prozent sind reiner Unsinn. Vielleicht zwei Prozent sind Aussagen mit einer gewis-

sen Schönheit, mit einer gewissen Inspiration. Es kommt
also zu einer großen Bloßstellung: »Ihr habt diese Schriften
vor uns verborgen, aber es ist überhaupt nichts an ihnen
dran!« Und zweitens geht das Monopol verloren. Die Menschen werden fähig, zu ihrem Trost selbst in den heiligen
Schriften zu lesen.

Die Priester waren also sehr dagegen, dass ihre Bücher publiziert wurden. Schließlich stimmten sie zu, weil ihnen unter der britischen Herrschaft nichts anderes übrig blieb; sie
hatten keine Macht. Sie stimmten zu, doch nur unter der Bedingung, dass die Bücher in Sanskrit veröffentlicht wurden,
das keine lebende Sprache ist. Nur die Priester sprechen sie,
nur die Brahmanen sprechen sie. Sanskrit war niemals eine
Sprache der allgemeinen Bevölkerung. Buddha sprach Pali,
nicht Sanskrit. Mahavira sprach Prakrit, nicht Sanskrit, weil
die gemeine Bevölkerung Sanskrit nicht verstand.

Sie hielten also nicht nur die Veden geheim, sondern sie
machten auch ihre Sprache zu einem Monopol der Brahmanen, der Priester. Und das war überall auf der Welt so, auf
unterschiedliche Weise. So ist man gezwungen, zu den Priestern zu gehen. Wenn man sich elend fühlt und nirgendwo
Licht sieht und die Nacht sehr dunkel ist und immer dunk-
ler wird und es keine Hoffnung auf eine Morgendämme-
rung zu geben scheint, wo soll man dann suchen? Dann gibt
es nur die Priester, die behaupten, dass sie Gott kennen, die
behaupten, dass sie das Monopol auf Gottes Botschaft für
die Menschen besitzen.

Der Mensch wurde zu einer leichten Beute für diese Leute,
weil er auf sie hörte und es ihnen gelang, ihn zu überzeugen.
Sie waren gebildeter; sie waren die einzigen gebildeten Menschen. Sie verstanden es, zu argumentieren, zu überzeugen
– die Massen wurden in Unwissenheit gehalten –, und so argumentierten sie gegen die Natur, und sie überzeugten die
Menschen. Und sie waren sehr überzeugend. Beispielsweise
leidet jeder unter der Ehe, und die Ehe ist eine Erfindung der

Priester. Sie ist ein gutes Mittel, um die Menschen unglücklich zu machen.

Ihr solltet als Individuen in Freiheit leben. Aus dieser Freiheit heraus könnt ihr lieben, doch nicht gegen eure Freiheit. Wenn ihr eure Freiheit um der Liebe willen aufgebt, werdet ihr verzweifeln. Die Ehe war also ein Mittel, um die Menschen dazu zu bringen, ständig übereinander herzufallen, ständig miteinander zu kämpfen, denn man konnte sich nicht trennen. Keine Religion ließ eine Scheidung zu, und es liegt in der menschlichen Natur, dass man sich irgendwann langweilt. Niemand kann jeden Tag dasselbe essen – außer mir. Meinen Köchen und den Leuten, die sich um mich kümmern – ihnen wird langweilig. Ich esse immer dasselbe, und ihnen wird langweilig, weil sie mir immer dasselbe auftischen müssen.

Doch solange man nicht erleuchtet ist, wird es einem mit allem irgendwann langweilig. Man braucht immer wieder etwas Neues. Ihr müsst euch jedes Jahr ein neues Auto kaufen. Das bedeutet nicht, dass das neue Auto besser ist als das alte, höchstwahrscheinlich ist es das nicht. Das ältere war besser gebaut, hatte eine stabilere Karosserie, einen stärkeren Motor. Die neuen Autos werden immer mehr zu Spielzeugen. Doch weil ihr jedes Jahr das Modell wechselt, braucht es keine stabilen Autos. Was sollte man mit einem stabilen Auto anfangen? Stabile Autos waren dazu gedacht, ein ganzes Leben lang zu halten.

Die neuen Autos werden immer empfindlicher, und tatsächlich dient es den Herstellern, dass ihr euer Auto jedes Jahr wechselt; wozu sollte man sonst neue Autos produzieren? Die Fabriken müssten schließen. Also wird für die neuen Autos viel Werbung gemacht, und was sich verändert, ist einfach nur die Form der Motorhaube, eine kleine Veränderung des Designs, der Farben. Doch der Grund, warum die Leute ihre Autos wechseln, ist der, dass sie das alte irgendwann satt haben.

Auch Beziehungen hat man irgendwann satt. Am Anfang erscheint einem alles einfach großartig. Doch wie lange ist es großartig? Bald ist man mit der Geographie des anderen vertraut. Wenn man eine Frau erst einmal nackt gesehen hat, ist das der Anfang vom Ende.

Nur in Indien sind Ehen dauerhaft glücklich, aus dem einfachen Grund, weil Mann und Frau tagsüber kaum Kontakt miteinander haben. Sie können vor ihren Angehörigen nicht miteinander sprechen. Es sind alles Großfamilien, und eine Familie kann aus bis zu 40 Personen bestehen, die alle zusammen leben.

Meine Mutter hat mir erzählt, dass ein Mann nicht nur seine Frau tagsüber nicht zu Gesicht bekommt, sondern dass er nicht einmal mit seinen eigenen Kindern spielen kann. Das ist ein jahrhundertealtes Programm. Wenn man seiner Frau dann in der Dunkelheit der Nacht begegnet … auch dann kann man nicht miteinander sprechen, denn ringsum schläft die Großfamilie. Die Angehörigen schlafen; wenn man zu reden beginnt, wacht vielleicht jemand auf. Schweigend kommt man unter den Decken zusammen, ohne auch nur einmal »Ich liebe dich« zu sagen, man kopuliert und trennt sich sofort wieder, so dass möglichst niemand gestört wird. Der Mann kennt seine Frau nicht wirklich, er sieht sie niemals wirklich, also bleibt sein Interesse erhalten. Es ist die Dunkelheit, die sein Interesse lebendig erhält.

Aber ansonsten ist es sehr schwierig, sein ganzes Leben lang an derselben Frau interessiert zu bleiben. Nach den Flitterwochen ist die Ehe am Ende. Ich glaube, die Flitterwochen sind die einzige Zeit, in der ein Paar glücklich ist. Danach beginnt ein langer Weg voll Unglück und Elend. Dasselbe passiert inzwischen auch in Indien, weil Indien jetzt zivilisiert ist und in das einundzwanzigste Jahrhundert aufbricht.

Den Menschen wird also langweilig, doch sie können nicht die Wahrheit sagen, sie können nicht sagen, dass sie den an-

deren satt haben. Also taucht Ärger auf, taucht Gewalt auf.
Beide werden depressiv. Dann ist es besser, ein bisschen weniger Zeit miteinander zu verbringen. Es macht niemanden
glücklich, wenn man sich gegenseitig vierundzwanzig Stunden am Hals hängt, weder einen selbst noch den anderen,
an dem man hängt.

Die Religionen haben also all diese Mittel eingesetzt, um
die Menschen unglücklich zu machen. Und sie haben gesagt, dass man keinen anderen Mann und keine andere Frau
ansehen dürfe. Doch das ist vollkommen natürlich. Wenn
man seine Frau satt hat, fängt man an, sich nach einem Ausweg umzusehen. Doch alle Religionen sagen, dass Ehebruch
die größte Sünde sei. Ich kann das nicht so sehen ...

Solange es eine Ehe gibt, muss es auch Ehebruch geben.
Ich betrachte das einfach nur als eine Sache der menschlichen Natur, und ab und zu ist es auch gut. Es hilft euch, eure
Liebesbeziehung frisch zu halten, wenn ihr am Wochenende
mal eine andere Frau habt. Das richtet sich nicht gegen die
Ehe. Es kann eurer Ehe sogar helfen, auf Dauer zu funktionieren, denn an diesen zwei Tagen am Wochenende könnt
ihr erkennen, dass die eigene Frau im Grunde doch besser
ist.

Es ist gut, fünf Tage die Woche verheiratet zu sein. Und es
ist gut, an zwei Tagen am Wochenende frei zu sein. Das ist
eine vollkommen menschliche Sache. Man möchte neue Erfahrungen machen, man möchte so viele Menschen wie
möglich lieben.

Eine der Figuren von Jean-Paul Sartre sagt: »Ich möchte
alle Frauen dieser Welt lieben.« Das ist nicht möglich, aber
die Sehnsucht danach ist vorhanden: »Ich möchte *alle* Frauen
dieser Welt lieben.« Jede Frau ist ein einzigartiges Individuum; jede Frau schenkt eine einzigartige Erfahrung. Jede
Frau besitzt ihre eigenen Launen, jeder Mann hat seinen eigenen Wahn. Wenn sich zwei Menschen treffen, begegnen
sich also zwei unterschiedliche Vögel. Das ist gut, denn es

gibt euch die Gelegenheit zu erkennen, dass der alte Partner
besser ist. Mit dem alten Partner habt ihr euch bereits arrangiert; der neue bedeutet nur unnötigen Aufwand. Aber nach
fünf Tagen habt ihr das bereits wieder vergessen; es ist ganz
natürlich für den Verstand, dass er das immer wieder vergisst. Nach fünf Tagen mit dem alten Partner denkt ihr wieder, dass es euch jetzt zu viel ist.

Immer wenn ich eine Ehe sehe, kann ich der Versuchung
nicht widerstehen, sie etwas aufzumischen, denn wenn man
sie nicht aufmischt, sind die Leute einfach immer nur depri-
miert, und dann sind sie ein leichtes Opfer für die Priester.

Diese Frage ist wichtig: » *Wodurch wurde der Mensch so
leicht zum Opfer der Priester ...?*« Durch sein Unglück. Es
handelt sich also um ein betrügerisches Spiel. Religion ist ein
betrügerisches Spiel. Die Priester zerstören zuerst einmal auf
jede nur mögliche Art und Weise euer Glück und zwingen
euch, euch gegen die Natur zu verhalten: »Was natürlich ist,
ist eine Sünde.« Und sobald ihr dann unglücklich seid, haben die Priester ihre Türen offen, und ihr könnt euch bei ihnen Rat holen.

Der Sohn eines Arztes kam von seiner medizinischen Ausbildung nach Hause und sagte zu seinem Vater: »Nachdem
ich jetzt fertig bin, brauchst du nicht mehr zu arbeiten. Du
hast dein ganzes Leben lang hart gearbeitet. Ich werde nun
deine Arbeit übernehmen, und du kannst dich ausruhen.«

Drei Tage später sagte er zu seinem Vater: »Diese reiche
alte Frau, die du seit fast dreißig Jahren behandelst, habe ich
innerhalb von nur drei Tagen geheilt.«

Darauf erwiderte der Vater: »Du Idiot! Diese Frau hat unsere Familie ernährt. Dank dieser Frau hast du eine medizinische Ausbildung bekommen. Dank dieser Frau bekommen deine Brüder eine Ausbildung – und du hast sie geheilt?
Glaubst du vielleicht, ich hätte sie nicht heilen können? Natürlich hätte ich das gekonnt, aber sie zu heilen hätte bedeu-

tet, deine Ausbildung unmöglich zu machen. Sie hat mir die Hälfte meines Einkommens beschert!«

Arme Leute werden vom Arzt rasch geheilt; bei reichen Leuten lässt er sich dagegen Zeit. Das ist nur natürlich, daran ist nichts Falsches. Reiche können es sich leisten; mit Armen verschwendet man nur unnötig seine Zeit. Und nicht nur seine Zeit. Ein Armer fängt vielleicht irgendwann an, um kostenlose Arzneimittel zu betteln, weil er ja kein Geld hat. Aber einen reichen Mann muss man sich warm halten. Wenn er die eine Krankheit satt hat, gibt man ihm eine andere. Man muss ihm nur die Idee nahe bringen – »Ich habe das Gefühl, Sie werden bald einen Herzinfarkt bekommen.« Diese Vorstellung genügt schon, und sein Herz fängt an, heftiger zu schlagen, und mitten in der Nacht wird er aufwachen und seinen Herzschlag überprüfen, ob er noch in Ordnung ist oder ob er schon nachlässt. Man muss ihm nur bestimmte Ideen in den Kopf setzen, dann bleibt er dauerhaft Patient. Man sagt ihm zum Beispiel: »Sie müssen sich unbedingt jede Woche untersuchen lassen. Ihr Körper ist in einem äußerst fragilen Zustand.«

Ärzte leben ein sehr widersprüchliches Leben. Sie sollen die Menschen heilen, doch was würde mit ihnen passieren, wenn sie alle Menschen heilen würden? Wenn eine Gesellschaft vollkommen gesund wäre und niemand mehr krank würde, würden die Ärzte verhungern und sterben. Sie würden zu Bettlern.

Nur in China, unter dem Einfluss Laotses, wurde zum ersten Mal eine neue Methode eingeführt. Aus seinem großen Mitgefühl heraus ging Laotse eines Tages zum Kaiser und sagte: »Die gesamte medizinische Versorgung ist im Grunde falsch aufgebaut, weil die Ärzte von den Krankheiten der Menschen leben, während sie sie doch eigentlich heilen sollten. Damit befinden sie sich in einer widersprüchlichen Situation.«

Der Kaiser fragte: »Was schlägst du vor?«

Laotse erwiderte: »Ich schlage vor, dass die Ärzte vom Kaiser dafür bezahlt werden sollten, dass sie die Menschen gesund erhalten. Wenn die Menschen ihre Gesundheit verlieren, wenn sie krank werden, sollte das Einkommen des Arztes reduziert werden. Denn dann hat er nicht gut genug für seine Patienten gesorgt. Es sollte also vollkommen anders funktionieren als im Moment: Der Arzt sollte dafür bezahlt werden, die Menschen gesund zu erhalten, und wenn jemand krank wird, wird sein Einkommen reduziert. Das gibt der ganzen medizinischen Versorgung eine vollkommen andere Ausrichtung.«

So haben Erleuchtete den Menschen immer wieder neue Perspektiven gegeben, doch die Menschen haben sie anfangs oft nicht verstanden. Die Menschen konnten nicht verstehen, dass man für seine Gesundheit bezahlen sollte. Man ist gesund – was hat der Arzt damit zu tun? Und der Arzt bekommt weniger, wenn man krank wird? Das ist ein vollkommen richtiger Ansatz, auch wenn er erst einmal seltsam wirkt.

Genauso verhält es sich mit den Priestern. Wenn jeder ohne Schuld wäre ... Das ist der Grund, warum mich alle für einen gefährlichen Menschen halten – weil meine ganze Anstrengung dahin geht, euch von Schuldgefühlen zu befreien, von Sünde, von der ganzen Vorstellung von Moral. Es gibt nur eines, was ich euch vermitteln möchte, und das ist Klarheit jenseits des Verstands. Aus dieser Klarheit heraus könnt ihr dann alles entstehen lassen: eure Liebe, eure Moral, euer Verhalten. Doch das macht Priester vollkommen überflüssig. Das macht Religionen und Kirchen überflüssig, und es macht Gott überflüssig. Wer betet schon noch zu Gott, wenn er glückselig ist? Wer betet schon noch zu Gott, wenn das Leben ein einziger Tanz ist? Wozu?

Wenn du gesund bleiben kannst, wenn du dich gut ernähren kannst ... Wenn du ein langes Leben leben kannst, hundertfünfzig Jahre alt und immer noch jung ... Das ist möglich. Ihr müsst nur mal die Gegebenheiten betrachten. Im Alter von fünfundsiebzig sterben die meisten Menschen. Mit fünfundachtzig sterben schon weniger Menschen. Mit fünfundneunzig sterben nur sehr wenige Menschen. Über hundert stirbt sehr selten jemand. Und über hundertundachtzig sind die Chancen groß, dass man überhaupt nicht mehr stirbt. Das ist einfache Mathematik! Wer hat schon mal von jemandem gehört, der mit über hundertachtzig gestorben wäre? Dafür gibt es keinen Präzedenzfall.

Wissenschaftler sagen, dass der menschliche Körper das Potential hat, mindestens dreihundert Jahre lang zu leben, wenn alles natürlich verläuft. Es ist das nicht natürliche Leben, das die Menschen nicht nur unglücklich macht, sondern ihr Leben auch von dreihundert Jahren auf fünfundsiebzig verkürzt. Schon mit sechzig Jahren beginnen die Menschen zu denken: »Es ist besser zu sterben, wozu sollte ich noch weiterleben?«

Ein alter Mann heiratete ein junges Mädchen. Er war neunzig, und das Mädchen war erst neunzehn. Seine Söhne – einer war siebzig, der andere sechzig Jahre alt – sagten zu ihm: »In diesem Alter solltest du nicht mehr heiraten. Wir müssen uns ja schämen. Jeder wird über dich lachen.«

Er antwortete: »Das geht euch nichts an. Ich habe mich in diese Frau verliebt, und ich werde sie heiraten.« Er heiratete sie also, und der Arzt, der den alten Mann betreute, sagte zu ihm: »Sie heiraten ... das ist in Ihrem Alter sehr gefährlich. Es wäre besser, Sie würden noch jemanden zur Miete bei sich aufnehmen.« Damit meinte er, dass er sich einen jungen Mann als Untermieter suchen sollte, der sich um die junge Frau kümmern würde. Doch der alte Mann verstand es falsch.

Neun Monate später traf der Arzt den alten Mann auf dem Markt und fragte ihn: »Wie geht's?«

Der alte Mann antwortete: »Großartig! Meine Frau ist schwanger.«

Der Arzt wollte wissen: »Und haben Sie jemanden zur Miete aufgenommen?«

Daraufhin meinte der alte Mann: »Ja, und sie ist auch schwanger!«

Das ist Leben!

Lebt total und lebt natürlich; dann werdet ihr keine Religion brauchen, dann werdet ihr keine Priester brauchen, dann werdet ihr keinen Gott brauchen. Dann wird es niemanden geben, der euch ausbeuten kann, der eure Intelligenz zerstören kann, der euer Leben zerstören kann, der euch krank und unglücklich machen kann.

... Seht ihr jetzt, warum ich gefährlich bin?

Die zweite Frage:

Warum ist die Lüge, dass es einen Gott gibt, so erfolgreich?

Weil ihr versagt habt. Es ist euer Versagen, das diese Lüge so erfolgreich macht. In eurem ganzen Leben habt ihr noch nie total geliebt, habt ihr noch nie total gelebt. Ihr habt niemals irgendetwas total gemacht; das ist euer Versagen.

Mit Versagen meine ich nicht das, was ihr darunter versteht. Nach eurem Verständnis habt ihr versagt, wenn ihr nicht superreich seid. Wenn ihr kein großer Politiker seid, Premierminister oder Präsident. Wenn ihr nicht weltberühmt seid. Das hat aber nichts mit Versagen zu tun, das ist einfach nur euer konkurrenzbetontes, egoistisches Leben.

Und diese Art von Leben ist am unglücklichsten, denn man ist ständig am Kämpfen, man kämpft, man stellt anderen ein Bein, man erhebt sich über andere Menschen, man benutzt sie als Trittbrett, um höher zu kommen. Solch ein Leben ist voller Gewalt, und ein gewaltsames Leben kann nicht schön sein. Man muss gnadenlos sein, nur dann kann man superreich werden. Man kann kein Mitgefühl haben, denn wie könnte man sonst Millionen von Menschen so ausbeuten, dass sie verhungern, während man selbst einfach immer mehr Geld anhäuft, Geld, das man überhaupt nicht mehr verwenden kann? Es dient keinem Zweck, immer noch mehr anzuhäufen, das Anhäufen ist einfach nur zur Gewohnheit geworden.

Der derzeit reichste Mann der Welt lebt in Japan; er besitzt sechsundzwanzig Milliarden Dollar. Was soll man mit sechsundzwanzig Milliarden Dollar anfangen? Es gibt nichts, was man mit sechsundzwanzig Milliarden Dollar machen könnte, aber er strebt immer noch nach mehr.

Die Menschen, die ihr für erfolgreich haltet, streben immer nur nach mehr. Tief im Innern sind sie nicht erfolgreich.

Ein Mensch ist nur dann erfolgreich, wenn er seiner eigenen Natur, seinem eigenen Weg folgt und ihn so total und intensiv wie möglich lebt. Wenn du ein Musiker sein möchtest, wirst du vermutlich kein reicher Mann werden. Wenn du ein Flötist sein möchtest, wirst du kein großer Politiker werden, aber du wirst vollkommen glücklich sein. Vielleicht reicht dein Geld gerade so zum Leben, doch was macht dir das aus, wenn du auf deiner Flöte spielst? Du verschwindest einfach in deiner Musik. Dein Flötenspiel wird zu deiner Meditation. Dein Lied, dein Tanz wird zu deiner Meditation.

Alles, was total gelebt wird, ist Meditation. Dann braucht ihr keine Meditation mehr. Und ein Mensch, der von Augenblick zu Augenblick lebt, vollkommen seiner eigenen Natur folgend, entsprechend seinem eigenen Inneren, kennt kein Bedauern, kennt kein Versagen. Ein glücklicher Mensch, ein glückseliger Mensch, braucht keinen Gott. Es ist euer Elend, eure fehlende Natürlichkeit, die Gott so erfolgreich macht. Gott füllt euer Vakuum. Doch ein Mensch, der total lebt, kennt kein Vakuum.

Ich habe keinen Gott – doch nicht etwa, weil ich ein Atheist wäre. Ich brauche einfach keinen Gott. Ich bin in mir selbst so erfüllt, dass ich keine Religion brauche und keine Gebete und keine Meditation. Jeder Augenblick ist so großartig, so enorm ekstatisch – wer würde sich da noch um irgendwelche dummen Fragen nach Gott, Himmel und Hölle kümmern? Das sind Fragen einer kranken Menschheit, und diese kranke Menschheit wird dann von den Priestern im Namen Gottes ausgebeutet.

Zuerst machen sie euch verrückt, und dann müsst ihr ihnen Opfergaben bringen. Es ist ein seltsames Spiel. Die Priester spielen das hässlichste Spiel auf dieser Welt. Ihr ganzer Erfolg beruht auf eurem Versagen, und euer Versagen beruht darauf, dass ihr nicht eurer Natur folgt.

Für alle, die ihn verstehen, ist mein Zugang ganz einfach und klar: Folge einfach deiner Natur, und Gott spielt keine Rolle mehr, Himmel und Hölle spielen keine Rolle mehr, Priester spielen keine Rolle mehr. Jeden Augenblick bist du so im Einklang mit dem Leben, dass du wie eine Blume erblühst, dass du wie ein Pfau tanzt, dass du wie eine Nachtigall singst. Dein Leben wird einen vollkommen anderen Geschmack bekommen. Es wird den Duft eines Menschen verströmen, der vollkommen mit sich selbst und dem Leben, so wie es ist, zufrieden ist, ohne jeden Wunsch, etwas zu verändern, ohne jeden Wunsch, dieses Leben zu verbessern, ohne jeden Gedanken an das, was nach dem Tod kommt.

In diesem Zusammenhang ist eine Aussage von Sokrates von großer Bedeutung. Als er mit dem Tod konfrontiert war, fragte ihn jemand: »Hast du Angst davor, dass du diesen Abend bei Sonnenuntergang den Giftbecher trinken musst?«

Er antwortete darauf: »Warum sollte ich Angst haben? Es gibt nur zwei Möglichkeiten: Entweder sterbe ich, und dann ist niemand mehr da, der sich Sorgen machen könnte, oder ich sterbe nicht, und wozu dann die Sorgen? Zwei ganz einfache Alternativen: Entweder verschwinde ich vollständig, und wenn ich verschwinde, ist niemand mehr da; wer sollte sich dann noch Sorgen machen? Wer sollte leiden? Oder ich sterbe nicht. Wenn ich nicht sterbe, warum sollte ich mir dann Sorgen machen? Ich weiß, wie man lebt. Ich habe mein ganzes Leben so voll Freude gelebt. Wenn es ein Leben nach dem Tod gibt, werde ich weiterleben. Ich beherrsche diese Kunst. Wenn es kein Leben gibt, werde ich mich zur Ruhe legen. Ich weiß, wie man vollkommen ruht, ewig. Auch das ist kein Problem. Entweder werde ich tanzen, oder ich werde ruhen, doch ich weiß, dass beides wunderbar ist. Ruhe besitzt ihre eigene Schönheit – ewige Ruhe, ohne Sorgen, ohne Verzweiflung, ohne Angst, ohne Furcht. Oder ich werde tanzen, und auch diese Kunst beherrsche ich. Mein Tanz kann ewig weitergehen.«

Ein wirklich erfolgreicher Mensch wird dieselbe Einstellung wie Sokrates haben. Wer macht sich schon Sorgen um den Tod? Nur Menschen, die nicht wirklich gelebt haben, machen sich Sorgen um den Tod.

Das ist ein sehr seltsames Phänomen. Menschen, die nie wirklich gelebt haben, die einfach nur gehofft haben, eines Tages zu leben, morgen oder übermorgen oder vielleicht nach dem Tod, im Paradies – jene, die das Leben aufgeschoben haben –, sie sind die einzigen, die sich vor dem Tod fürchten, weil sie die Kunst des Lebens nicht beherrschen.

Die Kunst des Lebens ist ganz einfach. Sei natürlich. Kümmere dich nicht um Manu, Moses, Mahavira, Mohammed – kümmere dich um überhaupt niemanden. Sie haben ihr Leben gelebt, sie haben sich niemals um irgendjemand anderen gekümmert.

Entdecke einfach nur dieses Geheimnis. Buddha lebte sein Leben nicht nach irgendeiner Schrift, nicht nach irgendwelchen Veden, nicht nach irgendeiner Disziplin. Er lebte nach seiner eigenen Erkenntnis. Das macht seine Größe aus. Das ist es, was ihn zu einer wunderschönen Blume macht, zu einem Lotus, vollkommen offen für die Sonne, den Regen, den Wind, tanzend, genießend. Auch Mahavira lebte sein eigenes Leben. Alle Menschen, die ihr Leben total leben, ohne jedes Schuldgefühl, ohne dass sich irgendwelche Priester einmischen, sind erfolgreich.

Ich kenne nur einen Erfolg, und der besteht darin, dass dein Leben dein eigenes Leben ist, deine natürliche Existenz. Doch wenn es dir nicht gelingt, deiner authentischen Natur zu folgen, dann wird die Lüge, dass es einen Gott gibt, bei dir erfolgreich sein. Denn dann musst du dir jemanden suchen, der sich um dich kümmert. Dann machst du dir Sorgen darüber, was nach dem Tod kommt. Vielleicht gibt es ja einen Gott; wie kannst du ihm gegenübertreten, wenn du ihn nicht angebetet hast? Also ist es besser, ihn anzubeten: Wenn es keinen Gott gibt, spielt es keine Rolle; und wenn es doch einen gibt, kannst du immer noch sagen: »Ich habe dich doch angebetet.« Solche Menschen sind Feiglinge; man kann sie eigentlich gar nicht als Menschen bezeichnen.

Sei authentisch, sei natürlich, sei aufrichtig in jeder deiner Handlungen. Und das ist nur dann möglich, wenn du dein eigenes Inneres betrittst und das Zentrum findest. Das ist der einzig mögliche Erfolg in dieser Welt: das eigene Zentrum zu finden und sich dann von diesem Zentrum führen zu lassen. Licht wird vom Zentrum ausstrahlen, wird von dir ausstrahlen, und du wirst ein natürlicher Mensch sein. Der natürliche Mensch ist der Buddha.

Der unnatürliche Mensch ist krank, ist pathologisch. Er ist dazu bestimmt, von den Priestern ausgebeutet zu werden, oder von den Psychoanalytikern – den modernen Priestern. Sie haben nichts anzubieten. Ihre Psychoanalyse ist genauso Schwindel wie die Religion. Sie sind die neuen Rabbis, die neuen Bischöfe, die neuen Päpste. Sie geben nichts, sie beuten euch einfach nur aus. Auch die Priester haben nichts zur Entwicklung der Menschheit beigetragen, sie haben sie einfach nur ausgebeutet. Sie sind die größten Parasiten in dieser Welt.

Die dritte Frage:

Es scheint, als ob der Gedanke an einen Gott aus dem Gefühl herrührt, dass es etwas Größeres gibt als uns selbst. Ist dieses »Größere« das, was du als No-Mind bezeichnest, oder ist es etwas anderes?

Es gibt nichts Größeres als euch selbst. Eure Religionen haben euch beigebracht, dass ihr alle Sünder seid, dass Heilige besser sind und dass Gott größer ist, dass ihr nur Würmer seid, die auf der Erde kriechen. Eure Religionen haben dafür gesorgt, dass ihr unter einem Minderwertigkeitskomplex leidet. Deshalb sucht ihr ständig nach jemandem, der größer ist. Doch das ist nichts Natürliches, das ist aufgezwungen, einprogrammiert, konditioniert. Ihr wurdet dadurch zu Untermenschen degradiert. Euer ganzer Stolz, eure Würde, eure Ehre, wurden euch genommen. Ihr bleibt ohne Ehre, ohne Selbstachtung, ohne Würde zurück. Natürlich denkt ihr dann, dass jemand anderer größer sein muss.

Und dann gibt es alle möglichen Arten von Betrügern. Ihr kennt nur ihr Äußeres, nicht ihr Inneres. Nach außen hin benehmen sie sich so unnatürlich wie möglich, so dass in euch die Vorstellung entsteht, dass all diese Heiligen euch vollkommen überlegen sind – denn die Religionen haben euch gelehrt: »Wenn ihr nicht eure Natur überwindet, könnt ihr Gott nicht erfahren.«

Alles, was sie machen, ist Selbstquälerei. Für mich sind sie Masochisten, die eigentlich psychiatrische Hilfe brauchen. Doch die Religionen haben sie als Heilige gepriesen. Sie stehen zwischen euch und Gott, doch Gott ist natürlich am höchsten; er befindet sich über euch im Himmel. Habt ihr jemals darüber nachgedacht, dass die Erde rund ist? Als ich in Amerika war, befand sich Gott über meinem Kopf, doch Amerika befindet sich jetzt direkt unter meinen Füßen. Ich halte meine Füße direkt über Ronald Reagans Kopf.

Gott ist oben, doch die Erde ist rund, und was ist dann oben und was unten? Der Gott von Menschen, die auf der anderen Seite der Erde wohnen, befindet sich unter euren Füßen, und euer Gott befindet sich unter ihren Füßen. Wenn ihr eure Hände zum Gebet erhebt, denkt also daran – ihr lebt auf einer runden Erde. Seid nicht dumm. Es gibt niemand Höheren, niemand Niedrigeren, es ist alles eine einzige Existenz.

Das war es, was Sekitos Erleuchtung auslöste – dass er das Sutra eines alten Meisters las, der sagte, dass jemand, der die Einheit wahrnimmt, das eine Leben in allen Dingen, jemand, der im Einklang mit der Existenz ist, vollkommen eins mit ihr ist. Niemand ist höher als du, niemand ist niedriger. Es gibt nur eine einzige Existenz, nur ein Leben. Wir sind unterschiedliche Ausdrucksformen dieses einen Lebens, und es ist gut, dass es so viele verschiedene Ausdrucksformen gibt. Das macht das Leben schön, es gibt ihm Vielfalt, es gibt ihm Farbe. Das macht das Leben zu einem Regenbogen. Es ist nicht langweilig, es ist enorm interessant und spannend.

Begib dich auf die Suche, und du wirst immer wieder Neues finden. Die Wissenschaft, die im Außen forscht, entdeckt jeden Tag irgendeine neue Wahrheit. Jene, die im Innern forschen, entdecken jeden Augenblick, je tiefer sie gehen, immer neue Seligkeiten, immer neue Ekstasen. Es gibt Schichten auf Schichten auf Schichten, und das Mysterium nimmt niemals ein Ende.

Ich liebe dieses geheimnisvolle Universum, und ich liebe alles, was aus diesem Mysterium entstanden ist. Es ist unergründlich und lässt sich daher nicht ausdrücken.

Hier nun der zweite Teil des Sutras aus *Sandokai*:

Sekito schrieb: Ursache und Wirkung stammen notwendigerweise beide aus der einen großen Realität.

Alles stammt aus der einen großen Realität. Es gibt keine
andere Realität; es gibt nur eine Realität, diese eine große
Realität. Außen und innen sind einfach zwei Aspekte dieser großen Realität. Jede Ursache, jede Wirkung stammt
notwendigerweise aus dieser einen großen Realität.

Die Wörter »hoch« und »niedrig« werden immer relativ gebraucht.

Achtet nicht auf diese Wörter. Sie sind nur relativ.
   Doch selbst eure sogenannten großen Menschen leiden
unter seltsamen Vorstellungen. Napoleon Bonaparte, den
ihr als großen, erfolgreichen Mann betrachtet, litt immer
darunter, dass er nur einen Meter fünfundsechzig groß war.
Seine Wachen dagegen waren fast zwei Meter groß. Eines
Tages versuchte er ein Bild an der Wand zu befestigen, doch
er reichte nicht hoch genug. Seine Leibwache sagte zu ihm:
»Lasst es mich machen, ich bin größer.« Darauf entgegnete
er: »Halt den Mund! Sag nicht ›größer‹. Sag, du bist ›länger‹ als ich, aber nicht ›größer‹.«
   Eine Wunde, die er das ganze Leben mit sich herumgetra-
gen hatte, wurde dabei berührt.
   Der Mann, der die Russische Revolution in die Wege lei-
tete, Wladimir Iljitsch Lenin, litt sein ganzes Leben lang an
einem Minderwertigkeitskomplex. Er, der größte Revolu-
tionär der Welt, versteckte sich immer hinter einem Schreibtisch, weil seine Beine kürzer waren als sein Oberkörper, sodass sie vom Stuhl herabhingen und nicht bis auf den Boden
reichten. Und er konnte sich auch nicht auf einen niedrigeren Stuhl setzen, weil das seltsam gewirkt hätte: »Warum
sitzen Sie auf einem so niedrigen Stuhl?« Also saß er immer
auf einem hohen Stuhl, doch ein Schreibtisch verbarg dabei

seine Beine. Seine Beine waren ihm so peinlich, dass er nie jemanden nahe an sich heranließ. Man musste ihm gegenüber auf der anderen Seite des Schreibtisches sitzen, damit man seine Beine nicht sehen konnte. Und er fühlte sich deshalb ganz unnötigerweise unterlegen ...

All eure Vorstellungen von »groß« und »klein« sind relativ – sie entspringen eurem Kopf –, weil ihr ständig vergleicht. Jeder Mensch ist einzigartig, daher ist alles Vergleichen falsch.

Im Licht ist Dunkelheit – weil es keinen wirklichen Unterschied zwischen Licht und Dunkelheit gibt. Der Unterschied ist nur relativ. Dunkelheit lässt sich als weniger Licht definieren, und Licht lässt sich als weniger Dunkelheit definieren – so wie man dasselbe Thermometer für kaltes und heißes Wasser verwenden kann. Heißes Wasser ist etwas weniger kalt, und kaltes Wasser ist etwas weniger warm; aber das sind nur verschiedene Abstufungen, und alle Abstufungen sind relativ. Im Grunde ist es dasselbe.

Licht und Dunkelheit sind ein einziges vollständiges Ganzes, die zwei Extreme einer einzigen Realität. Es gibt Tiere, die in der Dunkelheit sehen können. Ihr kennt die Eule, deren Nacht dann anfängt, wenn euer Tag beginnt. Sie geht schlafen, sobald die Sonne aufgeht, weil ihre Augen zu empfindlich sind. Sie kann sie nicht im Licht öffnen, denn das würde ihnen wehtun. Ihre Augen sind so empfindlich, dass sie nur in der Dunkelheit sehen können, doch die Dunkelheit ist vollkommen hell für die Eule, lauter Licht in der Dunkelheit. Also ist es nur eine Frage der Sehfähigkeit der Augen. Mit bestimmten Instrumenten können auch eure Augen in der Dunkelheit sehen, können eure Augen genauso empfindlich werden wie die der Eule.

Ihr könnt keine Radiowellen wahrnehmen, und doch müssen sie vorhanden sein, denn sobald ihr das Radio anmacht, könnt ihr sie empfangen. Auch wenn ihr also das Gefühl habt, dass keine Radiowellen um euch herum vorhanden sind, sind sie doch da – es liegt einfach nur daran, dass eure Ohren nicht fähig sind, sie wahrzunehmen.

Während des Zweiten Weltkriegs geschah es einmal in der Schweiz, dass ein Mann eine Kugel im Ohr hatte. Die Kugel wurde operativ entfernt, und das Ohr heilte, doch danach passierte etwas Seltsames: Der Mann konnte den ganzen Tag lang die nächste Radiostation hören – und sie ließ sich durch nichts abschalten.

Er erzählte es den Krankenschwestern, die ihm aber nicht glaubten. »Das müssen Sie sich einbilden. Es kann gar nicht sein. Wie sollten Sie in der Lage sein, den Radiosender zu hören?«

Er bat sie, die Ärzte zu rufen. Doch auch die Ärzte glaubten ihm nicht. Da meinte er: »Dann macht doch irgendein Experiment, wenn ihr mir nicht glaubt. Ich werde noch wahnsinnig! Es lässt sich einfach nicht abschalten!«

Also beschlossen sie schließlich – weil der Mann vollkommen normal zu sein schien, auch wenn das, was er sagte, nicht normal klang –, ein Experiment zu machen, um ihn zufrieden zu stellen. Sie stellten ein Radio in einen angrenzenden Raum und sagten zu dem Mann: »Schreiben Sie einfach einmal alles auf, was Sie hören.« Und ein Arzt saß im anderen Raum beim Radio und schrieb alles auf, was die Radiostation sendete. Und als die Aufzeichnungen verglichen wurden, waren sie vollkommen identisch! Also musste man das Ohr dieses Mannes nochmals operieren, damit er wieder normal wurde.

Doch das eröffnet die Möglichkeit, dass man eines Tages vielleicht überhaupt keine Radios mehr benötigt. Man hat einfach einen kleinen Knopf im Ohr, und darauf befinden sich alle Stationen. Man dreht ihn zu der Station, die man hören möchte, und kann sie dann unmittelbar über das Ohr empfangen. Man braucht dann kein Radio oder sonstige Geräte mehr.

Das führt mich zu einer weiteren Vorstellung, was viel-

leicht einmal möglich sein wird. So wie Radiowellen dauernd vorhanden sind, verlaufen auch ständig Fernsehwel-
len um uns herum. Es wäre also durchaus möglich, dass wir
eines Tages nur noch eine spezielle Brille aufsetzen müssen.
Die Augen reagieren empfindlich auf bestimmte Wellen,
und auf der Brille befinden sich alle Fernsehstationen. Man
stellt also die Station an der Brille ein, setzt sie auf und genießt alles im Stillen, ohne dass jemand anderer dabei belästigt werden muss.

Wir sind uns vieler Dinge, die um uns herum vor sich gehen, nicht bewusst. Selbst unseres eigenen Wesens sind wir
uns nicht bewusst, und auch nicht der Dinge, die in uns
vorgehen.

Sekito hat Recht.

Im Licht ist Dunkelheit, doch sei dieser Dunkelheit nicht verhaftet. In der Dunkelheit ist Licht, doch suche nicht nach diesem
Licht. Licht und Dunkelheit gehören zusammen, so wie der vordere und der hintere Fuß beim Gehen – zwei Beine desselben
Menschen, derselben Realität. Jedes Ding hat seinen eigenen
inneren Wert und ist mit allem anderen in seiner Funktion und
Position verbunden. Das Relative gehört zum Absoluten wie
eine Schachtel zu ihrem Deckel; das Absolute wirkt zusammen
mit dem Relativen wie zwei Pfeile, die sich in der Luft begegnen.

Die ganze Existenz funktioniert in Kooperation mit dir. Das
ist Erfolg: Wenn du mit der Existenz im Einklang bist wie
zwei Pfeile, die sich in der Luft begegnen. Das ist Versagen:
Wenn du von deiner Seite aus nicht kommst und die Existenz auf dich wartet, während du irgendwo abgebogen bist.
Du kannst überall hingehen, doch du wirst keine Befriedigung verspüren, solange du nicht zur Existenz gehst und ihr
begegnest. Dann wird dein Herzschlag zum Herzschlag des
ganzen Universums. Das ist Erfolg, und das ist Erleuchtung.

Wer diese Zeilen liest, sollte die große Realität verstanden haben. Urteile nicht nach irgendwelchen Standards. Wenn du den Weg nicht siehst, siehst du ihn nicht, auch wenn du in Wahrheit auf ihm gehst.

Dir ist vielleicht nicht bewusst, dass du ein Buddha bist, doch du trägst den Buddha die ganze Zeit über in dir. Du weißt vielleicht nicht, dass du auf dem Weg zum Letztendlichen bist, doch du bist die ganze Zeit auf dem Weg, ohne es zu wissen. Der ganze Unterschied besteht zwischen Wissen und Nicht-Wissen. Wenn du es nicht weißt, bist du unglücklich; wenn du es weißt, tanzt du voll Freude und Glück.

Wenn du den Weg gehst, ist es nicht nah und nicht fern. Wenn du in der Täuschung verfangen bist, bist du viele Berge und Täler davon entfernt.

Nur in deiner Illusion – in den Wahnvorstellungen, den Halluzinationen deines Verstandes – ist es weit entfernt, viele Berge und Täler entfernt. Doch wenn du dich nicht täuschen lässt, wenn du einfach nur still bist ohne Gedanken, befindest du dich mitten darin. Es gibt keinen Abstand zwischen dir und der Wahrheit, es gibt keinen Abstand zwischen dir und der Existenz. Jetzt in diesem Augenblick braucht es nur ein klein wenig Bewusstheit, und plötzlich wirst du mit diesem unendlichen Glanz, diesem großartigen Wunder der Existenz verschmelzen.

Ich sage respektvoll zu jenen, die nach Erleuchtung streben: Vergeudet nicht nutzlos eure Zeit.

Das ist seine letzte Aussage: »Wenn du nach Erleuchtung strebst, vergeude nicht deine Zeit. Verschiebe es nicht auf morgen.«

Setze hier und jetzt deine ganze Energie ein, und du wirst erleuchtet werden. Erleuchtung ist deine wahre Natur, also wirst du sie nirgendwo anders finden. Du musst nicht auf irgendeine Pilgerschaft gehen. Du musst nicht zu irgendeinem heiligen Platz gehen. Du musst nicht an irgendeine Theologie glauben, an irgendeine Religion. Du musst dich nur tiefer auf dich selbst einlassen, auf den gegenwärtigen Moment, und plötzlich wird sich das ganze Leben darin zeigen.

Und dann wirst du überrascht feststellen, dass der Buddha in dir selbst verborgen war und nicht in irgendeinem Tempel. Du warst immer schon auf dem richtigen Weg, du hast immer schon den Buddha als deine eigene Natur in deinem Schoß getragen. Du hast ihn dir nur niemals wirklich angesehen.

Alles, was ich euch lehre, ist, nach innen zu schauen, um euer Zentrum zu finden. Das ist das Zentrum der ganzen Existenz.

Buson schrieb:

> Ich werde alt –
> Süßer Vogel, du verschwindest
> In der herbstlichen Dämmerung.

Er sagt damit: »Ich werde alt, so wie ein Vogel in der Herbstdämmerung in der Ferne verschwindet; man sieht ihn bis zu einem bestimmten Punkt, und dann löst er sich im blauen Himmel auf ...« Er sagt damit: »Auch ich werde alt, süßer Vogel, meine herbstliche Dämmerung wird bald kommen. Auch ich werde mich im blauen Himmel der Existenz auflösen.« Das sind die Worte eines Wissenden.

Der Tod ist eine Tür zum Göttlichen, der Tod ist eine Tür zum tiefsten Mysterium der Existenz. Man muss sich einfach nur auflösen. Du bist das einzige Problem, du bist das einzige Hindernis. Lass einfach dieses Problem los, dieses

Hindernis, und alles ist nur noch Ekstase und reine Seligkeit.

Und hier noch eine Frage:

Friedrich Nietzsche sah die Energie des Menschen als einen See, der bisher »zu Gott hin ausgeflossen« war. Er wartete auf den Tag, an dem der See nicht mehr ausfließen würde, an dem ein Damm sich bilden würde, so dass sich die Energie des Menschen höher und höher aufstauen kann.

Mir scheint, er war auf der richtigen Spur damit, dass es darum geht, nach innen zu gehen, doch das Aufstauen von Energien klingt für mich verdächtig nach Askese. Könntest du das bitte kommentieren?

Friedrich Nietzsche war ein Denker, ein Philosoph von enormer Genialität. Doch was er sagt, ist nur eine logische, rationale, philosophische Aussage. Es ist nicht existentiell. Versuche also zu verstehen, dass ein Mensch, der niemals über den Verstand hinausgegangen ist, trotzdem gewisse Aussagen machen kann, die der Wahrheit sehr nahe kommen. Doch selbst nahe ist weit entfernt.

Er sagt, dass die menschliche Energie bisher wie ein See war, der ausfloss in Richtung Gott, nach außen. Er wartet auf den Tag, an dem der See nicht mehr ausfließen wird, an dem sich ein Damm bilden wird, so dass sich die Energie des Menschen höher und höher aufstauen kann. Er kommt sehr nahe an den Punkt der Meditation.

Eure Energien fließen nach außen, hin zu Objekten, zu Geld, zu Macht – und wenn ihr religiös seid, zum Paradies, zu Gott – doch all das ist außen. Eure Energien fließen also aus, und das Ergebnis davon ist, dass ihr euch vollkommen leer fühlt, hohl, unwürdig, als Versager. Nietzsche stellt sich vor, dass irgendwann der Tag kommen muss, an dem die Menschen einen Damm errichten, um dieses Ausfließen zu verhindern, so dass sich die ganze Energie im Innern ansammeln kann. Statt sich als dünne Schicht nach außen zu verbreiten, beginnt sie wie eine Säule im Innern anzusteigen.

Er hat vollkommen Recht, doch es ist nicht seine eigene Erfahrung. Er stellt es sich nur vor – »eines Tages«.

Ich biete euch diesen Tag an, den er sich vorstellte. Was ist Meditation? Meditation bedeutet einfach nur, alle Energien von außen abzuziehen und zum innersten Zentrum zu bringen. Und wenn sich die Energien ansammeln, steigen sie nicht nur höher, sie gehen auch gleichzeitig tiefer, so wie die Wurzeln eines großen Baumes. Die Wurzeln wachsen tiefer und tiefer nach unten, und der Baum wächst höher und höher nach oben.

Genauso werden euer Bewusstsein und eure Lebensenergie gleichzeitig weiter nach oben und nach unten wachsen. Sie berühren die Tiefen der Erde – das ist Materialismus. Und sie berühren die Sterne – das ist eure Spiritualität. So wie ein Baum nicht ohne Wurzeln wachsen kann, wird auch Spiritualität ohne Wurzeln in der Erde niemals gedeihen.

Der Osten weiß genau, dass seine Art von Spiritualität versagt hat, und doch behaupten die Menschen dort immer noch, dass Materialismus sich gegen Spiritualität richte. Aufgrund dieser Vorstellung leidet der gesamte Osten unter Armut und Hunger. Es wurden keine Wissenschaften entwickelt, es wurde keine Technologie entwickelt, die den Menschen helfen kann. Und der Westen hat ebenfalls gelitten, weil man dort denkt, die Wurzeln seien genug, der Stamm und die Blüten und die Früchte seien nicht notwendig. Doch was soll man allein mit den Wurzeln anfangen?

Der Westen hat tiefe Wurzeln in der Erde entwickelt, in Form von Technologie, von Wissenschaft, von objektiver Forschung, doch innerlich fühlt er sich vollkommen leer. Der Osten hat riesige Bäume entwickelt, deren Zweige zu den Sternen streben, doch sie fallen immer wieder um, denn ohne Wurzeln kann ein Baum nicht stehen. Beide brauchen eine große Begegnung. Osten und Westen, Materialismus und Spiritualität, das Innere und das Äußere, das Oben und das Unten – beide müssen zu einer gewissen Synchronizität finden, nur dann wird der Mensch ganz werden.

Doch deine Sorge ist unnötig. Du sagst: »Mir scheint, er war auf der richtigen Spur damit, dass es darum geht, nach innen zu gehen, doch das Aufstauen von Energien klingt für mich verdächtig nach Askese.«

Er wusste überhaupt nichts von Meditation, also verwendete er das Wort »aufstauen«. Doch dieses Wort sollte symbolisch verstanden werden. Es stammt von einem Philosophen, der sich immer noch im Bereich des Verstandes bewegt. Nietzsches Verstand zählte vermutlich zu den großartigsten, die es je auf dieser Erde gab, denn er konnte sich etwas jenseits des Verstandes vorstellen, während er noch im Verstand lebte. In einer dunklen Zelle ohne jede Öffnung konnte er sich doch in seinen Träumen den Sonnenaufgang vorstellen. Er hat ihn niemals gesehen. Seine Vorstellungskraft war enorm und sollte gewürdigt werden.

Nein, er war kein Asket. Er war vollkommen gegen Askese, also konnte er nicht meinen, was du befürchtest. Es klingt so, als würde das Festhalten aller Energien im Inneren bedeuten, dass man sie gefangen hält, so dass sie nicht nach außen fließen können. Doch er war einfach nicht in der Lage, die richtigen Worte zu finden, weil ihm die Erfahrung fehlte.

Wenn deine Energien wie eine Säule nach oben steigen und gleichzeitig in die tiefsten Tiefen reichen, werden beide Welten zusammenkommen – die innere und die äußere Welt –, weil das Innere und das Äußere zwei Aspekte derselben Energie sind. Natürlich wird die Energie dann nicht mehr in Richtung Gott fließen, der nur eine Fiktion ist. Sie wird zum wahren Ozean des Bewusstseins fließen, und du wirst dich darin auflösen.

Das ist nicht Askese. Ganz sicher war er kein Asket, also kann er es nicht so gemeint haben. Doch ein Mann ohne

Augen, der über das Licht spricht – und er kommt ihm so nahe –, sollte wirklich gewürdigt werden. Er hatte keine Augen, also hatte er keine Vorstellung davon, was Licht ist, doch er kam ihm sehr nahe, indem er einfach nur darüber nachdachte. Zwar ist seine Aussage nicht vollkommen richtig, sie geht nur in die richtige Richtung, aber kein anderer Philosoph ist der Wahrheit jemals so nahe gekommen. Das macht seine Schönheit aus.

Kapitel 7

Gott ist das Geschäft der Priester

Als Impo sich von Ma Tzu verabschiedete, fragte dieser: »Wohin gehst du?«

Impo antwortete: »Ich gehe zu Sekito.«

Ma Tzu warnte ihn: »Der Weg auf dem Stonehead ist glatt!«

Impo erwiderte: »Ich nehme den Stab eines Seiltänzers mit – ich kann ihn einsetzen, wann immer ich möchte.« Und damit brach er auf.

Als er bei Sekito ankam, ging Impo einmal um Sekitos Zen-Sessel herum, schwang seinen Stab mit einem Schrei und fragte: »Was ist das Dharma hiervon?«

Sekito antwortete: »Wie traurig! Wie traurig!«

Impo wusste darauf nichts zu sagen, also ging er zurück zu Ma Tzu und erzählte ihm die Geschichte. Darauf wies Ma Tzu ihn an: »Geh noch einmal hin, und wenn Sekito sagt: ›Wie traurig‹, dann beginne zu weinen.«

Also ging Impo erneut zu Sekito und fragte auf dieselbe Weise: »Was ist das Dharma hiervon?«

Da begann Sekito zu weinen.

Impo wusste wieder nichts zu sagen und kehrte zu Ma Tzu zurück. Ma Tzu meinte darauf zu ihm: »Ich habe es dir ja gesagt – der Pfad auf dem Stonehead ist glatt!«

Nun, Freunde, zunächst die Fragen. Hier die erste Frage:

Wir Menschen mögen es offensichtlich, wenn man uns sagt, was wir tun sollen. Wenn wir keinen »Gott« haben, dann haben wir jemand anderen, der uns sagt, was richtig und was falsch ist, was gut und was schlecht ist. Woher kommt dieser Widerstand dagegen, selbst nachzudenken?

Es ist keine Frage des Nachdenkens. Tatsächlich denkt ihr viel zu viel. Die Frage ist, wie man aufhört zu denken und jede Situation, mit der man konfrontiert ist, unmittelbar durchschaut. Wenn keine Gedanken vorhanden sind, gibt es kein Hindernis, gibt es keinen Staub in euren Augen – dann könnt ihr klar sehen. Und wenn diese Klarheit vorhanden ist, gibt es keine Alternative von gut und schlecht. Mit dieser Klarheit geht ein wahlfreies Bewusstsein einher. Man tut einfach das, was richtig ist – und man muss dafür keine Anstrengung aufbringen. Zu einem Menschen, der bewusst ist, der gewahr ist, der wach ist, kommt das Richtige ohne jede Anstrengung. Er kann sich das Schlechte, das Böse überhaupt nicht vorstellen. Seine ganze Bewusstheit weist ihn einfach auf das Richtige hin.

Das Problem besteht also nicht darin, woher der Widerstand dagegen kommt, selbst nachzudenken. Ihr könnt gar nicht selbst nachdenken, denn die Vision des Guten ist kein Teil des Verstands. Und ihr kennt nur den Verstand, daher entsteht das ganze Problem überhaupt. Weil ihr nur den Verstand kennt, habt ihr keine Klarheit in euch. Ihr habt Hunderte von Gedanken, die ständig durch euren Verstand rasen. Dort herrscht vierundzwanzig Stunden am Tag Stoßverkehr; Massen von Gedanken bewegen sich hindurch, Wolken ziehen so schnell durch, dass ihr hinter den Wolken vollkommen verborgen seid. Eure Augen sind beinahe blind. Eure innere Empfindsamkeit ist vollkommen von euren Gedanken verdeckt.

Mit dem Verstand könnt ihr nicht erkennen, was gut und was schlecht ist. Ihr müsst euch also auf andere verlassen. Diese Abhängigkeit ist vollkommen natürlich, denn der Verstand ist ein abhängiges Phänomen; er hängt von anderen ab; sein ganzes Wissen ist nur geborgt.

Alles, was euer Verstand weiß, stammt entweder von euren Eltern oder von euren Priestern oder von euren Lehrern oder von eurer Gesellschaft. Beobachtet es nur einmal, und ihr werdet nicht in der Lage sein, einen einzigen Gedanken zu finden, der von euch selbst stammt.

Alles ist geborgt; der Verstand lebt von geborgtem Wissen. In jeder Situation braucht er jemanden, der ihn lenkt. Euer ganzes Leben wird von anderen gelenkt. Von Anfang an wird euch von euren Eltern gesagt, was richtig ist und was falsch ist. Dann von euren Lehrern, von euren Priestern, von euren Nachbarn ... doch sie wissen es auch nicht, denn auch sie haben es nur von anderen geborgt.

Dieses Borgen geht schon seit Jahrhunderten so, seit Generationen. Jede Krankheit wird immer von der neuen Generation geerbt. Es ist nur eine Wiederholung der alten Generation, eine Reflexion, ein Schatten, doch es besitzt keine Originalität. Aus diesem Grund braucht ihr einen Gott, einen obersten Führer. Ihr könnt euch nicht auf eure Eltern verlassen, denn wenn ihr älter werdet, beginnt ihr ihre Falschheiten zu erkennen, ihre Lügen. Ihr beginnt zu erkennen, dass ihre Ratschläge nicht perfekt sind; sie sind fehlbare menschliche Wesen. Doch das kleine Kind glaubte an sie, als ob sie unfehlbar wären.

Es war nicht ihre Schuld, es lag an der Unschuld des kleinen Kindes; das Kind vertraute dem Vater, der Mutter, die es liebte. Doch wenn es etwas älter und reifer wird, erkennt es schließlich, dass das, was diese Menschen sagen, nicht notwendigerweise der Wahrheit entspricht.

Eines Tages war ich beim Spielen – ich muss so fünf oder sechs Jahre alt gewesen sein ... Ein alter Mann pflegte immer zu meinem Vater zu Besuch zu kommen, ein äußerst langweiliger Mann, und mein Vater war ihn langsam satt. Also rief er mich und sagte zu mir: »Ich sehe, dass dieser Mann im Anmarsch ist; er wird nur unnötig meine Zeit verschwenden, und es ist sehr schwierig, ihn wieder loszuwerden. Ich muss immer weggehen und zu ihm sagen, dass ich einen Termin habe – völlig unnötigerweise, nur um ihn loszuwerden. Und machmal sagt er sogar: ›Ich komme mit dir, dann können wir uns auf dem Weg noch unterhalten.‹ Aber es ist keine wirkliche Unterhaltung, es ist nur ein Monolog. Er redet und quält die Leute.«

Also sagte mein Vater zu mir: »Ich gehe nach drinnen. Spiel du einfach weiter hier draußen, und wenn er kommt, dann sag ihm einfach, dass dein Vater nicht da ist.«

Mein Vater pflegte zu mir zu sagen: »Sag immer die Wahrheit.« Also war ich schockiert. Das war ein Widerspruch.

Als der Mann kam und mich fragte: »Wo ist dein Vater?«, antwortete ich: »Er ist drinnen, aber er hat gesagt, dass er nicht da sei.«

Mein Vater hörte das von drinnen, und der Mann kam mit mir ins Haus, so dass er vor ihm nichts zu mir sagen konnte. Zwei oder drei Stunden später, als der Mann endlich wieder gegangen war, war mein Vater ziemlich ärgerlich auf mich und nicht etwa auf diesen Mann.

Er sagte zu mir: »Ich habe dir doch gesagt, dass du zu ihm sagen sollst, dass ich nicht da bin.«

Darauf erwiderte ich: »Genau, und das habe ich ihm ja auch gesagt: ›Mein Vater sagt, dass ich Ihnen sagen soll, dass er nicht da ist. Aber er ist da, in Wahrheit ist er drinnen.‹ Du hast mir beigebracht, ehrlich zu sein, ohne Rücksicht auf die Konsequenzen. Also bin ich bereit für die Konsequenzen. Wenn du mich bestrafen möchtest, dann tu das. Aber denke daran, wenn man die Wahrheit bestraft, zerstört man sie.

Die Wahrheit muss belohnt werden. Gib mir also eine Belohnung, damit ich weiter die Wahrheit sagen kann, egal, was geschieht.«

Er schaute mich an und sagte zu mir: »Du bist ganz schön schlau.«

Ich antwortete: »Das weißt du doch. Gib mir einfach eine Belohnung. Ich habe die Wahrheit gesagt.«

Er musste mir also eine Belohnung geben; er gab mir eine Rupie. Damals konnte man von einer Rupie fast einen halben Monat lang leben. Und er sagte: »Geh und kauf dir etwas, was dir Freude macht.«

Ich sagte zu ihm: »Du musst immer daran denken. Wenn du zu mir sagst, dass ich eine Lüge erzählen soll, dann werde ich dem anderen sagen, dass du es mir aufgetragen hast. Ich werde nicht lügen. Und jedes Mal, wenn du dir selbst widersprichst, wirst du mich belohnen müssen. Also hör auf zu lügen. Wenn du nicht möchtest, dass dieser Mann dich besucht, solltest du zu ihm sagen, dass du keine Zeit hast und sein langweiliges Gerede nicht hören magst, weil er immer wieder dasselbe erzählt. Warum hast du Angst davor? Warum musst du ihm eine Lüge erzählen?«

Er antwortete: »Das Problem ist, dass er mein bester Kunde ist.«

Mein Vater besaß ein Kleidergeschäft, und dieser Mann war sehr reich. Er pflegte große Mengen für seine Familie, seine Verwandten und seine Freunde einzukaufen. Er war ein sehr großzügiger Mann – nur leider auch sehr langweilig.

Mein Vater meinte also: »Ich muss seine langweiligen Reden ertragen, weil er mein bester Kunde ist und ich es mir nicht leisten kann, ihn zu verlieren.«

Ich entgegnete ihm: »Das ist dein Problem, nicht meines. Du lügst, weil er dein bester Kunde ist, und ich werde ihm das erzählen.«

Er sagte: »Warte!«

Doch ich erwiderte: »Ich kann nicht warten, denn ich muss ihm sofort sagen, dass du sein langweiliges Gerede nur deshalb erträgst, weil er ein guter Kunde ist – und du musst mir eine Belohnung dafür geben.«

Da sagte mein Vater: »Du bist wirklich schwierig. Du nimmst mir meinen besten Kunden, und dann muss ich dir auch noch eine Belohnung geben? Lass es doch bitte einfach bleiben.«

Doch ich tat es. Und ich bekam zwei Belohnungen – eine von diesem langweiligen Mann, weil ich zu ihm sagte: »Die Wahrheit sollte immer belohnt werden, also gib mir eine Belohnung, weil ich meinem Vater einen seiner besten Kunden wegnehme.«

Er umarmte mich und gab mir zwei Rupien. Ich sagte zu ihm: »Denk daran, du sollst nicht aufhören, im Laden meines Vaters einzukaufen, aber du solltest aufhören, ihn zu langweilen. Wenn du reden möchtest, kannst du mit den Wänden reden oder mit den Bäumen. Die ganze Welt steht dir zur Verfügung. Du kannst dich einfach in deinem Zimmer einschließen und mit dir selber reden. Dann wirst *du* dich langweilen.«

Und zu meinem Vater sagte ich: »Mach dir keine Sorgen. Schau, eine Rupie habe ich von dir bekommen, und zwei von deinem Kunden. Nun schuldest du mir noch eine weitere Rupie; du musst sie mir geben, weil ich die Wahrheit gesagt habe. Aber mach dir keine Sorgen. Ich habe dafür gesorgt, dass er ein noch besserer Kunde wird und dass er dich niemals mehr langweilen wird. Er hat es mir versprochen.«

Mein Vater erklärte: »Du hast ein Wunder vollbracht!« Von diesem Tag an kam der Mann nicht mehr vorbei, oder wenn, dann blieb er nur ein oder zwei Minuten, um hallo zu sagen, und ging dann wieder. Und er kaufte weiter im Laden meines Vaters ein.

Er sagte zu meinem Vater: »Es ist wegen Ihres Sohnes, dass ich weiter zu Ihnen komme. Andernfalls wäre ich verletzt gewesen, aber dieser Junge hat beides geschafft. Er hat mich davon abgehalten, Sie weiter zu langweilen, und gleichzeitig von mir verlangt, dass ich weiter bei Ihnen einkaufen soll, weil Sie von mir abhängen. Ich habe ihm zwei Rupien gegeben – und dabei hat er doch so schockierende Dinge zu mir gesagt. Niemand hat es je gewagt, mir zu sagen, dass ich langweilig bin.«

Er war der reichste Mann in unserem Dorf. Jeder war auf irgendeine Art und Weise von ihm abhängig. Die Leute borgten sich Geld von ihm oder pachteten Land von ihm, um es zu bearbeiten. Er war der reichste Mann und der größte Grundbesitzer in diesem Dorf. Jeder war ihm auf die eine oder andere Art verpflichtet, und daher konnte ihm niemand sagen, dass er langweilig war. Also sagte er: »Es war ein großer Schock, doch es war die Wahrheit. Ich weiß, dass ich langweilig bin. Ich langweile mich selbst mit meinen Gedanken. Das ist der Grund, warum ich immer zu anderen gehe und sie langweile, einfach nur um meine Gedanken loszuwerden. Wenn meine Gedanken mich selbst langweilen, dann weiß ich sehr wohl, dass auch die anderen davon gelangweilt sein werden, aber jeder ist mir irgendwie verpflichtet. Nur dieser Junge war mir nicht verpflichtet und hatte keine Angst vor den Konsequenzen. Und er hat Mut! Er hat mich um eine Belohnung gebeten. Er hat zu mir gesagt: ›Wenn du die Wahrheit nicht belohnst, belohnst du damit die Lüge.‹«

Das ist der Grund, warum es in unserer Gesellschaft so verrückt zugeht. Jeder bringt euch bei, aufrichtig zu sein, doch niemand belohnt euch dafür, wenn ihr aufrichtig seid, so dass ein schizophrener Zustand entsteht. Die indische Regierung steht unter dem Motto *Satyameva jayate* – »Die Wahrheit ist immer siegreich«. Das ist ihr Motto. Doch alle Politiker belügen die Menschen, geben Versprechen ab, von denen sie doch genau wissen, dass sie sie nicht halten kön-

nen. In jedem Gerichtsgebäude steht *Satyameva jayate* –
»Die Wahrheit ist immer siegreich«. Doch vor Gericht ist es
nicht die Wahrheit, die siegreich ist, sondern der geschick-
tere Anwalt, der besser argumentierende Anwalt gewinnt
den Fall. Es spielt keine Rolle, ob er für oder gegen den Kri-
minellen ist.

Ich kannte einmal einen Anwalt, der einer der besten Rechts-
experten der Welt war. Er hatte drei Büros, eines in London,
eines in Neu-Delhi und eines in Peking. Er reiste ständig von
einem Land ins andere und verlor nie auch nur einen einzigen Fall. All die wichtigen Fälle, bei denen es um Millionen
von Dollar ging ... alle indischen Maharadschas waren seine
Klienten. Aber er trank.

Einmal vertrat er einen Fall vor dem Staatsrat in London,
dem höchsten Berufungsgericht für Indien unter britischer
Oberhoheit. Der oberste Gerichtshof war in Indien, doch
wenn man gegen diesen Berufung einlegen wollte, musste
man vor den Staatsrat in London gehen. Und er war dort
Anwalt; er vertrat ständig Fälle vor dem Staatsrat.

Eines Abends war er bei einer Party und trank zu viel. Am
nächsten Tag hatte er einen Kater und war immer noch etwas zugedröhnt, doch er musste vor Gericht erscheinen.
Der Fall ging um zwei Distrikte in Rajasthan, Udaipur und
Jaipur. Die beiden Maharadschas stritten um ein Stück
Land – zu welchem Distrikt es gehörte. Es ging um Tausende von Hektar Land. Doch wegen seines Katers hatte er
vergessen, welche Partei er vertrat, Udaipur oder Jaipur.

Also richtete er alle seine Argumente gegen den Maharadscha von Jaipur; in allen Punkten wandte er sich gegen ihn.
Viele Male zog ihn sein Sekretär am Ärmel, doch er wollte
einfach nicht hören. Als es Mittagszeit war, wurde das Gericht eine Stunde vertagt. Da sagte sein Sekretär zu ihm: »Sie
haben den ganzen Fall verdorben. Sie sollten eigentlich für
den Maharadscha von Jaipur sein, doch sie argumentieren

die ganze Zeit gegen ihn. Und damit haben Sie ein ganz schönes Problem geschaffen, denn der Anwalt, der den Maharadscha von Udaipur vertritt, der gegen Sie antritt, ein großer Experte, weiß überhaupt nicht mehr, was er tun soll. Alle Argumente, die er vorbereitet hat, haben Sie bereits gegen den Maharadscha von Jaipur vorgebracht.

So langsam ließ sein Kater nach, und er konnte wieder klar denken. Also sagte er: »Machen Sie sich keine Sorgen. Das bekomme ich schon hin.«

Nach der Mittagspause sagte er also zum Gericht: »Vormittags habe ich alle Argumente aufgeführt, die die Gegenpartei vorbringen kann. Jetzt werde ich diese Argumente Punkt für Punkt widerlegen, denn ich vertrete hier den Maharadscha von Jaipur.« Und dann widerlegte er bravourös seine eigenen Argumente.

Als er mir diese Geschichte erzählte ... Ich pflegte ihn oft zu besuchen. Er mochte mich sehr gern und sagte immer zu mir: »Du solltest an die juristische Fakultät wechseln, statt an der philosophischen Fakultät zu bleiben.«

Ich antwortete ihm immer: »Das ist nicht mein Gebiet.« Aber er liebte meine Argumente.

Er sagte: »Das ist ein Verlust für die Welt der Jurisprudenz und der Verfassung. Du kannst so gut argumentieren, dass du ein weltberühmter Rechtsexperte werden könntest.«

Darauf meinte ich: »Oh, ich werde ein in der ganzen Welt berüchtigter Unrechtsexperte werden. Mach dir meinetwegen keine Sorgen.«

Aber er mochte mich, also erzählte er mir von diesem Vorfall.

Es ist keine Frage der Wahrheit, es ist nur eine Frage, wer besser argumentieren kann. Zwar sagen die Regierung und die Religionen und alle Priester immer wieder: »Ihr sollt die Wahrheit sagen.« Doch die Gesellschaft belohnt die Wahrheit nicht.

Erst vor kurzem bekam ich einen Drohbrief von einem Anwaltsbüro in Madras, in dem stand, dass ich die religiösen Gefühle ihrer Klienten verletzt hätte. Ich sagte also meinem Rechtsberater, dass er ihnen antworten solle, dass es erstens keine religiösen Gefühle gibt. Religion ist jenseits von Gefühlen und Gedanken, sie ist jenseits des Verstandes. Ein religiöser Mensch kann nicht verletzt werden. Er kennt die Wahrheit. Doch hier geht es um religiösen Aberglauben. Die Lügen, mit denen die Menschen leben, werden verletzt. Die Wahrheit vernichtet immer die Lüge. Sagen Sie also Ihren Klienten, dass sie wirklich religiös werden sollten. Wer über den Verstand hinausgeht, über Gefühle, Emotionen, Vorstellungen, kann nicht mehr verletzt werden. Doch wenn sie vor Gericht gehen möchten, können sie das ruhig tun. Mein ganzes Leben lang habe ich vor Gericht darum gestritten, ob die religiösen Gefühle bestimmter Menschen verletzt wurden. Ich habe den Richtern immer gesagt: »Wenn ich Recht habe und dadurch die Gefühle von jemandem verletzt werden, sollte ich dann dafür bestraft werden? Dieser Mensch braucht psychologische Behandlung. Wenn seine religiösen Gefühle so schwach sind, zeigt das, dass es nur Glaubenssätze sind. Er weiß gar nicht, was Religion ist. Und wenn die Wahrheit den Menschen wehtut, was schlagen Sie dann vor? Soll ich anfangen zu lügen?« Die Richter schauten sich dann immer an – was sollten sie tun? Sie können nicht sagen, dass ich anfangen soll zu lügen, also sind sie hilflos.

Als ich zum ersten Mal vor Gericht stand, gab man mir die Wahl zwischen Bibel, Koran und Bhagavadgita, je nachdem, zu welcher Religion ich mich bekannte. Der Richter forderte mich auf, eines der Bücher aufzunehmen – sie lagen alle drei auf dem Tisch – und darauf zu schwören, dass ich nur die Wahrheit sagen würde und nichts anderes.

Ich antwortete: »Das kann ich nicht tun, und zwar aus dem einen Grund: Alle diese drei Bücher sind voller Lügen.

Es ist vollkommen absurd, auf ein Buch zu schwören, das voller Lügen ist. Sie sind doch ein intelligenter Mensch. Zweitens kann ich solch einen Eid nicht schwören, weil ich immer die Wahrheit sage. Einen Eid zu schwören würde bedeuten, dass ich nur dann die Wahrheit sage, wenn ich es schwöre. Die Schlussfolgerung ist klar. Es bedeutet, dass ich kein wahrhaftiger Mensch bin. Damit beleidigen Sie mich vor Gericht. Wenn ich Sie beleidige, heißt es, das Gericht wurde beleidigt. Doch Sie beleidigen mich, indem Sie mich auffordern, einen Eid zu schören. Ich kann keinen Eid schwören, weil ich einfach immer nur die Wahrheit sage. Ein Eid kommt überhaupt nicht in Frage.«

Der Richter schaute mich an und sagte: »Ich verstehe, doch das verschafft uns ein Problem. Ohne den Eid kann der Fall nicht aufgenommen werden.«

Ich antwortete: »Das ist nicht mein Problem. Wer möchte, dass er aufgenommen wird? Die andere Partei möchte das. Ich kann sofort wieder nach Hause gehen.«

Darauf meinte der Richter: »Ich werde für Sie eine Ausnahme machen, weil Sie versprechen, dass Sie die Wahrheit sagen werden.«

Ich erwiderte: »Das habe ich nicht gesagt. Ich habe gesagt, dass ich immer nur die Wahrheit sage. Und das ist das Problem. Diese Menschen fühlen sich von der Wahrheit verletzt. Ich habe gesagt, dass es keinen Gott gibt, und sie glauben an einen Gott. Nun müssen sie beweisen, dass es einen Gott gibt. Das ist ihr Problem, nicht meins. Ich wiederhole einfach nur, dass es keinen Gott gibt. Jetzt sollen sie die Existenz Gottes beweisen, mit Zeugen, mit Nachweisen.«

»Was glauben Sie?«, fragte ich den Richter. »Glauben Sie an Gott? Haben Sie irgendeinen Beweis, einen Zeugen, der Gott gesehen hat? Können Sie sagen, dass Sie selbst Gott gesehen haben?«

Er antwortete: »Es scheint fast so, als wären Sie hier der Richter und ich der Angeklagte.«

Darauf sagte ich: »Die Wahrheit ist immer siegreich. Das steht direkt hinter Ihnen. Lesen Sie es.«

Der Fall wurde abgewiesen. Hunderte von Fällen wurden abgewiesen. Doch die Gesellschaft belohnt weiter diejenigen, die euch trösten. Es spielt keine Rolle, dass sie euch mit einer Lüge trösten.

Einmal geschah es, dass ein Mann starb und seine Frau vollkommen verzweifelt war und weinte und weinte. Einer meiner Nachbarn ging zu ihr und sagte: »Machen Sie sich keine Sorgen, die Seele ist unsterblich. Ihr Mann ist nicht gestorben, das war nur sein Körper; seine Seele ist unsterblich und kann nicht sterben. Sie brauchen also nicht unnötig zu verzweifeln, zu weinen und traurig zu sein; dazu besteht überhaupt keine Veranlassung.«

Ich hörte das, weil ich zufällig in der Nähe stand. Ich dachte bei mir: »Warte nur. Wenn jemand aus der Umgebung dieses Mannes stirbt, werde ich zu ihm gehen.« Zwei Jahre später starb sein Vater. Also ging ich gleich zu ihm.

Mein Vater wollte wissen, wo ich hinging. Ich antwortete: »Dahin, wo du auch hingehst«, denn er ging zur Beerdigungsprozession. Es war ein Nachbar, der gestorben war, und ein alter Freund. Er sagte also: »Er war ein alter Freund von mir. Aber warum willst du hingehen?«

Ich erwiderte: »Ich werde mich um seinen Sohn kümmern, denn dieser Idiot hat zu einer Frau, deren Mann gestorben war, gesagt: ›Weine nicht, die Seele ist unsterblich.‹ Jetzt will ich sehen, ob er weint oder nicht.«

Natürlich weinte er. Ich sagte also zu ihm: »Hör auf zu weinen. Du hast zu dieser armen Frau gesagt, dass die Seele unsterblich ist. Was ist jetzt los mit dir? Glaubst du, dass die Seele deines Vaters nicht unsterblich ist? Also hör auf zu weinen.«

Er antwortete: »Sie sind ein seltsamer Mensch. Ich bin in tiefer Trauer.«

Ich erwiderte: »Und was war vor zwei Jahren? Als der Mann jener Frau gestorben war, hast du ihr wunderbare Dinge gesagt. Alles Lügen! Deine Tränen beweisen, dass du gelogen hast. Wenn es wahr gewesen wäre, würdest du jetzt nicht weinen. Die Seele deines Vaters ist unsterblich.«

Er sagte: »Das weiß ich. Aber was soll ich tun? Ich bin trotzdem traurig.«

Da sagte ich zu ihm: »Jene Frau hat es auch gewusst.«

Alles Wissen ist nur geborgt; daher ist all dieses geborgte Wissen eine Lüge. Im tiefsten Innern seid ihr nicht damit im Einklang. Im tiefsten Innern habt ihr Zweifel.

Deine Frage bedeutet also: Wenn es keinen Gott gibt, entsteht plötzlich das Problem, an wen wir uns wenden sollen, um zu entscheiden, was gut und was schlecht ist. Und du denkst, dass das daran liegt, dass es einen gewissen Widerstand gibt, selbst darüber nachzudenken. Aber es ist nicht so, wie du denkst. Es ist keine Frage des Widerstands gegen eigenständiges Denken. Denken kann das Problem nicht lösen.

Nehmen wir an, ein Mann ist in einen Graben gefallen. Ist es nun gut oder schlecht, ihn herauszuziehen? Lässt sich das durch Denken entscheiden? Du denkst vielleicht, dass es gut ist, den Mann zu retten. Aber wenn du ihn rettest und er am nächsten Tag einen Mord begeht, dann bist du mitverantwortlich, bist du mindestens zu fünfzig Prozent mitverantwortlich für den Mord. Wenn du den Mann nicht gerettet hättest, hätte es keinen Mord gegeben.

Es gibt eine Sekte in Indien, die Terapanth, die sagen: Misch dich nicht in das Leben anderer ein. Wenn jemand ertrinkt, geh einfach weiter; hör nicht hin. Wenn er um Hilfe ruft, dann hör nicht hin, denn er leidet unter dem Karma seiner vergangenen bösen Taten. Wenn du dich einmischst, begehst du zwei Verbrechen. Erstens mischst du dich in sein persönliches Leben ein. Er musste wegen seiner bösen Taten

leiden. Er muss leiden, und du hältst ihn davon ab. Er wird
also irgendwann wieder ins Wasser fallen müssen. Es ist besser, man lässt es ihn gleich erledigen und lässt ihn mit seinen
vergangenen bösen Taten abschließen. Und zweitens übernimmst du eine enorme Verantwortung, wenn du ihn rettest. Vielleicht vergewaltigt er irgendwann eine Frau oder
bringt irgendjemanden um. Vielleicht wird er zum Dieb oder
Ähnliches, und du wirst dann Verantwortung dafür tragen.
Wenn du ihn rettest, hast du dir also unnötigerweise eine
Verantwortung aufgeladen, die dein eigenes spirituelles
Wachstum stören wird.

Die Anhänger von Terapanth sagen also: »Gib einem
Bettler nichts. Er ist ein Bettler, weil er unter dem Karma seiner vergangenen Leben leidet.« Sie glauben nicht an Wohl-
tätigkeit, sie glauben nicht an Mitgefühl, sie glauben nicht,
dass man jemandem helfen sollte, der in Schwierigkeiten
steckt. Man sollte sich fern halten, denn sonst übernimmt
man eine Verantwortung, die zu groß für einen werden
könnte. Die vordringlichste Aufgabe besteht darin, sich von
den eigenen bösen Taten zu befreien. Wie könnte man da
noch die Verantwortung für andere Menschen übernehmen?
Auf diese Weise kann man niemals erleuchtet werden. Die
Anhänger dieser Sekte sind also vollkommen unmenschlich
geworden; nichts ist für sie von Bedeutung.

Durch Denken lässt sich nichts entscheiden, weil etwas in
einer Situation gut sein kann und in einer anderen schlecht.
Manchmal kann Gift Medizin sein, und manchmal ist Medizin Gift – man muss den wechselnden Fluss des Lebens
verstehen.

Durch Denken lässt es sich also nicht entscheiden. Man
kann es nicht durch logische Schlussfolgerungen entscheiden, sondern nur durch wahlfreies Bewusstsein. Man braucht
einen Verstand ohne Gedanken, mit anderen Worten also
einen leeren Geist, *No-Mind*, reine Stille, so dass man die
Dinge unmittelbar sehen kann. Und aus dieser Klarheit wird

die Wahl von selbst kommen; nicht du bist es, der entscheidet. Du wirst so handeln, wie ein Buddha handelt. Deine Handlung wird voller Schönheit sein, deine Handlung wird voller Wahrheit sein, deine Handlung wird den Duft des Göttlichen in sich tragen. Du brauchst nicht zu entscheiden.

Ihr aber sucht nach Führung, weil ihr nicht wisst, dass euer innerer Führer in euch selbst verborgen ist. Ihr müsst den inneren Führer finden, und er ist das, was ich als euren Zeugen bezeichne. Das ist es, was ich als euer *Dharma* bezeichne, als euren inneren Buddha. Ihr müsst diesen Buddha erwecken, dann wird euer Leben voller Segen sein, voller Seligkeit. Euer Leben wird strahlen voller Güte, voller Göttlichkeit, mehr als ihr euch jemals vorstellen könnt.

Es ist fast wie mit dem Licht. Wenn dein Zimmer dunkel ist, bring einfach Licht hinein. Schon eine kleine Kerze genügt, und die Dunkelheit verschwindet. Und sobald du eine Kerze hast, weißt du, wo die Tür ist. Du musst nicht mehr darüber nachdenken: »Wo ist die Tür?« Nur blinde Menschen denken darüber nach, wo die Tür ist. Menschen, die Augen haben und die Licht haben, brauchen nicht zu denken. Hast du jemals darüber nachgedacht, wo die Tür ist? Du stehst einfach auf und gehst hinaus. Du verschwendest nie auch nur einen einzigen Gedanken daran, wo die Tür ist. Du fängst nicht an, nach der Tür zu suchen und dir den Kopf an der Wand anzuschlagen. Du siehst sie einfach, und dazu braucht es nicht den winzigsten Gedanken. Du gehst einfach hindurch.

Genauso ist es, wenn du dich jenseits des Verstandes befindest. Wenn es keine Wolken gibt und die Sonne hell am Himmel steht, musst du nicht darüber nachdenken, wo die Sonne ist. Nur wenn die Sonne von Wolken bedeckt ist, musst du darüber nachdenken, wo sie gerade steht.

Euer eigenes inneres Wesen ist von Gedanken, Gefühlen, Emotionen verdeckt, und sie alle sind Produkte des Verstandes. Entfernt sie einfach, dann wird alles, was ihr tut, gut und richtig sein – nicht weil ihr bestimmte Schriften befolgt, nicht weil ihr bestimmte Gebote befolgt, nicht weil ihr bestimmten spirituellen Führern folgt. Ihr selbst seid der Führer für euer Leben. Und darin besteht die Würde des Menschen – der Führer für sein eigenes Leben zu sein. Das macht den Menschen zum Löwen, das verwandelt ihn von einem Schaf, das immer nach jemandem sucht, der ihm Sicherheit gibt, in einen Löwen.

Doch das ist nicht nur dein Problem, das ist das Problem fast der gesamten Menschheit. Andere haben euch einprogrammiert, was richtig und was falsch ist.

Wenn es also keinen Gott gibt, dann gibt es auch keine heiligen Schriften und keinen Sohn Gottes wie Jesus Christus, der euch errettet, und dann hat der Papst als Vertreter Jesu Christi, der der Sohn Gottes ist, den es nicht gibt, keine Bedeutung! Kann man der Sohn von jemandem sein, der nicht existiert? Der Sohn von jemandem zu sein, der nicht existiert, bedeutet einfach nur, dass man ein Knallkopf ist – und der Papst repräsentiert den Knallkopf Jesus Christus.

Es heißt immer, dass der Papst unfehlbar sei, doch jeder Papst hat anderen Päpsten widersprochen. In diesen zwanzig Jahrhunderten gab es viele Fälle, in denen ein Papst sich auf eine bestimmte Art und Weise verhielt und der nächste dem widersprach und die Regeln änderte. Doch beide können nicht Recht haben. Beide können nicht unfehlbar sein. Beide können fehlbar sein, aber beide können nicht unfehlbar sein. Einer muss fehlbar sein – doch wenn ein Papst fehlbar ist, wo ist dann die Garantie dafür, dass andere Päpste nicht ebenfalls fehlbar sind?

Und der Papst wird gewählt. Wählt man einen Buddha? Entscheidet man durch eine Wahl, wer ein Buddha ist? Dann wären eure Politiker Buddhas, und eure Buddhas würden keine Wahl gewinnen, weil eure Buddhas nicht um Stimmen werben. Einem Buddha ist es gleichgültig, ob du ihn für einen Buddha hältst oder nicht.

Der Papst wird gewählt. Und es wird euch vielleicht über-
raschen zu erfahren, dass auch Jesus Christus dreihundert
Jahre nach seinem Tod durch eine Konferenz unter Kaiser
Konstantin zu einem göttlichen Wesen gemacht wurde. Diese
Konferenz ist als das Konzil von Nicäa bekannt. Durch eine
Wahl, durch eine Abstimmung wurde entschieden, dass Je-
sus heilig ist.

Man kann nicht durch eine Abstimmung entscheiden, ob
Jesus heilig ist. Man kann nicht durch eine Abstimmung
entscheiden, ob Albert Einstein Recht hat oder nicht – durch
eine Abstimmung von Leuten, die nichts von Mathematik
verstehen, die nichts von Physik verstehen. Menschen, die
keine Erfahrung mit dem Heiligen haben, entscheiden für
oder gegen Jesus, entscheiden, ob er heilig ist oder nicht.
Nach dreihundert Jahren entscheiden Menschen, die Jesus
nicht kannten und die keine Vorstellung und keine Erfahrung von Heiligkeit haben, durch eine Abstimmung über
seine Heiligkeit!

Es lag natürlich an der Macht Kaiser Konstantins; er
zwang die Menschen, für Jesus Christus als Heiligen abzu-
stimmen. Weil sie sich nicht gegen den Kaiser wehren konnten, mussten sie abstimmen. Doch die zweite Frage, über die
sie abstimmen sollten, war, dass Jesus in seiner Mission ge-
scheitert war, auch wenn er heilig war und der Messias war.
»Ich bin der wahre Messias«, sagte Konstantin zu der Konferenz, »darum müsst ihr nun für mich stimmen. Ich bin der
wahre Messias und ein erfolgreicher Messias.« Er sorgte dafür, dass sich das gesamte Römische Reich zum Christentum
bekannte. Das ist der Grund dafür, dass der Vatikan in Italien liegt. Italien war das Zentrum des Römischen Reiches,
und unter Konstantin konvertierte das gesamte Römische
Reich zum Christentum. Natürlich war er erfolgreicher als
Jesus.

Man kann nicht wirklich annehmen, dass Jesus erfolgreich war. Er wurde gekreuzigt, der arme Kerl, nennt ihr das

einen Erfolg? Kreuzigung? Und auf beiden Seiten hing je ein Verbrecher ... selbst sie lachten ihn aus. Sie wurden ebenfalls gekreuzigt, doch sie hatten wenigstens Verbrechen begangen, keine Frage; sie wussten, dass ihre Bestrafung gerechtfertigt war.

Jesus sagte zu ihnen ... zuerst zu dem einen: »Sorge dich nicht, du wirst mit mir ins Paradies kommen. Ich bin der Sohn Gottes, also werde ich dir helfen, ins Paradies zu kommen.« Dann sagte er dasselbe zu dem anderen, und beide begannen zu lachen. Sie sagten: »Du kannst nicht einmal dich selbst retten! Und du bist kein Verbrecher, das wissen wir. Du hast kein Verbrechen begangen, und doch wirst du gekreuzigt. Du kannst dich selbst nicht retten und versprichst uns, dass du uns retten wirst?«

Doch Konstantin zwang das Konzil von Nicäa, ihn als den wahren Messias anzuerkennen – und ganz sicher war Konstantin erfolgreich; er bekehrte das gesamte Römische Reich zum Christentum.

Jesus hatte nur zwölf Apostel, ungebildete, unkultivierte Zimmerleute und Fischer – kein einziger Rabbi, kein einziger Gelehrter war jemals unter seinen Anhängern. Keine gebildeten, kultivierten Menschen versammelten sich um ihn.

Doch Pontius Pilatus, der Statthalter des Römischen Reichs – Judäa unterstand damals römischer Herrschaft –, hörte über seine Frau von Jesus. Zufällig fuhr sie vorüber, als Jesus vor einer Menge predigte, also hielt sie ihren Wagen an. Vom Wagen aus hörte sie Jesus, und ihr gefiel, was er sagte. Seine Aussagen waren wunderbar. Sie sagte zu ihrem Mann: »Dieser Mann hat etwas, eine bestimmte Qualität. Ich habe noch nie jemanden mit solcher Autorität sprechen hören, solch wundervolle Aussagen. Und er ist ungebildet und sehr jung« – er war damals nur dreißig Jahre alt. Mit dreiunddreißig Jahren wurde er gekreuzigt. Pontius Pilatus als Statthalter konnte nicht hingehen und ihm zuhören, aber als Soldat verkleidet konnte er vorbeigehen und von fern unter einem Baum stehen und zuhören, was dieser Mann sagte. Und seine Frau hatte Recht.

Pilatus war ein sehr gebildeter Mann, doch er hatte noch nie jemanden mit solcher Autorität sprechen hören; so schöne Worte von einem so ungebildeten Mann! Daher war er Jesus sehr gewogen und versuchte ihn irgendwie vor der Kreuzigung zu bewahren, aber die Juden waren zu sehr gegen ihn – nicht weil er irgendein Verbrechen begangen hatte, sondern weil er etwas behauptete, was die Juden nicht akzeptieren konnten. Er behauptete: »Ich bin der Prophet, auf den ihr seit Jahrhunderten gewartet habt. Ich bin gekommen.«

Doch er war nur der Sohn eines Zimmermanns, und es gab sogar Zweifel daran, ob er tatsächlich der Sohn seines Vaters war, weil er nur vier Monate nach der Hochzeit geboren worden war. So entstand die ganze Geschichte mit der Jungfrau Maria und dem Heiligen Geist. Die Sache war die, dass das Mädchen bereits schwanger war, als sie Joseph den Zimmermann heiratete. Es war nicht der Heilige Geist gewesen, sondern irgendein unheiliger Nachbar. Jesus war nicht der Sohn Gottes; er war nicht einmal der Sohn seines eigenen Vaters!

Doch wenn man die Wahrheit sagt, wenn man ihn »Bastard« nennt, dann sind die Christen in ihren religiösen Gefühlen verletzt. Und dabei sage ich doch einfach nur die Wahrheit! Sie müssen erst einmal beweisen, dass es der Heilige Geist war, und worin besteht die Logik, ihn heilig zu nennen, wenn er jungfräuliche Mädchen vergewaltigt? Doch die Menschen fühlen sich verletzt, weil sie nicht wissen, was echte Religiosität ist. Ihr lebt mit geborgten Vorstellungen; wenn es also keinen Gott mehr gibt und keinen Jesus mehr gibt und keine Päpste mehr gibt, wer soll euch dann noch führen?

Wenn es keinen Gott gibt, dann sind auch all die hinduistischen Inkarnationen Gottes falsch. Wenn es Gott selbst

nicht gibt, wie könnte er dann in Krishna oder in Rama in-
karniert sein ...? Das sind alles nur Erzegoisten, die etwas behaupten, was sie nicht beweisen können. Nicht eine
einzige Inkarnation Gottes war in der Lage zu beweisen,
auf welcher Basis er sich als eine Inkarnation Gottes bezeichnete. Selbsternannte sogenannte Inkarnationen Gottes, selbsternannte Propheten und Heilande haben eure
Moral, eure Religion erschaffen, und ihr habt euch auf sie
verlassen. Glaubt ihr, dass von ihnen die Wahrheit kommen
kann?

Die Wahrheit kann nur in euch selbst auftauchen. Niemand anderer kann sie euch geben. Und mit der Wahrheit
kommt Schönheit, gefolgt von Güte. Das ist die wahre Dreifaltigkeit des wirklich religiösen Menschen: das Wahre,
Schöne, Gute. Diese drei Erfahrungen macht man, wenn
man sich in seine eigene Subjektivität begibt, wenn man das
Innerste seines eigenen Wesens erforscht.

Ihr habt bisher auf der Veranda außerhalb eures Wesens
gelebt; ihr seid niemals nach innen gegangen. Sobald ihr
nach innen geht, findet ihr eure Buddhaschaft, euer Gewahrsein, euer wahlfreies Bewusstsein. Dann braucht ihr nicht
mehr zu entscheiden, was richtig und was falsch ist. Dieses
wahlfreie Bewusstsein führt euch ohne jede Anstrengung zu
dem, was gut und richtig ist. Es geschieht anstrengungslos.
Und weil es anstrengungslos ist, schenkt es große Freude.

Wenn Anstrengung vorhanden ist ... habt ihr schon einmal darüber nachgedacht? Anstrengung bedeutet einfach
nur Unterdrückung. Andernfalls wäre keine Anstrengung
notwendig. Musst du dich anstrengen, um dich hungrig zu
fühlen? Oder musst du dich anstrengen, um dich durstig zu
fühlen? Wenn du durstig bist, weißt du, dass du durstig bist,
wenn du hungrig bist, weißt du, dass du hungrig bist. Doch
du musst dich anstrengen, um ohne Sex zu leben. Alle Anstrengungen sind vergeblich, sind gegen die Natur. Ich sage
euch, dass es niemals einen einzigen Mann gab, der wirklich

zölibatär lebte – außer er war impotent. Doch die Impoten-
ten zählen nicht. Ich behaupte das auf der Basis des Wissens,
dass niemand sich gegen die Natur verhalten kann.

Jene, die versuchen, sich gegen die Natur zu verhalten,
müssen eine Anstrengung unternehmen. Jede Anstrengung
ist gegen die Natur, und jede Entspannung ist im Einklang
mit der Natur. Und im Einklang mit der Natur zu sein bedeutet, religiös zu sein, bedeutet, im Einklang mit dem Universum zu sein. Und dafür braucht ihr keinen Führer. Allein
dieser Einklang macht euch zu einer duftenden Blume. Es
braucht keine Anstrengung von eurer Seite, es ist einfach ein
natürliches Wachstum.

Doch all eure Religionen sind gegen die Natur. Es ist sehr
seltsam – und ihr habt niemals darüber nachgedacht –, aber
all diese Religionen sagen, dass Gott die Natur erschaffen
hat. Doch wenn Gott die Natur erschaffen hat, dann bedeutet es doch, gegen Gott zu sein, wenn man gegen die Natur
ist. Das ist solch ein einfaches Argument, dass es nicht viel
Intelligenz dazu braucht. Wenn Gott die Existenz erschaffen hat, dann ist die einzige Möglichkeit, religiös zu sein, im
Einklang mit der Existenz zu sein – im Einklang mit Gottes
Existenz zu sein.

Doch seltsamerweise lehren euch alle Religionen, gegen
die Natur zu sein. Sie lehren euch zu fasten – doch Fasten ist
nicht natürlich. Vielleicht ab und zu, aber auch das braucht
es nur, wenn ihr eurem Magen Unnatürliches zugemutet
habt. Wenn ihr euren Magen mit unnötigen Dingen vollge-
stopft habt, dann müsst ihr vielleicht ab und zu einmal fasten. Doch wenn ihr euch natürlich verhalten habt, wenn ihr
nur so viel gegesen habt, wie euer Körper benötigt, und nicht
mehr, dann werdet ihr in eurem ganzen Leben niemals zu
fasten brauchen.

Alle Religionen schreiben euch vor, weniger als acht Stunden zu schlafen, was natürlich wäre. Sie lehren euch, euren
Schlaf zu reduzieren. Heilige schlafen nur drei Stunden oder

sogar nur zwei; je größer die Heiligkeit, desto weniger Schlaf benötigt ein Heiliger.

Eines Tages kam eine Frau zu mir, die Frau eines Sardar, eines Sikh. Sie sagte zu mir: »Mein Mann ist am Durchdrehen.«

Ich fragte: »Was ist los mit Ihrem Mann?«

Sie antwortete: »Er folgt einem sogenannten Heiligen, der ihn dumme Dinge lehrt, und er befolgt sie ...«

Der Heilige hatte zu ihrem Mann gesagt: »Zunächst einmal solltest du nur reine Nahrung zu dir nehmen.«

Und was ist nach hinduistischer Ansicht reine Nahrung? Die einzige reine Nahrung ist Milch. Tatsächlich aber ist das gegen die Natur. Habt ihr jemals ein erwachsenes Tier gesehen, das von Muttermilch lebt? Nur am Anfang, wenn die jungen Säugetiere noch keine feste Nahrung verdauen können – dabei handelt es sich nur um einen Zeitraum von wenigen Wochen –, ernähren sie sich von Muttermilch. Sobald sie anfangen, feste Nahrung zu fressen, hören sie auf, Milch zu sich zu nehmen. Es ist nur eine vorübergehende Ernährungsweise. Nur der Mensch trinkt weiter Milch. Und es ist nicht einmal Muttermilch, denn die Mutter kann einem nicht das ganze Leben lang Milch geben. Vier oder fünf Jahre sind schon genug, um ihre Brüste zu ruinieren. Ein ganzes Leben lang? Dann bist du irgendwann siebzig Jahre alt und trinkst immer noch Muttermilch ... das würde die arme Frau umbringen! Das ist also nicht möglich, und auch keine andere Frau wird dir das ermöglichen. Nicht einmal deine eigene Frau wird es zulassen.

Also trinkt ihr Milch von anderen Tieren – Kühen und Schafen und Ziegen –, ohne dass ihr euch über die unterschiedliche Chemie im Klaren seid. Kuhmilch ist für Kälber gedacht, nicht für euch. Diese arme Frau sagte also zu mir: »Dieser Heilige wies ihn an, nur noch Milch zu sich zu nehmen und sexuell enthaltsam zu sein. Seine ganze Sexualität stieg ihm deshalb zu Kopf; den ganzen Tag lang denkt er nur noch an Sex und an nichts anderes mehr.«

So steht es um alle eure Heiligen. Ihr braucht nur ein kleines Fenster in ihrem Kopf aufzumachen, und schon seht ihr drinnen eine nackte Marilyn Monroe, eine nackte Sophia Loren, eine Frau nach der anderen aufgereiht ... Ich hoffe, dass wir eines Tages in der Lage sein werden, Fenster zum Kopf aufzumachen, so dass die Leute zuschauen können.

Wenn man die Sexualität unterdrückt, wird sie zerebral. Sie steigt einem zu Kopf, denn das eigentliche Sexualzentrum befindet sich im Gehirn. Das sorgt dann für Fantasien, sexuelle Vorstellungen ... und dann muss man wieder zum Heiligen gehen und sich einen weiteren Rat geben lassen: »Was soll ich tun? Mein Kopf schwirrt mir vor lauter Gedanken an Frauen.« Dann empfiehlt dir der Heilige, deine Schlafdauer zu reduzieren.

Dieser Heilige sagte also zu dem Mann dieser armen Frau: »Schlafe weniger.« Er schlief daraufhin nur noch vier Stunden und war den ganzen Tag über müde. Er konnte nicht mehr zur Arbeit gehen, weil seine Arbeit gefährlich war. Er arbeitete in einer Waffenfabrik, und wenn er übermüdet war, konnte es gefährlich werden. Er konnte einen Fehler machen und die ganze Fabrik in die Luft sprengen. Seine Vorgesetzten sagten also zu ihm: »Zuerst müssen Sie sich wieder erholen, was immer auch gerade mit Ihnen los ist. Den ganzen Tag über wirken Sie müde. In diesem Zustand können wir Sie nicht an die Maschinen lassen.«

Wieder ging er zu dem Heiligen – auf diese Weise muss man immer wieder zu seinen Gurus und Rabbis und Bischöfen und Priestern und Heiligen gehen. Sie geben einem immer nur Ratschläge, die keine Heilung bringen, sondern in Wahrheit für mehr und mehr Krankheit sorgen. Der Heilige sagte also zu ihm: »Wenn du den ganzen Tag über müde bist, bedeutet das, dass Tamas hochkommt ...« In der hinduistischen Philosophie spricht man von Tamas – die vergange-

nen Leben waren finster, und nun kommen sie zum Vorschein. Die Dunkelheit kommt zum Vorschein, Tamas kommt
hoch. Also muss man den ganzen Tag über den Namen Gottes wiederholen, Rama – das ist der hinduistische Gott.

Dieser Sardar war nun also ständig am Rezitieren: »Rama,
Rama, Rama …« Selbst wenn er auf der Straße ging, musste
er den Namen wiederholen. Die Wiederholung war schon
so automatisch geworden, dass er die Lastwagen, Busse und
Autos überhaupt nicht mehr hupen hörte, weil er so voll
war mit seinem »Rama, Rama, Rama …«. Seine Frau hatte
Angst, dass er überfahren werden könnte. Die Leute hatten
ihr erzählt, dass er direkt vor einem Lastwagen über die
Straße gegangen war, und der Lastwagen hupte, doch er
hörte es nicht. Also sagte sie zu mir: »Ich bin zu Ihnen gekommen, weil Sie mir helfen müssen. Und er lässt auch alle
anderen nicht mehr schlafen, so dass wir alle krank werden.
Er steht um drei Uhr morgens auf. Und er geht um ein Uhr
nachts ins Bett. Bis ein Uhr nachts hört man also sein ›Rama,
Rama, Rama …‹ durchs ganze Haus. Die Kinder klagen:
›Wir haben bald Prüfungen, und er lässt uns nicht schlafen.‹
Und morgens um drei Uhr ist er schon wieder wach. Selbst
die Nachbarn kommen schon und sagen: ›Das ist zu viel,
das ertragen wir nicht mehr. Von drei Uhr morgens an
Rama, Rama, und er schreit dabei!‹« Also sagte sie zu mir:
»Es muss etwas geschehen.«

Ich antwortete ihr: »Unbedingt. Bringen Sie ihn zu mir.«

Doch er hörte nicht zu, sondern wiederholte nur ständig
»Rama, Rama«, direkt vor mir! Ich schrie ihn an: »Ruhe!«

Das brachte ihn dazu, dass er aufhörte und sagte: »Aber
es ist der Name Gottes.«

Ich fragte ihn: »Wer hat Ihnen das gesagt?«

Er antwortete: »Mein Guru.«

Ich fragte: »Er weiß genau, dass Rama der Name Gottes
ist?«

Er erwiderte: »Sein eigener Meister hat es ihm gesagt.«

Da meinte ich zu ihm: »Das ist nur eine Geschichte, die von einem Idioten zum nächsten weitergegeben wird ... und Sie sind der letzte in der Linie. Es ist nichts Heiliges an diesem Namen, es ist nichts Göttliches daran; es ist ein ganz gewöhnlicher Name. Millionen von Menschen in Indien tragen ein Ram in ihrem Namen – glauben Sie vielleicht, dass sie alle Götter sind?«

Er sagte: »Nein.«

Ich fragte: »Wie heißen Sie?« Und zufällig lautete sein Name Sardar Ram Singh. »Sie sind ein Idiot! Sie wiederholen doch einfach nur Ihren eigenen Namen.«

Er antwortete: »Darüber habe ich noch gar nicht nachgedacht.«

Ich sagte zu ihm: »Sie haben noch nie über irgendetwas nachgedacht! Was hat Ihnen Ihr Guru sonst noch gesagt? Sie sind den ganzen Tag müde, weil Sie nicht genügend schlafen. Und Sie denken ständig nur an Sex, weil Sie versuchen, enthaltsam zu leben. Weil Sie so viel an Sex denken, sagt Ihr Guru zu Ihnen, dass Ihre Nahrung wohl unrein sein muss, also sollten Sie Kuhmilch trinken. Das wird Sie nur noch sexueller machen – Sie werden zu einem Bullen werden! Bald, mein lieber Sardar Ram Singh, werden Sie zu einem Bullen!«

Das erschreckte ihn: »Mein Gott! Was soll ich nur tun?«

Ich sagte zu ihm: »Erstens sollten Sie aufhören, Milch zu trinken. Leben Sie einfach wie ein normaler Mensch. Sie können morgens ein bisschen Milch in Ihren Tee geben, aber nicht den ganzen Tag Milch trinken. Wie viel Milch trinken Sie denn? Sie wirken so dick.«

Seine Frau sagte: »Er trinkt den ganzen Tag Milch, um rein zu werden. Sein Job ist weg, und seine ganzen Ersparnisse gingen dafür drauf, zwei Kühe zu kaufen, und er trinkt die gesamte Milch dieser beiden Kühe!«

Ich sagte zu ihr: »Sie haben ihn gerade noch rechtzeitig gebracht. Bald hätte er sich in einen Bullen verwandelt. Er be-

findet sich schon an der Grenze.« Und zu ihm sagte ich:
»Verkaufen Sie diese beiden Kühe, und essen Sie wieder wie
ein normaler Mensch. Schlafen Sie wie ein normaler Mensch.
Und Sie brauchen auch nicht die ganze Zeit ›Rama, Rama …‹
zu wiederholen. Machen Sie einfach Folgendes: Sagen Sie
am Morgen ›Rama‹, und dann sagen Sie: ›Dito – das gilt für
vierundzwanzig Stunden.‹ Das ist nur eine kleine Sache. Sie
können es auf ein Blatt Papier schreiben: ›Dito – gültig für
vierundzwanzig Stunden.‹ Und am nächsten Tag sagen Sie
es wieder einmal am Morgen: ›Rama‹ und ›Dito‹.«

Er war begeistert: »Das ist ein großartiges Geheimnis! Ich
wurde es schon langsam müde, und ich war auch schon dabei, taub zu werden von den unzähligen Wiederholungen,
Wiederholungen, Wiederholungen. Selbst in den zwei Stunden Schlaf war ich ständig innerlich am Wiederholen: ›Rama,
Rama …‹« Denn wenn man etwas vierundzwanzig Stunden
am Tag wiederholt, kann man es nicht einfach für zwei
Stunden während des Schlafs beiseite lassen; es wird innerlich immer weitergehen.

Ich erklärte ihm: »Innerhalb von zwei Wochen wird es Ihnen wieder besser gehen. Es braucht nicht viel, verhalten Sie
sich einfach normal und natürlich. Und hören Sie auf, zu
diesem dummen Mann zu gehen, den Sie für einen Heiligen
halten.«

Er fragte mich: »Kann ich dann zu Ihnen kommen?«

Darauf sagte ich zu ihm: »Nein. Sie brauchen niemanden
im Außen; Sie müssen nach innen gehen. Werden Sie in den
nächsten zwei Wochen erst einmal wieder gesund; danach
können Sie zu mir kommen, und ich werde Ihnen beibringen zu meditieren. Sie müssen nicht den ganzen Tag meditieren; nur eine Stunde vor Sonnenaufgang. Und Sie brauchen dabei nicht zu schreien, denn Sie beten nicht für die
Nachbarn, und es gibt keinen Gott, der Sie hören könnte,
so laut Sie auch schreien. Es gibt keinen Gott, der zuhört.
Oder haben Sie jemals eine Antwort bekommen?«

Er antwortete: »Nein, ich habe niemals eine Antwort bekommen, nur zahllose Vorwürfe von allen Seiten. Meine Kinder sind gegen mich, meine Frau ist gegen mich, die ganze Nachbarschaft ist gegen mich. Mein Boss ist gegen mich. Diese Religion hat mich nur in Schwierigkeiten gebracht ...«

Jeder befindet sich mehr oder weniger in derselben Situation. Alle Religionen machen die Menschen verrückt.

Und sie geben euch Ratschläge, die bedeutsam wirken, weil sie in den heiligen Schriften seit Jahrhunderten niedergeschrieben sind. Sie sind so alt, dass man nicht daran zweifeln kann.

Doch ihr braucht niemanden, der euch sagt, was richtig und was falsch ist. Alles, was ihr braucht, ist das Erwachen eines Bewusstseins in euch, das euch die Dinge so sehen lässt, wie sie sind. Dann braucht es keine Entscheidung mehr.

Niemand entscheidet sich bewusst für das Falsche, das Böse. Es ist das Unbewusste, die Dunkelheit in euch, die sich für das Böse entscheidet.

Bewusstheit bringt Licht in dein ganzes Wesen; du wirst voller Licht. Dann kannst du nichts mehr tun, was irgendjemand anderem schadet. Du kannst nichts mehr tun, was deinem eigenen Körper schadet. Dir wird plötzlich bewusst, dass du eins bist mit dem ganzen Universum.

Deine Handlungen werden gut, schön, anmutig; deine Worte bekommen eine gewisse Poesie, dein Schweigen wird so tief, so voller Seligkeit, dass diese Seligkeit zu den anderen zu fließen beginnt.

Dieses Überfließen von Seligkeit ist das einzige entscheidende Kriterium für einen erwachten Menschen. Einfach nur mit diesem Menschen beisammen zu sein, einfach nur seine Anwesenheit, genügt, um dir einen Geschmack des Jenseits zu geben. Doch du kannst dich dabei nicht nach

dem Urteil der anderen richten, sondern nur nach deiner eigenen Bewusstheit.

Wenn ich sage, Gott ist tot, dann bleibt nur dein eigenes
Bewusstsein übrig. Und dein Bewusstsein ist Teil eines ozeanischen Bewusstseins, das dich umgibt. Sobald du dir deines Inneren bewusst wirst, wird dir bewusst werden, dass in
allem dasselbe Bewusstsein pulsiert und tanzt. In den Bäumen, in den Flüssen, in den Bergen, in den Meeren, in den
Augen der Menschen, in ihren Herzen schwingt überall dasselbe Lied, derselbe Tanz – und du nimmst daran teil. Daran
teilzunehmen ist gut, daran nicht teilzunehmen ist schlecht.

Die zweite Frage:

*Wie ist eigentlich die Idee eines Gottes entstanden? Lag es
daran, dass der Mensch einfach keine Verantwortung für
sein eigenes Leben übernehmen wollte? Sind nicht die
Priester ebenso Opfer ihrer Angst, nach innen zu gehen,
wie jeder andere Mensch auch?*

Gott ist aus der Angst entstanden.

Und die Priester sind ebenso Opfer wie ihr, aber sie sind
schlauer als ihr.

Die Angst des Menschen vor der Dunkelheit, vor Krank-
heiten, vor dem Alter … die Angst des Menschen vor dem
Tod führte dazu, dass er jemanden zu seinem Schutz brauchte.
Er konnte nirgendwo Schutz finden. Wenn man nirgendwo
Schutz finden kann, muss man sich welchen erfinden, als
Trost.

Erst heute habe ich ein Gedicht von einem der großen
Urdu-Dichter gehört, von Mirza Ghalib. Ein Satz lautete:

*Hamko maloom hai jannat ki hakikat lekin dil ke bahlane
ko ghalib khayal achchha hai –* »Wir kennen sehr wohl die
Wahrheit über euer Paradies, aber es ist ein guter Trost.«

Wir wissen, dass es nicht vorhanden ist, wir wissen, dass es eine Lüge ist, um uns zu trösten – dass nach dem Tod Engel da sein werden, die auf uns warten, die auf ihrer Harfe spielen, dass der heilige Petrus uns am Tor empfängt und Gott uns erwartet ... Ghalib hat Recht: ... *dil ke bahlane* ... es ist einfach eine tröstliche Vorstellung.

Die Priester wissen sehr gut, vielleicht besser als ihr, dass es keinen Gott gibt. Doch die Priester haben den schlausten Beruf der Welt – den schlechtesten und hässlichsten, weitaus hässlicher als Prostitution. Prostitution ist ein Produkt der Priester; es ist der zweithässlichste Beruf. Zuerst kommen die Priester, dann die Prostituierten, und dann alle möglichen Arten von Pathologien in dieser Welt.

Die Priester erkannten, dass alle Menschen Angst hatten und irgendeinen Schutz suchten. So entstand aus dieser Angst heraus Gott als Sicherheit, als ein Trost für die Zeit nach dem Tod. Ansonsten hat man den Eindruck, dass es nach dem Tod nur ewige Finsternis gibt. Was wird passieren? Wo wirst du sein? All deine Freunde werden zurückbleiben, deine Familie wird zurückbleiben, niemand wird mit dir kommen. Du kannst kein Geld mitnehmen. Du wirst als vollkommener Bettler, nackt und als reines Skelett in den Tod gehen. Und dann, für alle Ewigkeit – was? Das erzeugt große Angst – welche Art von Leben gibt es nach dem Tod?

Durch unsere Angst, unseren Schrecken, unseren Tod entstand also Gott. Die Priester erkannten darin sofort ein gutes Mittel, um die Menschen auszubeuten. Sie wurden zu den Vermittlern. Man kann Gott nicht sehen, also ist es sehr wohl möglich, wenn es keine Priester gäbe, die ständig verkünden, dass es einen Gott gibt – mit ihren Philosophien, Theologien, Schriften, Tempeln, Statuen, Ritualen, Gebeten, dem ganzen Drama ... Sie stehen zwischen euch und Gott, und sie sagen zu euch: »Wir haben eine direkte Verbindung zu Gott. Ihr habt keine direkte Verbindung. Ihr

müsst zu uns kommen und eure Sünden bekennen, und
dann werden wir Gott sagen, dass er euch vergeben soll.«

Ganz offensichtlich kann man Gott nicht sehen. Daher
seid ihr sehr erleichtert, dass es jemanden gibt, der eine direkte Verbindung zu ihm hat. Und ihr habt das Gefühl, dass
es billig ist. Ihr begeht eine Sünde und habt Angst, dass ihr
dafür in der Hölle büßen müsst. Doch es gibt ja den Priester; ihr geht einfach hin und beichtet eure Sünde, und der
Priester sagt zu euch: »Wirf fünf Euro in den Opferstock,
und ich werde für dich beten.«

Und Gott ist voller Mitgefühl; er vergibt immer. Eure Sünden werden euch also für fünf Euro vergeben – doch diese
fünf Euro steckt der Priester ein; sie kommen niemals irgendwo anders an, denn es gibt keinen Gott, dem er diese
fünf Euro geben könnte.

Was sollte Gott mit fünf Euro machen? Er ist allein, es gibt
kein Einkaufszentrum, was sollte er also mit den fünf Euro
machen? Und bis heute muss er Millionen und Milliarden
von Euro angehäuft haben – alles wertloser Schrott. Was
soll er mit diesen Euros machen, mit all den Scheinen? Er
kommt nicht in diese Welt, um Dinge zu kaufen, und in keiner heiligen Schrift habe ich bisher gelesen, dass es im Paradies Einkaufszentren gibt. Heilige brauchen nichts. Alles
wird sofort erfüllt; man lebt einfach ein ewiges Leben. Man
hat keinen Körper mehr, man ist nur ein Geist. Und Geister
brauchen keine Nahrung, kein Wasser, keine Medikamente.
Der Geist wird niemals krank, er wird niemals alt, er stirbt
niemals. Was sollte Gott also mit diesen fünf Euro anfangen?

Doch jeden Sonntag halten die katholischen Priester ihre
Kollekte ab, und alle anderen Priester haben ebenso ihre
Methoden. Ein hinduistischer Priester vereinnahmt die
Menschen von Anfang an. Noch bevor das Kind geboren
ist, wird es schon vom Priester vereinnahmt. In der Vergangenheit pflegten die hinduistischen Priester den Menschen
sogar zu sagen, an welchem Tag, in welcher Nacht und zu

welcher Zeit sie zusammenkommen sollten, um ein wirklich intelligentes, besonderes, heiliges Kind zu zeugen. Und ganz Indien ist Beweis dafür, dass die Priester falsch lagen: Ich sehe keine heiligen Kinder. Doch das Kind ist von Anfang an vereinnahmt, sogar noch vor seiner Zeugung. Das Kind ist noch nicht einmal im Schoß der Mutter gezeugt, und der Priester erklärt schon, in welcher Nacht, zu welcher Zeit ...!

Ich pflegte immer eines der ältesten Parlamentsmitglieder Indiens zu besuchen. Er war seit sechzig Jahren ohne Unterbrechung Parlamentsmitglied gewesen. Man nannte ihn den »Vater des indischen Parlaments«. Es gibt nur zwei Leute, die sechzig Jahre lang Parlamentsmitglieder waren. Einer von ihnen war mein Freund, Dr. Seth Govind Das, und der andere war Winston Churchill in England. Beide waren sechzig Jahre lang laufend, ohne Unterbrechung, gewählt worden. Dr. Govind Das war ein sehr frommer Hindu, also litt ich ständig unter seinem Fanatismus.

Ich besuchte ihn immer, wenn ich in Neu-Delhi war. Wenn ich Vorträge und Seminare in Neu-Delhi gab, dann übernachtete ich bei ihm. Und er war so fanatisch ... in Indien gibt es viele Menschen seiner Art, er ist damit nicht allein. Wenn er seinen Wahlkreis besuchte, fragte er immer seinen Priester, wann er das Haus verlassen sollte. Dieser konsultierte dann alle möglichen Schriften und sein Horoskop, um herauszufinden, wann der richtige Augenblick war, um sein Haus zu verlassen.

Nun verkehren die Züge aber leider nicht nach der Astrologie. Der Zug ging um zwölf Uhr nachts, und sein Astrologe sagte: »Sie müssen Ihr Haus um drei Uhr nachmittags verlassen.« Darauf musste ich von drei bis zwölf Uhr mit ihm am Bahnhof warten.

Ich sagte zu ihm: »Das ist doch idiotisch, dass wir hier warten müssen. Am besten wärst du um drei Uhr aus dem Haus gegangen und dann durch die rückwärtige Tür wieder hinein. Das ist doch eine unnötige Tortur ...«

Doch er erwiderte: »Nein, ich musste das Haus verlassen und *weggehen*.«

Ich sagte zu ihm: »Es gibt Millionen von Hindus, die alle dieselben Fragen stellen, und trotzdem gibt es Zugunglücke. Möglicherweise haben alle Hindus ihren Priester gefragt, und es wurde ihnen gesagt: ›Das ist die richtige Zeit, ein guter Zeitpunkt zum Reisen‹ – und dann fällt der Zug in den Fluss, weil die Brücke eingebrochen ist.«

In Indien brechen ständig irgendwelche Brücken ein, weil es ein sehr religiöses Land ist, ein sehr spirituelles Land! Es vertraut auf Gott, nicht auf Zement. Daher werden Brücken mit so wenig Zement wie möglich gebaut; der größte Teil ist einfach nur Sand. Das genügt, damit die Brücke für die Einweihungszeremonie durch den Premierminister hält. Und das ist genug. Wenn zum ersten Mal ein Zug darüberfährt, stürzen der Zug und die Brücke zusammen in den Fluss. Und alle Hindus im Zug haben vermutlich zuvor ihre Astrologen und Priester konsultiert: »Wann ist die beste Zeit?« In Indien sollte es eigentlich keine Unfälle geben.

Ich sagte also zu Dr. Seth Govind Das: »Warum gibt es trotzdem Zugunglücke? Es sollte so etwas in Indien eigentlich nicht geben.«

Einmal hatte er einen Autounfall. Als ich ihn besuchte, fragte ich ihn: »Was war mit deinem Astrologen los?«

Er antwortete: »Wenigstens diesmal solltest du nicht mit mir streiten. Du siehst doch, dass ich mir zahlreiche Knochen gebrochen habe.«

Doch ich sagte: »Genau das ist der richtige Zeitpunkt, um dir klar zu machen, dass du dein ganzes Leben lang dumm warst. Hattest du deinen Astrologen befragt oder nicht?«

Er antwortete: »Ja, ich hatte ihn befragt.«

»Und warum hattest du dann einen Unfall?«

Doch die Menschen haben nicht den Mut, mit der Vergangenheit zu brechen, auch wenn sie vollkommen falsch war. In Indien werden die Ehen von Astrologen bestimmt, und alle Ehen sind Fehlschläge. Ich habe noch keine Ehe gefunden, die kein Fehlschlag war.

Einmal lebte ich in einer Stadt namens Raipur. Ich war ein Professor dort, und ich lebte dort sechs Monate lang. Die Stadt war so altmodisch, dass ich es bald leid war, dort zu leben. Überall standen Anzeigen auf den Wänden: »Kommen Sie zu mir, wenn Sie unter Geistern leiden«, und dazu die Adresse. Oder: »Kommen Sie zu mir, wenn Sie unter Hexen leiden. Ich kann Ihnen helfen, wenn Sie unter schwarzer Magie zu leiden haben.« Die ganze Stadt war voll schwarzer Magie, voller Hexen und Geister.

Direkt in meiner Nachbarschaft wohnte ein berühmter Astrologe, und er wurde immer bei der Planung von Ehen konsultiert, um die Geburtshoroskope zu vergleichen. Ich freundete mich mit ihm an. Irgendwann sprach ich ihn darauf an, dass das Ganze nicht funktionierte: »Es hat nicht einmal in deinem eigenen Fall funktioniert.« Seine Frau schlug ihn immer. Ich fragte ihn also: »Was ist passiert? Du bist so ein großer Astrologe. Du hast Hunderte von Ehen arrangiert. Ohne deine Zustimmung können die Menschen nicht heiraten, weil ihre Horoskope nicht übereinstimmen.« Es muss eine gewisse Übereinstimmung zwischen den Geburtshoroskopen geben. »Was also ist passiert? Hast du das Geburtshoroskop deiner Frau nicht geprüft?«

Er antwortete: »Doch, das habe ich.«

»Was ist dann schief gelaufen?«

Er sagte: »Quäle mich nicht. Meine Frau quält mich schon genug, und nun bist auch du noch gekommen, um mich zu quälen?«

Ich erwiderte: »Ich will dich nicht quälen. Ich möchte nur wissen, ob du selbst an deine Astrologie glaubst.«

Er war tatsächlich ein aufrichtiger Mensch. Er sagte zu mir: »Sag es bitte niemandem weiter. Es ist mein Beruf, aber ich glaube nicht wirklich daran. Tatsächlich passiert es

manchmal, dass die Geburtshoroskope nicht zusammen-
passen. Doch der Mann ist reich, und er gibt mir mindestens hundert Rupien, wenn ich ihm die Bestätigung gebe,
dass diese Ehe erfolgreich wird. Also ändere ich manchmal
die Horoskope. Ich erstelle für das Mädchen ein anderes
Horoskop, das zu dem des Jungen passt.«

Die Priester wissen ganz genau, dass es keinen Gott gibt. Sie
sind die einzigen, die es wirklich genau wissen. Doch es ist
ihr Beruf; sie leben davon, dass sie die Menschen ausbeuten.
Also müssen sie darauf bestehen, dass es einen Gott gibt.
Gott ist ihr Geschäft. Und wenn es ums Geschäft geht, dann
bedeutet es, dass es um ihren Lebensunterhalt geht.

Und es gibt Millionen von Priestern in den unterschiedlichen Religionen. Es gibt sogar in jedem einzelnen Land verschiedene Arten von Priestern, doch alles, was sie machen,
ist, die Leute auszubeuten, indem sie ihnen Trost geben:
»Diese Ehe wird großartig.« Und jede Ehe ist eine Tragödie.
Ich habe noch nie eine Komödie vorgefunden.

Die Menschen können nur glücklich sein, wenn sie nicht
verheiratet sind. Dann sind sie frei. Dann sind sie in Freiheit
zusammen, nicht aufgrund irgendeines Vertrags, nicht aufgrund einer Geschäftsvereinbarung, nicht weil die Gesellschaft es so erzwingt. Nicht aufgrund von Gesetzen, sondern
aus Liebe – nur aus Liebe sind sie zusammen, und wenn die
Liebe verschwindet …

Und alles hört einmal auf, denkt daran. Es ist ein Märchen,
das von den Dichtern erfunden wurde, dass Liebe ewig
währt. Nein, die Liebe, die ihr kennt, ist nicht ewig, und die
Liebe, die die Dichter kennen, ist nicht ewig; sie vergeht. Sie
bleibt nur dann bestehen, wenn die Liebenden nicht zusammenkommen.

In der ganzen Geschichte der Menschheit gab es nur drei
oder vier Paare, die große Liebende waren – weil sie niemals zusammenkamen. Deshalb gab es keinen Streit, des-

halb konnte ihre Liebe niemals enttäuscht werden. Die Gesellschaft ließ nicht zu, dass sie zusammenkamen, ihre Eltern erlaubten es nicht.

In Indien gibt es die Geschichten von Laila und Majnu sowie von Shiri und Farhad. Diese Liebenden kamen niemals zusammen, weil die Gesellschaft dagegen war. Sie gehörten unterschiedlichen Kasten, unterschiedlichen Gesellschaftsschichten, unterschiedlichen Religionen an, also konnten sie nicht heiraten. Sie werden für große Liebende gehalten, und ihre Liebe verging niemals – weil sie niemals begann! Sobald sie beginnt, ist das Ende nicht mehr weit.

Alles, was einen Anfang hat, hat auch ein Ende. Wenn man geboren wird, ist der Tod nicht mehr weit entfernt. Jeden Tag kommt er näher.

Sobald man verheiratet ist, wird das Problem schwieriger. Aus Freiheit heraus könnt ihr zusammenleben, weil ihr wisst, dass ihr es in Freiheit tut; ihr könnt jeden Augenblick auseinander gehen. Voller Freundschaft, in Dankbarkeit füreinander: »Du hast mir so viele wunderbare Augenblicke geschenkt, so wunderbare Tage und Nächte. Wir haben voll Poesie, voll Musik, voller Lieder gelebt. Diese paar Tage und Nächte waren golden, doch nun ist diese Zeit vorbei, der Frühling ist vergangen, die Flitterwochen sind vorüber. Es ist besser für uns beide, wenn wir uns trennen.« In großer Dankbarkeit ... es gibt keine Rachegefühle, keinen Hass, keinen Grund für Zorn. Beide haben sich gegenseitig so viel geschenkt, wie ihnen möglich war, und nun sind sie beide reicher als zuvor. Die Erfahrung hat sie bereichert.

Doch eine Heirat erlaubt euch nicht mehr auseinander zu gehen. Die Liebe verschwindet, doch ihr müsst so tun, als würdet ihr euch immer noch lieben. Und immer wenn man etwas vortäuschen muss, macht es das Herz schwer. Wenn man etwas vortäuscht, wird man unaufrichtig – man selbst weiß es, und der Partner weiß es ebenfalls.

Wenn die Liebe verschwunden ist, kann man dem anderen nichts vormachen. Vielleicht ein paar Tage lang, indem man jeden Tag Eiskrem mitbringt, doch wie lange? Tatsächlich ist die Tatsache, dass man Eiskrem mitbringt, ein Anzeichen dafür, dass die alte Wärme der Liebe verschwunden ist, dass nun die Kälte kommt!

Nur Leute wie Dale Carnegie ... und sie können nur in Amerika erfolgreich sein, nirgendwo sonst. Dale Carnegie ist der einzige Philosoph Amerikas. Sein Buch wurde in Millionenauflagen verkauft, nur knapp unter den Auflagen der Bibel. Sein bekanntestes Buch ist »Wie man Freunde gewinnt«. Alles in diesem Buch ist unaufrichtig. Er sagt: »Jeder Mann sollte seiner Frau einen Kuss geben, bevor er zur Arbeit geht.« Ob er sie liebt oder nicht, ist nicht von Bedeutung, doch er sollte sie küssen und ihr sagen: »Ich liebe dich, mein Schatz.« Und wenn er nach Hause kommt, sollte er sie wieder umarmen, ihr ein paar Rosen mitbringen und sagen: »Mein Liebling, ich habe den ganzen Tag an dich gedacht.« Mindestens dreimal am Tag und dreimal in der Nacht sollte er ihr bewusst machen, dass er sie liebt. Und dasselbe gilt auch für die Frau. Beide folgen einfach nur den Anweisungen von Dale Carnegie, ohne dass Liebe da ist. Doch man sagt es einfach immer weiter ...

Der Mann ruft seine Frau ein- oder zweimal am Tag an, einfach nur, um ihr zu sagen, dass er sie liebt. Und während er mit ihr telefoniert, sitzt seine Sekretärin auf seinem Schoß! Das passiert in jedem Büro, ohne Ausnahme. Sekretärinnen werden nicht danach ausgewählt, ob sie mehr können als andere ... Wenn sie zum Vorstellungsgespräch bei ihrem Vorgesetzten kommen ...

Ich habe einmal Folgendes gehört. Die erste Sekretärin stellte sich vor und sagte, dass sie sehr viel Erfahrung hätte, und sie hatte alle Zeugnisse und konnte sehr schnell tippen. Dann kam die nächste; sie war jünger, frischer, doch sie hatte keine Erfahrung. Dann kamen die dritte und die vierte, insgesamt mindestens ein Dutzend. Als schließlich der Personalmanager fragte: »Und, für welche haben Sie sich entschieden?«, antwortete der Direktor: »Für die mit den größten Titten.«

Sekretärinnen werden nach ihren Titten ausgewählt? So laufen die Dinge eben.

Sobald man sich in etwas gefangen fühlt, möchte man sich sofort befreien, es ist wie ein Gefängnis. Euer Gott, eure Priester, sie alle sind eure Gefängniswärter. Sie erschaffen immer neue Gefängnisse für euch – durch die Moral, durch die Ehe, durch die Verantwortung für eure Kinder, alle Arten von Ketten und Verstrickungen. Die ganze Absicht dahinter ist, euch unglücklich zu machen, denn wenn ihr nicht unglücklich seid, geht ihr nicht zur Kirche. Wenn ihr nicht unglücklich seid, seht ihr keine Notwendigkeit zu beten. Nur im Unglück erinnert ihr euch an Gott – und ihr wisst es! Nur wenn ihr leidet, denkt ihr an Gott, denkt ihr an die Bibel, denkt ihr an die Bhagavadgita, geht ihr in den Tempel – nur wenn ihr unglücklich seid.

Bertrand Russell hat vollkommen Recht, wenn er sagt: »Wenn wir die ganze Menschheit glücklich machen könnten, würden die Religionen verschwinden.« Dem stimme ich absolut zu, doch er weiß nicht, wie man die ganze Menschheit glücklich machen kann. Ich weiß es.

Durch tiefe Meditation entsteht Glückseligkeit, und dann empfindet ihr den ganzen Tag, die ganze Nacht hindurch nur noch Glück – ohne jeden Grund. Es quillt einfach aus euch hervor. Es ist eure innerste Natur, euer *Dharma*. Dann braucht ihr keinen Gott mehr und keine Priester mehr, dann lebt ihr nicht mehr im Unglück und im Gefängnis. In dem Augenblick, in dem ihr das Gefühl habt, dass etwas nicht mehr stimmig ist, dass etwas unaufrichtig geworden ist, eine Maske geworden ist, lasst ihr es einfach los. Ihr bleibt eurem eigenen Bewusstsein treu – das ist eure einzige Verantwortung. Und alles andere wird folgen, und euer Leben wird ein Leben des Feierns sein.

Und nicht nur euer Leben wird ein Feiern sein, sondern auch euer Tod. Der Tod zerstört nichts. Die fünf Elemente des Körpers kehren zu ihrer ursprünglichen Quelle zurück, und für das Bewusstsein gibt es zwei Möglichkeiten: Wenn es niemals Meditation erfahren hat, wird es sich in einen anderen Schoß begeben; wenn es Meditation erfahren hat, wenn es seine eigene Ewigkeit erkannt hat, seine Unsterblichkeit, wird es sich in den Kosmos begeben und sich in dieser Weite auflösen. Und dieses Auflösen ist der großartigste Moment im Leben. Du bist eins geworden mit der Quelle, aus der du hervorgegangen bist. Du bist zurückgekehrt und in ihr verschwunden.

Echte Religion braucht keinen Gott, braucht keine Priester, braucht keine Gebete. Alles, was es braucht, ist eine Erforschung der inneren Welt.

Diese Erforschung nenne ich Zen. Im Sanskrit heißt sie *Dhyan*, im Chinesischen *Ch'an*, im Japanischen *Zen*. Doch es ist immer dasselbe Wort. Wenn man nach innen geht und den innersten Punkt erreicht, öffnet sich eine Tür in den göttlichen Kosmos. Wenn du an diesem Punkt stehst, bist du ein Buddha. Dadurch verändert sich dein ganzes Leben; es ist eine Metamorphose. Du bist zu einem neuen Menschen geworden.

Wir brauchen dringend diesen neuen Menschen. Es war noch nie so dringend wie heute. Dieser neue Mensch ist die einzige Hoffnung für die gesamte Menschheit. Wenn dieser neue Mensch nicht bald auftaucht, wird der alte Mensch Selbstmord begehen, globalen Selbstmord.

Die dritte Frage:

Einmal hörte ich einen fundamentalistischen Christen sagen: »Ist dir bewusst, dass ein Sklave mehr Freiheit hat als sein Herr? Das liegt daran, dass sein Herr die ganze Verantwortung trägt und der Sklave überhaupt keine Sorgen hat. Wir können froh sein, Gott als unseren Herrn zu haben!«

Könntest du dazu etwas sagen?

Diese Aussage ist vollkommen richtig in dem Sinne, dass man ebenfalls abhängig wird, wenn man jemanden zum Sklaven macht. Man muss sich um ihn kümmern, man muss für ihn sorgen. Man hat damit eine große Verantwortung übernommen.

Doch der Sklave, der seine Verantwortung verloren hat, hat damit auch seine Freiheit verloren; er hat außerdem seine Würde verloren, seine Menschlichkeit. Er ist zu einem Arbeitstier geworden; er ist nur noch eine Maschine. Man kümmert sich ja auch um eine Maschine. Man wäscht sein Auto, man macht es sauber, und man weiß, wenn etwas kaputt ist, muss man es reparieren lassen. So wie man sich um seine Maschinen kümmert, kümmert man sich auch um seine Sklaven.

Es ist also wahr, dass ein Herr in gewisser Weise vom Sklaven abhängig wird. Doch der Christ, der das gesagt hat, hat die Konsequenzen seiner Aussage nicht erkannt. Wenn Gott sein Herr ist, bedeutet das, dass Gott sein Sklave ist. Das ist seine Aussage; er sagt: »Ist dir bewusst, dass ein Sklave mehr Freiheit hat als sein Herr?« Gott ist also weniger frei als ihr!

Doch ein Gott, der weniger frei ist als ihr, ist euch unterlegen, ein Gott, der weniger frei ist als ihr, kann euch keine Freiheit schenken. Er selbst ist ja weniger frei. Was sollen wir also mit einem Gott, der nicht einmal so frei ist wie wir, geschweige denn freier? Er ist doch weniger frei als ihr!

Doch Fanatiker verstehen keine Logik, sie verstehen keine Argumente. Fanatiker sind einfach nur blinde Menschen. Andernfalls hätte dieser Mensch nicht gesagt: »Das liegt daran, dass der Herr die ganze Verantwortung trägt und der Sklave überhaupt keine Sorgen hat. Wir können froh sein, Gott als unseren Herrn zu haben!« Er hätte sagen sollen:

»Wir können froh sein, Gott als unseren Sklaven zu haben, denn er übernimmt alle Sorge und Verantwortung, er erschafft die Welt und die Sünde und alle möglichen Probleme und alle möglichen Lösungen, und er hat sogar seinen eigenen Sohn in die Welt geschickt, um sie zu retten!«

Und er schickt einen Propheten nach dem anderen, die sich untereinander bekämpfen und dafür sorgen, dass die Menschen sich gegenseitig umbringen – er ist so involviert und beschäftigt! Und was bekommt er dafür? Nur diese Fanatiker!

Wenn es einen Gott gibt, ist der Mensch nicht nur ein Sklave, sondern eine Marionette. Dann ist er nicht wirklich Mensch. Wenn Gott den Menschen aus Lehm geformt und ihm dann Leben eingehaucht hat, wie die Christen glauben, dann ist der Mensch nur eine künstlich geschaffene Marionette. Alle Fäden sind dann in Gottes Hand. In jedem Augenblick kann er ihn zerstören, so wie er ihn in einem bestimmten Augenblick aus einer Laune heraus erschaffen hat … Und was hat er davor getan? Man muss diese Frage einfach stellen, denn nach den Christen hat er die Welt erst vor sechstausend Jahren erschaffen. Das ist vollkommener Unsinn, denn in Indien wurden Städte mit großer Kultur und Zivilisation gefunden – Mohenjo Daro und Harappa, die von christlichen Forschern ausgegraben wurden. Sie konnten es nicht glauben – Gott zerstörte diese Städte vor siebentausend Jahren … bevor er die Welt erschaffen hatte! Und in China wurde ein menschliches Skelett gefunden, das als Pekingmensch bezeichnet wird und das achtzigtausend Jahre alt ist.

Ganz sicher ist die Welt sehr viel älter als euer Gott. Vielleicht hat der Mensch vor sechstausend Jahren Gott erschaffen – das ist möglicherweise richtig. Doch Idioten sind eben Idioten …

Ein großer, gelehrter Bischof war sehr verwirrt von diesen Dingen, dem Pekingmenschen, Harappa und Mohenjo Daro,

und von der Behauptung eines berühmten Gelehrten aus
Pune, eines gewissen Lokmanya Tilak, dass die Veden der
Hindus neunzigtausend Jahre alt sind. Und sein Beweis dafür ist nicht widerlegbar. Im Rig Veda wird bis ins kleinste
Detail eine bestimmte Sternenkonstellation beschrieben, die
sich den Astronomen nach vor neunzigtausend Jahren ereignete. Der Rig Veda muss von Menschen geschrieben worden sein, die diese Konstellation gesehen hatten, denn sonst
hätten sie sie nicht so detailliert beschreiben können; und
seither ist diese Konstellation nicht wieder aufgetaucht.
Vielleicht wird es sie irgendwann in der Zukunft wieder einmal geben, doch in den letzten neunzigtausend Jahren gab
es sie kein zweites Mal. Die Beschreibung ist daher ein klarer Beweis, dass der Rig Veda von Menschen geschrieben
wurde, die diese Konstellation gesehen hatten; ohne sie gesehen zu haben, hätten sie nicht so genau beschreiben können, welcher Stern sich in welcher Position befand. Und sie
beschrieben alles so exakt, dass man es nicht besser hätte
machen können. Als dieser Bischof nun all diese Dinge
hörte ...

Und im Himalaja, auf dem höchsten Gipfel des Himalaja,
wurden Skelette von Meerestieren gefunden. Das bedeutet
einfach, dass es zu irgendeiner Zeit – vielleicht vor hundert
Millionen Jahren – ein Meer dort gab, wo heute der Himalaja liegt. Anders könnten Meerestiere aus dem Ozean nicht
auf den Gipfel des Himalaja gelangen. Die einzige Möglichkeit – und inzwischen ist es wissenschaftlich nachgewiesen –
besteht darin, dass der Himalaja sich aus dem Ozean erhob.
Und als er sich aus dem Ozean erhob, wurden zahlreiche
Fossilien mit auf den Gipfel gehoben. Der Himalaja wurde
immer weiter hochgehoben, und diese Fossilien wurden mit
Schnee bedeckt. Und als sich die lange Bergkette, die den Himalaja bildet, erhob, wich der Ozean zurück.

Der Hind Mahasagar, der große Indische Ozean, befand
sich früher dort, wo heute der Himalaja liegt – vor einhun-

dert Millionen Jahren. Diese Tiere beweisen es, weil sie ein-
hundert Millionen Jahre alt sind. Es gibt Möglichkeiten, das
Alter von Skeletten festzustellen, und diese Methoden sind
inzwischen sehr genau.

Der Bischof war zornig, weil das alles gegen die Bibel ist.
Also erfand er eine Theorie – und deshalb sage ich, Fanatiker wollen die Wahrheit nicht sehen; sie versuchen, weiter
an eine Lüge zu glauben, sie erfinden alle möglichen Ausflüchte. Es lohnt sich, sich diese Ausflüchte genauer anzusehen. Der Bischof stellte die Theorie auf, dass Gott die Welt
vor sechstausend Jahren erschaffen hat, wie es in der Bibel
steht, doch weil er allmächtig ist, erschuf er Meerestiere und
legte sie auf den Himalaja. Er erschuf sie so, dass sie hundert Millionen Jahre alt wirken. Er erschuf auch die Ruinen
von Harappa und Mohenjo Daro und ließ sie siebentausend
Jahre alt wirken; er erschuf das Skelett des Pekingmenschen,
so als wäre es achtzigtausend Jahre alt … alles nur, um den
Glauben der Christen zu testen!

Was für eine großartige Logik! Gott scheint ein Schwind-
ler zu sein: »Es ist alles nur eine Frage eures Glaubens.«
Doch Tatsache ist, dass diese Erde aus wissenschaftlicher
Sicht vier Milliarden Jahre alt ist. Und die Menschheit ist
mindestens eine Million Jahre alt und hat sich durch viele
verschiedene Stufen hindurch entwickelt, bis hin zu Gautama Buddha, dem höchsten Gipfel, dem Mount Everest des
Bewusstseins.

Dieser christliche Fundamentalist sagte: »Wir können
froh sein, Gott als unseren Herrn zu haben.« Und was ist
mit Gott? Ist er froh, die Verantwortung für euch zu haben?
Wenn Gott für alles verantwortlich ist … und das sollte er
sein; wenn er die Welt erschaffen hat, ist er verantwortlich
für Adolf Hitler, den Zweiten Weltkrieg, Hiroshima und
Nagasaki. Wer sonst? Wenn er sich um die Welt kümmert
und die Menschen an ihren Fäden hält, dann hatte er auch
die Fäden von Präsident Truman in der Hand, als er die

Atombomben auf Hiroshima und Nagasaki abwerfen ließ. Truman ist dann nicht verantwortlich – Gott hatte seine Fäden in der Hand, was hätte er da tun können? Wenn der Marionettenmeister auf eine bestimmte Art und Weise an den Fäden der Puppe zieht, tanzt sie. Wenn der Marionettenmeister anders an ihnen zieht, dann kämpft sie. Wenn er die Fäden loslässt, sinkt die Puppe nieder und schläft. Und wenn er die Fäden wiederaufnimmt, ist die Puppe wieder da und bereit, alles zu tun. Wenn Gott die Welt erschaffen hat, dann sind wir alle Marionetten; wir besitzen keine Spiritualität und sind einfach nur Staub, aus Staub erschaffen.

Ist Gott glücklich, all diese Marionetten zu haben, die die Welt ins Chaos stürzen? Und er ist dafür verantwortlich! Doch Fanatiker kennen keine Logik. Sein Argument beweist, dass Gott ein Sklave seiner eigenen Sklaven ist; er ist nicht der Herr. Du bist der Herr, und er muss sich um dich kümmern.

Statt die Realität der Dinge genau zu betrachten, erschaffen die Menschen lieber Hypothesen, Lügen, Fiktionen – Vorstellungen, Halluzinationen. Der Verstand hat diese Fähigkeit.

Solange man sich nicht jenseits des Verstandes befindet, kann man nicht sicher sein, dass das, was man sieht, real ist. Erst wenn man sich jenseits des Verstandes befindet, wird man sich dessen bewusst, was real ist. Und in dieser Realität findet sich kein Gott.

Buddha konnte keinen Gott finden. In seinem höchsten Erleuchtungszustand konnte er keinen Gott und keinen Anfang des Universums finden. Mahavira konnte in seiner höchsten Erleuchtung keinen Gott und keine Schöpfung finden. Die Welt, die Existenz, ist ohne Anfang und ohne Ende. Dreiundzwanzig weitere Tirthankaras der Jaina konnten keinen Gott finden, als sie sich in Samadhi befanden. Als sie sich jenseits des Verstandes befanden, gab es keine Angst, keine Furcht, keinen Tod; es gab keine Notwendigkeit für die Hypothese eines Gottes. Gott verschwand einfach wie ein Schatten des Verstandes.

So wie Träume verschwinden, wenn man aufwacht ... Erleuchtung ist nichts anderes als ein Erwachen, und alle Träume verschwinden. Und Gott wurde von Tausenden erleuchteter Menschen als Traum erkannt.

Nur die Unwissenden glauben an Gott. Nur jene, die kein Gefühl von Würde haben, glauben an Gott. Menschen, die die Erfüllung ihres Potentials erreicht haben, die wie Lotusblumen erblüht sind, haben alle die Existenz Gottes verneint.

Es gibt drei Religionen in der Welt: eine, die aus Gautama Buddhas Inspiration entstand, eine andere, die aus Adinathas Inspiration entstand, und eine dritte, die aus Laotses Inspiration entstand, dem Tao. Diese drei sind die höchsten Gipfel, die je erreicht wurden, und sie alle kennen keinen Gott.

Verglichen mit ihnen sind der Islam, das Christentum, der Hinduismus und das Judentum recht kindisch. Sie sind gut als Spielzeug, als Trost, doch sie lösen keine Probleme, und sie geben dem Menschen keine Freiheit. Sie führen ihn nicht über Geburt und Tod hinaus. Sie machen ihn nur zum Sklaven.

Ich hasse Sklaverei, und meine ganze Anstrengung geht dahin, euch von allem zu befreien, was euch bindet. Erst wenn ihr von allen Fesseln befreit seid, könnt ihr eure wahre Schönheit erreichen, einen Glanz, auf den selbst Kaiser neidisch sein werden.

Nun zu den Sutren:

Als Impo sich von Ma Tzu verabschiedete, fragte dieser: »Wohin gehst du?«

Ma Tzu war einer der großen erleuchteten Meister; doch er war nicht nur groß, er war auch seltsam. Es gab keinen anderen, der mit ihm vergleichbar wäre. Sein ganzes Verhalten war einfach absolut einzigartig. Es heißt, dass er auf allen vieren ging, wie ein Tier. Weil er so im Einklang mit der Natur war, gab er die Vorstellung auf, auf zwei Beinen stehen zu wollen. Er sagte: »Durch das Stehen auf zwei Beinen entwickelte sich der Verstand.« Das ist der Grund, warum Tiere keine Religion haben, warum sie keinen Gott haben. Tiere sind weit besser dran; sie gehen nicht zur Kirche, sie verneigen sich nicht vor irgendeinem Stein, der Gott darstellen soll. Tiere gehen daran einfach vorbei; kein Esel macht sich etwas daraus. Nur der Mensch scheint so dumm zu sein.

Wenn Tiere eine Sprache haben – und es gibt unter den Wissenschaftlern den Verdacht, dass sie eine haben; sie haben Symbole, und sie besitzen eine gewisse Sprache, wenn auch von anderer Art als die der Menschen –, dann müssen sie wohl über die Menschen lachen. Sie müssen sich wohl heimlich zuzwinkern: »Schaut euch nur diesen Kerl an, der sich vor einem Affengott verneigt!«

Ma Tzus Vorstellung war, dass das Gehirn sich entwickelte, weil der Mensch auf zwei Beinen stand. Und darin zeigt sich ein tiefes Verständnis. Das Gehirn kann sich nicht entwickeln – darin ist sich die Wissenschaft mit Ma Tzu einig – das Gehirn kann sich nicht entwickeln, wenn man auf allen vieren geht, denn wenn man sich horizontal, wie ein Tier, bewegt, ist die Blutzufuhr zum Gehirn so stark, dass sich die zarten, empfindlichen Nerven im Gehirn nicht entwickeln können. Die starke Blutzufuhr zerstört sie. Als der Mensch sich auf zwei Beine erhob, wurde die Blutzufuhr im Kopf geringer, weil das Blut sich gegen die Schwerkraft bewegen muss. Alles wird durch die Schwerkraft nach unten gezogen, und das Herz muss das Blut nach oben pumpen. Das ist eine schwierige Aufgabe. Das ist der Grund, warum nur Menschen einen Herzinfarkt erleiden, Tiere nicht. Nur der Mensch ist ständig krank, weil er die ganze Zeit gegen

die Schwerkraft kämpfen muss. Die Erde zieht alles nach
unten, und der Mensch hebt alles nach oben, gegen die
Schwerkraft. Also ist es ein ständiger Kampf.

Ma Tzu bewegte sich also auf allen vieren, um über den
Verstand hinauszugehen und im Einklang mit der Natur zu
sein. Alle lachten über ihn und sagten: »Wie seltsam!«

Und er wirkte wie ein Tiger. Er hatte so glänzende Augen,
dass er einen wie ein Tiger ansehen konnte. Die Schüler, die
sich um Ma Tzu versammelten, waren Menschen mit viel
Mut, denn er pflegte die Leute anzufallen und zu schlagen.
Ma Tzu entwickelte das Schlagen und Prügeln und Anfal-
len von Leuten als Meditationstechnik! Ihr glaubt es vielleicht nicht, doch er schaffte es, mehr Menschen zur Erleuchtung zu führen als selbst Gautama Buddha, denn er hatte ein
Geheimnis entdeckt. Wenn er jemanden ansprang, setzte
dessen Verstand aus. Dann konnte dieser Mensch nicht
mehr denken: »Was passiert hier?« Er konnte es sich nicht
erklären, denn so etwas war ihm noch nie passiert.

Der Verstand kennt nur das, was schon einmal passiert ist;
der Verstand weiß nur das, was er gelernt hat. Kein Mensch
hat einen je angesprungen; niemand ist je auf allen vieren
gegangen. Wenn jemand Ma Tzu zum ersten Mal auf allen
Vieren gehen sah, war er schockiert: Was ist das? Und dann
schaut er einen an, als wäre er ein Tiger – ein weiterer Schock
– und plötzlich packt er einen – und er war ein sehr starker
Mann, wie ein Gorilla – und sitzt einem auf der Brust und
fragt: »Kapiert?«

Da muss man einfach sagen: »Kapiert!«, denn wenn man
das nicht tut, macht er vielleicht irgendetwas Schlimmeres.
Er schlägt einen vielleicht, er prügelt einen, was auch immer.
Doch wenn er einen anspringt, hört der Verstand auf zu
funktionieren. Wenn etwas vollkommen Absurdes geschieht,
kann der Verstand nicht mehr funktionieren. Der Verstand
ist ein rationaler und logischer Mechanismus. Mit Absurdität kann er nichts anfangen.

Als Impo also zu Ma Tzu sagte, dass er gehen wolle, fragte Ma Tzu: »Wohin gehst du?«

Impo antwortete: »Ich gehe zu Sekito.«

Sekito war zu dieser Zeit bereits sehr berühmt, und viele Leute gingen zu ihm.

Ma Tzu warnte ihn: »Der Weg auf dem Stonehead ist glatt!«

Du kannst gehen, doch denke daran, dieser Sekito Stonehead ... Weil er immer auf einem Felsen saß und seinen Kopf glatt geschoren trug, so dass er ebenfalls wie ein Fels aussah, wurde er »Sekito Stonehead« genannt. Er war ebenfalls ein einzigartiger Meister. Selbst Ma Tzu erkannte seine Einzigartigkeit an, und wenn Ma Tzu jemanden anerkannte, dann bedeutete das wirkliche Anerkennung.

Ma Tzu sagte also: »Sei vorsichtig. Der Pfad auf dem Stonehead ist sehr glatt.«

Impo erwiderte: »Ich nehme die Stange eines Seiltänzers mit ...«

Ihr habt vielleicht schon jemanden gesehen, der auf dem Hochseil ging. Wenn jemand auf dem Seil geht, hält er eine Stange in der Hand, um zu balancieren. Er muss ständig balancieren, sonst fällt er vom Seil. Der ganze Trick besteht darin, die Balance zu halten, und dafür braucht man eine Hilfe ... manchmal hat man das Gefühl, dass man sich etwas mehr nach links bewegt, dann hält man die Stange etwas mehr nach rechts, so dass sie einen ausbalanciert. Und wenn man das Gefühl hat, dass man sich nach rechts bewegt, hält man die Stange mehr nach links. Die Stange ist nur eine Hilfe, um zwischen rechts und links die Balance zu halten, damit man in der Mitte bleiben kann. Ohne eine solche Stange kann kein Akrobat auf dem Seil gehen. Die Stange

ist das ganze Geheimnis. Sie ist seine Stütze; andernfalls fällt
er, wenn er sich zu sehr zu einer Seite bewegt und nichts hat,
um ihn zu stützen und das Gewicht auszugleichen.

Impo sagte also: »Ich nehme die Stange eines Seiltänzers
mit.« Er sagte: »Mach dir keine Sorgen. So glatt der Weg
von Sekito Stonehead auch sein mag, ich habe eine Stange
bei mir, ich bin schon auf dem Seil gegangen. Mach dir
keine Sorgen; ich werde mein Gleichgewicht ganz sicher
halten.«

Ich kann jederzeit eine Vorstellung damit geben.« Und damit
brach er auf.

Als Impo zu Sekito kam, ging er einmal um Sekitos Zen-Stuhl
herum, schwang seine Stange mit einem Schrei und fragte:
»Was ist das Dharma hiervon?«

Das ist eine wichtige Frage. Er fragt: »Was ist die Wahrheit
hiervon?« Indem er mit der Stange auf den Stein schlägt, auf
dem Sekito sitzt, fragt er: »Was ist die Natur dieses Augenblicks?« In Gautama Buddhas Sprache: Was ist die Bedeutung von *Tathata*, der Vollkommenheit des Seins? Buddhas
ganze Lehre lässt sich auf dieses eine Wort reduzieren: Sosein, Dasein, Sein, der gegenwärtige Augenblick. Was ist die
Bedeutung dieses gegenwärtigen Augenblicks?

Als Impo fragte: »*Was ist das Dharma hiervon?*«, antwortete Sekito: »*Wie traurig! Wie traurig!*«

Warum sagte er das? Er sagte es, weil man diese Frage
nicht stellt, wenn man »*das*« kennt. Und wenn man »*das*«
nicht kennt, kann man die Frage nicht stellen.

Seht ihr das Problem? Wenn man das kennt – diesen Augenblick, dieses Sosein, diese Stille – wenn man *das* kennt,
wird man diese Frage nicht stellen. Und wenn man *das* nicht
kennt … wie kann man diese Frage stellen, ohne es zu kennen?

Das ist der Grund, warum er sagt: »*Wie traurig! Wie trau-*

rig!« Jener Mann kennt nur die Frage, ohne zu verstehen, was er damit fragt. Diese Frage kann man nicht stellen, man kann sie nur erfahren. Jener Mann scheint ein gewisses Wissen zu besitzen, er muss Schriften gelesen haben, in denen es beschrieben wird. Wieder und immer wieder sagte Buddha: »Dieser Augenblick ist alles.« Wenn man das Geheimnis dieses Augenblicks verstehen kann, hat man die gesamte Existenz verstanden, denn die Existenz befindet sich immer in der Gegenwart. Sie ist niemals in der Vergangenheit, niemals in der Zukunft. Die Vergangenheit ist deine Erinnerung; die Zukunft ist deine Vorstellung. Die Existenz bleibt immer in der Gegenwart. Sie hat keine Vergangenheit und keine Zukunft.

Wenn man also das Sosein versteht, die Gegenwart des gegenwärtigen Augenblicks, hat man alle Geheimnisse und alle Mysterien verstanden. Es gibt nichts, was darüber hinausginge.

Doch Impo stellt diese Frage als ein Gelehrter, nicht als ein Meditierender. Darum sagt Sekito: »Wie traurig! Wie traurig! Du kennst die richtige Frage, doch du hast die richtige Erfahrung noch nicht gemacht. Und ohne die Erfahrung ist die Frage bedeutungslos. Hättest du die Erfahrung gemacht, hättest du die Frage nicht gestellt, sondern hättest dich einfach an meine Seite gesetzt und das Sosein erfahren. Es umgibt diesen Berg. Dieses Schweigen, diese unendliche Ruhe und Stille … du hast sie gestört, indem du mit deiner Stange auf meinen Felsen geschlagen hast. Das war die einzige Störung in der Stille des Berges. Abgesehen davon war es vollkommen still. Und ich bin traurig um deinetwillen, weil du nur ein Mensch des Verstandes bist, weil du das Geheimnis des *No-Mind* nicht kennst.«

Der Verstand kann nichts über die Existenz wissen, er kann nur durch die Schriften, durch die Aussagen anderer etwas wissen. All sein Wissen ist geborgt. Er hat aber keine direkte Erfahrung, und nur direkte Erfahrung befreit.

»*Wie traurig* ...« Darauf hatte Impo nichts zu sagen, er wusste nicht, was er dazu sagen sollte. Er hatte nicht erwartet, dass dieser Mann sagen würde: »Wie traurig! Wie traurig!« Das ist doch keine Antwort auf seine Frage! Und nun ist er verlegen.

Impo wusste darauf nichts zu sagen, also ging er zurück zu Ma Tzu und erzählte ihm die Geschichte. Darauf wies Ma Tzu ihn an: »Geh noch einmal hin, und wenn Sekito sagt: ›Wie traurig‹, dann beginne zu weinen.«

Ma Tzu spielt ein Spiel, so wie Sekito ein Spiel spielt. Zusammen versuchen sie, Impo den gegenwärtigen Augenblick bewusst zu machen. Nun sagt also Ma Tzu: »Du bist in Schwierigkeiten geraten. Ich habe dir von Anfang an gesagt, dass Sekitos Pfad sehr glatt ist. Jetzt weißt du es. Du bist sofort zurückgekommen. Nur eine Frage, und schon hattest du deine Stange vergessen! Jetzt geh noch einmal hin und stelle die gleiche Frage.« Das ist die Strategie von Ma Tzu. Er konfrontiert ihn noch einmal mit dem Problem. Er sagt zu ihm: »Geh und stelle dieselbe Frage, und wenn Sekito sagt: ›Wie traurig‹, dann beginne zu weinen.«

Also ging Impo erneut zu Sekito und fragte auf dieselbe Weise: »Was ist das Dharma hiervon?«
   Da begann Sekito zu weinen.

Das war ein großartiger Schachzug von zwei Meistern, die nicht miteinander gesprochen hatten, die sich nicht kannten, die sich niemals getroffen hatten! Doch beide waren erleuchtet.
   Dieser Mönch kann die Sprache der Erleuchtung nicht verstehen. Als Ma Tzu ihn mit einer Antwort zurückschickte, wusste er sehr wohl, dass Sekito nicht »Wie traurig! Wie traurig!« wiederholen würde, denn kein Erleuchteter wie-

derholt sich jemals. Er reagiert immer neu auf die neue Situation.

Nun, dies ist eine neue Situation. Beim ersten Mal kam Impo, ohne zu wissen, was er sagen würde; nun kommt er und weiß genau, was er sagen wird. Das hat die gesamte Situation vollkommen verändert. Dieser Mann kommt nun und kennt seine alte Reaktion. Doch die alte Reaktion passt nicht mehr. Und die Antwort von jemand anderem kann nicht die eigene Antwort sein.

Ma Tzu sagte zu ihm: »Geh noch einmal hin. Er wird wieder sagen: ›Wie traurig! Wie traurig!‹« Dabei wusste er genau, dass er das nicht sagen würde! – »Und wenn er das sagt, dann beginne zu weinen.« Er gab ihm eine Antwort vor.

Doch eine Antwort, die von jemand anderem gegeben wird, nutzt nichts, denn ein Erleuchteter reagiert in jedem Augenblick neu und frisch. Als Sekito erneut gefragt wurde: »Was ist das Dharma hiervon?«, begann er zu weinen.

Das bedeutet: »Das ist zu viel! Beim ersten Mal hat es mich schon traurig gemacht, doch diese Traurigkeit scheint dich nicht berührt zu haben. Du stellst immer noch dieselbe Frage! Das bringt mich zum Weinen!«

Wieder hat der arme Impo keine Antwort, denn ihm war gesagt worden, er solle weinen. Nun, da Sekito selbst weint, was soll er da tun?

Impo wusste wieder nichts zu sagen und kehrte zu Ma Tzu zurück. Ma Tzu meinte darauf zu ihm: »Ich habe es dir ja gesagt – der Pfad auf dem Stonehead ist glatt!«

»Wo ist deine Stange? Du bist zweimal ausgeglitten! Du beschämst mich!« – das sagt Ma Tzu damit. »Als mein Schüler bist du zweimal ausgeglitten und konntest nicht antworten.«

Das erinnert mich an eine kleine Geschichte, die euch helfen wird, das besser zu verstehen.

Es gab einmal zwei Tempel in Japan, die miteinander verfeindet waren. Der eine war ein Shinto-Tempel und der andere ein Zen-Tempel. Und seit Jahrhunderten lagen sie im Streit miteinander und argumentierten gegeneinander. Beide hatten Meister, und beide hatten junge Helfer, denn die Meister waren alt und brauchten jemanden zur Unterstützung, um Gemüse einzukaufen oder das Essen zu kochen.

Beide sagten zu ihren Jungen: »Sprich nicht mit dem Jungen von diesem anderen Tempel – auf keinen Fall! Wir sind seit Jahrhunderten miteinander verfeindet, wir reden nicht miteinander.«

Doch Jungs sind nun mal Jungs, und weil es beiden verboten worden war, waren sie beide neugierig … Eines Tages, als sie zum Markt gingen, um Gemüse zu holen, begegneten sie sich auf der Straße. Und einer der Jungen fragten den anderen – der Shinto-Junge, der vom Shinto-Tempel kam, fragte den Zen-Jungen: »Wohin gehst du?«

Und der Zen-Junge antwortete: »Wohin der Wind mich führt.« Er hatte seinem Meister gelauscht, allen möglichen Dingen, und hatte dabei einen Geschmack von Zen bekommen. Er sagte also: »Wohin der Wind mich führt.«

Der Shinto-Junge war schockiert. Was sollte er darauf antworten? Er hätte sich gern mit dem anderen Jungen angefreundet, doch dieser schien daran überhaupt nicht interessiert; er hatte ihn vollkommen auflaufen lassen. Es gab keine Möglichkeit zu einem Gespräch – was sollte er darauf antworten? Der andere hatte gesagt: »Wohin der Wind mich führt.«

Sehr traurig ging er zu seinem Meister zurück und sagte zu ihm: »Ich habe dir nicht gehorcht. Es tut mir leid. Ich war einfach nur neugierig auf diesen anderen Jungen. Ich fühlte mich einsam und dachte, er müsse sich ebenfalls einsam fühlen. Und eure beiden Tempel mögen seit Jahrhunderten verfeindet sein, doch wir sind nur Jungs. Wir könnten Freunde sein.

Aber du hattest Recht; es war nicht gut, ihn anzusprechen. Diese Leute sind ganz sicher gefährlich. Ich fragte den Jungen: ›Wohin gehst du?‹, und er antwortete: ›Wohin der Wind mich führt.‹«

Der Meister antwortete: »Ich hatte dich gewarnt. Morgen gehst du wieder hin und wartest an demselben Platz, und wenn dieser Zen-Junge kommt, fragst du ihn wieder: ›Wohin gehst du?‹ Und wenn er sagt: ›Wohin der Wind mich führt‹, dann frage ihn: ›Und wenn der Wind nicht bläst, was dann …?‹«

Der Junge ging also hin, stellte sich an denselben Platz und wartete. Als der Zen-Junge kam, fragte er ihn: »Wohin gehst du?« Und der Junge antwortete: »Wohin mich meine Füße tragen.«

Nun konnte er nicht die Antwort geben, die der Meister ihm empfohlen hatte: »Und wenn der Wind nicht bläst …« Es wäre absurd gewesen, so zu antworten. Er kam also sehr traurig zum Shinto-Meister zurück und sagte: »Diese Leute sind sehr seltsam. Dieser Junge hat sich vollkommen anders verhalten! Ich stellte ihm dieselbe Frage, doch diesmal sagte er: ›Wohin mich meine Füße tragen.‹«

Der Meister antwortete: »Nun, ich hatte dich gewarnt. Jetzt warst du unnötigerweise unterlegen, und das bedeutet eine Niederlage für unseren Tempel. Das ist nicht gut. Geh noch einmal hin! Stell dich morgen wieder an denselben Platz, und wenn der Junge kommt und du ihn fragst: ›Wohin gehst du?‹, und wenn er sagt: ›Wohin mich meine Füße tragen‹, dann frag ihn: ›Und wenn du keine Füße hättest, würdest du dann irgendwohin gehen oder nicht?‹«

Vollkommen glücklich, ging der Junge also wieder zu demselben Platz, stellte sich hin und wartete. Als der andere Junge aus dem Tempel kam, fragte er ihn: »Wohin gehst du?«, glücklich, dass er diesmal eine Antwort hatte.

Doch der Junge antwortete: »Ich gehe Gemüse einkaufen.« Und wieder ist die Situation vollkommen anders. Nun

kann er weder sagen: »Und wenn du keine Füße hättest ...«
noch »Und wenn der Wind nicht bläst ...« Also kehrte er
sehr zornig zum Tempel zurück und sagte zu seinem Meister: »Diese Leute sind sehr seltsam. Sogar der Junge ist seltsam.«

Der Meister antwortete: »Das habe ich dir doch gesagt,
doch du hast es nicht verstanden.«

Die Geschichte ist ganz genau dieselbe. Beide Geschichten
weisen darauf hin, dass jeder Augenblick so frisch und neu
ist, dass nichts Altes wiederholt werden kann. Dieser Zen-
Junge hatte durch seinen Meister und dessen andauernden
Dialog mit seinen Schülern verstanden, dass sich nichts wiederholen lässt, weil die Situation niemals dieselbe ist.

Jeden Augenblick muss man also neu reagieren – aus dem
eigenen Bewusstsein heraus, so wie ein Spiegel. Wenn du vor
einem Spiegel stehst und in ihn hineinblickst, wirst du dein
Gesicht darin sehen. Und wenn ein Affe hineinblickt, wird
der Affe sein Gesicht darin sehen. Wenn ein Esel hineinblickt, wird der Esel sein Gesicht darin sehen. Der Spiegel
ist ein reflektierendes Medium, er hat keine eigene Meinung. Man kann nicht sagen, dass der Spiegel widersprüch-
lich ist, dass er nicht konsistent ist: Manchmal zeigt er das
Gesicht eines Menschen, manchmal einen Affen, manchmal
einen Esel – was für ein Spiegel ist das? Er müsste doch konsistent sein. Zen ist nicht konsistent mit der Vergangenheit,
sondern immer in vollständiger Übereinstimmung mit der
Gegenwart. Seine Konsistenz ist ein vollkommen anderes
Phänomen als alles andere, was es irgendwo in der Welt
gibt. Es ist einzigartig.

Philosophen sind konsistent, sie stimmen immer mit ihren vergangenen Aussagen überein. Wenn sie einmal etwas
gesagt haben, dann werden sie ihr Leben lang mit diesen
Aussagen übereinstimmen, doch solch eine Konsistenz ist
tot. An dem Tag, an dem die Aussage zum ersten Mal ge-

macht wurde, starb sie. Doch der Philosoph wiederholt dieselbe Aussage immer wieder, obwohl die Situation sich ständig verändert.

Zen besitzt keine Konsistenz innerhalb der Zeit, sondern eine Konsistenz mit der Existenz. Es beobachtet einfach die Existenz und das, was auftaucht. Es ist nichts künstlich Erfundenes. Als der Junge beim ersten Mal sagte: »Wohin der Wind mich führt«, war das seine Antwort in diesem Augenblick. Natürlich kann er sie beim nächsten Mal nicht wiederholen, denn der andere Junge muss mit einer fertigen Antwort gekommen sein, und fertige Antworten funktionieren nicht in der Welt des Zen.

Auch wenn er nur ein Junge ist, so hat er doch in einer Zen-Atmosphäre gelebt und eines verstanden: Wiederhole dich niemals, denn die Existenz wiederholt sich auch nicht. Ihr werdet keine zwei identischen Menschen auf der ganzen Welt finden. Ihr werdet an einem Baum keine zwei identischen Blätter finden; ihr werdet keine zwei vollkommen identischen Rosen finden. Die Existenz wiederholt sich niemals. Sie erschafft immer ein Original; sie glaubt nicht an Kopien.

Fertige Antworten funktionieren nicht in der Atmosphäre von Zen. Man kann von einem Zen-Meister also erwarten, dass er immer frisch und neu reagiert. Er ist immer jung und immer frisch, und er antwortet auf die jeweilige Situation. Er kümmert sich nicht um seine Erinnerung an vergangene Antworten. Er hat nichts mit ihnen zu tun. Er ist immer für die Gegenwart verfügbar, so wie ein Spiegel.

Buson schrieb:

Ich gehe,
du bleibst –
zwei Herbstzeiten.

Was meint er mit diesem Haiku? Der Herbst ist wunderschön in Japan; daher taucht er in Haikus immer wieder
auf. Er ist eine der schönsten Zeiten im ganzen Jahr. Buson
ist ein Zen-Meister, erwacht, erleuchtet. Und wenn er sagt:
»Ich gehe, ich gehe weg – du bleibst«, dann spricht er zum
Herbst. Der Herbst geht, und es tut schon fast weh, dass der
Herbst geht. Also sagt er zum Herbst: »Du bleibst. Ich werde
gehen. Ich bin auch ein Herbst; so wie du wunderschön und
strahlend bist, bin ich es auch. An deiner Stelle kann auch
ich gehen, und du bleibst.«

Das zeigt ein enormes Mitgefühl: »Warum gehst du,
wenn ich doch bereit bin, an deiner Stelle zu gehen? Und
die Menschen lieben dich, sie genießen dich. Sie tanzen,
wenn der Herbst kommt. Zerstöre ihre Freude nicht. Wenn
jemand gehen muss, dann bin ich bereit zu gehen.«

Ich gehe,
du bleibst –
zwei Herbstzeiten.

»Du bist ein Herbst, und auch ich bin ein Herbst. Du hast
geblüht, und auch ich habe geblüht. Da gibt es also kein
Problem, ich kann deinen Platz einnehmen. Du kannst hier-
bleiben.«

Es ist so, als würde man zu einer Rosenblüte sprechen, die
dabei ist, ihre Blätter fallen zu lassen und zu verwelken.
Man fühlt ein enormes Mitgefühl für die Rose und sagt zu
ihr: »Geh nicht. Ich kann für dich gehen, und du bleibst. Die
Menschen lieben dich so sehr. Sie freuen sich, wenn du im
Wind und im Regen und in der Sonne tanzt. Alle lieben dich.
Und meine Zeit ist um. Ich habe geblüht, ich habe meinen
Höhepunkt erreicht. Es gibt nichts weiter zu erreichen. Ich
bin am Ende meines Weges angekommen. Ich kann gehen,
und du bleibst.«

Nur ein Zen-Meister kann diese Art von Dialog führen,

denn er fühlt sich im Einklang mit der Existenz. Ob es nun Frühling oder Herbst oder Sommer oder Winter ist, spielt keine Rolle. Er fühlt sich im Einklang mit dem Universum. Und er möchte, dass das, was schön ist, bleibt, damit alle anderen Menschen es genießen können. Er ist bereit zu gehen, in diesem weiten Ozean der Existenz zu verschwinden. Das ist ein wunderbares Haiku.

Ich gehe,
du bleibst –
zwei Herbstzeiten.

So wie du eine wunderbare Atmosphäre besitzt, so bin auch ich in meinem Innern. Mein Herbst ist gekommen. Also kann ich gehen. Du brauchst nicht zu gehen. Die Menschen lieben dich so sehr.

Die letzte Frage:

In seinem Werk »Morgenröte« schrieb Friedrich Nietzsche: »Inmitten des Ozeans des Werdens wachen wir auf einem Inselchen, das nicht größer als ein Nachen ist, auf, wir Abenteurer und Wandervögel, und sehen uns hier eine kleine Weile um: so eilig und so neugierig wie möglich, denn wie schnell kann uns ein Wind verwehen oder eine Welle über das Inselchen hinwegspülen, so dass nichts mehr von uns da ist! ... und so leben wir eine köstliche Minute der Erkenntnis und des Erratens, unter fröhlichem Flügelschlagen und Gezwitscher miteinander, und abenteuern im Geiste hinaus auf den Ozean, nicht weniger stolz als er selber!«

Ist nicht Nietzsches Dreifaltigkeit – Frohsinn, Wagemut und Lebenslust – von sehr viel größerem Wert als die Dreifaltigkeit des hinduistischen oder christlichen Gottes? Und ist nicht Nietzsches Wahnsinn von größerer Bedeutung als die so genannte geistige Gesundheit eines Christen, der bereit ist, für seine Fantasien zu sterben?

Nietzsche war ein großer und einzigartiger Dichter. Er schrieb Dichtung in Prosa – ein sehr seltenes Phänomen. Er schrieb Gedichte, und auch seine Prosa ist reine Dichtkunst. Jeder Satz ist poetisch, symbolisch. Was immer er sagte, ist wunderschön, auch wenn er niemals über den Verstand hinausging.

Ich würde am liebsten zu Nietzsche dasselbe sagen, was Sekito zu jenem Mönch sagte: »Wie traurig! Wie traurig!« Dieser Mann hätte es verdient, ein Buddha zu sein. Doch weil er im Westen lebte, konnte er den Weg aus dem Verstand hinaus nicht finden.

Du hast Recht, die christliche oder die hinduistische Dreifaltigkeit sind nicht mit der Dreifaltigkeit Friedrich Nietzsches vergleichbar: Frohsinn, Wagemut und Lebenslust. Das ist es, was ich euch immer gelehrt habe.

Die christliche Dreifaltigkeit ist nur eine Fiktion. Gott, der Heilige Geist und der einzige eingeborene Sohn, Jesus Christus, sind alles Fiktionen. Jesus Christus ist zu neunundneunzig Prozent Fiktion und nur zu einem Prozent Realität. In dieser ganzen Dreifaltigkeit besitzt nur Jesus Christus ein Prozent Realität als menschliches Wesen. Doch alle seine Wunder sind erfunden. Sein Gehen auf dem Wasser ist Unsinn; sein Auferwecken von Toten ist absurd; seine jungfräuliche Geburt, seine unbefleckte Empfängnis, ist unlogisch und unwissenschaftlich; seine Auferstehung ist eine Fälschung und ein Betrug. Er starb niemals am Kreuz, also kann es auch keine Auferstehung gegeben haben. Er entkam einfach aus der Höhle; es war eine Verschwörung zwischen dem römischen Statthalter, Pontius Pilatus, und den Anhängern Jesu. Pontius Pilatus hatte ein schlechtes Gefühl, weil er Jesus nicht kreuzigen lassen wollte. Doch er war vollkommen machtlos dagegen.

Es war Tradition, dass die jüdischen Rabbis, insbesondere die Hohepriester des großen jüdischen Tempels von Jerusalem, an jedem jüdischen Feiertag, wenn zum Tod verurteilte Verbrecher gekreuzigt werden sollten, das Recht hatten, einen der Verbrecher als einen Akt der Gnade freizulassen.

Drei Männer sollten gekreuzigt werden. Zwei von ihnen waren Mörder. Einer von ihnen war ein besonders schlimmer Verbrecher, der sieben Morde und Vergewaltigungen und alle möglichen Verbrechen begangen hatte, und außerdem war er ein Trunkenbold, wenn auch ein sehr starker Mann, Barabbas. Und der zweite Mann war ebenfalls ein Verbrecher. Pontius Pilatus hoffte, dass die Juden fordern würden, dass Jesus freigelassen werden sollte. Er war vollkommen unschuldig; er hatte kein Verbrechen begangen, er hatte nichts Ungesetzliches getan. Er war absolut unschuldig.

Doch die Juden waren zornig auf ihn, weil er sich selbst als Sohn Gottes bezeichnet hatte. Und die Juden glauben nicht daran, dass Gott eine Familie hat, denn sobald man eine Familie hat, ist es eine endlose Geschichte. Es gibt Brüder und Schwäger, es gibt Schwestern und Schwägerinnen und immer so weiter. Dann hat Gott noch eine Frau, und schließlich noch einen Vater und einen Großvater, und wer weiß, wo die Linie schließlich endet. Gott wird zu einer Großfamilie. Auch weit entfernte Vettern werden dann noch auf ihre Göttlichkeit pochen. Die Juden akzeptieren keine Dreifaltigkeit. Gott ist allein; es gibt keinen Sohn und keinen Heiligen Geist. Die Juden waren also zornig darüber, dass dieser Mann behauptete, er sei der einzige eingeborene Sohn Gottes.

Und warum »der einzige«? Was ist los mit Gott? Ist er impotent? Kann er nicht mehr zeugen, während doch die hinduistischen Götter immer weiterzeugen? Ein Dutzend Kinder ist in Indien normal. Zwei Dutzend sind schon eine ganz gute Leistung. Gott hat nur einen einzigen Sohn, nicht einmal eine Tochter, die mit dem Sohn spielen könnte? Das ist vollkommen gegen die jüdische Vorstellung; daher wollten sie nicht, dass ihm vergeben werden sollte. Pontius Pilatus war kein Jude, daher konnte er das Problem nicht verstehen. Er war ein römischer Heide, und als solcher glaubte er an keinen speziellen Gott. Wo lag also das Problem? Es gibt keinen Gott, und wenn dieser Mann ein klein wenig exzentrisch ist und sich für den Sohn Gottes hält, so schadet das niemandem. Diese harmlose Erklärung zeigt einfach nur, dass er ein bisschen verrückt ist, ein bisschen daneben, ein Knallkopf! Aber man schlägt Knallköpfe doch nicht ans Kreuz. Man genießt sie, man nagelt sie nicht ans Kreuz. Dieser Kerl ist ein bisschen verrückt; genießt es, doch er ist unschuldig. Lacht ihn aus, aber eine Kreuzigung scheint übertrieben und ungerecht.

Pontius Pilatus wartete also auf die Anfrage der Juden, doch sie waren anderer Ansicht; im Gegenteil, sie alle, die ganzen Rabbis – und es gab zweitausend Rabbis im Tempel, in diesem großen Tempel der Juden, der später zerstört wurde, und der Hohepriester des Tempels war fast schon der König der Juden – sie alle riefen einstimmig: »Wir wollen, dass du Barrabas freilässt!«

Barrabas konnte es selbst nicht glauben. Er war ebenfalls der Ansicht, dass dieser junge Kerl, der nur dreiunddreißig Jahre alt war ... und er hatte ihm selbst zugehört, denn er war ständig irgendwo am Predigen. Er zog auf seinem Esel durch Jerusalem, und wann immer sich eine Zuhörerschaft um ihn bildete, begann er zu reden. Er war ein Straßenprediger – daher hatte Barrabas ihn ab und zu gehört, und er mochte ihn. Der Kerl war nett und sagte wunderbare Dinge. Er hoffte natürlich darauf, freigelassen zu werden, doch als die Juden es bestätigten, konnte er es nicht fassen. Er war schockiert. Als er freigelassen wurde, konnte er immer noch nicht glauben, dass es Wirklichkeit war. Er drehte sich immer wieder um, während er zum nächsten Gasthaus ging.

Und innerhalb von sieben Tagen hatte er den nächsten Mann umgebracht.

Pontius Pilatus half also bereitwillig mit, und die Höhle, in die Jesus gelegt wurde, wurde von einem Römer bewacht. Die Juden konnten es nicht tun, weil es ein Sabbat war, der Tag, an dem sie nichts arbeiten durften. Die Kreuzigung fand am Freitag statt, das war so arrangiert. Das ganze Verdienst gebührt Pontius Pilatus, und nicht Gott oder irgendeinem Wunder. Es wurde so arrangiert, dass es an einem Freitag geschah – weil am Samstag der Sabbattag der Juden ist, und an diesem Tag arbeiten sie nichts, alles ruht. Und am Freitag wurde die Kreuzigung so lange wie möglich hinausgeschoben, weil sie nicht ausgeführt werden konnte, solange Pontius Pilatus nicht erschienen war. Er ging also so spät wie möglich hin, und die Kreuzigung begann erst nach zwölf Uhr mittags. Und es braucht achtundvierzig Stunden, bis ein gesunder Mann an einem jüdischen Kreuz stirbt – es ist ein langsamer Prozess, eine lange Tortur. Das Blut beginnt aus Händen und Füßen zu fließen. Nur vier Nägel werden verwendet: zwei für die Hände und zwei für die Füße.

Es braucht also achtundvierzig Stunden, bis jemand an einem jüdischen Kreuz stirbt, denn das Blut trocknet immer wieder an; man muss das angetrocknete Blut entfernen, so dass es frisch fließen kann. Es braucht achtundvierzig Stunden, und Jesus hing nur sechs Stunden am Kreuz – von zwölf Uhr mittags bis sechs Uhr abends. Als die Sonne unterging, musste er vom Kreuz abgenommen und in einer Höhle eingesperrt werden, denn am Samstag kann keine Kreuzigung stattfinden. Alles hört auf; selbst eine Kreuzigung muss unterbrochen werden.

In sechs Stunden kann ein junger Mann von dreiunddreißig Jahren nicht am Kreuz sterben. Das ist eine wissenschaftlich untermauerte Tatsache. Und kein Jude wäre bereit gewesen, ihn zu bewachen, denn das wäre gegen seine

Religion gewesen; er hätte damit eine Arbeit vollbracht, eine
Pflicht erfüllt. Ein Römer stand also Wache – das war perfekt. Der Stein wurde von der Öffnung der Höhle entfernt,
und die Anhänger Jesu nahmen seinen Körper mit. Er war
am Leben, nur verletzt – sie brachten ihn weg aus Judäa, das
ein sehr kleines Land war, und hielten ihn einige Tage verborgen, bis er wieder geheilt war. Dann schlugen sie vor,
dass er nicht nach Judäa zurückkehren sollte: »Sie werden
dich im nächsten Jahr wieder kreuzigen, sie werden dich
nicht in Ruhe lassen.« Also ging er nach Indien.

Er war zuvor schon in Indien gewesen – darum kannte er
Indien bereits –, ab dem Alter von dreizehn Jahren, bis er
dreißig Jahre alt war. Die Bibel erzählt nichts darüber, was
Jesus in diesen siebzehn Jahren machte oder wo er war. Er
war in Indien und studierte die Schriften, in Nalanda, in
Takshila, in Ladakh und vielleicht auch in Tibet.

Buddha war erst fünfhundert Jahre zuvor gestorben; sein
Duft lag immer noch in der Luft. In Takshila und Nalanda
gab es Universitäten, die ältesten Universitäten der Welt, die
vor allem Meditation lehrten, denn die ganze Botschaft
Buddhas war Meditation. Dort lernte er also den östlichen
Weg kennen. Diese siebzehn Jahre fehlen in der christlichen
Bibel, es gibt keine Aufzeichnungen über sie. Doch es gab
Aufzeichnungen über seinen zweiten Besuch in Ladakh, in
einem buddhistischen Kloster.

Vor einhundertfünfzig Jahren entdeckte ein russischer
Forscher in einem buddhistischen Kloster in Ladakh Aufzeichnungen, in denen Jesus genau beschrieben wurde: dass
er das Kloster besuchte, dass er drei Monate lang dort war,
dass er ein Jude war und aus Jerusalem gekommen war, dass
er gekreuzigt worden war, doch nach sechs Stunden entkommen konnte ... alle Details waren vorhanden. Und dieser Russe veröffentlichte ein Buch, in dem er alles aufschrieb
und das bis heute verfügbar ist. Doch als die Christen davon
erfuhren – das Land stand damals unter britischer Herr-

schaft –, vernichteten sie diese Seiten im Kloster in Ladakh, auf denen Jesus beschrieben worden war. Nur diese zwei Seiten fehlen. Und man kann sehen, dass zwei Seiten fehlen, weil die Seiten nummeriert sind. Man kann es mit dem Buch des russischen Forschers vergleichen und feststellen, dass genau diese zwei Seiten mit ihren Seitenzahlen dort genannt sind. Es war das britische Imperium, das diese zwei Seiten zerstörte, um sicherzustellen, dass niemand behaupten konnte, dass Jesus in Indien und in Ladakh war, vielleicht sogar in Tibet.

Doch es gibt ein Grab in Kaschmir, in der Nähe von Pahalgam ... es ist ein ziemlicher Zufall, dass sich dort auch Moses' Grab befindet, und unmittelbar daneben Jesu Grab. Beide gingen nach Indien. Moses kam im hohen Alter nach Indien, auf der Suche nach dem verlorenen Stamm der Juden, die nach Kaschmir gezogen waren und sich dort niedergelassen hatten. Er war zu alt, um danach noch nach Jerusalem zurückzukehren, und Kaschmir wirkte wirklich wie Gottes eigenes Land, es war so schön. Kein Land der ganzen Welt lässt sich mit Kaschmir vergleichen. Er blieb also und starb dort. Jesus kam und blieb lange ... er lebte einhundertundzwölf Jahre. All das steht auf seinem Grab. Diese beiden Gräber sind die einzigen jüdischen Gräber in ganz Indien, denn es gibt sonst keine Juden in Indien. Und die Inschriften sind in Hebräisch. In Indien spricht niemand hebräisch, und nur Mohammedaner haben ansonsten Gräber in Indien, denn die Hindus verbrennen alle Leichen. Die Gräber der Mohammedaner müssen zur Kaaba hin ausgerichtet sein; der Kopf muss zur Kaaba gerichtet sein. Selbst im Tod darf ein Mensch nicht mit den Füßen in Richtung Kaaba liegen; das wäre eine Beleidigung. Bei allen mohammedanischen Gräbern ist also der Kopf zur Kaaba hin ausgerichtet. Nur diese beiden Gräber sind nicht so ausgerichtet, weil es keine mohammedanischen Gräber sind. Von allen Gräbern in Indien – und ich habe auf zahlreichen

Friedhöfen nachgesehen, um ein einziges Grab zu finden – sind nur diese beiden Gräber nicht in Richtung der Kaaba ausgerichtet, weil es keine anderen Juden dort gab.

Alle Juden, die sich dort niedergelassen hatten, wurden gezwungen, zum Islam zu konvertieren. Als Indien unter islamische Herrschaft geriet, wurden alle Juden gezwungen, zum Islam zu konvertieren. Nur eine einzige jüdische Familie blieb übrig, die sich um diese beiden Gräber kümmerte, denn die Mohammedaner achten Moses und Jesus. Daher sorgte diese Familie traditionell für diese beiden Gräber, Generation auf Generation.

Das nächste Dorf dort heißt Pahalgam; das ist Kaschmiri und bedeutet »das Dorf des Hirten«. Jesus pflegte sich selbst als Hirten zu bezeichnen und die Menschen als Schafe. Pahalgam ist also passend; es ist das Dorf des Hirten. Und unmittelbar außerhalb von Pahalgam liegen diese beiden Gräber.

Jesus starb also niemals am Kreuz, und es gab auch keine Auferstehung. All das sind nur Fiktionen, die von den Christen erfunden wurden. Die zeitgenössische Literatur erwähnt nicht einmal den Namen Jesu. Man sollte es nicht glauben – wenn ein Mensch auf dem Wasser geht, andere Menschen durch bloße Berührung heilt, wenn Blinde wieder sehen und Taube wieder hören können, wenn Tote wieder lebendig werden, glaubt ihr da nicht auch, dass man im ganzen Land darüber sprechen würde? Alle Zeitungen, alle Berichte würden ihn erwähnen. Solch einen Mann kann man nicht übersehen. Doch die zeitgenössische Literatur erwähnt nicht einmal seinen Namen.

Nur ein Prozent der ganzen Dreifaltigkeit scheint also Realität zu sein – der Sohn des Zimmermanns, Jesus Christus. Und die hinduistische Dreifaltigkeit ist nicht einmal zu einem Prozent real. Sie ist vollkommene Fiktion. Ein Mann mit drei Köpfen – das wäre doch ein dauerndes Problem! Ein Kopf möchte in diese Richtung gehen, der andere in die andere Richtung und der dritte in wieder eine andere Richtung, und sie können nirgendwohin gehen, solange sich nicht alle drei einig sind. Und alle drei haben eine Ehefrau … da frage ich mich doch: Sie haben nur einen Körper, also auch nur ein Sexualorgan, aber drei Köpfe und drei Ehefrauen? Wie soll das funktionieren?

Das ist vollkommene Mythologie, und noch dazu eine hässliche Mythologie, obszön. Doch wenn ich solche Dinge sage, verletze ich damit religiöse Gefühle – aber was soll ich machen? Es sind eure eigenen Schriften, die eure religiösen Gefühle verletzen. Klagt also eure heiligen Schriften an – sie sollten vernichtet werden!

Nietzsches Dreifaltigkeit dagegen ist schön: Frohsinn, Wagemut und Lebenslust. Man könnte sie als die drei Attribute jedes Suchenden bezeichnen: Frohsinn, Wagemut und Lebenslust.

… Nach solch einer ernsthaften Diskussion braucht es als Gegengewicht unbedingt fröhliches Gelächter.

Muffin Snuffler leidet unter schwachen Nerven. Nach einer längeren Depression und dem vergeblichen Versuch, seinen Kummer in Alkohol zu ertränken, sucht er schließlich einen Psychiater auf.

Dieser stellt Muffin Fragen und ist schließlich im Bilde.

»Mister Snuffler«, erklärt der Doktor, »Sie sind in ernsthaften Schwierigkeiten. Sie leben mit einem schrecklichen Monster, das Sie von morgens bis abends mit Beschlag belegt. Sie müssen herausfinden, was es ist, und es vernichten!«

»Psssst, Doktor«, flüstert Muffin da nervös. »Nicht so laut – sie sitzt draußen im Wartezimmer!«

Die Dinge sehen nicht gut aus für die katholische Kirche. Ihr Image leidet unter Geschichten über Sex und Perversionen innerhalb der Priesterschaft. Ihr sogenanntes Zölibat wird weltweit langsam zur Lachnummer.

Der Polenpapst ruft also seinen Pressesekretär, Bischof Benedictus, und befiehlt ihm, eine Pressekampagne zu starten.

»Nun, eure Heiligkeit«, sagt der Bischof, »ich habe über diese Sache bereits gründlich nachgedacht. Ich bin überzeugt, dass wir unseren Kleidungsstil verändern müssen. Im Moment ist es so, dass die Leute uns anschauen, und alles, was sie sehen, ist ein Haufen dreckiger Habite!«

»Ja«, meint der Papst, »vielleicht hast du Recht. Was sollen wir also tun?«

»Ganz einfach!«, erwidert der Bischof. »Was ich vorhabe, ist ein vollkommener Imagewandel. Wir werden die Stadt mit Plakaten einer Nonne in einem Bikini pflastern!«

»Was?«, regt sich der Polenpapst auf. »Eine Nonne in einem Bikini? Wie soll das dazu beitragen, dem Zölibat in der Welt einen besseren Ruf zu verschaffen?«

»Nun«, erklärt der Bischof, »das Model für das Foto wird aussehen wie Mutter Teresa!«

Und nun die Meditation:

Werde still. Schließe deine Augen und nimm wahr, wie dein Körper vollkommen ruhig wird.

Das ist der richtige Augenblick, um nach innen zu gehen. Sammle all deine Energien, dein gesamtes Bewusstsein, und dringe zum Zentrum deines Wesens vor – mit einer Dringlichkeit, als wäre dieser Augenblick der letzte Augenblick deines Lebens. Ohne solch eine Dringlichkeit kann niemand zum Zentrum seines Wesens gelangen.

Tiefer und tiefer … Es hängt alles nur von deiner Intensität ab. Die Entfernung ist nicht groß.

Während du deinem Zentrum langsam näher kommst, senkt sich eine große Stille über dich herab, fast wie ein sanfter Regen. Du kannst seine Kühle spüren.

Noch ein bisschen näher, und du bist von einem großen Frieden umgeben, einem Frieden, den die Mystiker aller Zeiten immer den Frieden jenseits allen Verstehens nannten.

Nur noch ein Schritt, und du bist im Zentrum.

Plötzlich fühlst du dich trunken vom Göttlichen. Eine große Ekstase steigt in dir auf: Du wirst strahlend, alle Dunkelheit verschwindet. Du bist nicht mehr. Plötzlich erkennst du dein ursprüngliches Gesicht.

Im Osten haben wir Gautama Buddhas Gesicht als Symbol für das ursprüngliche Gesicht aller Menschen verwendet. Es ist nur ein Symbol. Du begegnest Gautama Buddha, nicht im Außen, sondern in seiner innersten Quelle. Du bist zu seinem innersten Herzen geworden.

Erinnere dich nur an eines, und das ist Gewahrsein. Das macht das gesamte Wesen des Buddhas aus. Du kannst es Gewahrsein nennen, du kannst es vollkommenes Bewusstsein nennen, du kannst es so nennen, wie Buddha es zu nennen pflegte – *Sammasati*, rechtes Erinnern –, doch Gewahrsein ist das wichtigste Wort.

Sei einfach gewahr, dass du nicht der Körper bist. Sei gewahr, dass du nicht der Verstand bist. Und werde dir schließlich gewahr, dass du nur ein Zeuge bist, nichts weiter.

In diesem Augenblick betrittst du den geheimsten Teil deines Zentrums.

Das ist der Anfang einer langen Pilgerschaft, durch die du im Kosmos verschwindest. Das ist die Tür, die sich in den Kosmos öffnet. Wir sind eins mit dem Ganzen.

Sei einfach nur Zeuge, und alles wird immer tiefer und tiefer und tiefer …

Um dein Gewahrsein klarer werden zu lassen … Entspanne dich, lass los. Doch bleibe weiter Zeuge.

Wenn dein Gewahrsein immer klarer und klarer wird, beginnst du wie Eis im Ozean zu schmelzen, dich in ein einziges Bewusstsein aufzulösen, in das universelle Bewusstsein, das ewige Bewusstsein, das unsterbliche Bewusstsein, ein Bewusstsein jenseits von Geburt und Tod.

Das ist dein wahres, dein authentisches Wesen.

Was verschwunden ist, war nur die Persönlichkeit. Jetzt ist nur noch das Essentielle, Existentielle übrig geblieben. Und dieses existentielle Bewusstsein ist nicht nur deines allein, es gehört zum ganzen Kosmos. Du bist nur wie ein Tautropfen, der vom Lotusblatt in den Ozean gefallen ist.

Genieße es.

Du zählst zu den glücklichsten Menschen der Welt. In diesem Augenblick, in dem alle mit Trivialitäten beschäftigt sind, erforschst du die majestätischste, großartigste Erfahrung, betrittst du den göttlichsten, heiligsten Raum.

Sammle all diese Erfahrungen ein – diese Glückseligkeit, dieses Gewahrsein, diese Stille … Das ist es. Halte es fest. Und überrede den Buddha, mit dir zu kommen.

Er ist deine Natur, er ist dein *Dharma*, er ist dein innerstes Geheimnis.

Nimm ihn mit.

Das sind die drei Schritte der Erleuchtung: Zuerst steht der Buddha als eine Präsenz hinter dir. Du kannst sie fühlen, sie umgibt dich, sie ist ein Energiefeld; sie wird dein Verhalten vollkommen verändern, sie wird dir ein neues Gefühl für die Richtung deines Lebens geben. Sie wird dir eine neue Moral geben, deine eigene, und eine neue Spontanität im Leben. Sie wird dir Lebenslust schenken, eine nie gekannte Freude und neuen Mut. In dem Augenblick, in dem du weißt, dass du ewig bist, verschwindet alle Schwäche, verschwindet jedes Unterlegenheitsgefühl.

Beim zweiten Schritt tritt der Buddha vor dich, und du wirst zum Schatten.

Beim dritten Schritt löst sich dein Schatten langsam auf. Du bist nicht mehr vorhanden, nur noch der Buddha bleibt übrig. Er ist deine Ewigkeit, er ist deine Wahrheit, er ist deine Schönheit, er ist deine Göttlichkeit.

Nun ... komm zurück. Doch komm zurück mit dieser Anmut, mit dieser Stille, mit diesem Frieden. Und bleibe einige
Sekunden sitzen, um dich an den Pfad zu erinnern, dem du
nach innen gefolgt bist. Es ist ein goldener Pfad. Das Zentrum, in das du gelangt bist, ist nicht nur dein eigenes Zentrum, es ist das Zentrum der ganzen Existenz.

Im Zentrum begegnen wir uns alle. Vögel, Bäume, Flüsse,
Berge, alles und alle begegnen sich im Zentrum. An der Peripherie sind wir unterschiedlich, doch im Zentrum sind
wir alle eins.

Und diese Einheit zu erkennen ist Erleuchtung.

Über den Autor

Oshos Lehren lassen sich nicht in ein enges Raster pressen, sie decken alles ab von der individuellen Sinnsuche bis hin zu den drängenden sozialen und politischen Fragen unserer Zeit. Seine Bücher wurden nicht von ihm geschrieben, sondern sind Transkriptionen der Audio- und Videoaufzeichnungen seiner Vorträge, die er im Lauf von 35 Jahren vor einem internationalen Publikum hielt.

Die Londoner *Sunday Times* zählte Osho zu den »1000 Gestaltern des 20. Jahrhunderts«, und der amerikanische Autor Tom Robbins nannte ihn »den gefährlichsten Menschen seit Jesus Christus«.

Osho hat über sich und sein Wirken gesagt, dass er dazu beitrage, die Voraussetzungen für die Geburt eines neuen Menschen zu schaffen. Er hat ihn oft als »Sorbas, der Buddha« charakterisiert – ein Mensch, der die irdischen Freuden eines Alexis Sorbas ebenso wie die heitere Stille eines Gautama Buddha genießen kann. Durch alle Aspekte von Oshos Werk zieht sich wie ein roter Faden eine Vision, die die zeitlose Weisheit des Ostens und das höchste Potential westlicher Wissenschaft und Technologie vereint.

Bekannt ist Osho auch für seinen revolutionären Beitrag zur Wissenschaft der inneren Transformation. Seine Auffassung von Meditation bezieht das beschleunigte Tempo unseres modernen Lebens mit ein. Daher sind seine einzigartigen »aktiven Meditationen« so gestaltet, dass zuerst der in Körper und Geist angesammelte Stress freigesetzt wird, was es leichter macht, einen gedankenfreien und entspannten Zustand von Meditation zu erfahren.

Von Osho sind zwei autobiografische Werke erhältlich:
  Autobiography of a Spiritually Incorrect Mystic. St. Martins Press, 2000 (dt.: *Autobiografie*. Ullstein, Berlin 2005)
  Glimpses of a Golden Childhood. The Rebel Publishing House, 1985 (dt.: *Goldene Augenblicke*. Osho Verlag, Köln 2002; jetzt über Innenwelt Verlag, Köln, zu beziehen)

Die Webseite www.osho.com bietet in mehreren Sprachen einen detaillierten Überblick über Oshos Werk und seine Meditationen.

Osho International
Meditation Resort

Das Osho International Meditation Resort ermöglicht die unmittelbare Erfahrung einer neuen Lebensweise, die mehr Achtsamkeit, Entspannung und Freude zum Ziel hat, ist aber auch ein wunderbarer Ort, um einfach nur Urlaub zu machen und auszuspannen. Es liegt in Pune, Indien, etwa 150 km südöstlich von Bombay. Pune, einst Zufluchtsort der Maharadschas und der reichen britischen Kolonialherren vor der Sommerhitze, ist heute eine aufstrebende moderne Großstadt, die mehrere Universitäten und diverse High-Tech-Industrien beherbergt.

Das Resort umfasst rund 15 Hektar Land im üppig grünen Wohnviertel Koregaon Park und bietet den Tausenden von Besuchern, die jedes Jahr aus über 100 Ländern nach Pune kommen, ein umfangreiches und vielseitiges Programm, größtenteils in modernen, klimatisierten Räumlichkeiten. Unterkunftsmöglichkeiten gibt es in zahlreichen nahe gelegenen Hotels und Privatwohnungen sowie in einem neu erstellten luxuriösen Gästehaus im Resort selbst.

Alle Angebote basieren auf Oshos Vision des neuen Menschen, der kreativ und erfolgreich seinen Alltag meistert, sich aber ebenso in Stille und Meditation zu versenken vermag. Neben dem täglichen Meditationsprogramm werden das ganze Jahr über Einzelsitzungen, Gruppenworkshops und Kurse angeboten. Die Themenbereiche reichen von Kunst und Kreativität über ganzheitliche Gesundheit, Beziehungsfragen und esoterisches Wissen bis hin zu persönlicher Transformation und Therapie. Das »Club Med«-Programm – »Med« für Meditation – bietet die Möglichkeit, auf einem liebevoll gestalteten Gelände auf »Zen«-Weise mit verschiedenen Sportarten zu experimentieren und Erholung zu finden.

Im Resort werden in Cafés und Restaurants im Freien sowohl Gerichte der traditionellen indischen Küche als auch eine Vielfalt internationaler Gerichte mit biologisch angebautem Gemüse von der eigenen Farm serviert. Das Resort verfügt zudem über eine eigene Filtrieranlage für sicheres, sauberes Trinkwasser.

Informationen über Anreise und Programme unter:
www.osho.com/resort

www.osho.com
Diese umfassende Webseite bietet in verschiedenen Sprachen eine Onlineführung durch das Meditation Resort in Pune, eine Übersicht über die dort angebotenen Kurse und Seminare, Informationen über Bücher und CDs, die Adressen von Osho-Informationszentren weltweit sowie Auszüge aus Oshos Vorträgen.

Osho International
New York
E-Mail: oshointernational@oshointernational.com
Webseite: www.osho.com/oshointernational